21世纪通用法学系列教材

文化产业法概论

LAW TEXTBOOKS FOR NON-LEGAL MAJORS

主　编　陶信平

撰稿人（以撰写章节先后为序）

陶信平　金荣州　陈　蓉　闫雅琴　白荣君　张红梅　刘　萍

中国人民大学出版社

· 北京 ·

前　言

当前，在经济全球化背景下，传统经济发展模式对整个经济的推动作用日渐减弱，而以知识经济为代表的新型经济模式日益成为经济发展的主力军，尤以文化产业的快速发展为其显著特征。各国充分认识到文化产业的经济价值功能，为将文化产业从"新引擎"发展成为国民经济核心产业，纷纷致力于通过法制途径保障和促进产业发展。因此，探索我国文化产业法制建设之路既是我国文化产业法制现实的迫切要求，也是我国推进文化市场繁荣与可持续发展、增强国家综合实力的重要举措。"文化产品本身具有内在的象征意义，当它作为商品传达到消费者那里时，其代表的特定国家的意识形态同时也得到了传播，并在被接受的过程中合理化"①。一方面，文化产品这一特殊性质使其成为国际社会关注的焦点，也使其行业成为各国广泛、深入研究和挖掘的重点行业；另一方面，当前"软力量"在国家综合实力指标中占有率不断攀升，对国民经济的推动力日益显著，而我国文化产品供给"战略性短缺"的现象突出，若不通过文化产业立法对文化产业加以必要的引导、促进，最终将导致文化产业在国际化发展趋势下被同质化，其结果是造成文化产业体系的变质以及文化认同性的退化，给国家利益以及文化安全带来极大的威胁和破坏。因此，健全的文化产业法制体系能够促进文化主体"文化自觉意识"和"文化法律素养"的提升，使文化产业市场以法律规范和法律激励促进机制为导向，使我国能在国际文化市场交流互动中保持自我文化自觉和文化自信，从根本上提升我国文化软实力。

市场经济的有序运行，需要法治作为规范手段，而法制使这种规范手段成为可能。实施依法治国方略，首先应当做到国家和社会生活的主要方面有法可循，文化领域也不例外。加强文化产业的立法，是完善法制体系的必要步骤。只有将文化产业的整个运行机制纳入法治轨道加以促进和监督，才能保障文化产业的规范化运行，并使其得到持续、健康、高效、稳定的发展。由此可见，文化产业立法是我国建设社会主义法治国家的内在要求。我们应当顺应历史潮流，学习文化产业发达国家的经验，结合我国的实际国情，摸索、总结文化产业发展的规律。要实现我国文化产业的繁荣和健康发展，推动其成为国民经济支柱性产业，就必须为其发展提供良好的法制环境，建立既能保障又能促进其发展和完善的法律体系。"文化产业法制建设是为文化产业发展服务，原动力应是促进规制对象繁荣、健康发展，而非扼杀其发展的可能性"②。从法治角度来看，健全的文化产业法制体系，能够使文化市场法治建设成为可能。法制是法治的必要前提，而法治则是法制的最终归宿，二者相辅相成，缺一不可。一方面，文化

① 胡惠林：《文化产业概论》，3 页，昆明，云南大学出版社，2005。

② 张庆盈：《我国文化产业的历史发展》，载《社会科学家》，2011 (1)。

产业法制建设能够为我国传统优秀文化产业提供良好的法律保护机制，为其健康、有序发展提供法律制度保障，促进整个文化产业逐步走向繁荣。正如有学者所说：“通过文化产业立法强化对文化产业的促进发展，弱化管理、限制和处罚，坚持‘政府推动、市场主导’的基本方针，强化政府扶持、促进和引导作用，同时重视民间力量的发掘与激励，借此从法律制度上推动文化产业发展，为文化产业各行业发展提供整体性制度安排和法律保障”①。党的十八届四中全会明确提出建立健全文化法律制度，目前文化立法方面的工作正在有序进行。这充分表明我国对加强文化法治建设的高度重视，也充分体现了全国人大常委会切实贯彻落实中央精神、通过法治手段推进经济社会和文化建设全面发展的积极努力。

---

① 杨丽：《文化产业立法之必要性探析》，载《经济研究导刊》，2013（24）。

目　录

第一章 文化产业法概述

第一节 文化产业法的概念和特征

一、文化产业和文化产业法

(一) 文化、文化产业

文化产业法的概念涉及文化、文化产业等几个前提性概念，因此，在讨论文化产业法的概念和特征时必须先了解和掌握这几个概念。

1. 文化

“文化”是我们日常生活中常常遇到的一个概念，不同的时期、不同的地域、不同的人对文化都有不同的理解。“文化”一词在西方来源于拉丁文 cultura，原义是指农耕及对植物的培育。自15世纪以后，逐渐引申使用，把对人的品德和能力的培养也称为文化。在中国的古籍中，“文”既指文字、文章、文采，又指礼乐制度、法律条文等。“化”是“教化”“教行”的意思。文化一词的中西两个来源，殊途同归，在现代社会主要用来指称人类社会的精神现象，抑或泛指人类所创造的一切物质产品和非物质产品的总和。

对于文化的内涵，西方学者持有不同的见解。英国人类学家泰勒认为，“所谓文化或文明，包括知识、信仰、艺术、道德、法律、习惯以及社会成员所掌握和接受的其他能力的复合体”①。美国社会学家戴维·波普诺在分析文化定义时认为，文化是人类群体或社会的共享成果，这些共有产物不仅包括价值观、语言、知识，而且包括物质对象。② 罗斯·班尼迪克认为，文化是一种贯穿于一个民族的行为并使该民族有别于其他民族的思维方式。美国著名历史哲学家海登·怀特（Hayden White）认为，文化由技术、社会、意识形态三大体系构成，文化就是人们为了生存下去而适应自然界的一种机制；强调文化是对生态的适应。③ 美国人类学家克莱德·克鲁克洪在《文化与个人》一书中也对文化的定义作了一些总结：(1) 文化是学而知之的。(2) 文化是由构成人类存在的生物学成分、环境科学成分、心理学成分以及历史学成分衍生而来的。(3) 文化具有结构。(4) 文化分隔为各个方面。(5) 文化是动态的。(6) 文化是

---

① ［英］泰勒：《文化之定义》，顾晓鸣译，98页。转引自庄锡昌等编：《多维视野中的文化理论》，杭州，浙江人民出版社，1987。

② 参见［美］维·波普诺：《社会学》，10版，87页，北京，中国人民大学出版社，1999。

③ 参见郭艳君：《论海登·怀特对历史的文化阐释》，载《江海学刊》，2007 (2)。

可变的。(7) 文化显示出规律性，它可借助科学方法加以分析。(8) 文化是个人适应其整个环境的工具，是表达其创造性的手段。①

《现代汉语词典》将文化界定为：通常指人类在社会历史发展过程中所创造的物质财富和精神财富的总和，有时又特指精神财富，如文学、艺术、教育、科学等。《辞海》的解释为：文化包括社会的意识形态，以及与之相适应的制度和组织机构。文化是一种历史现象，每一社会都有与其相适应的文化，随着物质生产的发展而发展。作为意识形态的文化，则是一定社会的政治和经济的反映，又对一定社会的政治和经济产生巨大的影响和作用。确切地说，文化是凝结在物质之中又游离于物质之外的，能够被传承的国家或民族的历史、地理、风土人情、传统习俗、生活方式、文学艺术、行为规范、思维方式、价值观念等，是人类之间进行交流的普遍认可的能够传承的一种意识形态。综上，我们可以将文化一词界定为：文化是一个国家或民族的历史、地理、风土人情、传统习惯、生活方式、文学艺术、行为规范、思维方式、价值观念等的总称。

2. 文化产业

产业属于经济学范畴，是指具有某种同类属性的经济活动的集合或系统。在传统社会主义经济学理论中，产业主要指经济社会的物质生产部门。一般而言，每个部门都专门生产和制造某种独立的产品；某种意义上，每个部门也就成为一个相对独立的产业部门，如“农业”“工业”“交通运输业”等。“文化产业”这一概念源于德国法兰克福学派阿多诺和霍克海默在《启蒙的辩证法》中提出的“文化工业”。在后工业社会与文化消费市场不断扩张的影响下，这一概念与消费文化、视觉文化、电子文化等结合起来，逐渐在西方文化研究中发展成为一门科学。从文化人类学角度来讲，一切人类的物质遗存物都具有“文化符号”的意义，都承载和述说着某种文化意义，人类的一切精神和物质活动都具有传达社会意义的“符号”作用。因此，有些西方学者从文化人类学角度把文化产业定义为生产文化意义内容的产业。

联合国教科文组织把文化产业定义为“按照工业标准生产、再生产、储存以及分配文化产品和服务的一系列活动”②。简言之，文化产业是指通过工业化和商业化方式所进行的文化产品和文化服务的生产、再生产、供应和传播。按照联合国教科文组织的归纳，它至少包括以下行业：影视业、音像业、广告业、咨询业、网络业、出版业、文化娱乐业等。但目前，国际上对文化产业还没有统一的认识：英国、新加坡等国家称之为“创意产业”，欧盟、日本称之为“内容产业”，美国称之为“娱乐业”或“版权产业”，韩国称之为“文化产业”。

在我国，文化产业这一概念是20世纪80年代伴随所谓的“三产”的发展而产生的。2000年，中共十五届五中全会通过《中共中央关于制定国民经济和社会发展第十个五年计划的建议》，第一次使用“文化产业”这一概念。著名学者谢名家从精神生产角度定义文化产业，他认为，“文化产业就其本质而言，就是以人类劳动力为基础的精神生产力发展的形态。它通过精神文化产业生产和再生产的规模化、商品化、信息化方式，使精神文化产品生产多样化、精神文化服务市场化。其外延包括教育、科技、信息、文艺、新闻、出版、设计、策划、咨询、

① 参见［美］克莱德·克鲁克洪：《文化与个人》，高佳等译，5页，杭州，浙江人民出版社，1986。

② 联合国教科文组织官方网站：http://portsl.unesco.org/culture/en/ev.php-URL_ID=35024&URL_DO=DO_TOPIC&URL_SECTION=201.html，2015年3月访问。

决策等，涵盖了文化财产（书籍、音像制品、设计策划方案、软件等）、文化设备（各种硬件）和文化载体（报纸杂志、发射机、接收器）等三个方面”①。花建教授认为，文化产业具有三大特征：第一，文化产业必须是提供文化产品和文化服务的大规模商业运作；第二，文化产业必须以追求利润最大化的企业为核心；第三，文化产业的主体是一条以企业为主的协作链条。②

文化部在2003年9月4日签发的《关于支持和促进文化产业发展的若干意见》中指出：文化产业是指从事文化产品生产和提供文化服务的经营性行业。国家统计局在《〈文化及相关产业分类〉编制说明》中指出：“文化产业是为社会公众提供文化、娱乐产品和服务的活动，以及与这些活动有关联的活动的集合。其范围包括提供文化产品（如图书、音像制品等）、文化传播服务（如广播电视、文艺表演、博物馆等）和文化休闲娱乐（如游览景区服务、室内娱乐活动、休闲健身娱乐活动等）的活动，它们构成文化产业的主体；同时，还包括与文化产品、文化传播服务、文化休闲娱乐活动有直接关联的用品、设备的生产和销售活动以及相关文化产品（如工艺品等）的生产和销售活动，它们构成文化产业的补充。”从上述分析可以看到，文化部主要是在最高抽象意义上界定了文化产业的概念，而国家统计局是使用概括式加列举式对文化产业进行定义，这样的定义方式符合我国法律定义习惯，因此可以作为本书的主要依据。

学者李有根、肖冰认为，从法律角度认识文化产业的特殊性，着眼于其与一般产业的区别加以观察，文化产业具有以下特性：第一，文化产品的二重性，文化产品的特殊性在于其具有另一重要功能即意识形态属性。第二，文化产品的非标准化，文化产品的首要功能在于满足人们的精神需求，而此种精神需求的满足并无固定的格式；相反，越具有个性，越具有此种功能，因此，文化产品从其内容角度看并无统一的标准。文化产品的这一非标准化特性，决定了文化产业法律调整的特殊性。第三，文化产品的知识产权属性。总体而言，文化产业中，无论是电影、广播电视、报刊，还是图书出版、音像、娱乐业、广告业等主体产业，其产品或服务的内容，均普遍存在着知识产权特别是著作权（版权）问题，具有很强的知识产权属性，一定程度上文化产业可以直接称为版权产业。可以说，文化产业的发展取决于知识产权法律制度的完善与实施。第四，文化产业的产业政策特殊性。从产业经济学角度来看，任何一种产业均存在相应的产业政策，由于不同产业的特性，国家需要实行不同的产业政策。例如，将某一产业确定为主导产业、支柱产业、幼稚产业和衰退产业，采取不同的政策措施。③ 尽管作为一种产业，文化产业与其他经济产业具有共性，但在我国作为一种新兴的产业，文化产业既具有特殊的战略意义，又背负着沉重的历史包袱；既具广阔的发展前景，又面临着严重的问题与制约，需要国家实行相应的产业政策，以保障、扶持、推动其健康发展。此种特殊的产业政策，就必然要求从法律角度加以规定与落实，从而呈现出文化产业法律问题的特殊性。④

（二）文化产业法

1. 文化产业法的概念

目前，学界大多在经济学、管理学、传播学、法学等不同学科语境中研究我国文化产业。

---

① 谢民家：《文化产业的时代审视》，32页，北京，人民出版社，2002。

② 参见花建等：《文化产业竞争力》，1页，广州，广东人民出版社，2005。

③ 参见芮明杰：《产业经济学》，491页，上海，上海财经大学出版社，2005。

④ 参见李友根、肖冰：《论文化产业的法律调整》，载《文化产业研究》，2006（1）。

其中，从法律角度对文化产业的研究一般都回避对“文化产业法”下定义。真正学术意义上的文化产业法学研究几乎没有。个别学者从文化产业法法律分类视角对文化产业法作出解释，认为，在传统的法律分类中，文化产业法并不是一个独立的法律部门，我们所说的文化产业法是以宪法为核心，横跨行政法、民法、经济法等多部门，多层次调整文化产业关系的法律规范的总称。法律部门的存在既是一个客观事实，也是法学界、法律界的共识。法律部门的划分标准一般是法律调整的对象和法律调整的方法。[①] 我们认为，即使文化产业法现在还不足以成立为一个像民商法、刑法、行政法那样独立的部门法，但是，通过研究其独立的调整对象、调整方法和基本特征，依然可以明确文化产业法在国家法律体系中的地位和作用。从现有的法律部门分类来看，文化产业法还不可能达到与之平行的高度，它实际上只能是其中某一个部门法的下位法，或者是某一现有法律部门的组成部分。通过深入分析研究，我们认为，文化产业法可以确定为经济法中产业法的一个组成部分，它的概念可具体表述为：文化产业法是指以实现国家文化产业发展战略，促进和保障社会文化产业有序、健康发展为目的，调整从事文化产品生产经营和提供文化服务过程中产生的各种社会关系的法律规范的总称。

2. 文化产业法的立法目的和宗旨

立法目的是指立法者通过制定法律，对一定社会关系进行调整所欲达到的实际目的，从而实现法的价值和法的使命。了解立法目的，有助于理解立法意图、正确运用和执行法律。由于很少有学者讨论文化产业法，因而关于文化产业法的立法目的和宗旨基本上没有参考文献可资借鉴。如前所述，我们认为，我国的文化产业法从总体上说，其立法目的可以归纳为：第一是实现国家文化产业发展战略，提升我国文化软实力和文化国际竞争力；第二是促进和保障社会文化产业有序、健康发展。二者相辅相成：文化产业的有序、健康发展是实现文化发展战略、提升文化软实力和国际竞争力的前提和保障；实现国家文化产业发展战略，提升我国文化软实力和文化国际竞争力是社会文化产业有序、健康发展的指导思想和基本原则。

立法宗旨是立法目的的具体体现，也是法律价值的具体体现。根据文化产业法的立法目的，文化产业法的立法宗旨主要体现在以下几个方面：首先，文化产业法的制定应当贯彻和实施宪法及中共中央十八届四中全会精神和原则，将宪法中关于加强社会主义精神文明建设和发展文化产业的原则与中共中央十八届四中全会的相关原则和指导思想落实到整个文化产业法治建设中。其次，以实施国家文化产业发展战略为主要目的。国家的文化产业发展战略是我国以文化产业为引擎，进一步带动国民经济发展的新方略，也是提升我国文化软实力和文化国际竞争力的基础，文化产业立法应该牢牢把握这一基本方向。再次，文化产业立法应当遵循和贯彻可持续发展理念。文化产业立法应当改变传统立法思维和模式，更新观念；在文化立法活动中，始终贯彻可持续发展理念，既要充分考虑当代人类社会文化、文化产业发展所必需的环境与自然条件的保护，满足当代人对文化精神产品的需求，又要考虑文化环境与文化资源所能提供的满足世代人类发展的能力和基础，并以此作为指导立法和确立法律规范的理论基础。最后，文化产业立法应当遵循客观规律，完善文化产业发展的促进和保障机制，促进我国文化产业健康发展，维护文化产业公平竞争，实现社会经济、政治、文化和谐发展。

---

① 参见葛洪义：《法理学》，3版，248页，北京，中国人民大学出版社，2011。

二、文化产业法的基本特征

文化产业法是调整文化产业领域社会关系的法律规范体系，是保障与促进文化产业稳健、有序发展的重要力量。因此，准确把握文化产业法的特征对于理解文化产业法具有重要的意义。

（一）社会性

文化产业法的性质和特征与其所调整的社会关系密切相关。文化产业以社会利益为本位，强调文化产业的社会性和公共性。文化产业与其他产业不同，在使用价值之外更显著的是文化产业的意识引导性，相对于经济收益，文化产业更加注重社会效应；文化产品属于公共产品，其传播内容对于社会群体的精神文明建设和价值观的构成具有显著的影响力。因此，文化产业法的制定首先应该考虑的是其在社会中如何更好地引导文化产业的发展方向，规范文化产业活动，使文化产业更好地服务于整个社会的健康发展。

（二）经济性

文化产业法作为规范文化产业领域的法律，不可避免地要同文化产业市场规律相结合，以保障我国文化产业的健康、蓬勃发展。文化产业以内容为主，以思想创造为核心，以文化符号性商品与服务的经营为表现形式，因此也被称为创意产业或文化创意产业。文化产业的内容元素、创造与创意秉性及发展活力，使得文化产业的发展、文化产业与相关产业的融合不仅是文化本身发展、繁荣的需要，也是市场经济整体发展的内在要求。因此，文化产业法需要特别地考虑其对文化产业在市场经济环境中的影响和作用。一方面，健全的文化产业法能够增进市场主体特别是文化企业对文化产业建设与发展的预期，从而增进市场主体从事文化产业活动、推动文化产业发展的主体积极性与主体自信；另一方面，健全的文化产业法能够有效调整文化产业领域的社会关系，规范文化市场秩序，从而为文化产业发展奠定良好的基础环境。此外，健全的文化产业法能够为文化产业的建设与发展、文化与科技及相关产业的融合提供制度导向与制度保障，使文化产业发展能够在金融、人才、税费、资源等方面获取理性、稳定、有力的支撑与保障。可见，文化产业法具有很强的经济性。

（三）分散性

文化产业本身内容十分广泛，不仅包含第二产业和第三产业中与文化相关的众多产业，而且涉及财政、税务、海关、金融、保险、工商等部门。因此，作为文化产业活动调整规范的文化产业法其所牵涉的内容和范围当然具有广泛性和分散性。这些规范广泛地体现于现行行政法、民事法、商事法、环境法、经济法的具体法律、法规之中，无论是实体性规范还是程序性规范，都会与整个文化产业的分散性相适应，体现出文化产业法律规范的分散性。

（四）政策性

随着国家文化战略地位的不断提升和文化经济价值的日趋重要，文化产业已经成为世界主要国家的战略产业和重要的支柱产业，各国政府纷纷出台旨在促进文化产业发展的政策措施。由于法律本身具有相对滞后性，国家往往通过制定一系列政策来规制文化产业生产者或经营者的生产和服务，这已经成为世界各国在文化产业调整方面的一个主要特征。

文化产业法是国家运用法律的手段，将文化产业政策法律化，以提高国家的文化软实力，保障国家文化市场健康、有序发展，保护国家自己的文化安全。这是文化产业法政策性特征的又一体现。

第二节 文化产业法的性质和调整对象

一、文化产业法的性质

文化产业法的性质一般来说有两层含义：一是指一般意义上法的阶级性和社会性等，二是指文化产业法具有不同于其他部门法的性质和属性。

文化产业法与其他法一样，在总体上必然要反映全国人民的共同意志和利益，必须为社会主义建设服务，必须以促进改革、发展和民族振兴富强为己任，因此必然具有鲜明的阶级性和民族性。同时，文化产业法作为法的一个部门，当然包含着反映生产力客观要求、市场经济共同规律、现代国家及其职能等共同性的一面，这集中体现为文化产业法属于经济法的范畴，是一种以社会为本位的法，是由社会经济的社会化所导致的国家干预、参与经济调控之法。

传统的经济法学理论认为，经济法的主要内容包括市场规制法和宏观调控法。市场规制法又包含市场竞争法、消费者权益保护法、产品质量法、价格法、会计法、审计法等法律制度；宏观调控法包含固定资产投资法、国有资产管理法、财政法、税法、金融法、对外贸易法等法律制度。经济法学认为，在经济法体系中，应该按照经济关系及其经济法调整的内在逻辑，把经济法分为经济组织法、经济管理法和经济活动法三个部分。经济组织法主要是企业法，而经济法的企业法主要是指特殊企业、公有制企业和公有主体联合投资经营企业的法律制度。经济管理法分为综合职能管理制度和行业管理制度两个部分：综合职能管理制度主要是计划和产业政策、财税和预算内投资、金融和外汇管理、会计、标准、计量、土地和资源的开发利用管理制度等；行业管理制度是工业、农业、商业、运输业等特定产业管理法律制度。① 经济活动法是调整市场经济条件下国家以社会整体利益为目的而进行的干预经济运行过程中所产生的社会关系的法律规范的总和。其经济法规范作为现代市场经济的基本运行规则和行为模式，必然通过对各主体经济行为的规制来实现解决个体营利性与社会公益性、效率与公平的矛盾，协调经济与社会良性运行的目标。由于各主体在经济运行中所占据的地位不同，经济行为被区分为政府经济行为和市场主体行为这一对相对应的概念，其中，政府经济行为即成为经济法学的基本范畴和指导性概念。政府经济行为概念的引入，反映出经济法这一法律部门所具有的，顺应由重制度规范向行为重心转移的法学研究潮流，借鉴相邻法律部门有关法律行为研究成果，意图建立自己基础性概念的愿望。经济法意义上的政府经济行为，作为一种法律上的行为，必须是能够引起一定的法律后果即具有法律意义的，通过人们的意思表现出来的作为或不作为的状态。换言之，政府作为经济法主体而作出的合法的政府经济行为自成立起对当事人即具有法律约束力，当事人非依法律规定不得擅自变更或解除。

产业法这一概念的提出，虽然与传统经济法中的行业管理制度有相似之处，但比之更加清晰、明确，更符合社会经济发展的和法律发展的新形势。我们认为文化产业法属于经济法的调整范畴。具体而言，文化产业法是经济法中的产业法的一个组成部分（分支）；文化产业法目前还处于很不成熟的阶段，其所具有的独特的性质和特征尚未完全体现，学术研究也尚不充分。就目前的研究状况和成果而言，文化产业法的性质和特征与产业法的性质和特征具有一致

---

① 参见潘静成、刘文华：《经济法》，3版，52页，北京，中国人民大学出版社，2008。

性，因此，本书主要讨论产业法的地位和性质，并以之为继续研究文化产业法的重要参考。

(一) 什么是产业法

产业法是指调整在国家产业政策的制定和实施过程中所发生的各种社会关系的法律规范的总称。理解此定义时，应当注意下列问题：

1. 产业法不同于产业政策

我国许多学者认为产业法应为产业政策法，并主张“产业政策法是政策与法律相互交叉而形成的一种法律。在产业政策法中，政策是其内容，法律是其形式，或者说产业政策获得了法律的表现形式，进而具有法律的一般性质，如规范性和约束力，或者说政策本身就具有法律性质，在这里，政策和法律融为一体”①。但我们认为，产业法与产业政策法并不是同一概念，产业法也不同于产业政策。产业法有其特定的逻辑结构，稳定性较强，具有法的规范性和强制性；而产业政策具有灵活易变的特点，而且严格地讲，产业政策并不具有强制性。鉴于产业法的特殊性，虽然不能要求所有的产业政策都要采取法律的形式，但对政府制定和执行产业政策的行为进行法律上的规制是一个法治国家的必然要求。

2. 产业法调整的社会关系具有特殊性

产业法是国家为了扶持或者调整特定阶段内特定的产业关系而制定的，它体现了很强的国家政策意图。因此，产业法调整的社会关系具有特殊性，即特定阶段内特定的产业关系，这些产业关系包括产业结构关系、产业组织关系、产业技术关系、产业布局关系等。

3. 产业法的综合性

产业法的综合性主要体现在以下三个方面：(1) 产业法调整对象的综合性，即产业政策的制定和实施过程中发生的经济关系，既有竞争关系，也有产业及行业管理关系；(2) 产业法调整方法的综合性，即产业政策主要由国家依法运用经济、行政、法律手段制定和推行，其法律规范中以体现间接调控特点的任意性规范、授权性规范和鼓励性规范为主，但也有一些限制性规范和义务性规范；(3) 其基本法律制度规范所涉及的领域，涵盖了第一、二、三产业内的各行各业。

4. 产业法的协调性

产业法的协调性体现为产业法和其他各项法律制度的配套实施。产业政策要通过多种政策手段才能实现，一项产业政策至少要涉及财政、货币、对外贸易、收入分配、竞争和反垄断政策的相互综合运用，与此相关的法律制度就显得十分复杂。只有注重众多法律制度相互之间的配套适用，才能使产业法与相关法律制度在互动中实施。

5. 产业法的灵活性

产业法的表现形式非常灵活。产业法以国家的产业政策为基本的规范内容。由于产业政策具有很强的阶段性，所以产业法较之其他宏观调控法，在立法、执法以及法律的表现形式等诸多方面具有很强的灵活性。这种灵活性的特点决定了产业法以行政法规为其基本的表现形式。当然，对于重要的产业政策，应采取法律的形式；同时，对产业政策的制定和修改规定统一和严格的程序，是十分必要的。

6. 产业法规范的选择性

产业政策应该以市场调节手段为主，而市场调节手段在产业政策中的运用，主要表现为以

---

① 董进宇：《宏观调控法学》，212页，长春，吉林大学出版社，1999。

经济杠杆为主要内容的经济法律规范的设立和运用。这种规范中禁止性规范较为少见，更多的是选择性规范。这充分表现出产业法旨在通过以经济杠杆为主要内容的选择性规范，来引导市场主体的生产经营行为符合国家产业政策要求的制度特点。

由此可见，以生产和提供精神产品为主要活动、以满足人们的文化需要为目标的文化产业，其各个方面都具有产业的显著特征，应当是产业法所规范的对象。因此，文化产业法作为规范我国文化产业的法律体系，自然也应具有产业法的各种属性，是产业法的一个重要组成部分或分支。

（二）产业法的性质

既然文化产业法是产业法的一个分支，而产业法又属于经济法的调整范畴，那么，文化产业法必然体现经济法的属性和特点，它的性质与产业法和经济法的性质应该具有一致性。以下主要论述产业法的性质。

1．产业法是社会本位法

产业法追求的目标是社会经济的整体、协调发展，它强调社会性、公共性。产业的发展是关系一个国家持续发展的问题，而不是简单的某一国对本国政府利益的维护。基础产业的发展、高新技术的采用、产业结构的转换、对公害的治理实质上都与社会利益紧密相关。产业法强调的是国家利益和个体利益以及社会利益和环境利益、经济效益的平衡协调。政府本身不能从产业政策中得到什么直接好处，政府实行产业政策的目的是发展整个国民经济，促进社会的可持续发展。正因为如此，日本产业法曾在协调劳动与资本关系、克服私有制对资源合理分配的阻碍、保护民族经济与国际资本协调方面发挥过重要作用。可以说，在每一部产业法背后，都可以找到协调各种社会利益关系、维护社会整体利益及长远利益的目的。对产业中优和劣的理解与通常的理解是不同的，它主要依据社会利益来确定，而不单是依据经济效益。“劣”并不一定表明这种产业的经济效益不好，也可能它的微观效益很好，但它的宏观效益差或者它的发展与国家总体发展的目标不符，因而国家就要限制或禁止它生产。“优”也并不是从单纯的微观效益来看的，“优”主要是指某种产业的宏观效益和社会效益高。①

在产业法的制定、实施过程中，也都贯彻社会利益原则。“在产业政策的制定与实施过程中，政府代表的是社会共同利益，而不是某种政府利益。”② 产业法的制定并不是单纯政府意志的体现。为了使产业法真正反映各方面的利益并在现实生活中得到切实落实，产业法制定主体的构成、制定程序都要体现经济集中与经济民主对立统一运作的原则。

基于产业法的社会利益本位性，产业法法律关系的双方当事人处于平衡协调的关系中，他们都既是权利主体又是义务主体。产业活动的主体不是处于听命、服从地位的完全义务主体，它也有自己的权利，如开业权、兼并权等。产业活动的指导机关行使的权力是社会经济管理权而不是行政管理权，它的实施手段尽管也包括强制性的行政方式，但更主要的是经济手段和法律手段，比如通过给予优惠贷款或优惠税率的方式鼓励市场活动主体向落后地区、扶植产业发展。

2．产业法处于社会法域

产业法的内容既包括宏观经济政策、中观经济政策如区域政策和行业政策，又包括微观经济政策如企业组织政策。由此可见，产业法也是调整宏观和微观相统一的关系的统一体。在产

① 参见刘文华：《论产业法的地位》，载《法学论坛》，2001（6）。

② 陈淮：《日本产业政策研究》，66页，北京，中国人民大学出版社，1991。

业法中，公权力与私权利相互交融，公和私已不存在明显的界限，是你中有我、我中有你的关系，体现出公法、私法相融合的特性。具体来看，产业活动的管理主体既有行使公权力的国家机关，也有各行业同业公会、中介机构等社会组织。这些各行业同业公会、中介机构，集中体现了公私融合性：一方面，它们要接受国家的领导，相对于国家的公权力，它们行使的是本行业的“私己”权利；另一方面，相对于本行业内部的企业、其他经济组织、个人来说，它们又是国家意志的上传下达者，具有一定的“公”色彩。产业活动的被管理主体则为企事业单位、其他经济组织和个人等。产业活动的管理主体所享有的确定优先或限制、禁止发展产业的权利以及征税权、审批贷款发放权等带有公法性质的权力与被管理主体的自主权是紧密相连的，不应侵犯被管理主体的自主权，而是要尊重其自主性，给被管理主体以相应的权利和自由，如除法律严禁进入、限制进入的行业外，对于法律不加禁止、限制的行业企业可自主进入，审批机关不能人为设置障碍，而且，为鼓励发展应尽量给予程序上的便利，注意简化程序。由于产业政策在国民经济发展中居于全局地位，产业法的制定必须从社会、国家的全局出发，这体现了以公为主性。例如，在产业的成长期，产业的接受、吞吐能力很强，但自我辨别能力差，在如何引进高新技术方面易出现错误，可能盲目引进一些自己没有消化能力的高新技术，也可能引进一些实质已被淘汰的技术，这些都需要国家从总体、宏观上进行把握；基于对整个经济发展有利的考虑，国家会依法使一些产业提前进入产业成熟期、延长其成熟期或加快其进入衰退期的步伐。

（三）产业法的特征

1. 产业法具有综合性

产业法的综合性有三方面的含义：(1) 产业法调整对象的综合性，即产业政策的制定和实施过程中发生的经济关系，既有竞争关系，也有产业及行业管理关系。(2) 产业法调整方法的综合性，即产业政策主要由国家依法运用经济、行政、法律手段制定和推行，其法律规范的表现形式，以体现间接调控特点的任意性规范、授权性规范和鼓励性规范为主，但也有一些限制性规范和义务性规范。(3) 其基本法律制度规范所涉及的领域，涵盖了第一、二、三产业在内的各行各业。产业法的制定总是从国家和社会的全局出发，同时兼顾行业、企业、个人等各种主体的利益，体现了产业法以公为主、兼顾私益的社会法属性；同时，产业法在调整对象、调整方法、规范领域等方面体现出较明显的综合性。

2. 产业法具有平衡、协调性

产业法法律关系中，行使产业活动管理权的管理主体与从事产业活动的产业组织处于动态的平衡、协调运动过程中。产业法的作用是，以产业政策为导向，加强宏观调控，指导市场发育，平衡、协调、规范各方活动，逐步缓解总需求与总供给、消费结构与产业结构的矛盾。平衡不仅是统一体内部要素间的利益、行为、意志的协调，而且是统一体与外部环境的协调，因此，我国的产业法必须立足本国，又要适应世界产业法发展的需要。产业法的主要手段为促进、扶植战略产业、幼稚产业发展，或限制、禁止非战略产业、夕阳产业发展，要实现促进、扶植和限制、禁止的动态平衡、协调。在产业布局中，要注意发达地区与落后地区的平衡、协调，地方利益与国家整体利益的协调。在产业组织法中，注意大、中、小企业竞争力的协调，鼓励竞争与维护市场竞争秩序的协调。在产业布局法中，建立各产业间协调发展的产业结构体系，在对外开放中，要注意开放产业与保护民族产业的协调。产业政策法的协调是全面的、内外统一的。产业的协调发展是动态的，要依国家经济形势、发展重点的不同而适时进行产业政策调整。产业政策的实施，要运用经济的、行政的、法律的和纪律的手段，同时加强思想政治工作。在保障产业政策实施的各手段中，采取计划、财政、金融、税务、物价、外贸、工商行政管理等手段的部门必须目标一致、协同运作，各项调节手段和措施要相互配套，服从治理、整顿的方针和实施产业政策的要求。①

3. 产业法具有资源属性

随着经济和社会的发展，“资源”一词的理解被逐步扩大到制度范畴，并形成了制度经济学。按照制度经济学原理，政治和经济制度的质量是一国的重要资源。埃莉诺·奥斯特罗姆等人则将制度当作是人类发展的基础设施，认为社会基础设施由制度构成。奥斯特罗姆认为，包括法律在内的制度被视为一种社会资源（或资本）应按照社会需求供给，并且，也应当按照经济学的利益最大化原则，以最小的成本投入获取最大的经济和社会效益。在一个制度能很好地发挥作用的社会，个人会进行一些复杂而且期限较长的交易。如果制度无法保障契约的执行，则个人和公司更多地选择自给自足，不愿意进行复杂和非自动实施的交易。

基于法律的制度属性，法律也被学界视为一种资源对待。从产业法的实践来看，用产业科学思维、产业制度和产业法管理经济，可以更好地把握不同产业的属性及发展规律，从宏观上更好地规范（规制）和指导行业与企业的发展，更好地引导市场的消费。而一旦产业以制度以及产业法的形态配置于经济的管理，其就成为产业发展的必不可少的要素，甚至是基础性的要素。从产业法制度配置的需求来看，其并非个别企业或个人私益的微观需求所致，而是更好地满足公共需求、使政府更好地提供公共服务所致。为此，产业法制度资源的配置来自于国家或政府为实现公共目的或公共利益对公共政策选择的结果。② 由此决定了产业法公共资源的本质属性。

二、文化产业法的调整对象

法理学认为法律调整对象是划分部门法的首要标准，通说认为法律部门的划分依据首先是法律调整的对象即法律调整的社会关系，其次是法律调整的方法。③

（一）法律调整和法律调整对象

1. 法律调整

法律调整是指法律对社会关系的整顿和调控。整顿和调控既包括对已经成熟且稳定发展的社会关系的整顿和调控，又包括对尚处萌芽状态、还未充分发展的社会关系的整顿和调控；其目的是对社会关系进行梳理，以促进社会关系上升为法律关系，进而受到法律的保护。在法律调整的研究中，应解决两个方面的问题：一是调整的性质与范围（即调整对象）的问题，二是调整的措施与手段（即调整方法）的问题。

法律调整是国家根据自己的价值评判，以法的形式对人的行为进行规范，对现实社会生活关系施加影响，以期建立理想的社会生活秩序的活动。

2. 法律调整对象

法律调整对象即受法律整顿和调控的社会关系的性质与范围。它具有以下几个显著特征：第一，客观性。调整对象是一种客观存在，是人类社会生活与生俱来的社会存在。对调整对象

---

① 参见刘文华等：《论产业法的地位》，载《法学论坛》，2001（6）。

② 参见董玉明：《中国产业法的经济学分析》，武汉理工大学2014年博士学位论文。

③ 参见葛洪义：《法理学》，3版，248页，北京，中国政法大学出版社，2007。

只能去认识、去发现、去界定，而不能主观臆造。第二，区别性。作为法律调整对象的社会关系，依据其性质可以划分为不同的关系领域。经济法的调整对象存在于经济关系之中。第三，层次性。作为调整对象的社会关系和被法律调整后形成的法律关系有着实质上的区别。

（二）法律调整方法

法律调整方法被认为是法律部门划分的第二个标准，它是法借以作用于社会关系的方式、手段、办法的总称。如果说法律调整对象问题回答的是法律影响和作用的对象是什么的话，那么法律调整方法问题回答的则是法律怎样对它的调整对象施加影响、发生作用。法律是社会关系的调节器，同时又是人的行为规范，法律是通过规范社会关系的主体——人的行为来实现对社会关系的调整的。因此，规范社会关系主体的行为，是法律调整社会关系的总方法。法律是一个完整的体系，体系化的法律在运用这一总方法来调整社会关系时，又演化出一系列具体方法，构成逻辑严密的方法体系。

1. 通过对主体抽象行为的一般规范，实现对社会关系的一般法律规整

宪法和部门法的总则对社会关系的调整集中体现了法律调整的这一方法。宪法关于国家政治体制、经济体制的规定，关于国家主席、从中央到地方各级国家机关职权的规定，关于公民基本权利、义务的规定，都是对主体行为的一般规范，其目的是实现对社会关系的最一般的法律调整。部门法的总则关于该部门法基本原则的规定、关于主体权利能力和行为能力的规定、关于合法行为与违法行为一般界限的规定、关于法律责任的一般规定，也是对主体行为的一般规范，其目的则是实现对其调整范围内的社会关系的一般法律调整。

2. 通过对主体具体行为的具体规范，实现对具体社会关系的具体法律调整

部门法的分则和单行法规对社会关系的调整集中体现了法律调整的这一方法。部门法在规范人的具体行为、调整具体社会关系时，又使用了以下方法：第一，将主体的一定行为和主体生活中的其他一些事实与一定法律关系的发生、变更、消灭联系起来，引导主体实施正常行为，以取得对自己有利的法律后果。第二，规定主体在具体法律关系中的权利、义务，为主体在具体社会关系中可以实施的行为和应当实施的行为划定范围。第三，将主体在具体法律关系中违反义务的行为与一定的法律责任联系起来，鞭策主体在相互关系中实施正常的行为，警戒主体在相互关系中不要实施反常的行为。

要让法律成为社会管理中最重要、最权威的规范体系，要通过法律调整实现社会管理的法治化，就需要一种通过法律运行，全面地作用于社会交往关系的法律调整理论。这样的法律调整理论，既需要与法律规范的内容相牵连，也需要与主体交往的社会事实（社会关系）相切合，从而得到法律规范和社会关系相对照的结果。从这个视角，可以把法律调整方式一分为四，即指令、放任、制裁和奖励。在这四种调整方式中，指令和制裁都是针对法律义务的运行，因此构成第一对调整关系；而放任和奖励一般都是针对法律权利的运行，因此构成第二对调整关系。有人称之为法律调整的“两对四维理论”①。

经济法调整国家经济协调关系的具体方法：一是企业组织管理关系的调整方法。企业法律制度是组织法，同时兼具行为法，主要是调整企业组织关系，同时还对与企业组织特点直接相关的行为作出规定。在调整方法上，企业法主要是强行性规范，兼具任意性规范，法律后果也

---

① 谢辉：《论法律调整与社会管理创新》，载《西北大学学报（哲学社会科学版）》，2013（1）。

相应地以制裁为主。企业组织管理关系的调整方法很好地说明了经济法调整方法的强行性规范与任意性规范相结合的特点。二是市场管理关系的调整方法。市场管理关系是“在市场管理过程中发生的经济关系”。经济法调整市场管理关系，主要是将民法中的后合同义务、附随义务等以强行性法律规范加以规定，并对违反者施以制裁，从而削弱强者保护弱者，维护正常的市场秩序。因此，市场管理关系的法律调整方法也是以强行性法律规范为主。三是宏观调控关系的调整方法。宏观调控关系，是指“国家为了实现经济总量的基本平衡，促进经济结构的优化，推动国民经济的发展，对国民经济总体活动进行调节和控制过程中发生的经济关系”。宏观调控法“主要表现为国家通过经济政策间接影响市场主体经济行为选择的法律手段”。它是通过体现法律规范特点的一些经济政策，鼓励或限制市场主体的行为；同时设立较多提倡性规范，给予符合国家宏观经济政策目标的市场主体奖励的法律后果。四是社会保障关系的调整方法。社会保障关系“即政府及其有关部门，社会保障经办机构和有关非政府公共机构、企事业等单位以及公民在实现社会保障过程中所发生的经济关系”，“社会保障的方式是通过国民收入分配来提供物质帮助”。因此，在调整社会保障关系时，在社会处于弱势的公民是权利主体，政府、有关公共机构和企事业单位等是义务主体。法律通过强行性规范规定义务主体的保障和救助义务、确认权利主体受救济的权利的方法对社会保障关系进行调整。①

文化产业法的调整方法与经济法调整方法基本一致，因此，本书对其不再展开论述。

(三) 经济法的调整对象

经济法是调整经济管理和经济运行过程中产生的经济关系的法律规范的总称。经济法调整的是国家经济运行过程中特定的经济关系，这种特定的经济关系是国家在协调本国经济运行过程中所发生的经济关系。这种特定的经济关系主要包括两层含义：一是经济法并不是调整所有的经济关系，而是只调整经济关系中的一部分；二是整个社会经济关系的法律调整需要众多的法律部门。

经济法在中国经历了数十年发展，对其调整对象的研究也基本达成一致。李昌琦教授认为，经济法的调整对象，是指经济法促进、限制、取缔和保护的社会关系的范围。简而言之，也就是国家用经济法的形式干预社会经济关系的范围，或者说经济法律规范效力所及的范围。他认为，经济法调整对象的具体范围主要是市场主体调控关系、市场秩序调控关系、宏观经济调控关系和社会分配关系四个方面。② 黄河教授认为，经济法调整对象的具体范围主要是市场主体规制关系、市场秩序调控关系和宏观调控关系三个方面。③ 潘静成、刘文华等人主张，经济法是调整经济管理关系、维护公平竞争关系、组织管理性的流转和协作关系的法；经济法的调整范围就是经济管理关系、公平竞争关系及组织管理性的流转和协作关系。④

(四) 产业法的调整对象

产业法以国家在产业政策制定和实施过程中所发生的经济关系为调整对象，具体包括以下五类：产业结构关系、产业组织关系、产业技术关系、产业布局关系及其他相关社会关系。

1. 产业结构关系，即国家根据产业法在调控社会再生产过程中经济要素的组成、比例、分布、相互影响等关系中所形成的特定的社会经济关系。主要包括：在社会再生产过程中各产

---

① 参见刘鹏：《论经济关系的法律调整》，载《湖南农业大学学报（社科版）》，2004 (4)。

② 参见李昌麒：《经济法》，55 页，北京，中国人民大学出版社，2011。

③ 参见黄河：《经济法》，2 版，10 页，北京，中国人民大学出版社，2003。

④ 参见潘静成、刘文华：《经济法》，3 版，49 页，北京，中国人民大学出版社，2008。

业之间及产业内部各行业、各部门之间形成的比例和协调关系；各产业之间和产业内部各行业、各部门之间形成的社会投资比例关系和协调关系；社会就业人员在各产业之间及产业内部各行业、各部门之间的分布比例关系等。

2. 产业组织关系，即国家根据产业法在对同一产业内的市场主体资格或形态、相互关系、产业合理化布局等方面进行调控时所形成的特定的社会经济关系。其中，“组织”是动词，不是名词。产业组织关系具体包括企业与企业之间的竞争与垄断关系，国家对自然垄断产业的管制关系，国家参与国际竞争、国际分工的关系等。

3. 产业技术关系，即国家根据产业法在调整科学技术的研究、开发、应用、引进，以及促进高新技术产业的发展、提高整个产业的技术水平的过程中所形成的特定的社会经济关系。主要包括：产业技术的引进、应用、创新及保护关系，促进高新技术发展、应用、创新关系，由技术设备改造、更新所引起的社会经济关系等。

4. 产业布局关系，即国家根据产业法在调控若干重要产业的空间分布过程中所形成的特定的社会经济关系。产业布局关系主要是为优化产业地域的分布和组合而产生的对地区产业进行扶持、调整和保护的经济关系。具体包括：国家对地区主导产业的扶持关系，国家对不合理的地区产业的调整关系，国家对处于初级阶段地区的产业的保护关系等。

5. 其他相关社会关系。主要包括：制定和实施产业政策的组织、结构和人员之间的职权职责关系；保障决策科学化、民主化的各种程序所涉及的监督关系；产业国际竞争力促进关系；产业环境保护关系；市场机制下企业负外部效应的补正关系等。

（五）文化产业法的调整对象

文化产业法调整的对象应该包括两个方面的内容：一是文化产业内部的各经营主体之间的法律关系，二是社会与文化产业之间的关系。这两个方面的内容也是文化产业发展内部环境与外部环境的问题。两个方面互相补充、相辅相成，以发展壮大文化产业并使其成为国民经济的支柱性产业。

确立文化产业法的调整对象，是明确文化产业法定义的前提与基础。我们都知道，一部法律要想在现实社会中起到预想的作用、达到预设的目的，必须有一个明确的定义，也就是说，要有明确的内涵和外延。如果达不到此标准，该法律就不成其为法律，更不用说其效力大小了。这一点在文化产业法研究中也不例外，它也是文化产业法的重要而不可或缺的内容。目前我国对于文化产业法的调整对象并没有一个明确的定义，甚至很少讨论到这个话题。基于文化产业的性质及特征，我们认为，文化产业法的调整对象可以被界定为：以提高社会文化产业有序、健康发展为目的，在从事文化产品生产和提供文化服务的过程中产生的各种社会关系。

第三节　文化产业法的渊源、内容、体系

一、文化产业法的渊源

法的渊源曾经是一个多义词，可以指法的历史渊源、本质渊源、思想理论渊源、效力渊源、文件渊源和形式渊源。[①] 我国法学教科书中所说的法的渊源，基本上是指法的形式渊源；它不涉及法的具体内容和具体规定，仅仅是法的具体内容和各项规定的表现与存在形式。而法

---

① 参见葛洪义：《法理学》，3版，258页，北京，中国政法大学出版社，2008。

的制定主体、程序、时间、适用范围等不同决定了法的各种渊源不同效力位阶（效力层次），如此构成法的效力等级体系。文化产业法的渊源，主要是全国人民代表大会及其常务委员会制定的法律，国务院、地方人民代表大会及其常务委员会制定的行政法规和地方法规，国务院各部委制定的部门规章，以及地方人民政府制定的政府规章等。法的不同渊源中有的是专门的文化产业立法，有的是部分涉及文化产业内容。

目前，我国文化领域的立法数量总体偏少。据不完全统计，截至目前，我国法律、法规总数三万八千多件，其中文化法律、法规有 1 042 件，占全部法律、法规总量的 2.7％，而文化法律仅占全部法律的 1.7％。

全国人大常委会制定的文化法律仅有 4 件，分别是《文物保护法》（1982 年）、《档案法》（1987 年）、《著作权法》（1990 年）和《非物质文化遗产法》（2011 年）。纳入立法计划并已起草或提交全国人大常委会审议的法律有“电影产业促进法”“文化产业促进法”等。

除此之外，我国文化立法层次也较低，大部分为法规和规章，权威性、系统性、针对性不够，法律效力低，对违规、违法者起不到应有的约束和震慑作用。总体来说，我国的文化立法还处于初级阶段，线条较粗，与蓬勃发展的文化产业很不相称，法律体系尚不完善。

下面分述文化产业法的不同渊源及其有关主要内容。

（一）宪法

宪法集中反映统治阶级的意志和利益，规定国家制度、社会制度的基本原则，是国家最高权力机关制定的国家的总章程和根本大法，具有最高的法律效力。其主要功能是制约和平衡国家权力，保障公民权利。宪法在一国法律体系中具有最高的法律地位和法律效力，是一国最高的法律渊源。我国宪法对文化产业的发展作出了方向性、纲领性的规定。《中华人民共和国宪法》第 22 条规定：“国家发展为人民服务、为社会主义服务的文学艺术事业、新闻广播电视事业、出版发行事业、图书馆博物馆文化馆和其他文化事业，开展群众性的文化活动。国家保护名胜古迹、珍贵文物和其他重要历史文化遗产。”第 47 条规定：“中华人民共和国公民有进行科学研究、文学艺术创作和其他文化活动的自由。国家对于从事教育、科学、技术、文学、艺术和其他文化事业的公民的有益于人民的创造性工作，给以鼓励和帮助。”宪法的这些规定对我国文化事业（当然包括文化产业）的发展确立了根本方向和基本原则，也成为文化活动和文化产业法律、法规立法的根本宗旨。

（二）法律

法律是指由全国人民代表大会及其常务委员会制定、颁布的规范性法律文件，其法律效力仅次于宪法。法律分为基本法律和一般法律（非基本法律、专门法）两类。基本法律是由全国人民代表大会制定的调整国家和社会生活中带有普遍性的社会关系的规范性法律文件的统称。一般法律是由全国人民代表大会常务委员会制定的调整国家和社会生活中某种具体社会关系或其中某一方面内容的规范性法律文件的统称。法律对文化产业发展作出了制度性、原则性的规定，在文化产业领域，属于全国人大及其常委会制定的法律不是很多。文化产业方面尚无基本法律，目前正在制定中的基本法律是“中华人民共和国文化产业促进法”。基本法以外的其他法律主要有：《中华人民共和国著作权法》（2010 年修订）、《中华人民共和国文物保护法》（2013 年修订）、《中华人民共和国非物质文化遗产法》（2011 年）、《中华人民共和国档案法》（1996 年）等。

（三）行政法规、部门规章

行政法规是国家最高行政机关——国务院根据宪法和法律就有关执行法律和履行行政管理

职权的问题，以及依据全国人大的特别授权所制定的规范性文件的总称。其法律地位和法律效力仅次于宪法和法律。

国务院各部委、中国人民银行、审计署和具有行政管理职能的直属机构，以及省、自治区、直辖市人民政府和较大的市的人民政府所制定的规范性文件称规章，其法律地位低于行政法规。规章的内容限于执行法律、行政法规和地方法规的规定，以及相关的具体行政管理事项。

国务院及其有关部门制定的文化产业行政法规和规章数量最多，在文化经营与文化管理的法律体系中起着主体性作用。文化产业行政法规主要有：《娱乐场所管理条例》（2006年）、《营业性演出管理条例》（2013年）、《音像制品管理条例》（2013年）、《广播电视管理条例》（2013年）、《电影管理条例》（2001年）、《出版管理条例》（2014年）、《印刷业管理条例》（2001年）、《互联网信息服务管理办法》（2011年）、《计算机信息网络国际联网管理暂行规定》（1997年）、《旅行社条例》（2009年），等等。行政规章主要有：《新闻记者证管理办法》（2009年）、《报刊记者站管理办法》（2009年）、《新闻出版管理办法》（2005年）、《互联网文化管理暂行规定》（2011年）、《社会艺术水平考级管理办法》（2004年）、《文化部涉外文化艺术表演及展览规定》（2004年）、《广播电视广告播出管理办法》（2009年）、《文物认定管理暂行办法》（2009年），等等。

（四）地方性法规

地方性法规是指依法由有立法权的地方人民代表大会及其常务委员会就地方性事务以及根据本地区实际情况执行法律、行政法规的需要所制定的规范性文件。有权制定地方性法规的地方人大及其常委会包括省、自治区、直辖市人大及其常委会，较大的市的人大及其常委会，设区的市的人大常委会。① 地方性法规只在本辖区内有效。文化产业地方性法规非常多，比如北京市制定了《网络广告管理暂行办法》（2001年）、《北京市信息化促进条例》（2007年）、《旅游管理条例》（2010年）、《北京市专利保护和促进条例》（2013年）、《北京历史文化名城保护条例》（2005年）、《北京市图书报刊电子出版物管理条例》（1997年），等等。上海市制定了《文化娱乐市场管理条例》（2010年）、《上海市古树名木和古树后续资源保护条例》（2010年）、《上海市专利保护条例》（2001年）、《上海市出版物发行管理条例》（2010年）、《上海市音像制品管理条例》（2010年）。陕西省制定了《陕西省文物保护条例》（2012年）、《陕西省秦始皇陵保护条例》（2010年）、《陕西省风景名胜区管理条例》（2008年）、《陕西省专利条例》（2012年），等等。

（五）其他规范性文件

其他规范性文件，一般是指法律范畴以外的其他具有约束力的非立法性文件。目前这类非立法性文件的制定主体非常多，例如各级党组织、各级人民政府及其工作部门、人民团体、社团组织、企事业单位、法院、检察院等。文化领域内管理、规范文化产业的规范性文件主要有《文化部关于动漫企业认定工作有关事项的通知》（2011年）、《新闻出版总署关于印发〈数字印刷管理办法〉的通知》（2011年）、《新闻出版总署关于促进出版物网络发行健康发展的通知》（2010年）、《文化部关于贯彻实施〈网络游戏管理暂行办法〉的通知》（2010年）、《广电总局关于发布〈互联网视听节目服务业务分类目录（试行）〉的通告》（2010年）、《文化部关于贯彻〈娱乐场所管理条例〉的通知》（2006年）、《财政部、国家税务总局关于扶持动漫产业发展有关税收政策问题的通知》（2009年）、《文化部、商务部关于加强网络游戏虚拟货币管理

---

① 参见《立法法》（2015年修订）第71条。

工作的通知》（2009 年），等等。

（六）国际条约

我国与其他国家、国际组织签订的有关文化产业的条约和协定也是我国文化产业法的表现形式，在我国范围内具有约束力，如我国 1992 年加入的《保护文学艺术作品伯尔尼公约》（简称《伯尔尼公约》）和《世界版权公约》，1993 年加入的《保护唱片制作者防止唱片被擅自复制公约》（简称《唱片公约》），等等。①

二、文化产业法的内容

文化产业法的内容受制于文化产业的内容，文化产业法必须与文化产业的内容相适应，是对文化产业生产经营活动所产生的社会关系的规范。因此，明确文化产业法的内容需要先明确文化产业的内容及其分类。

（一）国外政府或组织对文化产业内容的分类

文化产业概念的模糊性、不确定性和多义性，致使文化产业分类有一定的难度和复杂性，加之世界各国地域、经济、文化背景、产业政策等各不相同，所以与文化产业的内涵和外延相对应的文化产业分类标准和体系也不尽相同。文化产业包含的内容和门类非常丰富，是一个多系统、多组织构成的有机整体，长期以来没有一个规范、科学的分类标准，现在的分类标准是在各种产业分类标准的基础上演化而来的。

目前国际上各种产业分类标准中，以英国著名经济学家费希尔在其 1935 年出版的《安全与进步的冲突》一书中提出的三大产业分类法最广为人知。他根据社会生产活动的历史发展顺序将全部经济活动划分为第一产业、第二产业和第三产业：第一产业为农业，第二产业为工业和建筑业，第三产业主要指"服务业"，即为生产和消费服务的部门，包括除第一、二产业之外的其他相关产业。② 以下是各国政府及联合国相关组织对文化产业分类表。

国家或组织	名称	内容与分类
联合国教科文组织	文化产业	文化遗产、出版印刷、音乐、表演艺术、视觉艺术、社会文化活动、体育和游戏、环境和自然等 10 类
美国政府	版权产业	文化艺术业（表演艺术、艺术博物馆）、影视业、图书报刊、出版业等
加拿大政府	文化创意产业	信息和文化产业（影视、因特网、信息业）、娱乐和消遣（演艺、体育、古迹遗产机构、游乐、娱乐业）
澳大利亚政府	创意产业	自然遗产、艺术、文学和印刷、音乐创作和出版、广告设计、广播和电影、其他文化娱乐等
法国政府	文化产业	文化建设、文化设施管理、图书出版、电影、旅游业
德国政府	文化创意产业	音乐和图书、艺术和电影、广播、表演艺术、设计等
英国政府	创意产业	影视和音乐、出版、互动休闲软件、软件等 13 类
日本政府	娱乐观光业	电影和音乐、游戏软件、观光旅游、艺术设计等
韩国政府	文化内容产业	影视、广播和动漫、游戏、卡通形象、演出、文物等
印度政府	娱乐和媒介产业	电视业、电影业、广播业、唱片业和出版业

① 参见张庆盈：《中国文化产业法制建设研究问题》，山东大学 2011 年博士学位论文。

② 参见常凌翀：《文化产业的概念与分类》，载《新闻与传播研究》，2013（12）。

2004年，我国国家统计局会同多个部门广泛调研、共同研究，在《国民经济行业分类》（GB/T 4754—2002）的基础上制定、颁布了作为首个国民经济分类指导标准的《文化及相关产业分类》，首次对文化产业的内容进行科学划分和全面统计，有力地推进了我国文化体制改革和文化产业宏观发展决策的制定和实施。

《文化及相关产业分类（2004）》的内容可进一步组合成文化产业核心层、文化产业外围层和相关文化产业层。文化产业核心层包括：新闻服务，出版发行和版权服务，广播、电视、电影服务，文化艺术服务；文化产业外围层包括：网络文化服务，文化休闲娱乐服务，其他文化服务；相关文化产业层包括：文化用品、设备及相关产品的生产，文化用品、设备及相关产品的销售。

为进一步规范和完善我国文化产业及相关产业统计工作，使之更适应我国文化产业发展的新情况、新变化，国家统计局在《国民经济行业分类》（GB/T 4754—2011）的基础上，结合《2009年联合国教科文组织文化统计框架》对《文化及相关产业分类（2004）》进行修订，于2012年7月颁布新的《文化及相关产业分类》标准。目前我国文化体制改革已取得新突破，文化新业态不断涌现，许多文化生产活动很难区分是核心层还是外围层，因此，本次修订不再保留三个层次的划分。《文化及相关产业分类（2012）》将我国文化及相关产业分为5层，共两大部分、10个大类、50个种类、120个小类和29个延伸层，具体分类如下表所示。①

文化产品的生产	新闻出版发行服务	新闻、出版、发行
	广播电视电影服务	广播电视、电影和影视录音
	文化艺术服务	文艺创作与表演、图书馆与档案馆、文化遗产保护、群众文化等
	文化信息传输服务	互联网信息和增值电信（文化部分）、广电传输等
	文化创意和设计服务	广告和文化软件、建筑设计、专业设计等
	文化休闲娱乐服务	景区游览、服务娱乐休闲、摄影扩印等
	工艺美术品的生产	工艺美术品的制造、园林和陈设艺术及其他陶瓷制品的制造、工艺美术品的销售等
文化相关产品的生产	文化产品生产的辅助生产	印刷复制、文化经纪代理、文化贸易代理与拍卖、文化出租、会展、其他文化辅助生产等
	文化用品的生产	办公用品的制造、视听设备的制造、鞭炮产品的制造、文化用家电的销售和其他文化用品的销售等
	文化专用设备的生产	印刷专用设备的制造、广电专用设备的制造、广播电视电影设备的批发、舞台照明设备的批发等

上述国内外文化产业分类标准为我们明确文化产业的内容提供了很好的依据，与此相适应，文化产业法的内容也被划分为核心层法律、外围层法律和延伸层法律三个层次，这三个层次包含了更为具体的法律规范和制度。

（二）文化产业核心层法律

1. 新闻服务

新闻领域主要立法有国务院出台的《中华人民共和国外国常驻新闻机构和外国记者采访条

① 参见常凌翀：《文化产业的概念与分类》，载《新闻与传播研究》，2013（12）。

例》(2008 年)、原新闻出版总署颁布的《新闻记者证管理办法》(2009 年)、《新闻出版统计管理办法》(2005 年)、《报刊记者站管理办法》(2009 年)、《关于进一步推进新闻出版体制改革的指导意见》(2009 年)、《关于进一步推动新闻出版产业发展的指导意见》(2010 年)、《关于发展电子书产业的意见》(2010 年)、《关于进一步推动新闻出版产业发展的指导意见》(2010 年)等。

2. 出版发行和版权服务

出版业领域相关的行政法规、规章较为完善，国务院先后颁布了《出版管理条例》(2002 年，2014 年修订)、《音像制品管理条例》(2002 年，2013 年修订)、《地图管理条例》(2015 年)、《著作权集体管理条例》(2005 年，2013 年修订)、《著作权法实施条例》(2002 年，2013 年修订)等行政法规，原新闻出版总署等行政主管部门还出台了《报纸出版管理规定》(2005 年)、《出版物市场管理规定》(2011 年，2015 年修订)、《图书出版管理规定》(2008 年，2015 年修订)、《期刊出版管理规定》(2005 年)、《报刊记者站管理办法》(2009 年)、《订户订购进口出版物管理办法》(2011 年)、《关于促进我国音像业健康有序发展的若干意见》(2009 年)、《关于促进出版物网络发行健康发展的通知》(2010 年)等大量的行政规章，形成了较为完备的出版、印刷、发行法规体系。

3. 广播电视电影服务

广播、电视、电影领域主要有国务院颁布的《广播电视管理条例》(1997 年，2013 年修订)、《广播电视设施保护条例》(2000 年)、《电影管理条例》(2001 年)为主的行政法规，在此基础上，原广电总局等部门颁布了《广播电视广告播出管理办法》(2009 年，2011 年修订)《广播电视节目传送业务管理办法》(2004 年，2015 年修订)、《广播电视节目制作经营管理规定》(2004 年，2015 年修订)、《广播电视视频点播业务管理办法》(2004 年、2015 年修订)、《电视剧内容管理规定》(2010 年)、《有线电视管理暂行办法》(1990 年，2011 年修订)以及《国务院办公厅关于促进电影产业繁荣发展的指导意见》(2010 年)等一系列规章，内容较为完备。

4. 文化艺术服务

文化艺术服务主要包括创作、表演、演出场所，文化保护和文化设施服务，群众性文化活动与娱乐，文化社团与文化研究四个方面。此领域立法主要有国务院颁布的《营业性演出管理条例》(2005 年，2013 年修订)、《娱乐场所管理条例》(2006 年)、《中华人民共和国文化保护法实施条例》(2003 年，2013 年修订)、《古生物化石保护条例》(2010 年)、《中华人民共和国水下文物保护管理条例》(1989 年，2011 年修订)、《宗教事务条例》(2004 年)等为主的行政法规，以及文化部、文物局等颁布的一系列规章。

(三) 文化产业外围层法律

1. 网络文化服务

网络文化服务主要就是互联网信息服务，包括互联网新闻服务、互联网出版服务、互联网电子公告服务及其他互联网信息服务。

互联网发展方面，有一系列行政法规、规章予以规范，主要有《信息网络传播权保护条例》(2006 年，2013 年修订)、《互联网上网服务营业场所管理条例》(2002 年，2011 年修订)、《互联网信息服务管理办法》(2000 年，2011 年修订)、《计算机信息网络国际联网安全保护管理办法》（1997 年，2011 年修订）、《计算机信息网络国际联网管理暂行规定》（1997 年）、《互联网文化管理暂行规定》（2003 年，2011 年修订）、《互联网新闻信息服务管理规定》（2000 年）、《互联网 IP 地址备案管理办法》（2005 年）、《互联网安全保护技术措施规定》（2005 年）、《互联网视听节目服务管理规定》（2007 年，2015 年修订）、《互联网著作权行政保护办法》（2005 年）、《规范互联网信息服务市场秩序若干规定》（2012 年）等。随着互联网产业的迅猛发展，立法也相对较为健全。

2. 文化休闲娱乐服务

文化休闲娱乐服务主要包括旅游文化服务和娱乐文化服务两个方面。

旅游业方面，主要出台的行政法规有《旅行社条例》（2009 年）、《风景名胜区条例》（2006 年）、《历史文化名城名镇名村保护条例》（2008 年）、《中华人民共和国自然保护区条例》（1994 年，2011 年修订）。在此基础上，为了促进旅游产业的发展，国务院和国家旅游局还分别出台了一些规范性的文件，主要有《国务院关于加快发展旅游业的意见》（2009 年）、《国家旅游局关于进一步促进旅游业发展的意见》（2007 年）、《国家旅游局关于进一步加快发展旅游业促进社会主义文化大发展大繁荣的指导意见》（2011 年）、《文化部、国家旅游局关于促进文化与旅游结合发展的指导意见》（2009 年）等。

娱乐文化服务方面，主要有《娱乐场所治安管理办法》（2008 年）、《娱乐场所管理条例》（2006 年）、《大型群众性活动安全管理条例》（2007 年）、《文化部关于促进民营文艺表演团体发展的若干意见》（2009 年）等。

3. 其他文化服务

其他文化服务主要包括广告会展文化服务、文化艺术商务代理服务及文化产品出租与拍卖服务。关于广告、会展的规定，主要有《广告管理条例》（1987 年）、《广告管理条例施行细则》（1988 年，2011 年修订）、《广播电视广告播出管理办法》（2010 年）、《印刷品广告管理办法》（2004 年）、《展会知识产权保护办法》（2006 年）等，这些立法中广告业的规范较为全面，而会展立法依然较为欠缺。

（四）文化产业延伸层法律

（1）文化用品设备及相关文化产品的生产。文化用品设备及相关文化产品的生产主要有文化用品的生产、文化设备的生产和相关文化产品的生产。

（2）文化用品设备及相关文化产品的销售。文化用品设备及相关文化产品的销售包括文化用品销售、文化设备销售和相关文化设备销售。

文化用品设备的生产、销售主要依据我国的《产品质量法》和《合同法》进行规范。

三、文化产业法的体系

法律体系，也称部门法体系，是指由一国现行的全部法律规范按照一定的标准和原则，划分为不同的法律部门而形成的内部和谐一致、有机联系的统一整体。法律体系从结构上看，可以分为内部结构和外部结构。其内部结构的基本单位是各种法律规范，这些法律规范的和谐一致是各部门法乃至整个法律体系协调、统一的基础；法律体系的外部结构的基本单位是各部门法。一般而言，任何部门法的体系都可以看成是由宪法到法律、法规、规章以及其他规范性文件组成的一个协调、统一的规范系统。讨论文化产业法的体系，依然可以按照这样的结构进行。

（一）基本法律

文化产业法的基本法是已经进入立法计划的“文化产业促进法”。该法是较早进入有关部门立法规划，并被列入《国家“十一五”时期文化发展规划纲要》“抓紧研究制定”的立法之一。中共十八届四中全会审议通过的《中共中央关于全面推进依法治国若干重大问题的决定》指出，制定“文化产业促进法”，把行之有效的文化经济政策法定化，健全促进社会效益和经济效益有机统一的制度规范。但是到目前为止尚未进入立法程序，表明“文化产业促进法”的立法存在着难点。厘清这些难点、统一思想认识、加快推进“文化产业促进法”的立法进程，对于贯彻落实中共十八届四中全会精神、加强文化法制建设、建设社会主义文化强国，具有重要意义。

（二）特别法

文化产业特别法是指由全国人大常委会针对文化产业某一行业或某一部门所制定的专项法律。目前这类法律相对较少，仅有《中华人民共和国著作权法》（2010 年修订）、《中华人民共和国文物保护法》（2015 年修订）、《中华人民共和国非物质文化遗产法》（2011 年）、《中华人民共和国档案法》（1996 年修正）等为数不多的几部，但对文化产业的发展还是起了非常重要的规范作用。目前，“中华人民共和国电影产业促进法”正在制定中，将对电影产业起到非常重要的推动和规范作用。

（三）行政法规

在没有基本法的情况下，国务院制定和颁布了相当数量的文化产业行政法规。这些法规主要集中在新闻、出版发行与知识产权保护，广播、电视、电影，文化艺术服务，计算机产业与互联网，旅游业，广告会展、印刷、复制等方面。

1. 新闻出版发行与知识产权保护

国务院有关新闻业的行政法规主要有《中华人民共和国常驻新闻机构和外国记者采访条例》（2008 年）等。

涉及版权、商标等知识产权以及新闻出版发行的行政法规主要有《出版管理条例》（2002 年）、《音像制品管理条例》（2002 年）、《中华人民共和国商标法实施条例》（2014 年修订）、《中华人民共和国知识产权海关保护条例》（2010 年）、《中华人民共和国著作权法实施条例》（2013 年修订）、《著作权集体管理条例》（2013 年修订）、《地方志工作条例》（2006 年）等。

2. 广播、电视、电影

广播、电视、电影方面的行政法规主要有《广播电视管理条例》（1997 年）、《广播电视设施保护条例》（2000 年）、《电影管理条例》（2002 年）等。

3. 文化艺术服务

文化艺术服务的相关行政法规有《营业性演出管理条例》（2005 年）、《大型群众性活动安全管理条例》（2007 年）、《娱乐场所管理条例》（2006 年）、《中华人民共和国文化保护法实施条例》（2013 年修订）、《古生物化石保护条例》（2011 年）、《中华人民共和国水下文物保护管理条例》（2011 年修订）、《宗教事务条例》（2005 年）等。

4. 计算机产业与互联网

计算机产业方面的相关行政法规有《计算机软件保护条例》（2013 年修订）、《中华人民共和国计算机信息系统安全保护条例》（2011 年修订），互联网方面的行政法规有《信息网络传播权保护条例》（2013 年修订）、《互联网上网服务营业场所管理条例》（2011 年修订）等。

5. 旅游业

旅游业方面的行政法规有《旅行社条例》（2009 年）、《风景名胜区条例》（2006 年）、《历史文化名城名镇名村保护条例》（2008 年）、《中华人民共和国自然保护区条例》（2011 年修订）、《长城保护条例》（2006 年）等。

6. 广告会展、印刷、复制

主要的行政法规有《印刷业管理条例》（2001 年）、《广告管理条例》（1987 年）等。

（四）地方法规

梳理全国各地的地方性文化产业立法情况，发现只有部分省市出台了文化产业促进的地方法规，如《深圳市文化产业促进条例》《太原市促进文化产业发展条例》等，但是此类立法极少。

（五）部门规章

主要有文化部的《互联网文化管理暂行规定》（2011 年）、《网络游戏管理暂行办法》（2010 年）、《营业性演出管理条例实施细则》（2009 年）、《文物认定管理暂行办法》（2009 年）、《出版物市场管理规定》（2011 年）、《国家级非物质文化遗产保护与管理暂行办法》（2006 年）等。

（六）其他规范性文件

主要有《新闻出版总署关于印发〈数字印刷管理办法〉的通知》（2011 年）、《关于促进出版物网络发行健康发展的通知》（2010 年）、《文化部关于贯彻实施〈网络游戏管理暂行办法〉的通知》（2010 年）、《广电总局关于发布〈互联网视听节目服务业务分类目录（试行）〉的通告》（2010 年）等。

第四节　文化产业法与相关部门法的关系

一、文化产业法与民法

（一）文化产业法与民法的联系

民法是调整平等民事主体之间的人身关系和财产关系的法律部门，是典型的私法。从调整对象上来看，两者具有交叉性，都调整一定的经济关系。民法主要调整的对象为人身和财产关系，其中的财产关系本质上是经济关系；而产业法调整的也是经济关系，文化产业法作为产业法中的一部分（分支），实际上也是调整有关文化方面的经济关系。

从法律作用上来看，两者都是在保护公民的合法经济权益、维护社会的经济秩序。两者互相补充，民法以人为本，产业法以社会整体利益为宗旨，共同促进社会经济和谐发展。

（二）文化产业法与民法的区别

1. 两者的法律属性不同。民法突出个体权利，以个体为本位，强调社会个体权利平等和自由；而文化产业法强调社会利益和社会责任，以社会整体利益为本位，着眼于全局和长远的利益。

2. 法的效力范围不同。民法是一般法，而文化产业法是特殊法，属于经济法的特别法，民法覆盖的范围大；而文化产业法只规制产业法中有关文化的行业。

3. 两者法律关系的主体不同。民法的主体只限于公民和法人；文化产业法的主体除公民和法人外，还包括企业法人的内部机构和其他经济主体。

4. 两者的调整目的不同。民法侧重对私人利益的保护，目的是保障经济主体自由基础上的交易成果；而文化产业法保护相关产业公共利益，主要是为了促进文化产业的有序发展，以及文化市场的良性发展，保障文化产业的积极方向。

5. 两者调整的主要内容不同。民法主要调整平等主体公民、法人之间的财产关系和人身关系，具有平等性。具体来说，民法法律规定是为了保护市场经济主体的合法权益，体现对个人权利的关照。文化产业法主要管理和协调文化产业运行过程中发生的经济关系，具有显著的服从性，追求社会公共利益内部的和谐。

6. 两者的调整方法不同。民法对违法行为更多地采用民事制裁形式，具有补偿性。在民法保护范围内，个人的行为一般不会受限制，不过多对法律行为后果予以保护，尊重市场自由交易规则，由市场主控。而文化产业法以行政性手段为主，以民事、刑事的调整方法为辅，多带有惩罚性。

7. 两者的责任形式不同。民法的责任形式多为民事责任，注重事后补偿性；而文化产业法为其中一部分的经济法的法律责任兼有行政、民事、刑事责任。

二、文化产业法与知识产权法

知识产权法旨在调整与知识生产、分配、使用和收益相关的各种社会关系，涉及知识产品的归属、利用、交换、管理、保护等环节，通过建立各种具体的法律制度，形成一个既相互独立又能彼此协调的有机统一体。我国知识产权法律体系主要由著作权法律制度、专利权法律制度、商业标记法律制度、反不正当竞争法律制度和其他知识产权法律制度组成。著作权法重在保护文学、艺术、科学作品的创造者和传播者的合法权益；专利权法重在保护产业技术领域内的发明创造成果，包括发明专利权、实用新型专利权和外观设计专利权三类，旨在鼓励发明、促进应用；商业标记法重在保护商品与服务标记，保障生产者、经营者与消费者的合法权益；反不正当竞争法则部分涉及对知识产权的保护，旨在制止生产经营活动中的不正当竞争行为，避免损害他人的知识产权；其他知识产权法律，例如集成电路布图设计权制度、植物新品种权制度、商业秘密权制度等，其宗旨在于通过界定权限鼓励创新、创造。

文化产业具有知识产权经济特征。知识产权的客体是一种精神财富，它是一种存在于知识和智慧中的无形利益，故被称为无形财产；它与有形财产一样，能为权利所有人带来经济收益。文化产业是一种以知识、智慧、创新和创意为核心的产业，是一种以知识的生产、分配、消费过程为基础，以创新、创意为核心的文化生产、消费和增值过程。这一过程的本质是知识产品的生产与流通活动，体现为知识产权的价值链实现过程，但其基础是国家对知识产权的保护。文化产业的本质是文化或知识产品的生产经营，知识商品构成文化产业的基础，主要包括大众化文化产品。不同的知识生产体系构成了不同的文化产业门类，如报刊、图书出版业、演艺业、电影电视业、音像业、软件业、网络游戏业、文物业、集邮、娱乐用品业等。知识生产的品种和产量迅猛增长，使知识产权保护范围逐渐扩展，要求国家对“创作性成果权”和“识别性标记权”进行严格的保护①，并延伸至对外观设计、商业秘密、地理标志等对象的保护。因此，国家关于知识产权的立法，就成为一个国家文化产业发展的基础条件。② 可以说，知识产权法与文化产业法共同规范文化产业行为，共同推动和保护文化产业有序发展。当然，二者在调整对象、调整方式、调整内容、调整目的、调整效果等方面也存在着差异，形成不同的法律部门。

三、文化产业法与行政法

文化产业法与行政法的调整目的都是维护社会的公共利益，文化产业法中很多调整的方法都要借助于行政手段和行政力量，所以二者关系非常密切，一定意义上可以说是相辅相成的关系。但是二者又存在着明显的区别。

首先，调整对象不同。行政法调整的是因行政主体行使职权而产生的特定社会关系，主要是行政主体为了行使行政职权而进行自身建设时发生的组织行政关系、对相对方进行管理时发生的管理行政关系、对违法或不当行政行为进行补救时发生的救济行政关系、为了保障职权的有效行使而由特定的国家机关对行政主体进行监督时产生的监督行政关系。③ 文化产业法调整社会关系中的文化及相关方面关系，包括文化产业结构关系、文化产业组织关系、文化产业技术关系、文化产业布局关系等。

其次，法律属性和利益本位不同。行政法是公法，着眼于国家管理，是以“国家权力为本位”的公法。国家为了维护政治稳定、巩固和发展国家赖以存在的经济基础，一方面，通过法律规范的制定授予行政机关各种管理权能及相应的辅助性手段，从而保证行政机关及时、有效地处理各种涉及公共利益的问题；另一方面，行政权力的失控和异化也会损害国家利益，因此，行政法又是关于行政权如何行使及对其不当行使的救济法。而文化产业法是社会法，主要目的是保证文化产业的秩序与促进文化产业的和谐发展，是以“社会利益为本位”的法律。所以文化产业法的法律属性和法的定位与行政法有着很大的区别。

此外，文化产业法与行政法在调整方法、救济手段等方面也存在着明显差别。

四、文化产业法与经济法

文化产业法与经济法的关系应该是一种包含与被包含的关系。从前文的论述中可以看出，经济法是我国社会主义法律体系中一个独立的法律部门，是我国法学学科体系中一个独立的二级学科。经济法是调整在现代国家进行宏观调控和市场规制的过程中发生的社会关系的法律规范的总称。简单地说，经济法就是调整市场经济中宏观调控和市场规制关系的法律规范的总称。产业法是经济法的一个重要组成部分，而文化产业法是产业法的一项具体内容，因此，可以说文化产业法与经济法是本质一致的法律体系。

首先，从产业法在经济法律体系中所处的位置来看，产业法属于经济法中宏观调控法的范畴，是一项重要的宏观经济调控法律制度。其次，从产业法与同层次的经济法子部门法的关系

① 参见赵玉忠：《文化创意产业发展与知识产权保护》，载《科技与法律》，2005。

② 参见傅才武、赵苏皖：《“十二五”我国文化产业发展的法律基础》，载《中国文化产业评论》，2011 (1)。

③ 参见张正钊：《行政法与行政诉讼法》，3 版，11 页，北京，中国人民大学出版社，2007。

来看，产业法涉及计划、金融、税收、反垄断等内容，但又是与计划法、金融法、税法、反垄断法相区别的独立的综合性的宏观经济调控法子部门。

所以，文化产业法也是经济法的范畴，属于宏观调控法的一支。文化产业法不仅调整与文化相关的产业活动，而且会涉及计划、金融、税收、反垄断等与行政法相关的内容。

第二章
文化产业法的产生与发展

第一节 世界文化产业法发展概述

世界文化产业法的发展是随着文化产业出现、兴盛和繁荣而逐步发展、完善的。从20世纪中期到21世纪的今天，各国的综合国力竞争日趋激烈，文化越来越成为民族凝聚力和创造力的重要源泉，而文化产业法也愈显重要。文化产业法从初露峥嵘到完善、成熟比文化产业发展史略晚，经历了一个多世纪的历程，可分为三个阶段。

(一) 文化产业法萌芽期（18世纪—20世纪“二战”结束）

在这一时期，德国法兰克福学派和英国文化研究学派的文化工业的概念，以及美国学者在19世纪二三十年代危机爆发后提出了“文化逆向”的概念，为文化产业及文化产业法的出现提供了理论基本框架和前提。

首先是行业自律组织出现，主要出现在住宿和旅游、视听产业方面。英美国家的行业自律民间色彩浓厚。1910年，美国饭店和住宿业协会（后改名为美国饭店协会）成立，开始对酒店员工进行培训。1922年，美国电影协会在加利福尼亚州成立，最初是作为电影工业的一个交易组织而出现的。1931年4月20日，美国旅行代理商协会成立，这是目前世界最大的旅游行业协会，目前成员超过2 000名，其对行业的规制主要是代表其成员协调行业与政府的关系，通过教育、培训、市场调研等来提高其成员的专业水准和销售水平，并对酒店、旅行社的服务质量、服务方式和效果进行测试、认证和发牌，向社会公布结果，实行行业监管和社会监管；同时，还代替政府负责部分法律、法令的具体实施。

英国报刊产业在1936年也建立了自律机制，由“全国记者联盟”（NUJ）制定一部行业道德规则——《行为准则》，要求记者加入该组织时承诺遵守。

德国出现了世界上较早的全国性的文化遗产民间保护组织，如地方文物古迹保护者协会（VdL）、德国文物古迹保护国家委员会（DNK）、德国家乡与环境联盟（BHU）等，对文化遗产产业进行保护。

法国广告产业行业自律组织是世界广告产业最早的自律组织，1935年，成立了以实施广告自律为主要目的的广告控制委员会（OCA）（1935—1953年）。

其次是法律规制。这一时期，主要法律是版权产业法律和视听产业法律，但在广告产业、新闻出版业等也出现了相应的法律规制。如1710年，英国依据多年形成的版权判例与司法规则，颁布了世界上最早的版权保护法案——《1710年英国版权法案》。丹麦于1741年、西班牙于1762年、法国于1793年、德国于1837年、美国于1790年、比利时于1886年、清政府于

1910 年也相继颁布了版权法。

广告产业法律最早出现在英国，主要是为了方便征税和打击虚假广告。如 1712 年英国议会通过了报纸和杂志广告的纳税法案，即《印花税法》，政府由此开征广告特税。1907 年英国颁布了世界上最早的《广告法典》。1905 年 8 月 1 日，法国政府出台《关于欺诈及假冒产品或服务》以打击虚假广告。

视听产业法律最早出现在英国。1543 年出于对政治和宗教异端邪说的恐惧，英国首次对戏剧的内容加以限制。1737 年的《剧院法案》和 1843 年的《戏剧法案》确立和加强了戏剧审查制度。1751 年的《混乱场所法案》则监管以音乐或舞蹈为主要形式的娱乐场所。

1909 年英国政府正式颁布《电影法案》，授权地方政府对所有用于电影放映的场所实施检查，并发给合格者营业执照。澳大利亚政府于 1942 年颁布了《广播服务法案》，该法分 4 篇共 134 条，对广播产业进行规制。

1881 年法国颁布了《出版自由法》，这是目前世界上施行时间最长的新闻自由法，共 5 章、65 条。此后，瑞典、葡萄牙、荷兰、芬兰等国家的新闻法对其多有吸收、继承。

最早对文化遗产进行立法保护的国家是法国、意大利。1793 年，法国颁布“共和二年法令”，规定任何文化艺术在法国领土都应该受到保护。1840 年，法国政府颁布了第一部文化遗产保护法，即《历史性建筑法案》。1913 年法国又通过了世界上第一部文化遗产保护法，即“保护历史古迹法”。法国还在 1930 年颁布了《景观保护法》，1941 年通过了《考古发掘法》。

意大利在 19 世纪统一之前就颁布了《历史文物及艺术品保护法》。[①] 1902 年，意大利颁布了第一部历史、艺术遗产保护令。1909 年又颁布了一部关于意大利文化遗产保护的综合性法律，并延续到 1998 年，为当代意大利文化遗产的法制建设奠定了坚实的基础。[②] 墨索里尼统治时期，为保护文物颁布了《艺术及历史文化遗产保护法》和《自然景观保护法》。

1933 年意大利首次通过关于文物建筑修缮与保护的《雅典宪章》，并由意大利文物和美术品最高顾问委员会制定了《文物建筑修复规则》。1939 年意大利出台了《文物保护法》。

（二）文化产业法发展时期（“二战”后至 20 世纪 90 年代）

“二战”结束后，世界各国得到了休养生息的机会，经过数十年的发展，经济发展方式明显变化，从以工业为主到以科技为主。进入 20 世纪 90 年代以后，文化产业以其独特的魅力和惊人的成长性吸引了全球的目光。从最初的英美扩张到世界其他国家，越来越多的国家开始将文化产业视为一种战略性、支柱性产业，从推动本国经济发展和提升国家参与世界竞争的“软实力”角度加以谋划和推动。文化产业发展的实践推动了法律的规制，各国及国际组织纷纷出台自己的法律、法规。

1. 原有文化产业法律规制得到修改、补充、发展

最早出现的版权法经历了上百年的发展，在传统媒体越来越普及、新媒体不断出现以后，原有的法律、法规因为其过于简约、原则化甚至过时，已经不能适应复杂多变的时代发展了，需要修改、补充、发展。

---

① 参见顾军、苑利：《文化遗产报告》，21～22 页，北京，社会科学文献出版社，2005。

② 参见朱晓民：《意大利中央政府层面文化遗产保护的体制分析》，载《世界建筑》，2009（6）。

（1）行业自律方面

1991 年，英国新闻产业出现了一个全新的“报业投诉委员会”（PCC），专门审理公众投诉；并建立媒体从业人员职务行为规范标准，制定了新的《业务准则》。

1953 年 8 月 20 日，法国 OCA 改组为广告审查局（BVP），此举促进了 20 世纪 70 年代法国广告业的发展。

1973 年 4 月韩国依据《电影振兴法》第 7 条设置电影促进会，作为半自律半官方的机构，有权进行电影审查与管制工作，1999 年 5 月重组与更名为电影振兴协会（KOFIC），采用协议制度，成员由片商、导演、影评人、学者专家等组成，具有决策、执行、辅导、推广、教育功能。

（2）产业法律方面

“二战”后，版权法得到进一步发展，主要表现在以下方面：

一是规制内容的拓展。20 世纪 50 年代版权法进入初次修订期，进入 90 年代后，法国（1992 年）、德国（1993 年）、美国（1994 年）、日本（1994 年）都大规模地修订版权法。英国 1956 年《版权法》扩大了保护范围：“原作品的版权”“录音作品、电影、广播和公开出版之作品的版权”“版权侵权的赔偿”“表演权法庭”“法律适用的范围或限制”“综合、补充条款”。1988 年英国颁布《版权、外观设计和专利法》，该法包括版权法、外观设计法和专利法三个方面，分为 7 部分：“版权”“表演权”“外观设计权”“外观设计注册”“专利代理人和商标代理人”“专利”“综合性条款”。

1976 年美国颁布了第三部《版权法》，即现行版权法。施行后，将版权保护范围不断拓展，直至覆盖所有通过智力劳动创作出的、具备独创性的作品。1988 年美国又修改了 1976 年的《版权法》，增加了版权保护的年限。除《版权法》外，美国政府先后通过了《半导体芯片保护法》《跨世纪数字版权法》《电子盗版禁止法》《伪造访问设备和计算机欺骗滥用法》等一系列版权保护法规，形成了全球保护范围最广、相关规定最为详尽的法律系统。

1970 年日本版权法修正案增加了保护采取无手续原则，即版权由作品当然产生；版权的保护期为作者在世之年加死后 50 年，但照片、电影是在发表后 50 年。1984 年日本版权法修正案调整了录制品出租业的规定，以保护作曲家、作家、演员以及录像带生产者的权利，1984 年修正案确认了除摄影作品以外的其他各种作品的公共租借权。1985 年日本版权法修正案认可计算机程序也是版权法所保护的作品。1986 年日本版权法修正案增加了对数据库的版权保护，调整了各种公共的用于直接接收的电缆传播服务业，扩大了电缆传输组织邻接权的保护内容。

比利时版权法也多次修改，在 1994 年 6 月 30 日的修订案中首次对数据库的版权保护作出规定。

二是各国纷纷颁布版权法，如荷兰（1972 年）、奥地利（1980 年）、瑞典（1980 年）、意大利（1981 年）、法国（1985 年）、日本（1986 年）、比利时（1986 年）、英国（1988 年）、加拿大（1988 年）、澳大利亚（1988 年）、中国（1990 年）等。

三是视听产业法律得到进一步修订。英国于 1952 年修订《电影法案》，确认了 1909 年《电影法案》中地方政府向影院颁发执照的权力；1982 年的《电影（修正）法案》通过推出新的 R18 级，将大部分都在放映色情影片的商业性电影俱乐部也纳入发照监控的范畴之内。

2. 通过新的产业方面的法律

版权保护方面，英国颁布了《外观设计版权法》（1968 年）和《表演者保护法》（1958 年，1963 年），对原有版权保护范围作进一步扩大。

广告产业方面，1968 年法国制定了《消费者价格表示法》《防止不正当行为表示法》《禁止附带赠品销售法》等有关法律，从法律上对广告产业相关活动进行严格限制，使之能在法律规定范围内进行。1973 年 12 月 27 日，法国在《商业、手工业引导法》第 44 条中确定了虚假广告罪的定义，并规定了犯虚假广告罪的赔偿损失责任。

视听产业方面，传统视听产业包括广播、电视、电影等。发达国家，如英、法、美、德、日等，都在这一时期颁布了自己的产业法律。英国于 20 世纪 70 年代颁布了《广播电视法案》。管理商业地面电视和地方广播运营，后经 1980 年、1981 年、1984 年、1989 年、1995 年五次修改。1990 年《广播电视法案》取代了 80 年代的广播电视法，该法有 204 项条款和 22 个附则，调整的范围主要是英国的商业广播电视，从而拉开了英国“竞争时代”的广播电视改革。1984 年英国颁布了《录像法案》，使新更名的英国电影分级委员会成为家用录像片的法定审查机构。1984 年，英国政府制定了《有线电视和广播法》，成立了有线电视管理局，负责促进和管理新兴的有线电视业。英国于 1959 年颁布、1989 年修改的《反淫秽出版物法》，将广播纳入该法管理范围之中。

法国在 1982 年 7 月颁布了《视听传播法》，1989 年修改、颁布《1989 年广播法》，以应对欧洲和法国广播电视业的“国际电脑网络、多套节目和卫星时代”，从此一向以广播电视作为“总统之神权领域”的时代趋于终结。1986 年法国修改《传播自由法》，政府不再掌控新闻业，允许商业性广播电视自由发展。1989 年 1 月法国政府再次修改《传播自由法》，据此产生了真正独立的、有权威的第三代广播电视行政管理机构——视听最高委员会。

德国于 1968 年颁布《电影制作促进法案》，并成立了电影补助理事会。对电影产业补助立法是世界首次。20 世纪 70 年代初，德国议会修改了《电影制作促进法》。1998 年 8 月 6 日通过《电影资助法案》。

1950 年 4 月，日本国会根据盟军总部的意见通过了有关无线电管理的三项法案：《放送法》《电波法》和《电波监理委员会设置法》，即“电波三法”。《放送法》是规范广播电视节目、日本放送协会（NHK，日本公共传媒机构）、民营广播电视业者的法律，是日本广播电视业发展的准绳。

1992 年，澳大利亚政府修改 1942 年《广播法案》，颁布了《广播服务法案》，发布《收费电视业务守则》《收费有线电视业务守则》《开放有线电视业务守则》《商业电视业务守则》。1999 年澳大利亚对 1992 年《广播服务法案》进行修订，通过了《广播服务（在线服务）修正案》，也称《互联网审查法》，正式确立了官方性质的互联网内容分级体系。

1996 年，美国实施了新版《电信法》，取消了电信和电视业互不进入对方市场的限制，为三网融合扫清了法律障碍。

美国保护版权法律体系主要包括《专利法》《商标法》《版权法》《反不正当竞争法》等。此后，美国不断地对《版权法》《专利法》加以调整和完善。1998 年《版权延长法》将个人著作权保护期从著作人终生及死后 50 年延长至 70 年，公司版权保护期从 75 年延长到 95 年。1982 年通过《反盗版和假冒修正案》，严厉打击对电影、录音制品的侵权盗版行为。

1995 年美国国会颁布《录音制品数字表演权（DPRA）》，这是美国版权法中第一次确立了录音制品中有限的公开表演权。1998 年美国颁布《数字千年版权法》，该法案是为了实施 1996 年世界知识产权组织（WIPO）的两个条约：《世界知识产权组织版权条约》和《世界知识产权组织表演和录音制品条约》。

同时，在网络空间安全方面，美国先后出台了相关的法律、法案，如 1966 年通过的《信息自由法》、1974 年颁布的《隐私法》、1986 年颁布的《电子通信隐私法》、1995 年颁布的《个人隐私与国家信息基础结构》白皮书、1998 年颁布的《儿童在线隐私保护法案》、1999 年颁布的《互联网保护个人隐私的政策》等，这些法律、法规共同构成信息网络业的政策体系。

1985 年德国颁布、实施《散布不良内容危害青少年法》，以保护青少年健康成长。德国是欧美发达国家中最早制定该项法律的国家。

“二战”后，文化遗产保护在国际上扩展，西方发达国家中，主要是西德（后统一为德国）文化遗产保护立法的做法值得借鉴。德国一方面严格遵循欧共体颁布的与文化保护有关的法律；另一方面也颁布了一系列相关法律，主要有：《保护文化遗产以防流失法》（1955 年，1998 年修改）、《在武装冲突中保护文化遗产的法规》（1967 年，1971 年修改）、《关于联邦法规中应顾及文物古迹保护的法规》（1980 年）、《文化遗产归还法》（1998 年）、《关于实施联合国教科文组织 1970 年 11 月 14 日发布的有关禁止和防止文化遗产的违法进口、出口和转让之措施的法规》（2007 年）。

其次是意大利，该国宪法（1947 年）第 9 条规定：“意大利共和国负责对国家的艺术、文化遗产和自然遗产进行保护。”1967 年意大利议会出台《城市规划法》，制定了对古城保护的条款。1982 年，意大利议会颁布了一部新法律，即 512 号法律，该法对重点文物修复工程、文物遗产继承、文物材料征税方面都有种种优惠。1996 年，意大利议会决定将全国彩票部分收入纳入文物保护资金。1999 年，意大利议会对上述法律以及其他法律中的有关文化遗产保护、环境遗产立法等条文进行整合而颁布了《联合法》。2004 年，意大利议会出台《文化和景观遗产规范》取代 5 年前颁布的《联合法》。该规范首次提出了“文化遗产”概念，认为可移动与不可移动文物、景观和自然环境、考古区等都是“文化遗产”。同时，意大利议会还颁布了《文化与自然遗产法》，作为《文化和景观遗产规范》的补充，共同构成文化遗产保护的核心法律。

2014 年 5 月，意大利文化遗产和文化活动部颁布了一项名为“保护文化遗产、文化发展和刺激旅游产业紧急措施”的新法案。该法案共分为艺术奖励、文化遗产保护战略、数字旅游税收措施等 19 大项，内容既涵盖了诸如庞贝古城、卡塞塔皇宫等意大利最负盛名的世界文化遗产，也包含了歌剧和交响乐等人文艺术领域，还涉及电影行业税收改革等具体刺激措施。目前，意大利已经形成了一整套完备的保护文化遗产的法律体系。

“二战”后，亚洲国家中日本恢复发展最快，其旅游产业发展更快，这得益于其众多的旅游法律专项法和相关法的颁布、实施。它们的内容涉及日本旅游业发展的各个方面。由此日本成为世界首屈一指的旅游产业立法最为完善的发达国家，包括产业的各个方面，如旅游专项法规、旅游相关法规、旅游开发相关法规、旅游设施建设经营的相关法规、旅游出入境相关法规、旅游相关交通法等。

广告产业方面，法国于 1992 年 3 月 27 日颁布了《广告法》，规定视听广告必须遵循相应的原则。

3. 文化产业原则性、宣示性法律开始立法

韩国1999年通过《文化产业促进法》，这也是国际上第一部文化产业促进法，该法明确“协助文化、娱乐、内容产业”。韩国还成立“文化产业基金”，为新创文化企业提供贷款。

4. 出现新的行业自律组织

意大利1958年建立了全国时尚协会，澳大利亚于1967年成立了媒体委员会，落实自我监管系统的规定，规范发布在各类媒体的广告内容，致力于提高广告行业的信誉。1974年，媒体委员会、广告联盟与国家广告主协会三方组织协同设立了广告标准委员会，作为完全独立存在的组织，专门处理广告行业投诉。1998年，澳大利亚国家广告主协会创立了新的广告自我监管体系，同时设立了广告标准管理局，下设广告标准委员会与广告投诉委员会协同处理广告监管事项。随着互联网的全球影响力和受众的多样性不断扩展，广告标准委员会还制定了专门的社会责任原则来引导新媒体广告的内容。

5. 制定文化产业基金法律

1965年，美国国会通过了《国家艺术及人文事业基金法》。这是美国制定的第一部支持文化艺术事业发展的法律。该法的特色就是最早创立了国家艺术基金会与国家人文基金会，主要以资金支持和补贴方式促进美国艺术与人文事业的发展。

意大利2000年颁布的《资助文化产业优惠法》规定，企业对各类社会文化活动的赞助可直接抵税。2002年，该法进一步规范、完善，规定，对需要修复、保护和经营的文物古迹以及所需要的资金，可以通过“招标”的形式公开展示，民间资本可以自主自愿地“竞标”投资，参与投资的企业可享受减税的待遇。

（三）文化产业法成熟时期（21世纪以来）

进入21世纪以来，世界许多国家提出文化立国战略，文化产业发展进入快车道。文化产业法发展方面表现在全行业都有了立法，尤其是新媒体出现之后，新媒体视听产业法律规制发展异常迅速。一部分国家制定文化产业基本法以进一步规范文化产业发展。至此，世界文化产业法最终成熟、完善起来。

1. 新的行业自律、他律组织不断出现，呈现行业全覆盖趋势

广告产业方面，如法国，2008年组建了专职广告审查局（ARPP），下设三个常规性机构：一个是广告道德委员会（CEP），一个是联合广告委员会（CPP），再一个是广告道德评审委员会（JDP）。

试听产业方面，他律组织以澳大利亚为代表，其电视节目审查由第三方独立机构——澳大利亚传媒局负责，它成立于2005年7月1日，由澳大利亚广播局和澳大利亚传播局合并而成。它并非政府机构，而是第三方独立机构，在政府委托下，它以独立、公正之方式，执行法律许可，在其职责范围内制定和监管相关法规，确保澳大利亚媒介和传播立法、规章、延伸标准、业务守则的有效运转及保护公众利益。但是，澳大利亚广播公司或者协会同样遵守《澳大利亚广播公司业务守则》（2011年）和《特殊广播服务业务守则》（2006年）规定的业务守则。

2. 新媒体视听产业立法加速并系统化、全面化

21世纪以来，除了传统文化产业法律不断得到修订、完善外，新兴文化产业门类齐全，其法律规范也与产业发展相适应、配合，文化产业基本法出现。

在新媒体视听产业方面，2002年美国颁布了《国土安全法》《网络安全研发法》《电子政

务法》《联邦信息安全管理法》等为网络安全、网络内容产业发展保驾护航。近期美国国会关于网络安全的主要综合性立法建议包括2012年《网络安全法案》《确保IT安全法案》。

澳大利亚也是全世界最早制定网络产业规定的国家之一，其《广播服务法》（2007年）、《反垃圾邮件法》（2003年）、《互联网内容法规》《电子营销行业规定》《电信传输法》《数字保护法》等，拓展了1992年《广播服务法》对网络内容的分类，规定了各社会主体对网络安全的责任和义务。

韩国在21世纪初相继颁布了《网络数字内容产业发展法》（2002年）、《关于游戏产业振兴的法律》（2006年）、《关于音乐产业振兴的法律》（2006年）、《关于电影和录像产业振兴的法律》（2006年）。韩国进一步修改《著作权法》，并于2014年正式实施。2014年3月韩国开始施行《博物馆及美术馆振兴法》修正案，为社会捐资捐物提供了明确的法律依据。

在文化产业基本法制定方面，日本国会于2001年1月30日通过了《振兴文化艺术基本法》，并于12月7日实施。2003年3月日本内阁政府依据《形成高度情报通信网络社会基本法》（2000年）以及《振兴文化艺术基本法》组建了“知识财富战略部”，通过了“知识产业推进计划”。

第二节　国外文化产业法的发展

一、欧美主要国家文化产业法的历史发展

欧美各国依据本国的特点采取了各种措施鼓励和支持文化产业发展。英、法、美等国的文化产业立法可以追溯到18世纪。从18世纪开始各国从版权产业、电影产业、广告产业、旅游产业、视听产业、新闻出版业开始立法，直至21世纪的网络内容产业立法，并成立民间行业自律协会，目的是通过法律、法规和政策杠杆来鼓励全社会对文化产业进行支持。

（一）版权产业法律

版权法是英、美两国各自在18世纪后期颁布的、此后又逐步修改的版权法。这一时期的版权法是世界上颁布比较早的版权法，所保护的对象主要还是纸质媒介的作品和视听作品的版权。如1710年，英国依据多年形成的版权判例与司法规则总结并颁布了世界上最早的版权保护法案——《1710年英国版权法案》，也叫《安娜女王法》。作为世界上第一部保护作者权益的法律，该法规定，作品自首次出版之日起，其作者享有14年的版权保护期，期满作者尚未去世，可以顺延14年。该法确立了近代意义的著作权思想，对世界各国后来的著作权立法产生了重大影响。

1787年美国在其宪法中规定了版权和专利权，1790年制定、颁布了第一部联邦《版权法》，其保护范围仅限于书籍、地图和海图、期刊，保护期与《1710年英国版权法案》期限一致，都是14年。但此后，英国为了扩大版权保护范围，对其版权法在1814年、1892年、1911年逐步修改，期限也随之延长。

另外，英国还制定了专门的版权法。从18世纪30年代到20世纪初陆续出现6部单行的专门版权法，即《雕版印刷品版权法》（1734年、1766年）、《图片版权法》（1777年）、《雕塑版权法》（1814年）、《戏剧版权法》（1833年）、《演讲版权法》（1835年）、《文学版权法》（1842年）和《音乐版权法》（1902年）。

丹麦于1741年、西班牙于1762年、法国于1793年、美国于1790年、德国于1837年、比利时于1886年相继颁布了版权法。

“二战”后，版权法得到进一步发展。

一是原有版权法得到不断修订、完善，保护范围进一步扩展。如英国1956年继续修改版权法。1977年，为了解决新技术的高速发展所带来的版权问题，英国成立了以高等法院专利法庭法官威特福得为主席的版权法修订委员会即闻名于世的威特福得委员会，专门负责修订1956年的版权法。1988年英国议会讨论通过《版权、外观设计和专利法》。德国也于1965年再次颁布版权法，1974年进行修订。1976年美国颁布第三部《版权法》，即现行《版权法》，此后，几乎每年都要修改一两次，至2000年，美国版权法先后经历了46次修正。

二是众多的国家颁布版权法，其原因在于现代传播技术革命的迅猛发展，如荷兰（1972年）、奥地利（1980年）、瑞典（1980年）、意大利（1981年）、法国（1985年）、比利时（1986年）、英国（1988年）、加拿大（1988年）等。

三是网络内容版权立法得到关注与实施。

进入20世纪90年代后，面对突飞猛进的信息网络传播技术，法国于1992年、德国于1993年、美国于1994年重新修订了本国的版权著作权法，开始关注网络内容版权。比利时版权法也是多次修改，在1994年6月30日的修订案中首次对数据库的版权保护作出规定。1996—1999年，美国有关数据库的立法提案就有《数据库投资与知识产权反盗版法》《信息汇集反盗版法》《数据库公平竞争和促进研究法》《数据库反盗版法》《录音制品数字表演权(DPRA)》《数字千年版权法》等法案。

进入21世纪以来，美国版权保护的力度进一步加强。2002年6月25日，美国众议院通过《规范对等网络法案》。2002年11月2日，美国颁布《21世纪司法部预算授权法案》。2003年美国版权法将个人版权保护期从版权人终生及死后50年延长至70年，公司版权保护期从75年延长到95年。2005年4月27日，美国颁布《家庭娱乐与版权法案》，明确规定以刑事处罚应对擅自在网络上传播预览影片。2010年12月26日，美国对《数字千年版权法（DMCA)》作了最新修改。

为进一步推动创意产业发展，美国还先后制定了《国家艺术及人文事业基金法》《专利法》《商标法》《版权法》《反不正当竞争法》《跨世纪数字版权法》《半导体芯片保护法》《电子盗版禁止法》《伪造访问设备和计算机欺骗滥用法》等，形成了保护范围最广、规定最详细的网络知识产权立法体系。

（二）出版业法律

欧美是世界近现代报纸的发源地之一，报业发达。许多在世界新闻史上具有重要意义的报纸和事件都产生在这两个地区。

1. 报刊产业发展得益于报刊业具有规范、全面的行业自律规制。早在1936年，英国媒体监管自律机制就出现了，即全国记者联盟（NUJ）制定的一部行业道德规则——《行为准则》。记者在加入该组织时必须承诺遵守规章制度。1991年报业投诉委员会（缩写PCC）取代NUJ，重新制定了《业务准则》。PCC因《世界新闻报》窃听事件于2014年9月8日被迫关闭。同日，独立报业标准机构（IPSO）宣布正式成立，进一步加强对报刊产业的自我管理。

2. 19世纪末出版自由法相继在欧洲大陆制定、实施。1881年法国颁布了《出版自由法》，这是目前世界上施行时间最长的新闻自由法。此后，瑞典、葡萄牙、荷兰、芬兰等国家的新闻法对其多有吸收、继承。

（三）视听产业法律

一百多年来，欧美电影发展迅速，为世界影坛贡献了巨大的精神财富。优秀的导演、出色的演员、高技巧的电影拍摄技术和吸引人的电影主题曲使得欧美电影产业已经成为世界电影产业的佼佼者。

1. 戏剧产业法律

视听产业法律最早出现在英国。英国对公共娱乐的审查已有四百七十多年的历史：早在1543年首次对戏剧的内容加以限制。1737年的《剧院法案》和1843年的《戏剧法案》确立和加强了戏剧审查制度。1751年的《混乱场所法案》则监管以音乐或舞蹈为主要形式的娱乐场所。

2. 电影产业法律

1909年英国政府颁布《电影法案》，授权地方政府对所有用于电影放映的场所实施检查，并发给合格者营业执照。1952年英国《电影法案》修正案确认了1909年《电影法案》中地方政府向影院颁发执照的权力。① 但私人群体、电影协会或俱乐部等非商业性放映活动不受发照监控。1982年英国《电影（修正）法案》通过推出新的R18级，将大部分都在放映色情影片的商业性电影俱乐部也纳入发照监控的范畴之内。

20世纪80年代初录像业发展迅速，但其色情和暴力内容引起了压力集团和媒体的强烈关注。基于对儿童正受侵蚀的担心，英国国会因此通过了1984年《录像法案》，该法案授权电影产业自律机构——英国电影审查委员会可以审查各类电影，使英国一直成功地避免近七年的国家电影审查体制，成为英国迄今为止最彻底的媒体审查措施。② 《刑事司法和公共秩序法案》则使英国成为西方世界独一无二的既实施国家录像审查又以法律形式制定哪些内容可以接受和不可接受的指导纲领的国家。③

1982年英国《电影（修正）法案》通过推出新的R18级将大部分都在放映色情影片的商业性电影俱乐部也纳入发照监控的范畴之内。2000年后，委员会审查政策有较大放松，尤其是放松了对18和R18级别的限制。④

1912年10月，英国电影生产商协会与电影放映商协会联手，成立了英国电影审查委员会。这是电影行业建立的一个“自律”机构，没有法定权力，但也具有“半官方”审查权威。直到1984年《录像法案》颁布后，给了它在录像审查方面法定的官方地位，次年更名为英国电影分级委员会，凸出了其分级职能。

1922年，美国电影协会在加利福尼亚州成立，涉及影院上映的电影、家庭摄影（home video）以及未来有可能出现的其他传送系统领域。

德国于1965年成立了德国电影青年委员会，大力资助年轻导演拍片，为其通过审查的剧

---

① 参见［英］内维尔·哈宁斯：《电影审查官与法律》，120页，伦敦，乔治艾伦与安文出版社，1967。

② 参见［英］詹姆斯·罗伯逊：《隐秘的电影：英国电影审查运作，1913—1972年》，153页，曼彻斯特，路特莱基出版社，1989。

③ 参见［英］朱利安·皮特雷、马克·可莫德：《审查官与国家》，载《影像与音响》，1998（5）。

④ 参见［英］朱利安·皮特雷：《放宽限制性规定：对英国电影分级委员主任罗宾·杜瓦尔的采访谈话》，载《影像与音响》，2001（12）。

本提供免息贷款。1968年德国颁布《电影制作促进法案》，并成立了电影补助理事会。这是世界上首次对电影产业补助立法。

20世纪70年代初，联邦德国议会修改了《电影制作促进法》。1998年8月6日德国通过《电影资助法案》。①

3. 广播电视产业法律

发达国家，如英、法、美、德等，都在20世纪颁布了自己的相关法律。

英国于20世纪70年代颁布了《广播电视法案》，管理商业地面电视和地方广播运营，后经1980年、1981年、1984年、1989年4次修改，1990年《广播电视法案》取代了80年代的《广播电视法》，拉开了英国"竞争时代"的广播电视改革。1995年英国对1990年《广播电视法案》的某些条款作了修订。1959年颁布、1989年修改的《反淫秽出版物法》，将广播纳入该法管理范围之中。

法国对视听产业进行立法也比较早，早在1982年7月就颁布了《视听传播法》，1989年修改、颁布《1989年广播法》，1986年9月修改《传播自由法》，政府不再掌控新闻业，允许商业性广播电视自由发展。1989年1月法国政府再次修改《传播自由法》。该法使法国的广播电视由国营转为向私人资本开放，将第一频道民营化，排除了垄断，从而产生了真正独立的、有权威的第三代广播电视行政管理机构——视听最高委员会。

进入21世纪后，广播电视数字技术大幅度发展，全球共享信息实现。同时，各国传媒业因经济全球化而竞争愈演愈烈。为保住其世界电视大国与最大电视节目出口国家的地位，英国于2003年制定了《通信法》，加大对公共广播电视产业的改革力度。

（四）广告产业法律

欧美广告业采取政府管理与行业自律相结合的管理模式，行业组织的自律管理作用也极其重要，成为政府管理强有力的补充力量。

从18世纪开始一直到20世纪初英国广告业极度发达和繁荣，其广告产业管理在欧洲也是最成功的。英国广告法律、法规大量分散在各个部门法当中，目前已有四十多部法律、法规涉及对各类广告活动的规制和管理，其中主要有《广告法》《商标法》《医药治疗广告标准法典》和《销售促进法典》（1925年、1927年进一步修改，扩大和增加了禁止做广告的范围）等。1712年英国议会通过了报纸和杂志广告的纳税法案，即《印花税法》，政府由此开征广告特税。1907年英国颁布了第一个《广告法》，这是国外广告管理史上最早的比较完整的广告法。

欧美国家中最早通过刑事立法对虚假广告活动加以制裁的法案，是1911年美国广告联合会的前身即广告联合俱乐部制定的世界闻名的《普令泰因克广告法案》。英国1968年制定的《交易表示法》中，才有禁止商品和服务广告中的不正当表示的条款，如虚伪陈述、诽谤言语、激励犯罪、广告侵权等；它以商业部作为实施机关。1968年法国制定了《消费者价格表示法》《防止不正当行为表示法》《禁止附带赠品销售法》等有关法律，从法律上对广告产业相关活动进行严格限制，使之在法律规定范围内进行。1973年12月27日，法国在《商业、手工业引导法》第44条中确定了虚假广告罪的定义，并规定了犯虚假广告罪的赔偿损失责任。德国1994年修订、颁布了《医疗广告法》，对包括医药及医疗设备在内的所有医疗范畴内商品的广告都

① 参见张生祥：《全球化时代的德国电影产业政策与市场结构》，载《国际影坛》，2007（5）。

给予了严格规定。2011 年 2 月 28 日，英国通讯管理局修订的《广播电视管理规则》规定，要避免受众接收到“暗中广告”。

最早出台打击虚假广告文件的则是法国：1905 年 8 月 1 日，法国出台《关于欺诈及假冒产品或服务》，其中对犯虚假广告罪者，处 3 个月至 2 年监禁及罚金 1 000～25 万法朗，或者选择其中之一处罚。

广告产业自律组织最早出现在法国，也是世界上广告产业最早的自律组织：1935 年，法国商业经理人协会（the Association of Business Managers France）和包括媒体、出版商在内的其他 12 家组织根据 1901 年法律成立了以实施广告自律为主要目的的广告控制委员会（OCA）（1935—1953 年）。OCA 最初开展广告自律活动的主要目的是抵制虚假广告，虽然只局限于参与成员，属于纯粹的行业自我管理活动，但代表了广告产业自律实践的出现。

2008 年法国组建了专职广告审查局（ARPP），下设三个常规性机构：一个是广告道德委员会（CEP），一个是联合广告委员会（CPP），再一个是广告道德评审委员会（JDP）。

同时，在法国“市民社会”发展的大背景下，法国广告主联盟（UDA）也进行了大刀阔斧的改革，开始执行新的自律准则——《负责任传播纲领》，该纲领发布于 2007 年 10 月 4 日。

美国广告业的行业自律也十分严肃，如美国广播事业协会在 1975 年订立的《美国电视广告规范》，除了对一些电视广告播映的基本标准作出规定外，还订立了 6 项准则。

（五）旅游产业法律

英国人托马斯·库克于 1841 年 7 月 5 日包租了一列火车，将多达 570 人的游行者从英国中部地区的莱斯特送往拉巴夫勒参加禁酒大会。此行往返行程 11 英里，团体收费每人 1 先令。这一行为揭开了世界近代旅游业的序幕。

行业自律主要出现在住宿和旅游、视听产业方面。英美国家的行业自律民间色彩浓厚。1910 年美国饭店和住宿业协会（后改名为美国饭店协会）成立，开始对酒店员工进行培训，培训内容主要包括对客服务、前厅、客房、餐饮，市场营销、人力资源、管理概论、财务管理、俱乐部管理、工程与维护等。

1931 年 4 月 20 日，美国旅行代理商协会（ASTA）成立。这是目前世界最大的旅游行业协会，目前成员超过 2 000 名。如今，ASTA 的标志全球认同，是对代理商专业水平的认可，也是媒体推荐代理商的重要参考。

1969 年英国制定了《旅游发展法》，规定对开办旅馆者给予 20%的补助，旨在促进英国旅游业发展。

法国《旅游法典》自颁布以来已经历两次修订，每隔几年都会有新的法律对法典进行完善和补充，以便不断适应行业发展和消费模式的新变化。

1979 年美国颁布了《美国全国旅游政策基本法》，把国家发展旅游业的意志上升到立法上来；认为全国旅游政策将“促使旅游业和娱乐业为繁荣经济、平衡国家的国际收支作出更大贡献”。

在加拿大全国性的法案中，直接与旅游相关的并不多，直到 2000 年才制定了《加拿大旅游委员会法案》。除此之外，在加拿大全国性的法案中间接与旅游相关的还有一部分，占 15%～20%。

（六）文化遗产保护法律

法国早在大革命时期，格雷茹瓦教士基于大革命对宫殿等历史遗址的破坏而呼吁保护历史遗产。1793年“共和二年法令”颁布，明文规定任何文化艺术在法国领土都应该受到保护。1840年，法国政府颁布了第一部文化遗产保护法即《历史性建筑法案》。1913年法国又通过了世界上第一部文化遗产保护法，即《保护历史古迹法》。1930年颁布了《景观保护法》，1941年又通过了《考古发掘法》。

意大利很早就注重立法保护，19世纪统一之前就颁布了《历史文物及艺术品保护法》。①1902年，意大利颁布了第一部历史、艺术遗产保护令。1909年意大利又颁布了一部关于意大利文化遗产保护的综合性法律，并延续到1998年，为当代意大利文化遗产的法制建设奠定了坚实的基础。②

墨索里尼统治时期，为保护文物颁布了《艺术及历史文化遗产保护法》和《自然景观保护法》。这是意大利文化遗产保护法中最重要的两部，是现行的“联合法”的基础。1933年意大利首次通过关于文物建筑修缮与保护的《雅典宪章》，并由意大利文物和美术品最高顾问委员会制定了《文物建筑修复规则》。1939年意大利在罗马设立了“文物修复中心研究所”，并出台了《文物保护法》，对1933年的《文物建筑修复规则》作了进一步的修订。20世纪70年代，意大利又率先提出了对历史遗产“整体性保护”的新观念，第一次提出“把人和建筑同时保护”的口号，即：不仅保护具体的历史建筑遗产，还要保护与之相连的文化传统和生活方式；不仅是对单体进行保护，而且对古建筑成片保护。

“二战”后，德国制定并实施了一系列文化遗产产业方面的法律，主要有：(1) 1955年8月起生效的《保护文化遗产以防流失法》及其颁布于1998年的修改案；(2)《在武装冲突中保护文化遗产的法规》，生效于1967年，并于1971年被修改；(3)《关于联邦法规中应顾及文物古迹保护的法规》，1980年6月起生效，其中涉及对现存各类联邦层级法典的修改；(4)《文化遗产归还法》，1998年公布并生效；(5)《关于实施联合国教科文组织1970年11月14日发布的有关禁止和防止文化遗产的违法进口、出口和转让之措施的法规》，自2007年5月起生效。总体来看，由于文化保护原则上被看成是各个邦州的事务，所以在德国联邦国家这一层级较少相关的法律规范。例如，有关文物古迹保护，在德国就没有全国性的法制规章，而只有每个邦/州自行制定的“文物古迹保护法”。

另外还有德国联合国教科文组织全国委员会颁发的两项决议：(1)《关于保护文化遗产以防偷盗和违法出口的决议》，2003年7月通过；(2)《关于德国境内由联合国教科文组织指定的世界遗产的决议》，2006年6月通过。

在官方组织之外，一些全国性的民间组织如地方文物古迹保护者协会（VdL）、德国文物古迹保护国家委员会（DNK）、德国家乡与环境联盟（BHU）也出台了各种与文化保护相关的建议，如1988年由VdL颁发的《农村地区的文物古迹及文化遗产》、1996年由DNK颁发的《关于德国文物古迹保护现状的建议》和BHU于2011年为响应联合国教科文组织提出的保护非物质文化遗产的倡议而发出的通知——《认可与保护非物质文化遗产》等。

此外还有一些全国性的旨在保护文化遗产的基金会，如位于柏林的普鲁士文化遗产基金和位于萨尔州哈勒市的国家文化基金。邦州联盟文化基金是一个由各州出资并受其监督的机构，

① 参见顾军、苑利：《文化遗产报告》，21～22页，北京，社会科学文献出版社，2005。

② 参见朱晓民：《意大利中央政府层面文化遗产保护的体制分析》，载《世界建筑》，2009 (6)。

会址设在首都柏林。

目前，只有意大利已经形成了一整套完备的保护文化遗产的法律体系。意大利的法律对文化遗产保护的方法规定得十分细致，而且，从中央到地方、从法律制度的建立到保护的具体实施、技术研究、经费筹集等，都形成了一个完整的体系，是世界各国文化遗产保护的榜样。意大利于1947年12月22日正式颁布了宪法，用国家法律对文物加以保护。其宪法第9条规定："意大利共和国负责对国家的艺术、文化遗产和自然遗产进行保护。"

1967年意大利政府出台新的《城市规划法》，由于增加了对古城保护的条款，使得意大利文物保护在广度和深度上发生了变化。次年又制定了专门保护城市历史中心的法律，把管理权从中央下放到地方。1982年意大利议会颁布了著名的第512号法律，取消文物遗产继承税，免除文物材料增值税，国家为重点修复工程提供一切方便条件，从而为企业和历史遗产继承人参与文物保护事业打开了方便之门。1999年意大利议会归纳调整了众多法律中包含保护文化遗产及环境遗产的立法条文，颁布、实施了《联合法》，这是意大利文化遗产保护方面的唯一大法。《联合法》涵盖了所有有形文化遗产。2004年《文化和景观遗产规范》取代《联合法》，成为截至2008年意大利文化遗产保护的核心法律。该规范将可移动与不可移动文物、景观和自然环境、考古区均纳入一个专门的保护框架，统称为"文化遗产"。

1996年意大利通过法律，将全国彩票收入的0.8%、每年约1.5亿欧元作为文物保护的资金。2000年意大利颁布《资助文化产业优惠法》，规定，企业对各类社会文化活动的赞助可直接抵税。2002年《资助文化产业优惠法》进一步规范、完善，规定，对需要修复、保护和经营的文物古迹以及所需要的资金，可以通过"招标"的形式公开展示，民间资本可以自主自愿地"竞标"投资，参与投资的企业可享受减税的待遇。

另外，意大利颁布了《文化和自然遗产法》，规定，在意大利境内发现的所有出土文物都归国家所有。对于发现和报告文物的个人和团体，国家给予一定的奖励，奖励金额一般是所报文物价值的10%。

2014年5月，意大利文化遗产和文化活动部颁布了一项名为"保护文化遗产、文化发展和刺激旅游产业紧急措施"的新法案。

欧美国家中只有意大利比较早地成立了一个专门打击文化遗产犯罪活动的执法机构和队伍，称为"文物宪兵"：1969年成立，共三百余人，分为12支队伍，其主要任务是打击各种文物犯罪活动如盗窃、盗掘、走私等。

2015年7月31日意大利总理伦齐在参加米兰世博园举行的首届文化部长国际会议上提议国际社会组建"文化保护蓝盔部队"，以应对破坏文化遗产的天灾人祸。

英国对文化遗产保护的法律政策体现在1991年发布的《维修原则》、1998年发布的《英国标准》和《历史性苏格兰》等一系列公约中的基础性条款中。

（七）网络内容产业法律

20世纪90年代，人类进入互联网时代。为了扶持电子游戏等网络内容产业发展，欧美各国政府制定了大量的法律来保护和规制网络文化产业的发展。

网络内容产业名称在美国产业分类体系当中多有变化。2002年北美产业分类体系（英文缩写NAICS）美国列出的名称为"Internet publishing&broadcasting"，直译为"网络出版与播放业"。2007年NAICS美国又将其列入"其他信息服务业"之下，名称为"Internet publishing and broadcasting and web search Portals”，即“网络出版、播放与搜索门户”。1999年，由于数字革命使全球性的通信变得即时和几乎无成本，通信网络、计算机网络和有线电视网络等传播声音、图像、文本与多媒体信息的网络进一步走向融合。

在多媒体、电子游戏产业方面的法律比较健全、完善的是德国。德国在对青少年上网立法保护方面最为完善，主要法律有《青少年保护法》《多媒体法》《电讯服务法》《危害青少年传播出版法》。除此之外，德国对青少年保护的法律还有《刑法典》《违法治安法》《公共场所青少年保护法》《著作权法》《阻碍网页登录法》和《报价法》等，构建了对电子信息产业的法律规制网络。

美国网络内容业的发展一直在全球居于领先地位，原因主要是技术领先、法律健全。美国发起并一直引领着全世界的信息技术革命，再加上其传统文化产业本身就领先全球，强强联手打造出的网络内容业必定十分强大。另外，庞大的网民群体也是其网络内容业迅速发展的基础条件。为了规范网络内容，保护青少年免受不健康内容侵害，保护国家信息安全和个人隐私等，美国先后出台了相关的法律、法案，如1966年通过的《信息自由法》、1974年颁布的《隐私法》、1986年颁布的《电子通信隐私法》、1995年颁布的《个人隐私与国家信息基础结构》白皮书、1998年颁布的《儿童在线隐私保护法案》、1999年颁布的《互联网保护个人隐私的政策》等，这些法律、法规共同构成信息网络业的政策体系。当然，这一法律体系也是在不断的调整当中，例如1996年2月8日，时任总统克林顿颁布了《通信规范法》（Communications Decency Act of 1996 CDA)，但在其生效后不到10分钟，美国公民自由联盟就把该法告上了费城联邦法院，理由是该法违反了美国宪法第一修正案给予公民的言论自由权利。1997年6月26日，美国最高法院作出终审判决，裁定《通信规范法》违反了宪法的规定，该法只能被废止。

二、亚洲、大洋洲主要国家文化产业法的历史发展

亚洲、大洋洲主要国家的文化产业发展均是在“二战”以后。日本是亚洲文化产业最发达的国家，韩国是亚洲文化产业的后起之秀。澳大利亚、新西兰是大洋洲文化产业发展强国，新西兰四大创意产业——书籍、音乐、电视和电影发展快速。这些国家除了加入了《世界版权公约》《保护录制者、防止录制品被擅自复制的日内瓦公约》（简称《保护录制者公约》）《与贸易有关的知识产权协定》《伯尔尼公约》《世界知识产权组织版权条约》外，其自身建立的文化产业法律体系也相当重要。

20世纪90年代，日本、韩国提出“文化立国”的方针，澳大利亚1994年出台了《创意国家》发展战略，都将文化产业作为21世纪发展国家经济的战略性支柱产业。韩国先后颁布了《国民政府新文化政策》《文化产业发展五年计划》等十几部法律、法规，并于2001年成立了“韩国文化产业振兴院”。1999年至2001年韩国先后制定了《文化产业发展五年计划》《文化产业前景21》和《文化产业发展推进计划》，明确文化产业发展战略和中长期发展计划，推出一系列重大举措，有力地推动了文化产业的发展。韩国政府步步为营，全方位建设文化产业强国。

日本于2001年12月7日公布、实施了《振兴文化艺术基本法》，2002年12月制定了《有关振兴文化艺术的基本方针》，确定了今后5年日本振兴文化艺术的基本方向和国家应当承担

的责任。2001年10月1日日本对1970年颁布的《著作权法》再次进行修改，更名为“著作权管理法”并开始实施。2004年，日本政府又推出了《文化产品创造、保护及活用促进基本法》。

（一）文化产业基本法

亚洲文化产业发达国家在21世纪前后颁布了促进文化产业发展的文化产业促进法。如日本，其将文化产业称为内容产业，于2004年颁布了《关于促进内容的创造、保护及活动的法律》，简称《内容产业促进法》。另外，日本于2000年批准通过《信息技术基本法》，2001年通过《文化艺术振兴基本法》，2003年日本内阁政府成立“知识财富战略本部”并制订“知识产业推进计划”，2004年5月在“文化产业振兴政策”出台的基础上修订“知识财产推进计划”。

1999年韩国政府制定了《文化产业振兴基本法》，这是一部有关文化产业的综合性法规，2000年、2002年、2003年，该法规又得到了三次修订。

（二）旅游产业法规

日本、韩国、澳大利亚、新西兰等国是世界旅游业发达国家。在旅游发展过程中，它们都制定了许多相应的法律、法规，建立了较为完备的法律体系，为旅游业的顺利发展保驾护航。

1. 观光基本法。日、韩两国都在20世纪60年代制定了观光基本法。1964年东京奥运会给日本制定旅游行业的基本法提供了有利契机。为适应当时日本国内的社会经济发展形势，1963年6月20日，日本制定、颁布了《观光基本法》。2007年1月1日正式实施的《观光立国推进基本法》，充分指明了未来日本旅游发展方向。

2. 除旅游基本法之外，日本的旅游产业法律还有专项法和相关法，它们的内容涉及日本旅游业发展的各个方面，大致包括：

（1）旅游专项法规，如《禁止垄断及确保公平交易法》（1947年）、《国际旅游事业资助法》（1949年）、《关于国际旅游业统计调查的规定》（1951年）、《旅行社法》（1952年）、《翻译导游业法》（1952年）、《国际旅游振兴会法》（1959年）、《旅游基本法》（1963年）、《不合理赠品及不合理表示防止法》（1972年）、《促销国际会议法》（1994年）、《促进外国旅游者访问地区多样化振兴国际旅游法》（1997年）。

（2）旅游相关法规，如《国立公园法》（1931年）、《温泉法》（1948年）、《文化财产保护法》（1950年）、《森林法》（1951年）、《博物馆法》（1951年）、《自然公园法》（1957年）、《保护古都历史风情特别措施法》（1966年）、《防止水质污染法》（1970年）、《自然保护法》（1972年）、《有效利用地方传统表演艺术等活动振兴旅游和特定地区工商业法》（1992年）、《节庆法》（1992年）。

（3）旅游开发相关法规，如《公有水面填埋法》（1920年）、《国土综合开发法》（1950年）、《国际旅游温泉文化城市建设法（热海、伊东、别府）》（1950年）、《国际文化旅游城市建设法（京都、奈良）》（1950年）、《农地法》（1952年）、《岛屿振兴法》（1953年）、《防沙法》（1955年）、《海岸法》（1956年）、《城市公园法》（1956年）、《自来水法》（1957年）、《下水道法》（1958年），《地表滑落防止法》（1958年）、《整修住宅用地管制法》（1961年）、《实施综合修建偏僻地区公共设施的特别措施相关法》（1962年）、《河川法》（1964年）、《山村振兴法》（1965年）、《城市规划法》（1968年）、《防止山体滑坡带来危害的相关法》（1969年）、《不发达地区对策紧急措施法》（1970年）、《修建城市公园等紧急措施法》（1972年）、《国土利用计划法》（1974 年）、《利用民间力量促进特定设施建设临时措施法》（1986 年）、《综合疗养地区整治法》（1987 年）、《搞活不发达地区特别措施法》（1990 年）。

（4）旅游设施建设经营的相关法规，如《食品卫生法》（1947 年）、《旅馆业法》（1948 年）、《娱乐场所法》（1948 年）、《公共浴池法》（1948 年）、《色情营业取缔法》（1948 年）、《消防法》（1948 年）、《国际旅游饭店整顿法》（1949 年）、《建筑标准法》（1950 年）、《与环境卫生相关的营业标准化法》（1957 年）、《建筑物汲取地下水管理法》（1962 年）、《旅游设施财团抵押法》（1968 年）、《确保建筑物环境卫生相关法》（1970 年）、《国际旅游饭店整顿法》（1993 年）。

（5）旅游出入境相关法规，如《外汇及外贸管理法》（1949 年）、《检疫法》（1951 年）、《签证法》（1951 年）、《关税法》（1954 年）、《关税定率法》（1968 年）。

（6）旅游相关交通法，如《航空法》（1952 年）、《空港建设法》（1956 年）、《海上运输法》（1949 年）、《港湾法》（1950 年）、《岛屿航道建设法》（1952 年）、《铁路营业法》（1901 年）、《地方铁路法》（1920 年）、《出售一周游折扣车票规则》（1955 年）、《公路运输法》（1951 年）、《公路法》（1952 年）、《高速公路国道法》（1957 年）、《国土开发汽车干线建设法》（1957 年）、《索道规则》（1947 年）、停车场法（1957 年）。

日本于 1992 年、1994 年、1997 年相继颁布了《节庆法》《国际会议振兴法》《促进外国旅游访问地区多样化的振兴国际旅游法》，对日本旅游产业发展尤其是入境游起到了很大的促进作用。

韩国政府在 1961 年制定并颁布了《观光事业振兴法》，1962 年 6 月设立了国际观光公司；1975 年 12 月 31 日废除了既存的《观光事业振兴法》，把其中的振兴旅游事业部分扩充为《观光基本法》，而将规制性部分整合为《观光事业法》；1975 年制定的《观光基本法》于 2000 年 1 月和 2007 年 12 月进行了两次修改。

（三）版权产业法规

1. 亚洲、大洋洲主要国家现代版权法主要颁布于 20 世纪 90 年代前后

澳大利亚于 1988 年颁布了《版权法》。印度于 1994 年颁布了《著作权法》（1994 年）。新西兰于 1994 年通过了第一部《版权法》，此后，分别在 1996 年、1997 年、1999 年、2008 年、2010 年、2011 年应对不同的问题与国内外形势作出了相应的调整。

但是，日本、韩国的版权法最早：1899 年日本以德国和比利时立法为蓝本，制定了第一个现代版权法，该法也体现了《伯尔尼公约》的基本原则。韩国于 1957 年制定《韩国著作权法》。

2. 都是国际公约成员国

1899 年日本加入《伯尔尼公约》和《巴黎公约》，1956 年日本批准加入了《世界版权公约》，在现行版权法制定公布后，日本又于 1974 年和 1975 年分别批准加入了《1948 年布鲁塞尔文本》和《伯尔尼公约的 1971 年巴黎文本》；1975 年日本批准加入了《建立世界知识产权组织公约》，1978 年批准加入了《保护录音制品制作者防止未经许可复制其录音制品公约》。

3. 版权法都随着时代而不断增、修

如日本版权法，1970 年版权法修正案增加了保护采取无手续原则，即版权由作品当然产生。1984 年、1985 年、1986 年日本相继修改了版权法。修正案增添了保护作曲家、作家、演

员以及录像带生产者的权利，也确认了除摄影作品以外其他各种作品的公共租借权；认可了计算机程序也是版权法所保护的作品，即侵犯版权的责任适用于私人借助高速复印机进行的复制活动；增加了对数据库的版权保护、调整了各种公共的用于直接接收的电缆传播服务业、扩大了电缆传输组织邻接权的保护内容。

韩国1957年制定的《韩国著作权法》进行过18次修改，其中2006年、2008年、2009年三次重要修改均涉及互联网版权管理问题，初步建立起相对行之有效的互联网版权管理现行管理体制。

4. 部分国家建立了自律组织

如日本于1939年成立的音乐著作权协会，是专门从事音乐著作权事务的法人团体。它主要根据《著作权中介业务法》负责征收电视、广播、卡拉OK、CD等所使用的音乐作品的使用费。该协会拥有作曲家和作词家会员1.2万余人，管理着一百六十多万首曲目。

（四）视听产业法律

1. 视听产业法律是“二战”后产业发展的产物

日本、韩国都是在“二战”结束后相继颁布相关法律。日本是世界传媒业发展较为发达的国家之一，其较为成熟的法律体系对于抵制广播电视低俗化的蔓延起到了很好的作用。日本对广播电视媒体和行业具有严格的立法规制，《广播电视法》（日文称《放送法》）、《电波法》《电波监管委员会法》等是日本广播电视法制的基础，法律体系完善，与日本放送协会（NHK）和商业广播电视联盟联合制定的行业规范《广播电视伦理基本纲领》、NHK制定的《国内广播电视节目基准》《国际广播电视节目基准》，商业广播电视联盟制定的《日本商业广播电视联盟播放基准》《日本商业广播电视联盟报道指针》一起，对公共广播电视和民营广播电视进行约束。但《广播电视法》也是广播电视自由的法律保障。

韩国《电影振兴法》制定于1995年。

印度虽然于1918年颁布了《印度电影法》，这还是亚洲最早的电影法，但是这是印度殖民地时期的法律，直到1952年，印度独立分治后新的《电影法》才由议会通过。

澳大利亚的视听产业立法也是比较早的，1942年就颁布了《广播服务法案》。

2. 视听产业法律都在不断地进行修改、调整

日本《电波法》于1950年5月2日颁布、实施，自1952年至1979年共进行了22次修改，其中依照其他有关法律的规定修订的有7次。该法有9章、116条。

韩国于20世纪90年代确立文化立国策略时，就十分重视包括电影在内的文化产业的发展。对《影像振兴基本法》《著作权法》《演出法》《广播法》《唱片录像带暨游戏制品法》等作了部分或全面修订，被废止或修改的内容达70%左右。为了实现音乐、录像、游戏等行业的发展和振兴，相继制定并出台了《关于电影及录像制品振兴法律》《关于游戏产业振兴法律》《关于音乐产业振兴法律》《出版与印刷振兴法律》等法律，为高附加值的文化产业核心——游戏产业奠定了更加丰富和多样化的政策发展环境，也使得数字产品如MP3等有了法律身份，获得了法律保护。①

韩国《电影振兴法》制定于1995年，1999年、2001年、2002年、2005年作了局部修改。

---

① 参见［韩］朴哲弘：《韩国政府如何推动文化产业版权出口》，载《出版参考》，2007（5）。

1952年，印度新的《电影法》由议会通过。该法分别于1983年6月1日和1984年5月1日进行了修订。除此之外，电影业还需要遵守相关的法律，如《印度刑法典》（1860年）、《印度宪法》（1949年）、《孟买电影（管理）法》（1953年）、《版权法》（1957年，1984年修正）、《电影审查委员会法规》（1978年）、《电影工作者和影院工作者的雇佣法规》（1981年）、《电影工作者福利税法》（1981年）、《电影工作者福利基金法》（1981年）等。另外，涉足电影业还必须遵守《侵权行为法》《外国电影在印度境内拍摄规定》《电影进出口规定》《印度储备银行的电影贷款政策》等。印度于1885年制定了《电报法》，1933年出台《印度无线电报法》。另外还有《有线电视网管理条例》（1995年）、《公营广播公司法案》（1990年、1997年修正）、《有线电视网管理法》（1995年，2000年修正）、《印度电信管理委员会法》（缩写为TRAI法）（1997年）等。

1992年，澳大利亚政府修改1942年《广播服务法案》，颁布了新的《广播服务法案》，1993年实施，该法案规定了宏观的广播政策的目标和原则。澳大利亚各电视公司依据该法都发布了相应条文守则，如澳大利亚收费电视和广播协会发布《收费电视业务守则》《收费有线电视业务守则》《开放有线电视业务守则》，“自由电视澳大利亚”公司发布《商业电视业务守则》。这些规章要求新闻和时事类节目能被准确和公正地呈现，商业节目播出的时间和频段必须受限，以保证电视节目艺术的“完整性”①。

3. 行业自律组织与法律规制相得益彰

日本影协下设电影伦理管理委员会负责电影审查，该委员会由5位管理委员及电影业各领域的8位审查员组成，每年约审查500部长篇电影和剧院用电影。凡未经该机构审查的作品，一律不能在影院公映。因此，日本的文化企业很看重行业协会，不仅积极参加协会，而且遵守行规。

（五）文物产业法律

日本的文化保护法律颁布的时间也是比较早的，到20世纪30年代文物保护法令初具规模。1871年颁布了《古器旧物保存法》，此后又陆续出台了《古社寺保护法》（1897年）、《古迹名胜天然纪念物保护法》（1919年）、《国宝保存法》（1929年）和《重要美术品保存法》（1933年）等法律，以及《文化财保护法施行令》和《关于古都历史风土保存的特别处置法》等法令，构成了一个较为完善的文物保护法令体系，在实际的文物保护工作中起着十分重要的作用。

（六）广告产业法律

日本广告产业方面的立法完善，虽然没有一部专门性的广告法，但各种相关的法律、条例、规范、标准等都对广告活动作了明确的规定，形成了一个庞大的广告产业法制体系。在日本涉及广告方面的法律很多，广告立法既有国会制定的，也有各省（地方政府）制定的。1940年制定了《日本广告律令》（1951年修改为受到全体广告人员认可的《广告伦理纲领》）、《广告取缔法》，开始对广告产业实行管理。另外，对广告产业实行管理所涉及的法律还有《民法》《不正当竞争防止法》《不当赠品及不当标志防止法》《户外广告法》《消费者保护基本法》《药物法》《食品卫生法》，等等。

---

① 澳大利亚法律改革委员会官网：http://www.alrc.gov.au/publications/2-current-classification-scheme/broadcasting-services-act. 访问日期：2015-10-03。

日本广告产业在各项法律规制基础上，还有一个行业自律规定，对于推动日本广告产业的健康、快速发展起到了重要作用。从1947年2月17日成立日本广告会（现名东京广告会）至今，日本已成立了数十个广告协会团体，其中最有影响的是全日本广告联盟（JAF），它制定的《日本广告业协会伦理纲领》是日本广告行业自律的一个样板。日本的消费者组织建立于1948年，到目前已形成了从地方到中央的社会监督和管理网络。

（七）体育产业法律

20世纪60年代开始，韩国经济进入快速发展期。韩国体育产业起步于20世纪70年代。1962年，韩国制定了《国民体育振兴法》，2007年颁布了《体育产业振兴法》，促进了体育产业的快速发展和国际竞争力的增强，政府和各类企业积极开发海外体育市场。①

（八）网络内容产业法律

澳大利亚也是全世界最早制定网络产业规定的国家之一，21世纪以来政府及各部门修改、制定了一系列与信息安全有关的法律、标准和指南，如《广播服务法》（2007年）、《反垃圾邮件法》（2003年）、《互联网内容法规》《电子营销行业规定》《电信传输法》《数字保护法》等，拓展了1992年《广播服务法案》对网络内容的分类，规定了各社会主体对网络安全的责任和义务。《反垃圾邮件法》是世界首部，该法规定，从2004年4月开始，任何从澳大利亚境内发送电子垃圾邮件的公司或者个人一旦被查获就有可能受到严厉的惩罚。作为首部以国家名义颁布的法律，其权威性超过了之前美国的一些州和欧盟制定的相类似的法律。

韩国在21世纪初相继颁布了《网络数字内容产业发展法》（2002年）、《关于游戏产业振兴的法律》（2006年）、《关于音乐产业振兴的法律》（2006年）、《关于电影和录像产业振兴的法律》（2006年）。此后，韩国进一步修改《著作权法》，并于2014年正式实施。2014年3月开始施行《博物馆及美术馆振兴法》修正案，为社会捐资捐物提供了明确的法律依据。

印度也有这方面的尝试。为了适应已经成为国际发展潮流的电信、互联网和电视广播服务的融合，印度效仿美国1996年的《联邦电信法》和马来西亚1998年的《多媒体法》，试图颁布《通信融合法案》。② 2000年5月《通信融合法案》起草委员会成立，2001年《通信融合法案》正式提交印度议会，但是阻力重重，直到目前仍然没有被通过。2000年6月，印度颁布了《信息技术法》，严禁利用互联网传播淫秽或色情内容。

第三节　中国文化产业法的发展

文化产业在我国亦受到高度重视。早在1997年5月26日，江泽民在《论有中国特色社会主义》中就提出要“积极发展文化事业和文化产业”。1999年年底，中央经济工作会议作出要大力发展科技、文化等新兴产业的战略部署。2000年10月，党的十五届五中全会提出要“完善文化产业政策”。2002年，党的十六大报告指出：“当今世界，文化与经济和政治相互交融，在综合国力竞争中的地位和作用越来越突出。”进而提出，“完善文化产业政策，支持文化产业发展，增强我国文化产业的整体实力和竞争力”。实际上是明确提出了发展中国文化产业的战

① 参见金春光、车旭升：《韩国体育产业发展研究》，载《体育文化导刊》，2011（9）。

② 参见刘深：《从对外封闭到互惠传播——解读独立以来印度电视传媒政策的变迁》，载《国际新闻界》，2006（2）。

略构想。2003年10月，党的十六届三中全会再次重申了发展文化产业的政策，提出要“促进文化事业和文化产业的协调发展”。同年12月，国务院办公厅发出《关于印发文化体制改革试点中支持文化产业发展和经营性文化事业单位转制为企业的两个规定的通知》，就财税、投融资、国有资产的处置、收入分配、社会保障等方面制定了一系列鼓励文化产业发展的政策。2007年党的十七大明确提出，要“大力发展文化产业”。2010年“十二五”规划建议首次提出“推动文化产业成为国民经济支柱性产业”。党的十八大提出要让文化建设迈上新台阶，文化产业快速发展，文化创作生产更加繁荣，人民精神文化生活更加丰富多彩。

一、我国文化产业法律的发展历程

我国文化产业法律的发展历程从改革开放开始，与文化产业发展的进程关系密切，体现为一种政府主导下的法制创设、发展过程。

1978—1993年，文化产业处于萌芽阶段，其法律以规范管理为主，主要法律是《著作权法》。1979年，邓小平在“中国文学艺术工作者第四次代表大会”上的讲话为文化体制改革厘清了方向。1987年2月，文化部、公安部和国家工商行政管理局发布《关于改进舞会管理的通知》。1988年9月，文化部发布《关于加快和深化艺术表演团体体制改革意见》，对经营性文化市场作了进一步的规范。1989年，文化部成立“文化市场管理局”，各省（市）文化厅（局）建立“文化市场管理处”。1990年9月7日《中华人民共和国著作权法》颁布。

1993—2001年，文化产业初步觉醒并迈开了建构其合法性的步伐。一方面，1998年文化部成立了文化产业司，标志着文化产业管理体制的形成；另一方面，全国人大、国务院和文化管理部门陆续颁布了二百多部法律、法规和部门规章。其中，与文化产业相关的有《电视剧管理规定》《印刷业管理条例》《出版管理条例》《互联网信息服务管理办法》《文化部科学技术进步奖励办法》，等等，这些法律、法规的出台对于文化市场的健康、有序发展起到了促进作用。

2001年至今，以2009年7月国务院出台的《文化产业振兴规划》为标志，表明我国文化产业的战略地位得到进一步提高，成为助推社会转型、促进国家经济结构调整的新动力。在此背景下，文化法制建设得到了突飞猛进的发展，制定和修改了大量的法律、法规，涉及出版、广播电视、电影、音像、网络、广告、美术品、会展、旅游、娱乐市场、演出市场、文化市场等各个领域。文化产业方面的法律、法规逐渐转变过去重管理、重规范的理念，开始重保护、重促进，如2002年新闻出版总署和对外贸易经济合作部颁布《外商投资图书、报纸、期刊分销企业管理办法》，2003年国家广播电影电视总局颁布《中外合作摄制电影片管理规定》，2005年文化部、财政部、人事部、国家税务总局联合颁布《关于鼓励发展民营文艺表演团体的意见》，2006年国务院颁布《信息网络传播权保护条例》，2009年3月财政部、国家税务总局联合发布《关于文化体制改革中经营性文化事业单位转制为企业的若干税收优惠政策的通知》《关于支持文化企业发展若干税收政策问题的通知》，2011年出台了《非物质文化遗产保护法》，等等。

自1990年以来，我国先后加入了《保护和促进文化表现形式多样性公约》《世界知识产权组织版权公约》《保护非物质文化遗产公约》《伯尔尼公约》《录音制品公约》《与贸易有关的知识产权协定》《保护世界文化和自然遗产公约》及《世界知识产权组织表演和录音制品条约》，形成了一套相对较为完整的版权保护法律体系。

党的十八大之后，党中央推行全面依法治国，文化的立法提到了重要的日程上来。这也是我们大力推进社会主义核心价值观的建设、促进文化事业和文化产业发展的一个必然要求。全国人大所制定的关于文化产业方面的法律，到现在为止仅有4件，即《文物保护法》《档案法》《著作权法》《非物质文化遗产法》。与国外发达国家的文化产业立法相比，我国文化产业缺乏统一的法律依据，也就是说还没有一部专门的以文化产业命名的法律，缺乏统一的文化产业基本法。2010年以来中国首部“文化产业促进法”正在酝酿、草拟中。国务院在《关于文化产业发展工作情况的报告》中即已提出：“加快文化产业立法进程，着手起草《文化产业促进法》，推动尽快出台《电影产业促进法》，为文化产业发展提供法制保障。”

二、专门法

（一）广告产业法律

我国目前关于广告产业的法律规定主要有《反不正当竞争法》《广告法》《广告管理条例》《广告管理条例实施细则》（以下简称《细则》）等。

《广告法》于1994年10月27日通过，自1995年2月1日起施行。2015年4月24日，“广告法修订草案三审稿”在第十二届全国人大常委会第十四次会议表决通过，自2015年9月1日起施行，共6章、75条，涉及广告内容准则、广告行为规范、监督管理、法律责任等。

（二）广播电影电视产业法律

目前，在我国的广播电视业发展中，还没有出台相关的法律，只有一些行政法规，主要有1997年8月1日国务院第61次常务会议通过、由国务院于1997年9月1日颁布、施行的《广播电视管理条例》，国务院于2001年公布的、自2002年2月1日起施行的《电影管理条例》，2001年11月5日公布的《广播电视设施保护条例》等，加上一些部门规章。为了促进我国广播电视行业健康、稳定发展，维护我国广播、电视、电影事业的安全，广电总局还颁布了一系列规章制度，丰富了广播电视行业的法律体系，主要有《广播电视广告播出管理办法》（经国家广播电影电视总局2009年8月27日局务会议审议通过并发布，自2010年1月1日起施行）、《广播电视节目传送业务管理办法》（2004年6月15日局务会议通过并发布，自2004年8月10日起施行）、《广播电视节目制作经营管理规定》（2004年6月15日局务会议通过并发布，自2004年8月20日起施行）、《广播电视视频点播业务管理办法》（2004年6月15日局务会议通过并发布，自2004年8月10日起施行）、《电视剧内容管理规定》（经广电总局2010年3月26日局务会议审议通过并发布，自2010年7月1日起施行）、《电视剧审查管理规定》（广电总局2010年3月26日局务会议审议通过，自2010年7月1日起施行）、《有线电视管理暂行办法》（1990年11月2日经国务院批准）。

2011年12月，《电影法》草案由国务院法制办面向公众“征集意见”；2015年9月1日国务院审议通过《中华人民共和国电影产业促进法（草案）》，并提交全国人大常委会审议。该草案共6章、62条，涉及电影创作、摄制、发行、放映、电影产业保障等。电影业界和媒体对该法进行的初步解读，基本集中在无电影分级制和“禁拍”内容扩大到13条，以及多方位促进各级政府、民营与海外资本对电影产业的扶持、投资方面。该法对电影产业发展必将产生极大的促进作用。

2015年9月15日，新闻出版广播影视行业50家社团在京联合签署了《新闻出版广播影视从业人员职业道德自律公约》，将践行社会主义核心价值观，追求职业理想，遵守宪法法律法规，倡导弘扬行业良好风尚作为统领，从“提倡”和“不为”两个方面对从业人员职业道德进行自律。

（三）版权产业法律

1990年9月，我国第一部《著作权法》颁布，此后经历了2001年、2010年、2012年三次修改，共6章、61条。我国现行的著作权法律规范主要包括：“一部法律”，即《著作权法》；“六部法规”，即国务院制定的《中华人民共和国著作权法实施条例》、（以下简称《著作权法实施条例》）、《信息网络传播权保护条例》《著作权集体管理条例》《计算机软件保护条例》《实施国际著作权条约的规定》和《广播电台电视台播放录音制品支付报酬暂行办法》。

我国关于新闻出版业的立法层级较高，目前，关于新闻出版业的相关法律，以3部行政法规为核心，以5部部门规章为支撑，以二百五十余件规范性文件为配套的新闻出版法律体系基本建立，主要有《出版管理条例》《音像制品管理条例》《地图编制出版管理条例》《著作权集体管理条例》《著作权法实施条例》《报纸出版管理规定》《出版物市场管理规定》《图书出版管理规定》《期刊出版管理规定》《报刊记者站管理办法》《订户订购进口出版物管理办法》等。

关于新闻传媒业的相关法律，有《中华人民共和国外国常驻新闻机构和外国记者采访条例》《新闻记者证管理办法》。

关于印刷复制业的相关法律，有《印刷业管理条例》。此外，原新闻出版总署还颁布了《复制管理办法》《设立外商投资印刷企业暂行规定》《数字印刷管理办法》《国家印刷复制示范企业管理办法》《印刷品承印管理规定》《印刷业经营者资格条件暂行规定》等。

（四）动漫产业法律

严格来讲，我国动漫产业并没有完善的知识产权保护体系。目前，根据动漫产业链整个运作过程中可能产生的不同保护对象，我国动漫产业采用了《著作权法》《商标法》《专利法》《不正当竞争法》《商业秘密法》《信息网络传播保护条例》等交叉保护的模式。《计算机软件保护条例》《信息网络传播保护条例》等也为动漫产业知识产权保护提供了有效的法律依据。

近年来，我国的动漫、游戏行业发展迅速，其立法体系也逐渐建立起来，主要有文化部、财政部、国家税务总局《关于印发〈动漫企业认定管理办法（试行）〉的通知》。在网络游戏产业方面，文化部颁布了《网络游戏管理暂行办法》，于2010年8月1日起正式实施，该办法共计6章、39条。除此之外，还有文化部颁布的《关于改进和加强网络游戏内容管理工作的通知》、原新闻出版总署颁布的《关于加强对进口网络游戏审批管理的通知》等针对网络游戏的有效管理制度。

（五）旅游产业法律

旅游业法律规制是随着旅游产业发展而发展的。20世纪五六十年代，主要是入境游，这一时期的规制文件主要有1950年11月中央人民政府政务院批准、公安部颁布、实施的《外国侨民出境暂行办法》《外国侨民旅行暂行办法》，这两个办法当属新中国最早的旅游法规。在组织建设上，1964年7月，中国旅行游览管理局成立，1982年8月，更名为国家旅游局。

20世纪80年代后继续立法规范旅游业的健康发展。1985年国务院颁布我国旅游行政管理部门成立后的第一个旅游行政法规——《旅行社管理暂行条例》，之后又相继颁布《中国国际旅游价格管理暂行规定》《导游人员管理暂行规定》《关于严格禁止在旅游业务中私自收受回扣和收取小费的规定》等旅游行政法规，从旅行社、价格、导游、小费等几个方面进行规制。

21世纪，我国进入全民旅游时代，立法刻不容缓。2013年4月25日，《中华人民共和国旅游法》经第十二届全国人大常委会第二次会议通过。与《旅游法》一起构成旅游产业法律体系的，包括《中华人民共和国民法通则》《中华人民共和国合同法》《中华人民共和国消费者权益保护法》等国家制定的各种通用法律；也包括一些行政法规、部门规章及其他规范性文件，如《旅行社条例》《导游人员管理条例》《中国公民出国旅游管理办法》《旅游安全管理暂行办法》《营业性演出管理条例》《文化部涉外文化艺术表演及展览管理规定》《娱乐场所治安管理办法》《娱乐场所管理条例》《在华外国人参加演出活动管理办法》《大型群众性活动安全管理条例》。

此外，还有《国务院关于加快发展旅游业的意见》《国家旅游局关于进一步促进旅游业发展的意见》《国家旅游局关于进一步加快发展旅游业促进社会主义文化大发展大繁荣的指导意见》《文化部、国家旅游局关于促进文化与旅游结合发展的指导意见》以及一些地方性法规、行政规章及规范性文件等，都是发展旅游休闲文化产业的重要法律保障。

（六）演艺业法律

休闲娱乐业和演艺业都属于我国文化产业的重要组成部分，近年来在我国取得了不俗的成绩。直到21世纪，相关产业发展推动立法进展，重要的法规有：《营业性演出管理条例》《文化部涉外文化艺术表演及展览管理规定》（1997年）、《娱乐场所治安管理办法》（2008年）、《娱乐场所管理条例》（2006年）、《大型群众性活动安全管理条例》（2007年）、《旅行社条例》（2009年）、《风景名胜区条例》（2006年）、《历史文化名城名镇名村保护条例》（2008年）等。

（七）文物产业法律

文物产业法律规制主要有《美术品经营管理办法》（2004年）、《群众艺术馆、文化馆管理办法》（1992年）、《艺术档案管理办法》（2009年）、《美术品进出口管理暂行规定》（2009年）、《文物认定管理暂行办法》（2009年）等。

《中华人民共和国文物保护法》于1982年颁布、实施，后来经历了1991年、2002年、2007年、2013年、2015年共4次修改。实施该法的最终目的是继承和发扬中华民族的优秀传统文化；该法共8章、80条，涉及不可移动文物、考古发掘、馆藏文物、民间收藏文物、文物出境进境、法律责任等。

为规范文物认定管理工作，文化部于2006年、2009年通过并施行《国家级非物质文化遗产保护与管理暂行办法》《文物认定管理暂行办法》。为了实现对世界文化遗产的保护，2006年11月14日文化部部务会议审议通过并予以施行《世界文化遗产保护管理办法》。

此外，《科学技术进步法》《促进科技成果转化法》《电子签名法》等法律也是推动文化产业发展的重要法律依据，这些法律中的相关条文也为文化产业中的科技进步和科技转化提供了法律保障。

第三章 文化产业促进法

文化产业作为21世纪以知识经济为特征之新经济时代的朝阳产业，越来越成为一国经济发展的助推器，成为社会和谐的内在动力，成为各国综合实力的重要标志。世界各文化产业强国在顺应国际化发展趋势并结合本国特色的基础上，更加重视文化体制改革、文化产业结构调整、优化资源整合及配置，更加注重政府对文化产业发展的引导、扶持和促进作用。① 在世界范围内，不管是以美国为代表的民间主导和产业政策中心型推进模式，还是以法国为代表的政府主导和文化政策中心型推进模式，抑或以韩国为代表的政府主导和产业政策中心型推进模式，其普遍的做法均是促进政策法律化。

美国著名法学家博登海默曾说过，立法的一个重要特征是它“指向未来，并通过制定一个新规则去改变现行状况”②。随着文化产业的发展，文化产业与文化市场中的各种关系都需要以法律的形式确定下来，并通过立法的形式将促进文化产业发展的措施固定下来，改变文化产业和文化市场艰难而无序地发展的现状。文化产业促进法作为文化产业领域的基本法，既能够保证政策措施的强制实施，又有利于形成市场主体之间公平竞争的环境，同时还可以有效地防止各个领域各自为政所导致的效率低下，并避免各政府部门利益分割的现象，在文化产业法律体系建设中具有核心驱动作用。③

第一节 文化产业促进法的理论基础

一、法律的激励功能

现代经济分析的基础是“经济人”假设，“经济人”范式包括三个相互联系的方面：第一，人是自利的。追求自身利益是人的经济行为的根本动机，甚至可以说对利益的追求是人的一切社会行为的动机。第二，人是理性的。④ 理性意味着人总是在一定的外在条件的约束下，使所追求的利益最大化，或者说，人总是在目标既定时，在可供利用的手段、条件约束下，选择代价最小的（成本最小化）。⑤ 第三，是第二点的推论，但又是“经济人”假设的核心，即认为只要有好的法律或制度保证，“经济人”追求个人利益最大化的自由行动才会最有效地促进社

① 参见于新循、杨丽：《我国〈文化产业促进法〉的立法选择与总体构想》，载《四川师范大学学报（社会科学版）》，2014（41）。

② 郝耀武、温静芳：《论人本法律文化的现代演进》，载《行政与法》，2008（5）。

③ 参见于新循、杨丽：《我国〈文化产业促进法〉的立法选择与总体构想》，载《四川师范大学学报（社会科学版）》，2014（41）。

④ 参见张景华、许彦：《经济学两种范式关于人性假设前提的比较分析》，载《改革与战略》，2009（25）。

⑤ 参见胡元聪：《法与经济学视野中的税法功能解析》，载《税务与经济》，2007（5）。

会利益。这点对分析经济尤为重要。这意味着，只要经济法设计合理，便可以达到“激励相容”。正是基于此，现代制度经济学认为“制度是重要的”，因为一个组织在制度上作出的安排和确定所有权所造成的激励状况，决定着一个组织的经济效率。不仅如此，制度的不同安排，还影响一个社会交易费用的高低，从而影响到一个社会的分工和专业化演进。可见，新制度经济学强调制度在构建社会秩序中的作用，认为有效的制度具有激励的功用，一个有效的制度应包含有效的激励机制。这里所说的制度，对法律完全适用。法律的功能主要是通过调控人与人之间的行为实现的，法律的首要目的是提供一种激励机制，使个体受到激发鼓励，作出法律所期待的行为，形成理想的社会秩序。张维迎认为，法律实际上是一种激励机制，它通过责任的配置和赔偿（惩罚）规则的实施，内部化个人行为的外部成本，诱导个人选择社会最优的行为。因此，新制度经济学为法律制度的研究提供了一种新的思路，法律制度作为正式制度的一种，其激励功能也应受到重视。但长期以来，法律规则的设计偏向于惩戒与管理功能的发挥，激励功能一直不被重视，激励性立法在整个法体系中的地位并不高。这与将法看成是阶级统治的工具的传统思维模式有关。这种简单和绝对化的看法让人们更为关注法律严酷的一面，却忽略了极为重要的法律的激励功能。伴随着社会管理模式的创新，传统意义上的法律功能，诸如指引功能、教育功能、预测功能、评价功能和强制功能等，都会发生相应的变化。法的制裁功能将逐渐减弱，法律对行为的激励功能会日益突出，这是由于激励功能通过提倡何种行为或反对何种行为、鼓励什么经济活动或抑制什么活动的信息传达出来，借助奖励或惩罚的强制力量加以监督执行。法的激励可通过规定主体的行为方向，最终实现法所设定的整个社会关系系统的要求，取得预期的法律效果，造就理想的法秩序。法的激励功能在产业法中表现得最为突出，亦最为常见。例如，在税法中，各国都有税收的特别措施——税收的优惠措施和税收重课措施。这两种措施，都直接影响到经济主体的收益大小，因而，对于经济主体从事还是不从事某种经济活动有极大的激励作用。① 再例如，通过法律制度的安排，使符合国家产业政策的文化产业市场主体能够提供银行乐意接受的融资担保手段，使它们更容易获得充分的资金支持，最终推动其更快地发展。② 可见，激励功能是法的核心功能，它提供社会经济整体意义上的创新条件和动力源泉。因为不论创新还是动力，其背后的核心是社会经济主体的积极性、创造性和潜能的问题，而经济活动主体的积极性、创造性和潜能的发挥，主要是靠经济制度激发和保持的。在如今制度法治化的今天，激励机制的逻辑关系可以归结为：在不同的环境下，法律根据个人的不同需要，通过刺激行为人的心理动机，规范其外在行为，使之达到预想的效果，合乎立法的激励目的。在文化产业法律制度的设计中，最主要的机制就是激励机制，指其对社会经济活动参与者的某种经济行为的鼓励和促进。③

法律的激励机制就是解决法律运行是否顺畅的问题，促使法律主体主动、自觉、自愿地运用法律，服从法律的安排，从而使法律的实效达到预期的效果。法律激励机制的设计就是通过赋予主体权利（权力）、明确责任和义务，调动主体实施法律行为的热情，使主体受到激励而作出法律期许的行为。法律的激励功能对社会调控的重要性是法律的惩戒功能无法比拟的。法

---

① 参见田开友、阮丽娟：《税法功能研究的新视角——基于法经济学分析路径》，载《西安财经学院学报》，2005（18）。

② 参见林全玲、许明月：《担保——政府宏观调控的手段》，载《云南社会科学》，2007（2）。

③ 参见胡元聪：《经济法的激励功能与外部性解决分析》，载《社会科学论坛（学术研究卷）》，2009（10）。

律之治的最高境界在于，通过具有“强制力”的法律规则或规范，实现“非强制性”的法律激励，调整整个社会人们的行为，实现社会的和谐发展，或者说，通过规定“强制地”让人们不做什么的具体规则，产生“非强制地”让人们做什么的普遍激励，实现个人利益与社会利益的一致性。① 也就是说，法律的首要目的是通过提供一种激励机制，诱导当事人采取从社会角度来看最优的行动。而法律对个体行为的激励功能，就是通过法律激发个体合法行为的发生，使个体受到鼓励作出法律所要求和期望的行为，最终实现法律所设定的整个社会关系的模式系统的要求，取得预期的法律效果，形成理想的法律秩序。② 因此，从应然层面上讲，法律制度应当是一套具备激励功能的激励机制。具体而言，“法律激励”（legal motivation）是指法律制度对法律主体之行为的“激发、鼓励”，包括奖励性的正向激励与惩罚性的反向激励，也包括经济学上的“激励”（incentive）之意。③

二、文化产业法对文化产业发展的促进作用

市场经济的有序运行，需要法治作为其规范手段，而法制使这种规范手段成为可能。事实证明，文化产业的迅猛发展是各国政府积极推动的结果，全球化背景下政府规制创新对文化产业发展有促进作用。文化产业促进法这一文化产业领域基本法的制定，在文化产业法律体系建设中具有核心驱动的作用，是健全、完善我国文化产业法制的必要选择与可行路径。④ 通过文化产业促进法强化对文化产业的促进发展，弱化管理、限制和处罚，坚持“政府推动、市场主导”的基本方针，强化政府的扶持、促进和引导作用，同时重视民间力量的发掘与激励，借此从法律制度上推动文化产业发展，为文化产业各行业发展提供整体性制度安排和法律保障。⑤

（一）优化市场环境

市场机制积极作用充分发挥的前提，是市场体系的完善。完善的现代文化市场体系包括文化产品市场、文化服务市场和文化要素市场。⑥ 传统的政府规制相对苛严，导致文化企业创新活力不足，文化市场资源配置效率较低。因此，20 世纪 80 年代以后，越来越多的国家把促进文化产业市场化作为政府规制创新的基本原则，放松经济性规制成为世界性潮流。各国充分认识到，文化产业的经济价值功能为将文化产业从“新引擎”发展成为国民经济核心产业，便纷纷致力于通过法制途径保障促进产业发展。一方面，文化产业法制建设能够为我国传统优秀文化产业提供良好的法律保护机制，为其健康、有序发展提供法律制度保障，促进整个文化产业逐步走向繁荣。放松规制就是减少政府对文化市场的直接控制和管理，缩小国家干预文化产业的范围，放宽所有权限制，鼓励私有企业发展，拆除行业间壁垒，减少和降低对被规制行业价格、投资、服务等的限制。这种以市场化、民营化为导向的政府规制变革，优化了文化产业发展的市场环境，刺激了文化产业的内部结构调整，促进了市场竞争，提高了生产效率和服务质

---

① 参见丰霏、王天玉：《法律制度激励功能的理论解说》，载《法制与社会发展》，2010 (1)。

② 参见闫仁河：《论违约可得利益赔偿的依据》，载《兰州学刊》，2008 (4)。

③ 参见丰霏：《法律治理中的激励模式》，载《法制与社会发展》，2012 (2)。

④ 参见于新循、杨丽：《我国文化产业促进法的立法选择与总体构想》，载《四川师范大学学报（社会科学版）》，2014 (41)。

⑤ 参见杨丽：《文化产业立法之必要性探析》，载《经济研究导刊》，2013 (8)。

⑥ 参见顾钰民：《论文化产业化与市场化发展道路》，载《思想理论教育》，2012 (3)。

量，降低了价格和收费水平，扩大了市场需求。[①] 如美国《1996年电讯法》为电视产业搭建了一个环境宽松、各方利益公平竞争的市场大舞台，引发了波及全球的兼并、集中、整合浪潮。[②] 电视业的兼并与整合带来了巨大的规模经济效益，使其迅速成为美国增长率排名第二的产业，并产生了时代华纳、维亚康姆等一批世界级巨型传媒集团。[③] 目前，我国文化市场有效发育不足，市场体系不健全，文化生产要素市场建设明显滞后，影响了文化产业的正常发展。因此，我国文化产业政府规制首先要破除行政性垄断，放宽各类文化市场准入，在已经丧失自然垄断性质的领域彻底取消准入规制，扩大投资主体范围和经营范围，大力发展民营文化企业。[④] 国有文化企业要按照现代企业制度的要求，建立股东会、董事会、监事会和经理层等机构，逐步完善公司法人治理结构，使文化产业具备科学、高效、规范的企业组织制度和管理制度。[⑤] 对于政府组织和举办的各类文化活动，凡可以实行市场化运作的，都应当遵循公开、公平、公正的原则，积极引入市场竞争机制，提高经济效益和效率。[⑥] 要加快文化产品流通体制改革，消除条块分割和地区封锁，大力推广电子商务、物流配送、连锁经营等现代流通形式，为文化产品的高效传播构建现代流通渠道体系。[⑦] 着力培育各类文化市场，尤其是人才市场、中介市场、资本市场、技术市场、设施市场、产权市场等文化生产要素市场，以促进文化产品和市场要素的自由流动，实现文化资源的优化配置，拓展文化产业的发展空间。[⑧]

（二）扶持文化产业发展

文化产业作为新兴产业，其快速发展要依靠政府的大力支持。这是文化产业发展先进国家共同的成功经验。政府要充分发挥政府的公共文化职能，构建促进文化产业发展的长效机制，通过政府直接投资、税收优惠、信贷扶持以及政府采购、奖励等多种手段，鼓励和促进公益性文化产品和服务的创新创优和扩大生产，保障和增加高质量公益性文化产品和服务的供给和流通，校正文化市场失灵，以更好地满足公众的基本文化需求，逐步实现基本公共文化服务均等化。[⑨] 文化产业促进法能够促进文化主体"文化自觉意识"和"文化法律素养"的提升，使文化产业市场以法律规范和法律激励促进机制为导向，使我国能在国外强势文化殖民竞争中占有一席之地，在国际文化市场交流互动中保持自我文化自觉和文化自信，从根本上有力提升我国文化软实力。[⑩]

文化产业发达国家政府历来非常重视产业促进政策在文化市场建构中的积极作用，通过财政贴息、补助、减免税等多种方式降低文化企业投资成本和风险，提高投资回报率。加大对思想性、知识性、艺术性、观赏性俱佳，社会效益与经济效益相得益彰的创新性文化产品的奖励

---

① 参见张秉福、侯学博：《全球化背景下的政府规制与文化产业发展》，载《出版发行研究》，2013（5）。

② 参见张君：《基于企业融资理论的中国电视内容产业融资模式研究》，湖南大学2007年硕士学位论文。

③ 参见吴俐萍、李昕：《西方传媒管理体制变迁及对我国的启示——以欧洲模式与美国模式为例》，载《武汉科技学院学报》，2005（18）。

④ 参见张秉福、侯学博：《全球化背景下的政府规制与文化产业发展》，载《出版发行研究》，2013（5）。

⑤ 参见包庆丰、汪红叶：《完善公司法人治理结构的几点思考》，载《中国林业企业》，2004（2）。

⑥ 参见张秉福、侯学博：《全球化背景下的政府规制与文化产业发展》，载《出版发行研究》，2013（5）。

⑦ 参见关志薇：《五大措施加快现代文化市场体系建设》，载《金融世界》，2012（4）。

⑧ 参见程惠哲：《新时期文化产业发展回顾与现状》，载《人民论坛》，2008（9）。

⑨ 参见苗瑞丹：《文化发展成果共享的有效供给机制研究》，载《内蒙古社会科学》，2014（2）。

⑩ 参见周叶中：《加快文化立法是建设社会主义文化强国的必然选择》，载《求是》，2012（6）。

和宣传力度。① 要建立文化产业投资基金，完善文化企业融资担保体系，进一步解决文化产业发展资金不足和融资难问题。② 在大力发展国有大型文化企业、提高规模经济效益的同时，也要积极扶持各类中小文化企业，为我国中小文化企业在复杂多变的全球化背景下健康、稳定、快速、持续发展营造更为宽松、有利的法治环境、政策环境、市场环境和社会环境。③ 发达国家对出版物出版一般实行低税率（如在法国、德国、荷兰、意大利等国家，书刊的增值税较一般商品低许多）甚至零税率（如英国、美国、日本等国家对书刊实行零增值税），对出版物进口免税、出口退税。韩国政府先后设立文艺振兴基金、文化产业振兴基金、信息化促进基金、广播发展基金、电影振兴基金、出版基金等多个专项基金，有针对性地资助重点文化产业发展。正是由于政府的大力扶持，起步较晚的韩国文化产业近年来迅速崛起，韩国现已成为公认的文化产业大国。④

（三）提供各类服务

在全球化向纵深发展的背景下，越来越多的国家向服务型政府转型。服务型政府的根本理念是，管理就是服务，政府的存在是为了满足社会的需要，政府应尽可能地为社会提供满意的公共产品。⑤ 政府既是权力主体，更是义务主体，必须以为企业和消费者提供良好的制度和服务为己任。在服务型政府理念下，政府的文化服务职能不断强化，政府规制把视线从关注权力的运行转到服务的质量上来，因为服务型政府的规制是为服务而规制，把规制纳入总体的服务之中，而不是为规制而规制。如美国政府的国家电视台负有向其他电视台免费提供一些公众生活类电视节目的义务，以减少非经营性商业电视台的成本。⑥

（四）促进文化产品内容多样化

一方面，文化产业作为内容产业，是诠释和传扬真善美之道的。虽说大道至简，但在文化产品中“道”的表现形态应该是丰富多彩的。另一方面，在全球化环境下，人们的精神文化需求日益呈现多层次、多方面的个性化特征，审美情趣、欣赏习惯、评价标准等都在发生深刻的变化。这就要求文化企业不断创新文化产品和服务的内容和形式，量体裁衣地提供新产品，因需而变地拓展新市场。这是文化企业竞争力的重要来源和保障。⑦ 但目前，在我国文化市场繁荣表象的背后，真正个性鲜明而又适销对路的文化产品和服务还不够丰富，从而使相当一部分业已形成的有效文化需求得不到满足。⑧ 这就需要通过政府规制创新，促进文化产品内容的多样化。为此，必须深入落实“百花齐放，百家争鸣”的发展方针和理念，充分体现“海纳百川，有容乃大”的文化自觉和气魄，在确保社会稳定和出版物必要的意识形态功能的前提下，积极探索管理创新和思维创新，切实维护各类文化生产者的创作自由和经营自主权。为增强和确保文化企业的活力和文化市场内容的多样性，在某些规制领域可以采取一定的强制性措施。

---

① 参见张秉福、侯学博：《全球化背景下的政府规制与文化产业发展》，载《出版发行研究》，2013（5）。

② 参见史迪钢、唐诗城：《宁波优势文化产业跨越式发展的目标与路径》，载《宁波经济：三江论坛》，2010（8）。

③ 参见张秉福、侯学博：《全球化背景下的政府规制与文化产业发展》，载《出版发行研究》，2013（5）。

④ 参见袁江：《金融支持文化产业发展研究——中国文化产业发展与金融支持政策研究》，载《农村金融研究》，2012（2）。

⑤ 参见刘立祥：《论公共利益的界定与政府职能的转型》，载《湖南商学院学报》，2007（14）。

⑥⑦ 参见张秉福、侯学博：《全球化背景下的政府规制与文化产业发展》，载《出版发行研究》，2013（5）。

⑧ 参见时习之：《入世与文化产业发展》，载《理论与实践》，2002（4）。

例如，可以要求社会制作公司的节目必须在广播电视台占有一定的播出比例，并对此类节目的播出时段和播出时长作出具体规定（尤其是下限性规定），从而通过有序竞争，促进节目制作环节的发展、节目交易市场的繁荣、节目内容的多样化和节目质量的提高。①

（五）维护国家利益和文化安全的法律屏障

中国的文化产业是在世界经济全球化以及建设社会主义市场经济这个大背景下逐渐产生、发展和壮大起来的。全球化的经济发展趋势对文化产业影响巨大，国家对文化产业的经济和社会效应的关注度逐步提升。一方面，中国正面临西方文化殖民主义的强势侵袭。西方国家凭借其在经济、科技、文化、军事等方面的优势地位，试图通过文化产品大肆入侵中国产业经济市场，以达到同化、吞噬其他文化的目的。文化产品作为沟通各国文化交流的媒介，是文化全球化的一个重要中介。正如胡惠林在其《文化产业概论》一书中所述："文化产品本身具有内在的象征意义，当它作为商品传达到消费者那里时，其代表的特定国家的意识形态同时也得到了传播，并在被接受的过程中合理化。"② 文化产品这一特殊性质使其成为国际社会关注的焦点，也使文化行业成为各国广泛、深入研究和挖掘的重点行业。另一方面，当前"软力量"在国家综合实力指标中的占有率逐渐攀升，对国民经济的推动力日益加剧，而我国呈现文化产品供给"战略性短缺"的现实情势，同时，全球化发展不平衡、文化产业发展法律环境不健全等痼疾的制约，严重禁锢了我国文化产业的发展。③

若不通过文化产业立法对文化产业加以必要的引导、促进，必将最终导致文化产业在国际化发展趋势下被同质化，其结果是造成文化产业体系的变质以及文化认同性的退化，给国家利益以及文化安全带来极大的破坏和威胁。因此，通过制定"文化产业促进法"，使我国的文化产业法律体系更加科学、完善，为文化产业发展提供健康的法律环境，使我国的文化产业市场更加多元化、秩序化、健康化发展，进而在全球化文化秩序下形成全新的文化形态和文化模式，可谓意义重大。

由上可见，探索我国文化产业法制建设之路既是我国文化产业法制现实的迫切要求，也是我国推进文化市场繁荣与可持续发展、增强国家综合实力的重中之重。文化产业价值功能得以充分发挥的关键在于通过文化产业法制建设来完善我国的文化产业法律保障体制。正如周叶中所述，"良好的文化体制应当是通过健全的文化法律体系构建起来的制度体系。文化产业法制建设在繁荣文化产业、增强国家综合实力等方面发挥着重要作用"④。

三、文化产业立法的必要性与可行性分析

（一）国外成功经验为文化产业立法提供借鉴

东亚近邻日本和韩国在这一领域相关的立法经验值得我国在立法过程中积极加以借鉴。日韩两国在立法中以专门制定文化产业促进法的方式推动了其文化市场的发展与繁荣，这在文化

---

① 参见张秉福、侯学博：《全球化背景下的政府规制与文化产业发展》，载《出版发行研究》，2013（5）。

② 丁洁华：《近十年中国文化产业理论研究分析——以1993—2003年有关研究文献为文本》，上海交通大学2005年硕士学位论文。

③ 参见羿克、梁强：《日传媒？社会舆情？法律问题（两篇）——我国文化产业发展与保护相关法律问题研究》，载《传媒》，2011（2）。

④ 杨俊瑞：《安徽省文化产业立法研究》，载《北华大学学报（社会科学版）》，2014（15）。

产业强国中独具特色，也使得这两国在经济萧条期能够迅速崛起。或者说，正是文化市场的发展与繁荣为其经济的恢复提供了坚实的动力。韩国是世界上最早制定文化产业促进法的国家，并且从1999年至2006年，为促进文化产业发展，韩国先后出台了5部促进型文化产业法律。①此后，文化产业在韩国的发展取得了骄人成绩。就具有先发优势的美国、法国等国家而言，它们也纷纷通过修改法律的方式，促进其文化产业发展。尽管由于各国文化传统及法治背景的不同，以及经济发展理念上的诸多差异，文化产业的法制化路径在各国呈现出不同态势，但不论是促进模式的立法还是促进模式的修改法律，其普遍做法都是促进政策法律化。鉴于此，我国应充分尊重本国国情、民族特色，充分考虑政治、经济、文化等因素，构建适合文化产业健康、繁荣的法律体系。②

（二）地方立法经验为文化产业立法提供现实依据

随着人民群众精神需求的不断扩大，文化产业对经济的贡献也越来越大，文化产业越来越成为一国经济发展的支柱性产业。③ 各地也充分认识到文化产业的积极作用，开始采取各种措施对文化产业加以必要的扶持和引导。如我国正式出台的有关文化产业发展的地方性法规有2009年《深圳市文化产业促进条例》、2008年《太原市促进文化产业发展条例》。不仅如此，各地也正在酝酿出台相关文化产业促进条例。2012年《西安市文化产业促进条例草案》公开面向社会征求意见；2012年四川省人大代表联名议案制定“四川文化产业促进条例”。这些地方性法规的前期准备以及后期实践对“文化产业促进法”的最终出台提供了现实依据，具有重要的借鉴意义。④

同时，“文化产业促进法”受到各方关注. 如全国人大代表周洪宇教授在“文化产业促进法”的议案中，对其现实性、可行性、立法难点以及立法框架等内容作了简要的梳理和介绍，其意义及作用重大；全国政协委员李景源曾向全国政协会议提交了“文化产业促进法”立法进程的专家提案；文化部以及全国政协等机构对“文化产业促进法”做过前期研究以及专题调研工作，为文化产业促进立法提供了前期可靠的理论依据和前期工作积累，为其最终出台奠定了坚实的基础。⑤ 目前，我国已经存在的一系列法规性文件、部门规范性文件以及地方政府促进文化产业发展的政策法规，已为制定该部文化产业发展的基本法提供了较丰富的前期实践经验，而且，其中一些行之有效的促进性政策措施也需要通过基本法的形式予以固定化、统一化，以普遍地适用于文化产业的各个领域。⑥

四、文化产业促进法的定位与属性

在中国既有的法律体系中，有一类以“促进”命名或具有明显促进内容的法律、行政法规、地方性法规和规章。⑦ 而在大量的调节经济关系的规范性文件中，也有大量促进性的文

①② 参见于新循、杨丽：《我国〈文化产业促进法〉的立法选择与总体构想》，载《四川师范大学学报（社会科学版）》，2014（41）。

③ 参见张书杰、马金南、冯洁：《“十二五”时期提升河北文化产业竞争力对策研究》，载《统计与管理》，2012（2）。

④⑤ 参见于新循、杨丽：《我国〈文化产业促进法〉的立法选择与总体构想》，载《四川师范大学学报（社会科学版）》，2014（41）。

⑥ 参见徐升权：《促进文化产业发展的法律制度建设与创新》，载《科技与法律》，2010（4）。

⑦ 参见青锋：《加强法规规章的备案监督维护社会主义法制统一》，载《行政与法制》，2003（3）。

件。例如，仅就全国人大常委会制定和实施的法律而言，就有《农业技术推广法》（1993年，2012年修订）、《科学技术进步法》（1993年，2007年修订）、《清洁生产促进法》（2002年，2012年修订）、《促进科技成果转化法》（1996年）、《中小企业促进法》（2002年）、《民办教育促进法》（2003年）、《农业机械化促进法》（2004年）、《就业促进法》（2007年）、《循环经济促进法》（2008年）等。这一类法律的出现，引起了法学理论界的关注和研究，法学界通常将其与传统的针对行政、经济和社会的管理法予以区别，并认为这一类法律的出现是中国政府在市场经济条件下由管理型向服务型转化的重要体现。其基本的经济基础是一些新兴经济和社会关系的演进，需要通过国家法律的认可、确认以及法律相关制度的支持，以促进其尽快地发展。无论在法益目标还是所具有的法律规范结构上，均与管理型法律有着重要的区别，这是法学界对促进型法律的基本认识。

根据我国现阶段的立法体制，文化产业发展促进法作为促进类立法属于产业法范畴，具备宏观调控法的固有属性。宏观调控是为弥补市场缺失而设置的国家对市场的干预，只有“通过严格的法治才能将其纳入正常化的轨道”，因而宏观调控法作为“国家通过经济政策间接影响市场主体经济行为选择的法律手段”，必须坚持合法、公开、适度的原则。① “科学调控论”要求宏观调控的模式从“消极应变”转向“积极适应”，根据市场的反馈或变化及时作出兼顾短期效益与长远效应的调控对策。而作为宏观调控法下位法的产业法应当是关于促进产业结构合理化，规定各产业部门在社会经济发展中的地位和作用，规范产业调节关系，确定国家实施产业调节的基本措施和手段的法律规范的总称，具有综合性、指导性、协调性、灵活性等特征。② 综上，文化产业促进法是促进文化产业结构合理化，规范文化产业促进与调控关系，确定国家实施文化产业发展促进的基本措施和手段的法律规范的总称，具有综合性、指导性、协调性、灵活性等特征。从中国的实际情况来看，基于产业促进法的国家或政府意志属性，产业促进法的制度供给者主要是国家和地方的权力机关与政府机关。它通常体现了国家或政府在产业发展中的主动性。其中，国家与地方权力机关产业促进法的出台仅仅是框架性的和原则性的，其目的是把产业促进纳入国家和地方的长期发展战略之中，具有稳定性的特征。而大量的涉及产业促进具体事项的选择性制度安排，则由政府来负责，其形式除行政法规、规章外，还包括具有明显阶段性特征的产业政策、发展规划及规范性红头文件等。

从我国经济立法的分工来看，文化产业发展促进立法是促进类立法，而不是管理类立法，二者有显著的区别：从立法目的上看，促进类立法以促进某一事物的健康、快速发展为目的，而管理类立法以规范被管理主体的市场行为为目的；从所采用的手段上看，促进类立法多采用各种扶持、鼓励和优惠的政策或措施，而管理类立法多设置行政许可、行政审批或行政处罚等制度；从政府的地位和职能上看，在促进类立法中，政府主要履行其服务的职责，用间接调控的手段促进其发展，而在管理类立法中，政府多以管理者和监督者的身份出现，行使监管和行政处罚的职权。③ 国家制定的《中小企业促进法》和《就业促进法》均属于典型的促进法，而《深圳市文化产业促进条例》和《太原市促进文化产业发展条例》也体现了这一特点。因此，国家制定文化产业发展的基本立法时也应当按照促进性立法考虑。

---

① 参见郭凌燕：《我国市场管理法与宏观调控法协调问题研究》，载《山西财经大学》，2013。

② 参见但平：《产业结构调节法浅析》，载《技术与市场》，2009（3）。

③ 参见傅丽：《论我国广电产业促进性立法的相关问题》，载《山西高等学校社会科学学报》，2010（22）。

第二节 文化产业促进法的立法宗旨与基本原则

一、立法宗旨

中国所确立的市场经济是在对原有计划经济体制改革的基础上发展而来的，其实现过程有着明显的政府推进的特点。首先，在改革开放之前，中国总体上没有商品经济和市场的现实基础，有关社会主义条件下商品经济的属性及市场消费主体、生产主体、经营主体和服务主体的独立的经济地位，必须通过制定相关的商品与市场政策和民法与商事法律予以明确，从而为市场经济的发展奠定企业发展基础。其次，在商品经济及其市场经济的发展中，有关市场价格政策及价格法的出台，为市场运行机制的形成提供了政策和法律保障。再次，改革计划经济体制下的部门管理体制，以行业管理取代部门管理，并引进国际上通行的产业划分标准，以产业形式进行宏观与中观层面的国民经济的统计、核算及组织国民经济发展，几乎与20世纪90年代初社会主义市场经济体制的正式确立同步推进。最后，在以产业形式组织国民经济建设、深化市场经济体制改革的进程中，结合中国的实际国情，适时规范和推进重点产业的发展，成为中国产业政策和法律的基本任务。政府依据市场经济政策和法律对文化产业的促进，直接影响着中国产业发展的质的规定性和在市场上的经济总量的变化。①

制定文化产业促进法的立法宗旨主要从四个方面考虑：首先，文化产业促进法的制定应当以实施文化产业发展战略为主要目的。② 国家的文化产业发展战略是我国以文化产业为引擎，进一步带动国民经济发展的新方略。文化产业的发展水平对于这一战略是否能够有效实施具有关键性的作用，因而立法必须具有战略眼光，以贯彻及实施为主要目的。③ 其次，文化产业促进法的制定应当以满足社会公众日益增长的文化消费需求为根本目的。我国是人民当家做主的社会主义国家，宪法中明确规定要保障公民的文化权利。④ 文化产业促进法作为文化领域的专门立法，必须促进文化企业为社会公众提供充足的文化产品和服务，以满足人民群众日益增长的精神文化需求。⑤ 再次，制定文化产业促进法应当以完善文化产业发展的促进和保障机制，促进我国文化产业健康、快速发展为直接目的。文化产业促进法，顾名思义，就是要以法律手段和措施来促进文化产业的发展，因而，为文化产业的发展提供促进和保障是该项立法的题中之意。⑥ 最后，制定文化产业促进法还应以提高我国文化产业的国际竞争力、提升我国的软实力和综合国力为最终目标。⑦ 目前，我国文化产业发展模式还过于陈旧，缺乏创新性和国际竞争力。在WTO规则和“入世”承诺之下，想要使我国的文化产业在较短的时间内有较大的发展，就必须走跨越式、集约型、超常规发展的道路，实施重大文化项目带动战略，加快文化产

---

① 参见李琳琳：《西安文化产业发展研究》，西安科技大学2009年硕士学位论文。

② 参见吴长军：《文化产业促进立法的现状及制度建构》，载《特区经济》，2014（7）。

③ 参见王莹：《浅析我国文化产业发展现状以及发展策略》，载《商情》，2014（3）。

④ 参见尹文博：《完善我国宪法司法化的构想——以美、法、德等国的宪政实践为借鉴》，中国海洋大学2006年硕士学位论文。

⑤ 参见陈晓霞：《合肥市文化产业初显规模发展态势明显加快》，载《安徽省情省力》，2008（1）。

⑥ 参见程惠哲：《新时期文化产业发展回顾与现状》，载《人民论坛》，2008（9）。

⑦ 参见周泽：《中国目前文化产业发展中的问题及对策研究》，河北师范大学2009年硕士学位论文。

业基地和区域性特色文化产业群建设，形成若干文化产业密集区，使文化产业占国民经济比重明显提高，国际竞争力显著增强。①

二、文化产业促进法的基本原则

制定文化产业促进法还有其必须遵守的原则与方针：第一，应当坚持统筹规划、协调发展的原则。由国家制定统一的文化产业发展规划，使文化产业与国民经济协调发展，使文化产业与其他产业协调发展，也使文化产业中的各个业态之间协调发展。② 第二，应当坚持市场主导、政府引导、市场化运作、企业为主体的原则。文化产业在市场经济体制之下寻求发展，必须坚持市场在文化资源配置中的主导地位，辅之以政府的宏观调控，确保文化企业在文化市场的主体地位。第三，应当坚持社会效益与经济效益相结合的原则。因为文化产业还与意识形态紧密联系，过分追求经济效益而忽视社会效益可能导致社会主义核心价值观的扭曲，因而必须注重文化产业发展的社会效益。③ 此外，文化产业促进法的制定还应当坚持振兴传统文化产业与鼓励自主创新相结合的原则。第四，非均衡性是产业促进法的一个重要特点，突出地体现在对促进者和被促进者之间的权利和义务配置的不均衡。在产业促进法的制度或法律规范配置中，有关义务和责任的配置，更多的是对作为促进一方的政府的要求。例如，在中国《农业技术推广法》和《中小企业促进法》立法中，其立法内容只规定政府的职责和义务，对农业劳动者和中小企业没有规定任何义务；而在权利配置上，更多地赋权于作为被促进一方的企业。④ 企业一旦获得国家和地方政府的产业促进性支持，必然在市场竞争中处于优势地位，有可能破坏公平的市场竞争秩序，因此，产业促进政策和立法必须强调其适度性和整体经济发展的合理性。

（一）文化产业促进法应遵循的立法原则

1. 科学、民主、合理立法原则

科学立法，要求文化产业促进立法必须遵循：一是文化产业发展从实际出发、实事求是的原则；二是宪法原则，即严格遵守宪法相关规定，始终以宪法原则和精神作为指导，坚持以宪法中的“文化制度”作为立法依据；三是法制统一原则，即与其他文化产业相关法律、法规之间保持和谐，避免冲突和抵触；四是法定原则，即文化产业促进立法权限、形式和程序符合《立法法》等法律规定。⑤

民主立法，要求文化产业促进立法必须遵循：一是扩宽文化产业促进立法参与途径，采取立法座谈会、听证会、论证会等形式，征求公众对法律草案的意见，保障公众的广泛参与；二是通过公众意见表达机制和采纳公众意见反馈机制等途径，使公众意愿以及诉求在立法中得到充分的体现；三是建立健全科学、民主的审议和表决机制。⑥

合理立法，要求文化产业促进立法必须遵循：一是充分开展立法工作前期调研及考察工作，保障立法与实际接轨；二是建立立法前期论证制度，提高立法的科学性、合理性，增强法

---

① 参见刘红：《关于文化产业发展的思考》，载《中国工程咨询》，2012（8）。

② 参见张旭东：《论黑龙江省文化产业发展的战略选择》，载《边疆经济与文化》，2010（7）。

③ 参见郑俊义、曹生梅：《发展文化产业与先进文化建设》，载《兰州商学院学报》，2004（20）。

④ 参见李艳芳：《“促进型立法”研究》，《法学评论》，2005（6）。

⑤ 参见于新循、杨丽：《我国〈文化产业促进法〉的立法选择与总体构想》，载《四川师范大学学报（社会科学版）》，2014（41）。

⑥ 参见曾正茂：《城市环境管理的公众参与机制研究》，吉林大学2013年硕士学位论文。

律条款的可操作性；三是抑制立法中的部门利益，防止部门利益合法化等。①

2. 市场化与政府规制相协调原则

政府规制应与市场机制相协调，从而使在政府规制失灵时，市场机制的有效运行能够弥补这种失灵造成的损失。我国长期以来受计划经济体制的制约，政府长期扮演“全能政府”的角色，既要制定文化产业发展目标，又要对其进行资金扶持、政策引导，还要对其发展方向和状况进行监督。②一旦政府规制失灵，而文化产业市场运行机制又尚未形成，将使得文化产业对政府产生极大的依赖性，这必将导致文化产业市场的混乱局面。就目前我国文化产业发展状况来看，还未健全完善的文化市场机制，也未形成自由竞争的文化产业发展模式。这对于文化产业的发展与繁荣是极为不利的。

政府由“全能政府”向文化产业的“庇护者”、“提供便利者”角色转化至关重要，这是因为：一方面，文化产业促进立法必须遵守市场经济的发展规律，重在培育、引导市场机制的形成，维护市场主体的自主地位，保障自由与平等竞争，优化文化资源的配置模式：另一方面，“在引入市场机制、放松对文化领域尤其是文化产业领域的管制、减少行政干预的同时，政府依然要运用必要的行政手段，维护文化发展所需要的良好市场秩序，在促进文化产业快速发展的同时，加强对文化市场的监管，从而形成文化产业市场化与政府规制相协调的文化体制”③。

3. 综合效益最大化原则

文化产业具有经济效益和社会效益的双重属性，主要体现在文化产品及服务“既具有教育人民、引导社会的意识形态属性，也具有通过市场交换获取经济利益、实现再生产的经济属性”。在文化产业促进立法过程中，应正确认识和把握“两个效益”的关系，做到综合效益最大化，切不可顾此失彼。④一方面，文化产业促进法的立法目的就是要通过法律规范文化产业行为，保障文化产业关系，促进文化产业发展，充分调动各文化产业部门的积极性，繁荣文化产业市场，使其创造更多的经济效益和社会效益，满足人民群众日益增长的文化权益诉求，实现国家文化安全及国际竞争力的不断提高；另一方面，经济效益的直接体现是文化自由，而要保障文化社会效益的实现，通过文化立法对这种文化自由采取一定的限制是必要的。因此，如何平衡社会效益和经济效益是文化产业促进立法不可回避的问题。⑤

综合效益最大化原则，实际上就是通过文化产业促进立法使文化产业的经济效益和社会效益达到最大限度的统一。⑥ 文化产业促进立法遵循综合效益最大化原则，必须以坚持社会效益优先为前提，在此基础上实现社会效益与经济效益的统一。⑦ 也就是说，经济效益的实现必须以满足社会效益为前提。其实，社会效益与经济效益本就是相辅相成、相互促进的：一方面，文化产业经济效益的提高，有利于文化产业社会效益的实现；另一方面，文化产业的社会效益的实现，营造了健康的社会价值体系，创造了健康的人文环境和精神财富，推动了整个经济社会的发展。⑧ 因此，文化产业促进立法既要关注经济利益，更要实现社会效益，使二者的综合效

---

①②④⑤ 参见于新循、杨丽：《我国〈文化产业促进法〉的立法选择与总体构想》，载《四川师范大学学报（社会科学版）》，2014（41）。

③ 同上文。

⑥ 参见张伟华：《关于黄河口文化产业发展的几点思考》，载《石油大学学报（社会科学版）》，2005（21）。

⑦ 参见洪鑫燕：《论我国文化产业的培育》，载《文艺生活（下旬刊）》，2014（6）。

⑧ 参见邓微：《发展文化产业，促进湖南经济发展方式转型》，载《湖湘论坛》，2011（1）。

益最大化，从而带动经济社会的发展。①

4. 促进为主、管理为辅原则

“文化立法内容设计上应当减少对文化的不当干预，以扶持、促进为立法主基调，强调文化的创造力，通过立法引导转变政府的文化管理方式。”② 过去，由于受经济体制的影响，以及对法律的管制功能和保障功能的认识偏差，我国的文化产业促进立法更多强调对文化产业的管理和限制，而对于文化产业主体的权利保障、促进措施等内容关注较少，由此造成我国的文化产业法律体系中“管理类法”占据了大部分立法资源，而以保障文化主体文化权益以及促进文化产业发展为导向的“促进类法”可谓“凤毛麟角”③。此种情况，极大地限制了文化产业的创造力，不利于文化产业多元模式的形成。

文化产业促进立法应当以保障公民基本文化权益、满足公众基本文化需求为基本出发点和立法宗旨，因此，文化产业促进立法的内容应当从以管理、限制为主向促进文化主体创造文化、制作文化、传播文化转变，以更好地维护、促进、保障文化产业市场的健康与繁荣发展。④

（二）文化产业促进法的基本规则导向

文化产业不同于其他物质生产部门，其内涵和外延极广，对国家的政治、经济、文化、社会等都具有深刻的影响，牵涉到一个国家的整体经济实力、国家文化安全以及社会和谐等众多领域。⑤ 显然，如果没有基础法律作为整体性规划引导，于文化产业的发展繁荣是极为不利的。但从目前我国国情的现实来看，我们必须清醒地认识到，完善文化产业法制建设需要一个长期和循序渐进的过程，而文化产业促进立法更是一项艰巨而又复杂的系统工程。文化产业促进法的制定应尽快进入我国立法程序中，由全国人大常委会法工委下属的立法规划室收集、整理各国家机关、专家学者提出的相关立法建议，进行整合，并充分吸收有关法学家、文艺家、政治家、经济学家、企业家以及文化管理相关部门的意见、建议，制定出相关立法草案，广泛征求社会各界人士的意见，最后提交全国人大常委会审议通过。颁布实施后，再根据执法实践及相关法律程序进行必要的增补、完善。因此，我们在此仅作准则性的框架思考。⑥

概言之，文化产业促使立法应当遵循的基本规则导向包括以下六点：一是要在符合宪法精神的前提下，保持立法具有一定的现实性和前瞻性，维护法律的稳定性。二是要在内容上与其他文化产业相关法律保持高度的互补性、兼容性，避免抵触性。三是要在具体条款设定上做到宜宽不宜窄，保持基本法与部门法之间的抽象性和具体性，使基本法的统领性作用得以充分发挥。四是要符合市场经济发展的客观规律。法律是为社会服务的，法律规范必须来源于现实并为现实服务，必须符合经济发展客观规律。五是要符合文化产业自身发展的内在规律性。六是要与国际规则、国际惯例接轨，保持高度的一致性，有效发挥文化产业促进法的行为规范和道德导向性作用，避免出现滞后性、封闭性、抵触性等阻碍文化产业发展繁荣、削弱国家经济整体实力的不良后果。⑦

---

① 参见周正刚：《文化产业可持续发展问题刍议》，载《武陵学刊》，2010（35）。

② 唐明良：《论文化立法的基本原则与基本规律》，载《观察与思考》，2012（6）。

③ 参见于新循、杨丽：《我国〈文化产业促进法〉的立法选择与总体构想》，载《四川师范大学学报（社会科学版）》，2014（41）。

④⑤⑥⑦ 同上文。

第三节 文化产业促进法的经济政策工具分析

要达到产业促进目的，产业促进政策与法律、法规必须明确对促进事项的经济政策支持。它关系到政府是否能够通过各类经济政策工具的运用，激励被促进者按照预设的方向选择自己的生产、经营、服务及消费行为。由于产业法属于中国宏观调控法的一个子法，因此，首先，产业促进法所采取的经济政策工具（或手段）体现为与中国宏观调控相一致的以发展规划和计划为牵头、以财政税收和金融调控为两翼的一般性工具，主要表现为资源调控、价格调控、发展规划与计划调控、财政税收调控和金融调控；其次，产业法也有自己特殊的工具形式。①

一、普通的经济政策工具

（一）资源调控

资源调控涉及人力资源、自然资源和制度资源的配置问题。首先，从人力资源的调控来说，要发展产业就必须首先要有相应的人才。为此，文化产业促进法及其配套性法律，主要通过文化产业的人才培养、人才调配和引进制度与措施的实施，将对促进文化产业有利的职业人才和专业技术人才吸引到文化产业发展中来，如给予特殊的经济待遇和职称晋升。其次，就自然资源的调控而言，把土地等自然资源作为经济调节的手段，优先提供或低价甚至无偿提供给文化产业市场主体，体现国家和地方政府对文化产业的基础性支持，如各类文化产业园区建设的基础设施、土地资源优惠为文化企业发展提供良好的物质条件。最后，依靠国家和地方政府出台的产业促进政策、法律和法规为文化产业发展提供制度资源的配置。

（二）文化产业的价格调控

按照市场经济原理，价格调控的前提是市场准入门槛的开放、放松或提升。市场门槛的开放、放松或提升，意味着原来不能进入市场的企业现在可以进入市场，并在进入市场后能够按照市场价值规律所决定的价格机制选择自己的生产、经营、服务和消费行为。而在文化产业促进的价格调控中，文化产业的产品、技术或服务的市场价格促使市场主体的生产、经营和消费具有竞争力。这不仅表现为文化产业政策支持下的资源优势，亦可通过政府对文化企业或产品、技术与服务的财政补贴以降低文化企业的生产、经营与服务成本来实现，使文化企业愿意按照国家和地方政府文化产业政策与法律、法规的指引，组织自己的生产、经营与服务活动。

（三）文化产业的规划与计划调控

文化产业的规划与计划调控体现在三个方面：一是国家和地方政府出台的国民经济和社会发展规划纲要及其年度计划。在该类规划与年度计划中，作为一项改革措施，原则性地阐述文化产业的发展政策或较详尽地布置文化产业发展的总体目标，如《关于深化文化体制改革推动社会主义文化大发展大繁荣若干重大问题的决定》《国家“十二五”时期文化改革发展规划纲要》等纲领性文件，提出在新时期实现社会主义文化大发展、大繁荣的宏伟构想，将文化建设上升到国家发展战略的高度。② 二是在总的发展规划与计划基础上，为详尽阐述文化产业促进

① 参见黄瑜：《我国〈宏观调控基本法〉若干制度要素研究》，湘潭大学2005年硕士学位论文。

② 参见李成：《〈文化发展促进法〉是文化大发展大繁荣的法律保障》，载《中共四川省委省级机关党校学报》，2012（4）。

法的目的、意义、指导思想、具体发展目标、政策优惠及保障措施，国家和地方政府需要出台专门的文化产业发展专项规划，其中包括专门针对某一行业的产业振兴规划。如2005年，国务院出台《关于非公有资本进入文化产业的若干决定》①，各省市也围绕这一决定相继制定了一些相应的政策法规。② 三是为响应国家和地方政府各项产业促进政策，由文化企业出台与国家和地方政府相关产业促进政策相衔接的发展规划。该三类产业发展规划与计划，在规划与计划期内，一旦确定即不能随便更改，但当市场形势发生变化时，可及时地予以调整。

（四）规划与计划制度

文化产业促进法最首要的任务是用法律形式确定将文化产业的发展纳入到国民经济与社会发展规划之中，制定适合我国国情的文化产业发展战略，并对文化产业的内部结构和产业布局作出合理的规划与安排，以指导不同地区的文化产业和文化产业中的各个行业均衡发展，并组建文化产业集群。③ 必须通过立法进一步推进文化体制改革，确立非营利性文化产业的改革方案和发展方向。

（五）文化产业的财税调控

根据财政原理及实践，文化产业促进的财政调控包括财政收入调控和财政支出调控两个方面。在财政收入调控领域，国家设立文化产业发展专项资金，纳入财政预算范畴，用以支持重点发展产业、文化示范园区、文化产业发展基地以及纳入文化产业指导目录的重点项目和有发展前景的新兴文化产业的发展，是促进产业发展的基本手段。但与一般财政资金的使用不同，要把经济效益作为绩效评价的主要依据，起到"四两拨千斤"的效果，即通过财政资金的支持，吸引社会资金投入到国家和地方政府支持的产业发展中来，以区别于财政资金对事业发展的支持。同时，税收优惠制度常常是各国促进某一产业发展的基本调控制度之一，也是我国文化产业促进法的重要组成部分。④ 如2005年，为了贯彻落实这两个规定，推动文化体制改革，促进文化产业发展，财政部、海关总署、国家税务总局联合发布了《关于文化体制改革试点中支持文化产业发展若干税收政策问题的通知》（财税［2005］2号），为在2004年1月1日至2008年12月31日期间，经营性文化事业单位转制为企业和文化体制改革试点的企业提供国家税收优惠政策。⑤ 文化产业促进的财政调控表现为税收优惠的调节，具体包括直接税和间接税。其中，直接税优惠表现为所得税的减少或免除，即成本收益型激励，激励的直接效果是政府对文化企业的让利，使其有足够的资本进行再生产或扩大再生产；对间接税而言，主要包括增值税、营业税和消费税，这类税种属于价格税或成本税，它是企业产品、技术或服务商品价格的组成部分，法律对这类间接税的减免，会促使出售于市场的文化企业的产品、技术或服务商品的价格下降。由于间接税的实际负担者是消费者，故间接税的减免实际为国家和地方政府对消费者利益的让渡。此外，财政收入领域中各类"非税收入"的减免，也能发挥同样的功效。值得强调的是，在现代财政体制下，发行专门针对文化产业的产业基金或企业债券同属于

① 参见2005年4月30日国务院《关于非公有资本进入文化产业的若干决定》（国发［2005］10号）。

② 参见解学芳：《我国文化产业政策的关联性偏差及矫正》，载《长春市委党校学报》，2008（6）。

③ 参见容小宁：《做大做强产业项目夯实广西文化产业基础》，载《当代广西》，2006（18）。

④ 参见贾康、马衍伟：《税收促进文化产业发展的理论分析与政策建议》，载《财政研究》，2012（4）。

⑤ 参见杨京钟、吕庆华：《基于中国文化产业发展的税收政策取向研究》，载《江南大学学报（人文社会科学版）》，2010（9）。

重要的财税调控工具。2003年，国务院发布了《国务院办公厅关于印发文化体制改革试点中支持文化产业发展和经营性文化事业单位转制为企业的两个规定的通知》。①

（六）文化产业的金融调控

文化产业的金融调控主要体现在通过政策和法律、法规的出台，引导金融机构优先给予符合国家和地方政府文化产业发展政策的企业或项目以资金支持，促使文化企业在财政和金融的双重支持之下获得迅速发展。② 在金融调控与财政调控的相互配合上，财政对被促进企业的贴息政策的实施，也有利于文化企业从金融机构获得更多的资金支持，如在证券市场的准入方面，国家优先支持符合文化产业发展目标的企业上市。但文化企业基于市场突变遭遇整体性亏损而无法归还金融机构的资金时，政府则负有"财政兜底"的责任。这种财政与金融调控的相互配合，可降低文化企业的市场风险，促使其专注于产品技术研发，专心提高产品和服务的质量，以提高其综合竞争能力。文化产业的金融调控手段具体表现为通过制定政策与法律、法规鼓励金融机构对文化产业的设立和经营进行融资，支持有发展潜力但资金不足的文化企业通过发行债券、股票等方式在国内外资本市场筹集资金，合理利用国内外资本市场的有效资源，扩大文化产业的资金来源。③

二、文化产业促进法的特殊政策手段分析

根据产业促进政策与法律、法规的实践，除了需要充分运用以上一般性宏观调控手段促进文化产业发展之外，文化产业促进法及其政策的制定和实施，存在特有的政策手段与工具。④

（一）文化产业促进的目录指引

政府依法通过公布文化产业发展目录，对文化产业与市场主体予以指引，是文化产业促进法的基本手段。在文化产业发展目录公布之后，市场主体可依据产业目录的指引，按照产业鼓励的方向，选择投资领域和市场发展的方向。与此同时，产业目录指引的鼓励部分，意味着国家和地方政府负有对文化产业的一般性经济调控职权以及予以支持的职责。从经济学原理来讲，政府产业发展目录中有关鼓励性的指引，给企业提供了一个市场机会，而对于作为理性经济人的企业而言，能否抓住这一机会发展自己，关键决定于企业从产业激励中所获取的利益程度如何。其基本模式有三：一是收益＝成本，二是收益＜成本，三是收益＞成本。在第一、二种模式下，企业均可能会放弃产业选择；只有在第三种模式下，企业才会积极地参与到政府所鼓励的产业发展之中。

（二）文化产业指导制度

文化产业促进立法应当根据文化产业发展规划编制文化产业指导目录，用以引导有待进入文化产业的国内外投资者的投资方向，也有利于国家和政府对纳入文化产业指导目录的重点发

---

① 参见《国务院办公厅关于印发文化体制改革试点中支持文化产业发展和经营性文化事业单位转制为企业的两个规定的通知》（国办发〔2003〕105号）。

② 参见王宁：《国内外金融支持文化产业发展的比较研究》，贵州财经大学2013年硕士学位论文。

③ 参见黄萍：《我国文化产业投融资渠道探讨》，载《四川文化产业职业学院学报》，2007（3）。

④ 参见卜敏现：《中国文化产业现状及发展战略研究》，燕山大学2005年硕士学位论文。

展项目予以人才、土地、资金等方面的优惠与支持。①

（三）项目支持

产业政策与法律、法规通过项目支持促进文化产业发展也是文化产业促进法的基本手段。在项目支持下，财政资金或相关优惠措施针对的不是文化企业，而是项目。单一企业自身有能力申请获得项目支持的，由单一企业受益；由两个以上的企业，或由企业与科研院所或院校共同申请较为复杂的项目的，由多个市场主体获益。在符合国家和地方政府文化产业发展政策的前提下，促进产业发展项目选题通常由政府组织专家在论证基础上提出，也可以由企业自行提出，经过专家论证可行后予以支持。与此同时，对项目资金运用绩效的中期和后期评价，有利于监督项目的有效实施。总之，文化产业促进的项目支持，必须贯彻民主、协调和效益原则，才能使项目支持发挥其应有的效果。

（四）反垄断适用除外

反垄断适用除外，又称反垄断法的豁免制度，主要涉及的是自然垄断和关系国计民生的重要领域的垄断性生产和经营。② 反垄断适用除外通常是利益衡量的结果，即从经济效果上对于限制竞争行为的性质和影响进行利益对比，在“利大于弊”时对其排除适用反垄断法的禁止规定。③ 但是，根据国外的产业发展经验，对与全体国民相关联的相关文化类产业实施反垄断除外的特别垄断政策，能促进文化类产业的迅速发展，使其成为国民经济的一个重要的增长点，有的甚至超过了传统工业产业对国民经济和社会发展的贡献。这种促使文化产业发展使其成为体现国家和地方特色的产业发展品牌或亮点的经验，值得中国加以借鉴。例如，在美国，进入20世纪90年代以后，随着职业体育普及率和观众人数呈现稳定增长的趋势，美国的体育商业经营也取得了空前的成功，其经验之一即得益于“反垄断豁免”“税收优惠”以及职业体育版权保护政策的制定和有效实施。④

（五）对外促进制度

我国加入WTO之后，文化产品和服务已经越来越多地加入到国际文化市场的竞争中去，一部分具有全球意识和国际眼光的文化企业开始大胆地“走出去”，积极开拓海外市场，国际竞争对于文化产业的发展也越来越重要。为了使我国的文化产业在竞争中不断发展壮大，文化产业促进法的具体措施中必须包含促进文化产品和服务出口的措施，以及WTO规则与“入世”承诺之下促进文化产业对外发展的制度。对此，文化部已于2006年颁布了《关于鼓励和支持文化产品和服务出口的若干政策》，这一制度应当继续加以完善。⑤

第四节 文化产业促进法规范的类别分析

有观点认为，促进型法律、法规中的法律规范和其他法律法规中的提倡性、促进性规范大

---

① 参见张军：《中国文化产业发展战略研究》，安徽大学2011年硕士学位论文。

② 参见杜仲霞：《我国反垄断立法中适用除外制度探析》，载《中国工商管理研究》，2005（9）。

③ 参见欧阳仁根：《论我国反垄断立法中的合作社豁免问题》，载《财贸研究》，2005（1）。

④ 参见张仁寿：《大型体育场馆建设和运营研究》，载《体育文化导刊》，2009（1）。

⑤ 参见陈英明：《中国出版“走出去”任重道远——“走出去”是新世纪中国出版业的一项重要任务》，载《中国版权》，2007（5）。

致可以分为道德提倡性规范、政策宣示性规范、明确发展趋势的规范、具体的促进措施和管理性规范。[①] 而我们认为，产业促进型规范主要包括产业宣示性规范、提倡性规范和激励性规范三类。

一、产业宣示性规范分析

产业宣示性规范主要是指表明国家和地方政府对某一产业发展予以支持，以便提升被促进主体产业发展信心的规范。为此，这种规范的好处在于，通过法律形式的稳定的提示，使被促进主体对未来预期收益增强信心，以便能够在国家和地方政府产业鼓励的领域以稳定收益为基础制定和实施长期投资的发展战略。与此同时，也可以克服市场主体市场投机的风险。例如，1993 年国家出台并经过 2012 年修订的《中华人民共和国农业技术推广法》第 3 条规定："国家扶持农业技术推广事业，加快农业技术的普及应用，发展高产、优质、高效、生态、安全农业。"[②] 该条规定表明：国家对于与发展农业技术相关的事业和产业的支持是长期的和稳定的。其中，就农业产业的发展而言，只要是可以使农业取得"高产、优质、高效、生态、安全"效果的，均在国家产业政策和法律的长期的和稳定的支持范围之内。与此同时，对于社会资本而言，也可以起到长期引导作用。同理，2008 年国家出台的《循环经济促进法》第 3 条规定："发展循环经济是国家经济社会发展的一项重大战略，应当遵循统筹规划、合理布局，因地制宜、注重实效，政府推动、市场引导，企业实施、公众参与的方针。"[③] 该条规定明确宣示循环经济发展不仅应当作为政府长期推动的行动，也应是企业和公众长期参与的一项事业与产业。为此，政府、企业与公众长期的和共同的参与对于发展循环经济至关重要。据此，有关政府、企业的投资和消费者在今后的经济发展中只要是有利于循环经济的行为均会从中受益。

二、产业提倡性规范分析

提倡性规范即鼓励性规范，是指旨在引导被促进者进行市场选择的规范。提倡或鼓励性规范同样能够起到使被促进者预期产业投资效益的经济功效，比宣示性规范更为具体。例如，1995 年国家出台、2015 年修正的《促进科技成果转化法》规定："国家通过制定政策措施，提倡和鼓励采用先进技术、工艺和装备，不断改进、限制使用或者淘汰落后技术、工艺和装备。"[④] "国家鼓励研究开发机构、高等院校等事业单位与生产企业相结合，联合实施科技成果转化。研究开发机构、高等院校等事业单位，可以参与政府有关部门或者企业实施科技成果转化的招标投标活动。"[⑤] "国家鼓励农业科研机构、农业试验示范单位独立或者与其他单位合作实施农业科技成果转化。农业科研机构为推进其科技成果转化，可以依法经营其独立研究开发或者与其他单位合作研究开发并经过审定的优良品种。"[⑥] "国家鼓励设立科技成果转化基金或

---

① 参见郭俊：《如何做好"促进型立法"工作》，载《人大研究》，2008（2）。
② 《中华人民共和国农业技术推广法》。
③ 王秀红：《谈循环经济立法对我国产业集群生态化转型的影响》，载《商业时代》，2010（18）。
④ 胡卫娜：《以立法构建科学发展"软环境"》，载《中国科技奖励》，2011（3）。
⑤ 黄亦鹏：《高等院校科技与经济结合的对策研究》，载《高等工程教育研究》，1997（1）。
⑥ 贾大平：《〈促进科技成果转化法〉的立法背景与主要内容》，载《科技成果纵横》，1996（5）。

者风险基金，其资金来源由国家、地方、企业、事业单位以及其他组织或者个人提供，用于支持高投入、高风险、高产出的科技成果的转化，加速重大科技成果的产业化。”① 这些法律规定无疑会使被促进者看到投资于科技产业所预期获得的收益。

值得强调的是，产业法中的提倡或鼓励性规范，往往与自愿性选择条款相结合，通常的法律用语表现为“可以”。既然“可以”，对于被促进者而言，其选择的法定路径，既“可以”，也“不可以”，或者按照法学术语，既可以“作为”，也可以“不作为”。两者选择其一，均符合法律的要求。这就需要被促进者按照经济合理性原则作出独立的和合理性的决策与行动。

三、文化产业促进法中的激励性规范

在中国产业促进法文件中，奖励性规范必不可少。这种奖励性规范，可以起到激励被促进者按照国家和地方政府产业政策和法律的指引，积极参与到国家和地方政府所鼓励的企业及其行业的发展之中。但是，我们认为，事实上，包括财政资金的支持、税收优惠、金融支持、降低市场准入门槛、简化手续等有利于被促进者积极参与相关产业发展的制度和措施安排，也可以起到激励作用，甚至是主要的激励性规范。广义地看，奖励与激励性规范都可以属于激励性规范的范畴，但是，两者的不同点在于：奖励规范通常针对的是事后行为；而预先设计的激励制度及其措施，才是可以促使被促进者按照国家和地方政府产业政策和法律的指引进行产业决策和行动的制度性保障。这是因为预先设置的这些制度与措施安排，能够使被促进者预先考虑其从国家和地方政府的激励性规定中可以降低多少成本、获得多少预期的收益，可通过进行遵循国家和地方政府产业政策与法律措施决策与行动时的成本比较，作出正确的选择。具体的措施如为促进文化产业发展设立文化产业发展专项资金和文化产业基金，给予符合条件的文化企业在一定期限内减征、免征所得税的税收优惠；中国人民银行、各金融机构扶持和服务于文化企业的融资需求，并建立专门针对文化企业轻资产的信用担保制度；政府有关部门、中介服务机构在文化企业经济与技术信息政策咨询、人才培训、企业登记简化、提供发展场地等方面提供优质服务等。

四、文化产业促进法激励模式的类型化

我国早期的法律激励模式比较单一。随着社会经济的发展，法律激励模式逐渐增多。文化产业促进法除宏观的倡导性激励以外，还有权利、成本、收益配置的激励以及资格、待遇、荣誉方面的激励类型，具体分为：

（一）权利、义务、责任分配方面的激励

权利、义务、责任分配方面的激励并不意味着被激励者会立即获得经济收益，而只是意味着被激励者有获得经济收益的可能性或者说权利保障一般不需要直接的国家财力作为支持。

（1）赋予权利型激励。法律是惩恶扬善的社会规范。惩恶可以通过剥夺权利实现，激励则可以通过赋予权利实现。在赋予权利型激励中，赋予权利能够增加被激励者的收益，如可以使被授予者获得巨大利益。法律在赋予权利进行激励方面主要包括但不限于：一是赋予垄断性专

---

① 周宏：《科技成果转化——地方科技立法的灵魂——部分省市促进科技成果转化地方法规立法特色评析》，载《安徽科技》，2002（11）。

有权实现激励，如《专利法》对专利权人的激励，《文化部关于支持和促进文化产业发展的若干意见》第 19 条指出：文化企业要增强知识产权保护意识和法制观念，积极制定参与市场竞争的知识产权战略，实行研究、创作、开发、生产、销售全过程的知识产权保护。① 所经营的文化产品和文化服务进入市场前，要及时进行专利申请、商标注册、作品和软件登记，以取得法律保护并依法正确使用。② 二是赋予一般权利实现激励。如 2001 年《中华人民共和国防沙治沙法》第 34 条关于治沙者可以享有不超过 70 年土地使用权的规定就明显具有激励作用；又如《循环经济促进法》第 10 条关于举报资源浪费、破坏环境行为的规定等也都具有激励的作用。③ 三是通过对政府部门规定相关义务的方式增加相关主体的相关权利，从而实现激励。如 2004 年《中华人民共和国农业机械化促进法》第 29 条关于为农民和农业生产经营组织免费提供信息服务的规定，《中小企业促进法》第 25 条关于给中小企业提供决策咨询和信息服务等规定。④

（2）增加收益型激励。从经济学的角度来看，惩罚实际上就是增加相关主体的成本，减少其收益。相反，激励实际上就是增加其收益、减少其成本。从法律后果的内容来看，无论何种奖励，对于获奖主体来说都意味着特定利益的添加，并且这种添加的利益为获奖主体所专有，不在获奖主体既得和可得的其他利益之列。这里的"增加收益"是广义的理解，即不一定是直接增加收益，需要国家和政府提供专项资金、补助、基金、贷款等。具体情形包括但不限于：一是通过设立专项资金、成立基金会、进行经费补助、增加财政经费投入等进行激励。如根据《国务院关于进一步完善文化经济政策的若干规定》，为促进宣传文化事业发展，增强调控能力，保证重点需要，规范资金管理，中央和省级要建立健全有关专项资金制度⑤，重点完善"宣传文化发展专项资金""优秀剧（节）目创作演出专项资金""国家电影事业发展专项资金"和"出版发展专项资金"制度；再如《文化部关于支持和促进文化产业发展的若干意见》第 15 条规定，扶持发展具有示范性、导向性的重点文化产业项目⑥，争取一定数量的政府投资，作为文化产业引导资金，对重点文化产业项目的开发与运营，特别是内容产业文化产品的生产给予资金补助和信贷贴息等支持。⑦ 二是通过提供优惠贷款、融资便利、资金担保进行激励。如《中小企业促进法》第 14 条关于加大对中小企业的信贷支持的规定、第 15 条关于为中小企业提供金融服务的规定、第 29 条关于中小企业技术创新项目以及为大企业产品配套的技术改造项目可以享受贷款贴息政策的规定等就是适例；再如《文化部关于支持和促进文化产业发展的若干意见》第 15 条规定，加强与金融机构的联系与沟通，积极推荐有发展前景、有良好效益的文化产业项目，争取银行给予信贷支持。⑧

---

① 参见刘小川、李桂芳：《唐钢知识产权工作"十一五"期间展望》，载《金属世界》，2006（4）。

② 参见戴立然：《关于我市文化产业发展问题的调查》，载《大庆社会科学》，2004（2）。

③ 参见徐祥民、张明君：《建立我国环境公益诉讼制度的便捷路径》，载《河北法学》，2014（32）。

④ 参见《中华人民共和国农业机械化促进法》。

⑤ 参见《国务院办公厅转发财政部中宣部关于进一步支持文化事业发展若干经济政策的通知》，载《中华人民共和国国务院公报》，2006（22）。

⑥ 参见张燕清、龚高健：《福建文化产业发展现状、趋势及对策》，载《福州党校学报》，2012（2）。

⑦ 参见江凌：《近十年中国文化产业政策的基本类型分析》，载《江南大学学报（人文社会科学版）》，2012（11）。

⑧ 参见许思文：《加快发展连云港文化产业——连云港山海文化发展战略研究之五》，载《大陆桥视野》，2012（17）。

（3）减少成本型激励。如果增加成本可被视为惩罚，那么减少成本就可被视为激励。减少成本型激励虽不需要国家直接提供资金，但需要国家以一定财力作为基础。被激励者直接感受到自己收益增加或者支出减少（主要是税收减免）。具体情形包括但不限于：一是通过税收减免进行激励。税收减免的法律激励功能体现得非常明显，绝大多数激励性法规都规定了此类措施。具体有两种形式：第一种是笼统地表述税收优惠，如2013年《中华人民共和国民办教育促进法》第46条。第二种是具体地表述税收优惠，这又表现为以下5种形式：第一，降低税率，如2007年《中华人民共和国企业所得税法》（以下简称《企业所得税法》）第28条；第二，增加扣除，如2012年《清洁生产促进法》第34条；第三，加速折旧，如《企业所得税法》第32条；第四，税额抵免，如《企业所得税法》第34条；第五，税款返还，如2008年《中华人民共和国增值税暂行条例》第25条、北京市对出版物实行增值税先征后返的激励政策。二是通过费用减免进行激励。如《国务院办公厅印发关于支持戏曲传承发展若干政策的通知》第5条关于改善戏曲创作生产场地条件、实行差别化的戏曲教学排练演出设施用地政策的规定：戏曲教学排练演出设施独立用地，符合《划拨用地目录》的，可以划拨方式提供；支持现有戏曲教学排练演出设施改造建设，在符合城乡规划、土地利用总体规划的前提下，现有戏曲教学排练演出设施改造可兼容一定规模的商业、服务、办公等其他用途，并按协议方式补充办理用地手续。①

（二）资格、待遇、荣誉方面的激励

（1）特殊资格型激励。处罚可以通过剥夺相关主体的资格来实现，如《产品质量法》第57条关于撤销检验资格、认证资格的规定。激励则可以通过赋予特殊的资格来实现。法律对不同经济主体参与某些经济事务都设置了准入门槛，这些准入门槛构成经济主体能否进一步发展的基本条件。准入门槛的高低意味着进入的难易。在某些情况下，法律为实现激励的目标会降低准入条件。这里的“降低准入条件”包括但不限于：A. 通过法律的修改降低准入门槛。这种降低门槛的激励主要体现在，根据社会发展变化的需要进行特殊的激励。例如，1993年《中华人民共和国公司法》（以下简称《公司法》）第23条规定最低注册资本为10万元，并且要求一次性缴足；2005年修订的《公司法》第26条规定有限责任公司注册资本的最低限额为人民币3万元，并且不要求一次性缴足。② 相比较而言，新法具有激励创业的作用。B. 针对特殊的区域给予特殊对象以特殊资格降低准入门槛。这种降低门槛的激励也是根据我国国情，尤其是我国中西部地区经济发展水平差异比较大、城乡经济发展水平差异比较大而设置的一种激励。如《中西部地区文化市场综合执法能力提升三年（2014—2016）行动计划》指出：为切实提升全国尤其是中西部地区文化市场综合执法能力，构建统一开放、竞争有序的现代文化市场监管体系，实施中西部地区综合执法人员培训扶持项目，从2014年主要针对西部地区安排培训项目，2015年、2016年扩大到整个中西部地区。相关省份每年可申报1～2个培训项目，每期培训时间4～6天，参训人员原则上控制在100人以内。文化部将统筹确定其中部分项目予以重点扶持，并按照中央组织部、文化部、财政部、人力资源和社会保障部、国务院扶贫办《关于印发〈边远贫困地区、边疆民族地区、革命老区人才支持计划文化工作者专项实施方案〉的通知》的要求，争取将下属边远贫困地区、边疆民族地区和革命老区（以下简称“三区”）

① 参见《财政部支持电影业发展：每年安排1亿元扶持精品》，载《经济技术协作信息》，2014（18）。

② 参见王书庵：《关于〈公司法〉对公司资本制度重组的价值推演》，载《理论界》，2009（4）。

综合执法人员培训申报纳入专项实施方案，同等享受“三区”人才支持计划文化工作者专项相关政策和经费补助。

（2）特殊待遇型激励。在经济活动中，经济主体应该严格按照法律的规定进行经济活动。但是，在某些情况下，为实现法律的激励目标，特殊经济主体会得到国家的偏爱，受到法律的照顾，获得特殊“待遇”。具体来看，此种激励包括但不限于：A. 通过特殊的工资、福利待遇进行激励，如2007年《科学技术进步法》第49条关于提高科学技术人员的工资和福利待遇的规定。B. 通过特殊的生活、身份待遇进行激励。此种激励早在古代就已普遍存在。如唐代有技能者，其身份虽为官奴婢，但待遇比无技能者要优裕，且达一定年龄（60至70岁）即可“一免为番户，再免为杂户，三免为良人，皆因赦宥所及则免之”，从而改变其奴婢身份，以激励其提高工艺。及至当代，此种激励在我国法律中亦有体现，如《科学技术进步法》第54条关于外国杰出科学技术人员在我国特殊待遇的规定等，《北京市鼓励和吸引优秀文化体育人才来京创业工作的若干暂行规定实施办法》从办理北京户口给予优惠待遇到简化办理程序的激励。C. 通过特殊的晋升、级别待遇进行激励。如2006年《深圳经济特区改革创新促进条例》第31条规定：“国家机关、公立非营利机构和人民团体的工作人员对改革创新工作作出突出贡献的，应当作为其晋升职务、级别的重要依据。”① 如《北京市传统工艺美术保护办法》第24条规定：传统工艺美术生产企业可以直接从外省市引进具有省级工艺美术大师以上称号的专业技术人才，有关部门应当给予支持，协助办理相关手续。② 外省市工艺美术人才来京创办企业或者建立个人工作室的，政府有关部门应当为其提供方便，做好服务工作。来京创办企业或者建立个人工作室的外省市工艺美术人才，符合条件的，可以申请参加北京工艺美术大师、民间工艺大师的认定。③

（3）特殊荣誉型激励。给予特殊荣誉是指给予被激励人物质方面和精神方面的奖励。具体包括：A. 通过精神方面的奖励进行激励。④ 精神方面的奖励包括各类荣誉，如授予“劳动模范”等荣誉称号、通令嘉奖、记功，发给奖状、荣誉证书、奖章等。⑤ 1993年《科学技术进步法》第53条也曾规定，国家对为科学技术事业发展作出杰出贡献的公民，依法授予国家荣誉称号。再如《北京市传统工艺美术保护办法》第25条规定，市政府有关部门和区、县人民政府应当对为传统工艺美术保护和发展工作作出突出贡献的单位和个人给予表彰和奖励。⑥ B. 通过物质方面的奖励进行激励。由于纯粹的精神奖励有很大的局限性，以精神奖励为主的情形逐渐改变。但由于时代原因，物质奖励明显偏少，如在国家公务员奖励规定中，对授予荣誉称号的人员，其奖金标准一般“不超过本人年基本工资的40%”。又如2004年《文化部创新奖奖励办法》规定，为在文化艺术领域大力倡导科学思想，弘扬科学精神，积极引用现代科学技术，鼓励广大文化工作者的创造热情，使创新活动渗透到文化艺术生产、流通、服务和管理

---

① 李永利：《为敢想敢干的改革者提供法制“护身符”——深圳、重庆促进改革创新与开放立法的亮点和启示》，载《海南人大》，2009（3）。

② 参见《北京市传统工艺美术保护办法》，载《北京市人民政府公报》，2002（9）。

③ 参见李亮明：《广东评“大师”外来户无份？——深圳代表就广东工艺美术大师评选提出询问》，载《人民之声》，2009（3）。

④ 参见寸玉海：《行政激励法律制度研究》，云南大学2007年硕士学位论文。

⑤ 参见李楠：《行政奖励乱象问题浅析及其矫治》，载《党史文苑》，2014（10）。

⑥ 参见《北京市传统工艺美术保护办法》，载《北京市人民政府公报》，2002（9）。

等各个环节，促进文化艺术事业繁荣和发展，文化部创新奖每两年评审一次。[①] 文化部创新奖特等奖项目每项奖金为 3 万元。随着我国经济的持续发展，国家经济实力不断增强，人民生活水平逐步提高，加大各种奖励的物质比重已经成为一种普遍现象。如 2007 年《科学技术进步法》第 49 条规定，各级人民政府和企业事业组织应当采取措施，提高科学技术人员的工资和福利待遇；对有突出贡献的科学技术人员给予优厚待遇。[②] 文化部创新奖项目每项奖金为 1 万元。地方政府文化产业行政主管部门出台的地方性文化产业促进政策加大对文化企业获奖的奖励力度。再如《文化部关于 2015—2017 年国际艺术比赛获奖选手奖励办法的通知》对 2015—2017 年国际艺术比赛获奖选手 A 类一、二、三、四等奖和 B 类比赛的大奖及一、二、三等奖给予 1 万～8 万元幅度的奖励。

---

① 参见《弘扬科学精神，倡导科学方法，奖励改革创新——文化部设立创新奖》，载《演艺设备与科技》，2004 (3)。

② 参见陆艳：《广西科技人才队伍建设现状与对策建议》，载《企业科技与发展》，2012 (12)。

第四章 文化产业规制法

产业法是确认产业地位、规范产业行为和秩序、促进产业发展的法律规范的统称。从功能定位角度划分，产业法可被分为促进法和规制法两类。前者侧重于国家或政府对哪些产业的发展予以优惠或大力支持以及具体的财政、金融扶持等措施的实施；后者则侧重于法律对产业发展的禁止、限制及允许发展的范畴界定。在当今全球化条件下，越来越多的国家高度重视政府规制在文化产业发展中的促进作用，综合运用各种手段创新和改善对文化产业的政府规制。事实证明，文化产业的迅猛发展是各国政府积极推动的结果，全球化背景下政府规制创新对文化产业发展的促进作用主要[①]表现在：适宜的政府规制是保障文化产业发展的关键，决定了政府必须对文化产业进行适当规制。[②]

第一节 文化产业规制法的产生依据

规制（regulation）又称政府规制（government regulation），宽泛地讲，是政府对经济行为的干预和控制。[③] 从现实的角度来看，规制是一种复杂的现象和制度安排。首先，它是一种由特定政府机构行使相应职能的行政过程，并且以各种政治力量达成协议为前提；其次，规制常常是以法律的形式和程序来表现；最后，规制的结果[④]将会对市场交易的特征产生影响，同时也会左右买卖双方订立契约的条件。这就使规制在经济学、法学和政治学领域中受到广泛的关注。综合来说，政府规制是政府或规制机构利用国家强制力对被规制者进行直接或间接的经济、社会控制或干预，从而克服市场失灵，实现社会福利最大化，即实现“公共利益最大化”的目标。

一、产业规制的一般理论

对于一般产业而言，政府规制是政府的微观管理职能，政府或社会为实现某些社会经济目标而对市场经济中的[⑤]经济主体作出各种直接的和间接的具有法律约束力或准法律约束力的限制、约束、规范，以及由此引出的政府或社会为督促产业经济主体的活动符合这些限制、约束、规范而采取的行动和措施。[⑥] 政府产业规制旨在为市场运行及企业行为建立规则，弥补市场失灵，确保微观经济的有序运转。[⑦]

---

① 参见《全球化背景下的政府规制与文化产业发展》，载《出版发行研究》，2013（5）。
② 参见梁坤：《文化产业发展中的政府规制问题》，载《大舞台》，2014（9）。
③ 参见韩平、闫慧婷：《我国文化产业政府规制研究》，载《哈尔滨商业大学学报》，2014（1）。
④ 参见王谊：《从政府规制到企业的政府公关》，南京工业大学2005年硕士学位论文。
⑤ 参见樊一江：《道路运输政府规制变迁分析与选择》，长安大学2007年硕士学位论文。
⑥ 参见吴英杰、邓忠波：《我国房地产业规制模式的探析》，载《商场现代化》，2006（27）。
⑦ 参见吴向鹏：《规制重构：转型经济中政府规制改革的现实选择》，载《江汉大学学报》，2002（6）。

政府规制经济学认为，市场规制发生的原因是存在着市场失灵，包括自然垄断、人为垄断（行政垄断）、外部[①]性、信息不对称等；规制的目的是通过提高资源配置效率来增进社会福利，并且规制者运用法律手段提高对垄断的监督，采用让消费者参与听证等手段[②]来提高规制水平。规制经济学教科书一般依据规制的特点将政府规制分为经济性规制与社会性规制。[③] 植草益认为，经济性规制是指在自然垄断和存在信息不对称的领域，重点是电力、天然气、电信、交通[④]、航空等具有自然垄断特征的产业及农业、银行业等特殊产业，表现为对产业的进入与退出、价格、工资等进行限制与约束。[⑤] 为防止发生资源配置低效率和确保使用者的公平利用，政府授予相关机构以法律权限，通过许可和认可[⑥]等手段，对企业的进入和退出、价格、服务的数量和质量、投资、财务会计等企业决策所实施的各种强制性制约。[⑦] 社会性规制是指以保障劳动者和消费者的安全、健康、卫生、环境保护、防止灾害为目的，对产品和服务的质量以及伴随着提供它们而产生的各种活动制定一定标准，并禁止、限制特定行为的管制。[⑧] 社会性规制多用于控制环境污染，规定生产和工作场所的健康和安全标准。此外，还有一类针对垄断企业实施的反垄断规制，旨在约束这些垄断企业的垄断行为，保护公平竞争，维护市场竞争机制的正常运行。[⑨]

对于文化产业是应该进行政府规制还是放松规制，国外学者存在争论。大卫和安迪（David& Andy，2006）认为，那些要求充分实现个人权利的激进自由主义者与那些要求最大限度增加公共利益的社群主义者之间，对文化产业及其有关的知识产权是否应该被规制存在争论。Haksoon Yim（2002）认为，在文化全球化成为文化政策的影响因素的背景下，文化产业的政府规制需要文化产业自身的政治因素来为其提供重要的依据，这就是信息技术的日益进步和文化产品的全球化频繁流动。[⑩] Stuart Cunningham（2002）认为，可考虑取消对文化产业的规制，因为文化产业的安全性至少可以通过建立足够有效的规制机制来增强。同时，国外部分学者通过分析文化产业的规制历程认为，国家正在逐步对文化产业放松规制。如彼得杜兰（Peter Duelund，2003）认为，文化产业的国家规制正在放松，而代之以一种策略，将文化产业发展为同时促进政治、官僚机构与经济的媒介，这个新策略的合理性在于既能挖掘文化艺术，又能平衡促进经济增长与政治控制性。[⑪]

随着我国经济社会的发展，文化产业在满足人类精神需求的同时作为典型的绿色、低碳产业，具备资源消耗低、环境污染少的优势，在吸纳劳动力就业、创造经济效益等方面发挥着巨大作用。因而以精神产品开发为主的智力型、清洁型、增值型的文化产业，在我国转变经济发

① 参见王万山：《市场规制理论研究述评》，载《江苏社会科学》，2004（6）。

② 参见刘自新：《规制理论以及我国政府规制改革的探讨》，载《中共杭州市委党校学报》，2008（6）。

③ 参见陈科：《政府规制理论下的我国工商行政管理对策研究》，东南大学2010年硕士学位论文。

④ 参见石艳蕊：《中国邮政行业政府规制改革及规制有效性保障》，载《石家庄经济学院学报》，2009（6）。

⑤ 参见史明鑫：《经济性规制的放松与社会性规制的加强》，载《北方经济》，2005（9）。

⑥ 参见韦曙林、李龙一、杜典波：《论西方政府规制理论与中国规制实践之差异》，载《经济问题》，2003（10）。

⑦ 参见安月平、冯雪芹：《政府应加快管理职能的转变》，载《经济论坛》，2003（19）。

⑧ 参见李明：《美国社会性管制制度变迁及发展趋势——兼论中国社会性管制制度的完善》，载《郑州航空工业管理学院学报》，2007（5）。

⑨ 参见唐诗林：《基础设施产业规制机构设置模式研究》，东北财经大学2004年硕士学位论文。

⑩ 参见王平：《中外文化产业的政府规制比较研究》，江西师范大学2012年硕士学位论文。

⑪ 参见韩平、闫慧婷：《我国文化产业政府规制研究》，载《哈尔滨商业大学学报》，2014（1）。

展方式的过程中被列为大力发展的产业。但是，文化产品的特殊属性，使得文化产业一方面具有一般产业的经济特征，另一方面又承担塑造意识形态的社会责任和政治责任，从而政府对文化产业的规制具有不同于对一般产业规制的特点。① 而文化产业与其他产业的融合，更引发了对文化产业规制的复杂性。②

二、我国文化产业规制的依据

在市场经济条件下，一般认为政府规制的出现是因为存在市场失灵。政府作为社会公共利益的代表者③，一旦出现资源配置效率低下或者存在降低社会公共福利这种市场失灵的现象，就应该无代价地为改善社会的公正和效率作出有效的反应。与其他许多产业相比，文化产业在市场配置资源方面效率明显偏低，政府有必要对文化产业实施适当规制。④ 从经济学视角归纳文化产业的市场失灵表现如下：

（一）文化产业具有强外部性

曼昆认为，外部性是一个人的行为对旁观者福利的影响。外部性对他人的影响并不会反映在市场机制的运行过程中，而是会反映在市场机制的运行过程之外，因此，在现实生活中，具有外部性的产品经常会出现供给不足和供给过度的问题，从而使市场机制不能按帕累托效率有效配置资源，因此需要政府规制。⑤ 外部性问题由于文化产业有意识形态这种内在属性，可以数字技术为支撑，无限次复制与传播，不断扩大影响力。从经济学角度来看，这就使文化产业外部性加大，具有较为明显的外部性特征。文化产品具有意识形态的属性，需要政府重视文化产业的产业属性和文化属性，利用政府规制在保证文化产业的经济利益的同时，利用相关的社会性规制发挥文化产业的思想引导和教化功能，达到稳定社会、弘扬民族文化的要求。⑥ 可见，文化产品作为一种社会产品，具有深刻的社会属性。它内在地规定：文化的存在与发展不仅仅是对个人的、群体的或经济的、政治的意义和作用，更主要的是对整个社会存在的意义和作用。文化活动及其产品不是单一的个体行为或群体行为，也不是纯粹的经济行为或政治行为，而是有着广泛的外部性、社会性。⑦ 公共经济学理论认为，如果有私人提高有高度正外部性的产品，往往存在供给不足和效率不高的缺陷，这就会造成市场失灵。文化产品提高方面的市场失灵：一方面由于供给不足导致大量不知情的消费者被剥夺了消费文化的权利；另一方面，由于效率不高导致社会资源的浪费和配置能力低下。因此，对文化产业实施有别于其他产业的规制是必然的选择。

（二）文化产业具有自然垄断性

在自然垄断领域，市场竞争将会导致资源配置不当或者其他方面的低效率，甚至带来“毁灭性竞争”，对公众的利益造成一定程度的损害和降低社会的福利水平，因此，需要政府在市场准入方面对具有自然垄断特征的行业进行规制。⑧ 而文化资源的稀缺、不可分割性和不可替

---

① 参见刘文芳：《文化产品的政治功能与文化产业发展中的政府行为研究》，载《当代经济》，2012（11）。

② 参见卜敏现：《中国文化产业发展现状及战略研究》，天津大学2005年硕士学位论文。

③ 参见阎桂芳：《政府规制概念辨析》，载《生产力研究》，2009（6）。

④ 参见韩平、闫慧婷：《我国文化产业政府规制研究》，载《哈尔滨商业大学学报》，2014（1）。

⑤ 参见张秉福：《我国文化产业政府规制的现状与问题探析》，载《图书与情报》，2012（4）。

⑥ 参见王平：《中外文化产业的政府规制比较研究》，江西师范大学2012年硕士学位论文。

⑦ 参见岳红记、何炼成、刘吉发：《试论文化产品的价值与价格》，载《经济师》，2007（4）。

⑧ 参见戴霞：《市场准入法律制度研究》，西南政法大学2006年博士学位论文。

代性，使其经营具有很强的规模经济和范围经济，相互之间难以形成竞争，从而使文化资源存在显著的自然垄断性。如广播电视业，设备、资金、网络建设投入大，技术含量高，而且影视娱乐、动漫游戏均前期投入成本高和力度大，作品完成后的推广和销售阶段具有边际成本递减的效应，因而广播电视业形成规模、资金和技术的进入壁垒。① 加之，经济体制转型所处的特殊时期，文化产业的自然垄断将限制市场的资源配置作用与效率。从我国文化产业的情况来看，我国文化产业的进入壁垒明显高于国民经济中其他行业。这种壁垒中，既有结构性壁垒，但主要是制度性壁垒。② 结构性壁垒如必要资本量的障碍：拍一部电影动辄上千万元、数千万元。办一份报纸资金要上亿元，而且风险大。制度性壁垒主要是政府制定的政策、法规等形成的，包括所有制壁垒。所有制壁垒是一种政策壁垒，主要是政府所制定的法律、法规制度对于民间资本和国外资本进入文化产品的生产、销售领域的限制。因此，政府有必要进行经济性规制，通过价格干预（价格规制），使文化产业的分配格局得到优化，确保市场环境的公平、有序，进而使消费者的权益得到维护。提高社会福利的整体水平需要政府实施必要的规制。③

（三）文化产业具有非排他性和非竞争性

公共物品是指一种提供给某个消费者使用但是其他人不必另付代价就可免费同时享用的商品和劳务。一般来说，公共物品具有两个重要特征："非排他性"（non-exclusive）和"非竞争性"（non-competing）。

文化产业的生产和消费过程都存在明显的非排他性和非竞争性，因此，文化产品和服务具备"公共物品"的性质。④ 文化产品的非排他性是指在技术上根本无法排斥其他消费者对它的使用，任何一个消费者都可以同时享用该物品。⑤ 如消费者可以付费进入电影院观看电影，但他无法排除其他消费者付费或者未付费与自己共同观看电影。文化产品的非竞争性是指文化产品的生产具有边际效益递增的特点，即产出增加平均成本下降，同时边际成本曲线在平均成本曲线之上。一旦一定数量的产品生产出来，额外消费者的消费将不会影响其他人的消费（前提是不存在拥挤成本），增加额外一个人消费不会引起产品成本的任何增加，即消费者人数的增加引起产品边际成本零增加，如消费者可以在网上下载资源而不需要支付任何成本。根据制度经济学理论，如果由私人来承担公共物品生产，则不能避免"搭便车"的行为，应由政府来承担企业的损失，所以政府需要利用相应的规制手段对文化产品和服务的生产和消费过程进行制约。⑥ 由于文化产品的消费具有非排他性和非竞争性，消费者往往不愿为消费付费，即出现强烈的"搭便车"行为，使文化产品和服务的供给者难以收回自己的成本。⑦ 所以，政府应该强制干预文化产品的供给，并且利用相应的法律规制手段对文化产品和服务的消费进行制约。⑧

文化产品可分为以下几类：私人性文化产品、准公共物品和纯公共物品（见下表）。⑨

---

①⑥ 参见王平：《中外文化产业的政府规制比较研究》，江西师范大学2012年硕士学位论文。

② 参见王乾厚：《我国文化产业组织发展现状及发展对策》，载《郑州大学学报》，2011（6）。

③⑤⑧ 参见韩平、闫慧婷：《我国文化产业政府规制研究》，载《哈尔滨商业大学学报》，2014（1）。

④ 参见田宝会、陈忱：《促进非公有制经济与文化产业共同发展》，载《商场现代化》，2007。

⑦ 参见卢致天、崔慧广：《从文化资源产权属性的演变谈文化体制改革》，载《经济与管理》，2005（11）。

⑨ 参见《社科普及是公共文化服务体系的有机构成初探》，载《四川社科界》，2007（6）。

文化产品分类

特点＼类型	公共物品	准公共物品	私人性文化物品
	文化事业		文化产化
消费时能否可分割	不可以	部分可以	可以
购买时能否独享	不可以	基本不可以	可以
购买方式	间接支付（税收）	间接和直接部分支付	个人支付
分配原则	公共选择（投票）	公共选择与市场购买	市场购买
个人有无选择自由	没有	几乎没有	有
不购买可否分享	可以	部分可以	不可以
是否可以鉴别好坏	不容易	不太容易	容易
对应产品举例	公共电视、公共广播	博物馆、文化宫	图书、CD

（四）文化产业的信息不对称性

只要是存在市场交易的地方，信息不对称问题都会在一定程度上显现出来。信息不对称是指在市场交易过程中，一方比另一方拥有更多信息的一种状态。它对市场运行会产生很大影响。[①] 文化产业的专业化水平很高，信息不对称问题普遍存在，使消费者成为对产品和服务有关信息了解最少的一方，完全处于信息劣势的不利地位，常常成为被欺骗的对象。

文化产品的信息不对称性主要体现在：一是文化体验功能是无法事前确定的，必须消费过之后才能获取这种体验。[②] 消费者在消费之前难以对其体验价值作出相对确定性的判断，文化产品的消费充满不确定性。二是文化产品一旦被消费，体验功能也就发生作用。积极、科学的文化产品给人以正面的享受，而消极、负面的文化产品给人带来一些不良侵蚀。文化市场的信息不对称性会降低市场效率，导致市场失灵，消费者的合法权益会受到威胁，从而对文化产业的稳定发展会造成严重的影响。这两种情况都要求对文化产业加强规制，以确保信息传递的准确，降级市场风险。这就为政府解决信息不对称问题、实行规制以校正市场失灵提供理论基础。所以，政府应当以法律、法规、行政命令的形式对信息传递加以规范，确保信息传递的准确性，降低市场风险，打击不良产品冲击市场，保障消费者的文化权益。[③] 以报纸为例：报纸产业同时在两个市场上提供两种服务：一是以较低的价格向读者提供新闻信息产品服务，二是向广告客户出售广告服务。发行量决定了报纸在这两种市场上的影响力和竞争力，而报纸发行量是影响广告客户作出购买报纸广告版面决定的因素之一，故报社的目标就是发行量。报社与客户和读者的目标的不一致，给予报社提供虚假信息的诱惑。报社展示发行量会有两条途径：一是为了提升真实的发行量，为取悦、吸引读者，报道不实。二是向广告客户提供假信息，高报发行量。报社有义务向广告客户披露发行量的真实信息，若高报发行量，则是对广告客户的欺诈。而发行量涉及印刷数、经销数和零售数很多方面，广告客户难以获取。故对发行量在报社和广告投放商之间的信息不对称的规制也属于报业社会性规制的范围。

---

① 参见张娟：《高等教育中的信息不对称分析》，载《现代情报》，2004（2）。

②③ 参见韩平、闫慧婷：《我国文化产业政府规制研究》，载《哈尔滨商业大学学报》，2014（1）。

三、文化产业规制法的概念

产业规制是政府或社会为实现某些社会经济目标而对市场经济中的经济主体作出各种直接和间接的具有法律约束力或准法律约束力的限制、约束、规范而采取的行动和措施。① 产业规制的目的是维护正当的市场经济秩序，限制市场势力，提高资源配置效率，以保护大多数社会公众的利益。②

从市场经济发展与市场经济法律的逻辑关系来分析，市场主体行为的产生来自于商品经济条件下，人类自发地和自由地按照价值规律生产、消费及其商品交易行为的实现，在长期的商品生产、消费和交易中形成诸多的习惯。只是因为市场秩序的需求，以及之后国家的产生，才有了法律的介入。正如恩格斯所言，"在社会发展的某个很早的阶段，产生了这样的一种需要，把每天重复着的生产、分配和交换的行为用一个共同的规则概括起来，设法使个人服从生产和交换的一般条件，这个规则首先表现为习惯，后来便成了法律"③。此时，法律主要通过民事、商事法律为市场主体的市场行为提供一般的市场条件，并主要通过自然资源保护法、价格法为市场运行机制提供法律保障。因而，其法律形态主要表现为民法、商法、自然资源保护法和价格法等，为市场经济的发展奠定了法律基础。而从这些法律与产业发展的关联度来分析，民法通过民事主体法、民事物权法、民事债权法、民事侵权法的制定和实施，为公民的消费和企业的生产、经营和服务提供了基本的市场保障与市场准入条件；商法作为民事法律的特别法，主要通过对企业中的公司组织、合伙组织和独资企业组织的法律地位及内部运行规则的规范，为作为产业组织基础的企业法律形态进行了规制；自然资源保护法则涉及对作为产业发展基础的土地、矿产、森林、草原、水等自然资源的利用权利作出法律规定，以便为企业生产中的利用自然资源行为提供市场准入条件，或允许，或限制，或禁止；而价格法的制定和实施，为市场能够按照价值规律运行提供了法律保障。

但是，从总体上来说，这些经济法律仅仅是针对微观的或个别的市场消费或生产行为而言，可被视为法律对市场主体行为，特别是作为产业发展基础的企业行为的第一次规制。真正意义上的产业规制，应当是在大规模地发生"市场失灵"时而产生的：因垄断、市场价格信号失灵使市场个别投资普遍地出现盲目性，企业行为的外部负效应日益严重以及虚拟投机经济过度而导致"经济危机"的发生，进而导致政府对市场经济的主动介入，即国家干预的产生。而随着国家通过政府对经济干预的深入，宏观与中观整体经济思想理念、理论的提出及实践，使得政府认为从政府角度，通过对建立在社会分工基础上的产业的划分、定位及法律规制，可以更好地组织和引导市场行为，分配市场资源以提升产业发展水平。此时，在宪法与相关行政法赋予政府产业管理职能的基础上，产业规制及产业规制法开始登上历史舞台，并实现了由理论到经济实践，再到法律实践的历史演变过程，成为现代市场经济发展的重要组成部分，为现代市场经济国家所采用，并成为研究世界市场经济各国经济发展的主要依据之一。

然而，必须强调的是，这种产业规制是以不破坏市场作为资源配置主要方式为基础的，因此，它是法律对市场主体行为一般规制基础上的再规制或第二次规制，是政府从保护社会整体

---

① 参见宋钻：《从规制看中国高等教育事业的改革》，载《经济与社会发展》，2005（4）。

② 转引自夏大慰、史东辉：《市场经济条件下的政府规制》，载《上海社会科学院学术季刊》，2001（4）。

③ 转引自陈湘文：《马克思关于法律起源和法律生成的理论演进》，载《常熟理工学院学报》，2007（7）。

利益角度出发，依法对市场配置行为的主动干预。其遵循的市场运行的基本模式是“政府干预市场，市场引导企业”的产业运行模式。① 在此模式运行中政府关注的不仅仅是微观领域个别企业甚至个别行业或地区的发展，而是产业定位下的产业整体利益或效益的实现。在此情况下，现代市场经济实现了由个别的或微观市场自由主义向市场整体主义的过渡或飞跃，强调产业整体利益的实现，这也是产业规制法的基本理念和精神实质所在。为此，现代市场经济条件下，产业规制法的范畴从最初的反垄断法、保护中小企业发展法扩展到产业标准法、产业组织法、产业准入法、产业结构调整法和产业运行监督法，即从产业确定到产业发展的整个过程。

第二节　文化产业规制法中的规则形态

法律规则是规定法律上的权利、义务、责任的准则、标准，或者赋予某种事实状态以法律意义的指示、规定。② 它是构成法律的首要成分，并且与法律原则相比，具有微观指导性、可操作性较强以及确定程度较高的特征。③ 在现代法治社会和市场经济条件下，产业规制实质上就是一种法律规制。为此，对产业规制进行经济学分析，有必要对产业规制的法律规则形态及经济意义予以探讨。根据中国产业政策法及其相关法律的规定，我们认为，产业规制法中的法律规则形态包括定义与范畴规范、职权与职责性规范、禁止性规范和限制性规范四大类。以下予以逐一分析。

一、定义与范畴规范

任何政策与法律的制定和实施，均必须首先明确政策与法律调整所涉及的事物的定义及范畴。在学界学术探讨和实践中存在广泛争议的情况下，更应从政策和法律的高度，对相关定义及所涉及的范畴领域作出明确的界定。这样做，不仅有利于政策和法律的执行，也是维护法律所确定的秩序所必需的。就产业规制理论研究和实践而言，产业政策和法律的制定与实施，涉及对许多产业经济概念的界定。而对相关产业经济概念的明确界定，直接影响到对相关产业范畴的质的规定的规范研究和量的分析，具有十分重要的经济意义。因此，此类产业法规范称为定义与范畴规范。

以《出版管理条例》为例，须对属于法律所规制的对象给予明确的政策与法律界定，以便于引导文化产业的市场行为。《出版管理条例》第 2 条规定：本条例所称出版活动，包括出版物的出版、印刷或者复制、进口、发行。④ 本条例所称出版物，是指报纸、期刊、图书、音像制品、电子出版物等。该条款的明确规定，为对出版业的规制划定了范围和界限。⑤

二、职权与职责性规范

在现代法治社会与市场经济条件下，政府的职责定位于“经济调节（调控）、市场监管、

① 参见崔德华：《论政府规制的经济性维度》，载《江汉论坛》，2011（4）。
② 参见寇铁军、胡俊杰：《财政支出监督之法律解析》，载《财政监督》，2014（6）。
③ 参见马岭：《规则之治，还是原则之治？——我国目前立法工作的重心探讨》，载《学习与探讨》，2004（3）。
④ 参见《中华人民共和国国务院令》，载《中华人民共和国国务院公报》，2011（9）。
⑤ 参见秦珂：《法国出版物呈缴制度概况及其借鉴》，载《图书馆学刊》，2007（5）。

社会管理和社会服务”四项基本职责。[①] 从产业法的属性来看，其主要体现在经济调节（调控）和市场监管领域。因而，国家赋予政府及其相关部门以产业规制的权力，是保障产业规制有效推进的法律基础。而在中国，这种权力首先来自于宪法及相关政府组织法对政府管理职权的明确规定或法律授权。按照经济法原理，这种赋予政府权力的规范形式，通常表现为职权与职责性规定，如《电影管理条例》第4条授权国务院广播电影电视行政部门主管全国电影工作，授权县级以上地方人民政府管理电影的行政部门负责本行政区域内的电影管理。[②] 其中，首先，所谓“职”是指该规范是与政策与法律的制定者和执行者的行政意义上的职务、职位行为相联系的，即产业规制法所规范的是政府和相关部门的与职务和职位相联系的经济与行政管理行为；其次，虽然政策与法律规范的用语有时表述为“职权”，有时表述为“职责”或“职能”，但这既是规制机构和人员的权利，亦是其应尽的职责。其核心是权利也是义务，与法律上通常讲的权利不同，具有不可抛弃性特点。

三、禁止性规范

禁止性规范是法律直接要求人们不作为的规范，它是义务性规范的一种法律规范形式。而义务性规范是指法律直接要求人们作为或不作为的规范。[③] 为此，在法理学上，禁止性规范也可以称为“不作为义务规则（或规范）”。与作为义务规范常采用“应当”“应该”“必须”等术语不同，不作为义务规范常用“不得”“禁止”“严禁”等术语。[④] 与此同时，在法律实施中，义务性规范均辅之以对履行义务者予以强大的法律上的压力，即如果履行义务者不履行义务，履行义务者就要承担对己不利的法律后果，其中包括经济上的代价。这种规定，尤其对于禁止性规范，更为严重。

从产业规制法角度分析，产业规制法中的禁止性规范，是最能影响企业和行业市场准入的规范，并体现了产业法的法律效力。从中国产业规制的法制实践来看，以禁止性规范提升中国产业的整体发展水平，已经成为中国产业规制法的一个基本手段。而有关对产业禁止的权限属于国务院，其基本的政策和法律形态集中体现在由国务院或国务院相关部门颁发的《产业指导目录》中有关对产业禁入和淘汰产品范围的规定。而在相关的产业政策文件中，禁止性规范也是其必要的内容。如2005年《报纸出版管理规定》规定，报纸出版单位发布广告应依据法律、行政法规查验有关证明文件，核实广告内容，不得刊登有害的、虚假的等违法广告[⑤]；报纸出版单位不得在报纸上刊登任何形式的有偿新闻；报纸出版单位及其工作人员不得利用新闻报道牟取不正当利益，不得索取、接受采访报道对象及其利害关系人的财物或者其他利益[⑥]；新闻采编业务部门及其工作人员不得从事报纸发行、广告等经营活动；经营部门及其工作人员不得

---

① 参见周红云：《社会治理改革的原则》，载《当代世界与社会主义》，2014（1）。

② 参见鄢超：《政府对电影行业管制方式的革新——“〈色，戒〉案”引发的思考》，载《云南大学学报（法学版）》，2009（2）。

③ 参见胡劲松：《义务与授权：民办教育主体行为规范研究——基于修订〈民办教育促进法〉的思考》，载《教育发展研究》，2014（7）。

④ 参见周世虹：《论公司法法律规范类型及其使用》，载《安徽警官职业学院学报》，2008（5）。

⑤ 参见《报纸出版管理规定》，载《中国报业》，2005（11）。

⑥ 参见陈力丹、陈俊妮：《自律丧失，他律绳之——由记者站站长涉嫌敲诈看问题的演变》，载《青年记者》，2006（21）。

介入新闻采编业务。

四、限制性规范

从法理学角度分析，广义上讲，限制性规范也属于义务性规范的范畴，只不过限制性规范的实施存在一个允许与不允许或作为和不作为的边界确定问题。限制性规范意味着并非对相关行为都予以法律或政策上的禁止，只不过对某些行为在一定条件下予以禁止。典型的如有关禁止吸烟的规定，只是在可能引发火灾的场所、在旅客航空运输中以及公共场所予以禁止，而在不可能引发火灾的场所、在一般旅客运输中或私人场所并不被禁止。为此，限制性规范就是一种有条件的禁止性规范，是一种广义上的禁止性规范，因而，在法律或政策文件中常常一并予以规定。

在产业规制法中，区分产业禁止和产业限制具有重要的现实经济意义。这是因为，如果是产业禁止则意味着被禁止的生产经营是不可能进入生产、经营和产业发展领域的。但是，对于产业限制部分，则存在着企业与政府博弈的可能。在具体的博弈过程中，企业可以利用限制的时限和技术更新、改造的机会尽量多争取一些利益，以便将产业限制所造成的损失降低到最低限度。而在中国具体的产业规制法制实践中，也对产业、产品的产业限制作了区别于产业禁止的规定。例如 2009 年《文化部文化产业投资指导目录》根据我国文化产业发展的现实情况和《文化产业振兴规划》提出的发展方向，将文化产业划分为鼓励类、允许类、限制类和禁止类。① 其中，鼓励类主要是针对具有良好的经济和社会效益、市场前景好、关联带动作用突出、技术含量和附加值高、有利于产业结构优化升级，能够有效地扩大内需、增加就业，扩大文化产品出口的产业；限制类主要针对符合行业准入条件，但国家规定需有计划、按比例逐步发展的产业以及有投资比例要求的产业。② 只允许鼓励类和限制类产业列入前述指导目录，禁止类产业为国家法律法规和有关政策明令禁止的产业。根据上述规定，文化产业规制机构对属于限制类产品的生产，并非严格禁止，只是要求其可以在原有基础上继续生产，不能再追加新的投资，最终可督促其产业升级或通过优胜劣汰退出市场。

第三节　文化产业规制法的分类与工具

政府规制就是政府通过其权力制订规则，调控和限制个人和组织的行为的一个过程。政府规制如果按照内容划分，一般可分为经济性规制和社会性规制两大类。③ 经济性规制（economics regulation）是指政府运用法律权限，通过许可和认可等手段，对企业的进入和退出、价格、产品的数量和质量、投资、财会等有关行为加以限制，目的是防止在自然垄断或信息不对称的领域发生资源配置的浪费，并且要保证资源使用的公平性。④ 社会性规制（social regulation）是指政府对提供物品和服务的活动以及物品和服务的质量制定相应的标准，对特定行

---

① 参见张域：《〈文化产业振兴规划〉的法制视角解读》，载《演艺科技》，2012（6）。

② 参见张国洪：《中国文化业的战略驱动——国家和地方推进文化产业发展的关键路径》，载《文化月刊》，2010（3）。

③ 参见张秉福：《我国文化产业政府规制的现状与问题探析》，载《图书与情报》，2012（4）。

④ 参见刘自新：《规制理论以及我国政府规制改革的探讨》，载《中共杭州市委党校学报》，2008（6）。

为通过禁止、限制等手段来保证劳动者和消费者的安全、健康、卫生，以及保护环境、防止灾害的发生。①

一、经济性规制

按照植草益的观点，经济性规制"是在存在着垄断和信息不对称问题的部门，以防止无效率的资源配置的发生和确保需要者的公平利用为目的，通过被认可和许可的各种手段，对企业的经济方面的活动所进行的规制"②。经济性规制通过制定特定产业的进入壁垒以及融资、定价、信息发布等政策调整主体行为，避免竞争过度、竞争不足等现象的发生，以免造成资源配置低效、资源浪费及服务的不稳定、不公平，阻碍社会生产效率。③ 经济性规制主要包括进入和退出监管、价格监管、质量控制、信息管制、投资管制等内容。文化产业的经济性规制主要是从价格、进入、产权三方面进行规制的。④ 价格规制是政府直接干预文化产业价格的制定，使文化产品的价格能够被广大群众接受；进入规制是对文化产业的整体供给情况进行规制，以利于社会资源的充分利用；产权规制是对文化产业的产权归属和交易进行规制，保证产权明晰。

（一）价格规制

价格规制是政府直接干预产业价格的制定，设置最高或者最低限价。其目的是维持产品或服务的公平、合理供给。如对博物馆等具有明显公共性质的文化产品，多数国家对其价格实施干预，其目的是保证文化产品的可进入性，保证大众能够平等地接触文化产品。新闻出版广电总局拟出台"明星限薪令"，对居高不下、频遭业界声讨的明星高片酬进行限制。据透露，该政策在总局内部已经进入内部征求意见阶段。

（二）进入规制

进入规制是指在自然垄断行业，规制机构视整个产业的供给情况，对新企业的进入实行严格控制。如在发展有线电视行业过程中，各国都会基于有线电视的网络经济特征对行业进入进行规制，其目的在于限制过度进入，保证社会资源的最优利用，提高资源的利用效率。但我国文化产业的准入壁垒很高，退出壁垒同样很高。由于文化单位是国家高度控制的、与政府形象和意识形态息息相关的领域，政府对文化企业（尤其是新闻传媒单位）的退出非常慎重，目前还没有形成必要的退出机制。在现行政策条件下，报社、出版社、电台、电视台等文化经营单位既没有"生"的权利，也没有"死"的出路。严格的进入和退出壁垒大大限制要素的流动，降低文化产品供给的效率。

长期以来，我国文化投资过分依赖政府，投资主体单一，民间资本和外资的活力尚未充分释放，制约了文化产业的发展。2003 年 12 月 31 日，国务院颁发了《文化体制改革试点中支持文化产业发展的规定（试行）》和《文化体制改革试点中经营性文化事业单位转制为企业的规定（试行）》两个重要文件，给文化发展带来新变化和新格局。⑤ 其中，《文化体制改革试点中

---

① 参见王益萍：《论西方社会规制的理由》，载《台州学院学报》，2004（1）。
② 转引自金世斌：《彩票业政府规制的目标与体系》，载《体育与科学》，2009（2）。
③ 参见吴军：《论政府规制现代服务业的职能边界》，载《新乡学院学报（社会科学版）》，2012（2）。
④ 参见吴江、张敏：《重新审视规制框架重在提高规制能力》，载《理论探讨》，2012（3）。
⑤ 参见谢耘耕：《文化产业投融资体制改革的两个突破》，载《新闻界》，2004（2）。

支持文化产业发展的规定（试行）》在文化产业准入方面存在许多大的突破：第一，国家明确鼓励、支持非公有资本进入文艺表演团体、演出场所、博物馆和展览馆、艺术教育与培训、文化艺术中介等众多文化产业领域，并可在文艺表演团体、演出场所等文化公司中持有控股权；第二，在出版物印刷、发行、体育、娱乐方面的节目制作，建设和经营有线电视接入网等业务中，非公有资本也可入股，但国有资本所持股份必须达到51%以上。

但是，文化产业投融资机制缺乏活力，管制过多、过死，主要体现在以下方面：首先，投资渠道单一。以往，国家对文化单位实行无偿投资，只计投入，不计产出。① 由于不允许集体或个人涉足文化生产领域，文化企业扩大再生产所需的资金只能从政府财政获得，民间资本不能进入文化生产领域。这种体制突出了文化生产的公益性和福利性，而掩盖和抑制了其经济属性，未将文化产业纳入国民经济的整体运行之中，使得投资渠道过于单一、狭窄，许多重大的文化基础设施的建设由于缺乏资金而受到严重的限制。其次，投融资法规体系不完善，文化市场风险成本攀高，投资者望而生畏，造成资金供需矛盾尖锐。一方面，大量的文化市场需求放空，缺少投资；另一方面，大量资金由于体制原因无法进入，严重抑制了文化产业的健康发展。②

文化产业社会规制以内容规制为主要内容。一方面，我国目前文化产品内容规制仍以《报纸管理暂行规定》《出版管理条例》《广播电视管理条例》等行政法规为主要依据，缺少专门法律规制；另一方面，行政规制不规范，政府既是规制政策的制定者又是执行者，不利于产业结构的调整，影响资源配置的效率，不利于市场资源配置机制有效实施。2003 年全国文化体制改革试点工作会议强调，要调整资源配置，重点扶持、重新塑造文化市场主体。在文化产业准入政策中，国家颁布了相应的规定，如下表所示。

国家关于文化产业准入政策的相关规定

时间	政策措施	主要内容
2001 年 9 月 4 日	《文化部关于支持和促进文化产业发展的若干意见》	放宽市场准入政策
2004 年 10 月 10 日	《电影企业经营资格准入暂行规定》和《中外合资、合作广播电视节目制作经营企业管理规定》	提出可用社会资本成立电影制片、技术公司，可以成立合资企业、广播电影制片厂
2004 年 10 月 18 日	《文化部关于鼓励、支持和引导非公有制经济发展文化产业的意见》	进一步降低文化娱乐业、报刊业、文化旅游业及影视业的进入门槛，鼓励非公有制经济进入
2005 年 4 月 20 日	《国务院关于非公有资本进入文化产业的若干决定》	标志着文化产业政策进入制度创新时期
2009 年 7 月	《文化产业振兴规划》	文化产业制度创新的前景

（三）产权规制

所谓产权规制就是国家对文化产业的产权归属和交易实施控制。世界各国对电视台等重要的媒介产业的产权都实施一定程度的产权规制，如英、美等国就明确规定一个传媒企业在同一市场拥有的电视台的数量，限制一个传媒企业在同一个市场同时拥有的报纸和电视，规定外国资本在电视传媒投资比例中所占的比例上限，并且通过设置相对独立的规制机构来执行和监督。

① 参见周泽：《中国目前文化产业发展中的问题及对策研究》，河北师范大学 2009 年硕士学位论文。

② 参见赵民学：《对中国文化产业发展问题的思考》，载《经济研究导刊》，2009（25）。

我国关于文化产业产权规制的相关规定

时间	政策与措施
1996 年	《关于进一步完善文化经济政策的若干规定》
2003 年	《企业国有资产监督管理暂行条例》（2011 年修订）、《关于进一步规范国有企业改制工作的意见》《国有企业清产核资办法》《企业国有产权转让管理暂行办法》
2003 年	在全国开始了文化体制改革试点
2003 年	《文化体制改革试点中支持文化产业发展的规定（试行）》《文化体制改革试点中经营性文化事业单位转制为企业的规定（试行）》
2004 年	《文化部关于鼓励、支持和引导非公有制经济发展文化产业的意见》《电影企业经营资格准入暂行规定》和《中外合资、合作广播电视节目制作经营企业管理规定》（已废止）
2005 年	《国务院关于非公有资本进入文化产业的若干决定》
2010 年	《新闻出版总署关于进一步推动新闻出版产业发展的指导意见》
2010 年	中宣部等九部委发布《关于金融支持文化产业振兴和发展繁荣的指导意见》

我国文化产业产权规制经历从“两权分离”到“三级代理”的转变，特别是各地设立国有文化资产委员会，标志着我国国有产权“三级代理”制度框架基本形成。国有文化资产的产权规制基本采用“三级代理”模式：第一级是政府主导组成的国有文化资产委员会，多数地方政府都将其隶属于宣传部，身兼国有产权委托代理和意识形态监管的双重责任；第二级是文化集团公司，多数是在原有文化企业资产的基础上行政组合而成，其接受授权，负责经营国有文化资产；第三级是集团内的子公司，受集团委托负责公司的经营。

在文化产业制度的初始阶段（20 世纪五六十年代），文化企业只有国有和集体所有两种形态，如广播业、出版业、影视业是国有的，书报零售业、租赁业、话剧团等是集体所有的，在这一阶段国家出台一些政策保护文化产业产权；在过渡阶段（20 世纪末期），党的十一届三中全会后，文化市场逐渐形成，文化产品品种日益丰富，企业化、股份制进程加快，《著作权法》《计算机软件保护法》《信息网络传播权保护条例》等文化产业相关保护法依次颁布；在强化阶段（21 世纪至今），相关政策制度完善，文化产业快速发展。如文化产业结构政策将文化市场分为三类——公共产品类、半公共产品类、非公共产品类，相应的文化生产单位分为政府机构、经营性非营利机构、营利性机构三类。2001 年发布的《文化部关于“十五”期间文化建设的若干意见》和《文化部关于深化文化事业单位改革的若干意见》指出，要转变政府职能，实行政事分开，确立文化单位的独立法人地位，经营性文化机构要逐渐转制为企业，成为独立的市场主体。

二、社会性规制

植草益认为，社会性规制是以保障劳动者和消费者的安全、健康、卫生、环境保护、防止灾害为目的，对产品和服务的质量和伴随它们而产生的各种活动制定一定标准，并禁止、限制特定行为的规制。文化产业的社会规制的主要内容为内容规制和质量规制。①

（一）质量规制

质量规制是指国家对文化产品的质量实施规制，以保证文化消费者的文化内容及其他合法权益。如我国出版业以书号配额制这一行政配置资源方式来保障图书质量。再如《出版管理条

① 参见孙涛：《中外政府规制改革的比较分析》，载《天津行政学院学报》，2004（2）。

例》将图书出版的差错率限定在合格品万分之一的范围内，即差错率在万分之一以上的图书原则上要停止销售并销毁；并按照一定的分级标准将图书的编校质量分为合格、不合格两种，对不合格图书的出版单位，根据《中华人民共和国行政处罚法》实施警告、罚款、停业整顿等处罚。①

（二）内容规制

我国《宪法》明确规定，公民拥有“言论、出版自由”的权利和“进行文学艺术创作和其他文化活动”的权利。② 同时，宪法也明确了公民在享受权利时应当承担的义务，即“不得损害国家的、社会的、集体的利益和其他公民的合法的自由和权利”③。这种义务在我国文化产品内容规制的各种政策、法规中有着明确的界定，也是我国文化产品内容规制的基本依据。

所谓内容规制就是政府基于文化产品的外部性，对文化产品的内容实施规制，通过许可或者审查制度禁止不良内容的生成与传播。由于文化产品的特殊性，西方国家无一例外地采取系统化方式对文化产品的内容实施规制，但是从规制模式来看，主要有三种模式：立法机构通过制定法律约束文化产品生产者的行为；司法机关通过法律程序实施事后惩处；行政机构通过行政方式对文化产品生产实施直接干预。我国政府对文化产品的内容规制具有明显的计划经济体制下意识形态管理的行政化特点。

从我国内容规制的现状来看，明显存在立法和司法缺失。如我国目前内容规制的主要依据是《报纸管理暂行规定》《出版管理条例》《广播电视管理条例》等行政法规，缺少“新闻法”“出版法”这样上升到法律层次的专门法律。④ 这必然会影响内容规制的规范性、权威性，不利于建立市场配置资源的市场秩序，亦不利于产业结构的优化调整。

伴随经济发展和科技进步，很多国家都对文化产业采用放松经济性规制、加强内容规制的措施，这表明随着文化产业的发展，放松经济性规制的作用越来越重要。⑤ 我国文化产业的发展经历了政府主导到政府和市场共同作用模式的转变，对文化产业的规制相应经历严格规制——放松规制——再规制的历程。⑥ 我国虽然对文化产业的经济性规制比以前放松，但对文化产业的内容规制多采用行政方式。特别是在我国文化体制渐进性改革的过程当中，这种内容规制多借助于其行政、产权的隶属关系，具有明显的计划经济特点。这与我国是WTO成员、应该开放更多的领域展开自由贸易在一定程度上有所冲突，但文化产业较强的外部性、非排他性、竞争性等特性决定了市场机制无法保障提供兼顾效率与公平的文化产品和服务，应实行市场和政府共同调控文化产业的规制模式。⑦ 首先，政府在进行规制的过程中应当遵循市场经济的发展规律，根据不同文化产业的结构、竞争程度，阶段性地放松准入规制，使政府规制和市场调节处于一个最优组合的状态，既克服市场失灵又克服规制失灵，使不同市场主体的利益关系趋于平衡。对于存在严重自然垄断和信息不对称的行业和环节重构经济性规制（准入规制和价格规制）；对于资源稀缺、自然垄断行业的文化产业适当引入竞争机制；对于公益性较强的文化产业，政府通过一定程度的规制避免过度竞争，如可限制生产者的数量以保证该产业的有

① 参见王联合：《转制下的中国出版业规制逻辑》，载《出版发行研究》，2005（3）。

② 参见马洁：《出版的自由与禁制》，载《唐都学刊》，2008（5）。

③ 田斌：《依法进行舆论监督》，载《采，写，编》，2002（6）。

④ 参见顾理平：《中国新闻法治的现实困境及推进思路》，载《江苏社会科学》，2012（5）。

⑤⑦ 参见韩平、闫慧婷：《我国文化产业政府规制研究》，载《哈尔滨商业大学学报》，2014（1）。

⑥ 参见王平：《中国文化产业的政府规制研究》，载《现代商业》，2012（5）。

序竞争；对于那些政府需要在一定程度上进行管理但又不必审批的事项，就要转变政府的管理方式，如降为核准或备案，并尽量发挥政府的监督、引导功能。① 其次，实现文化市场的多元化投资，鼓励国外和民营资本进入文化产品的供给市场。最后，引入文化产业激励性机制，避免单独引入竞争机制、放松进入规制而使规制效率下降等问题产生。由于规制者与被规制者之间存在信息不对称的情况，单独依靠放松进入规制、引进竞争机制，会使规制效率降低，可引入文化产业的激励性规制。② 如可以采取行政合同制度，规制机构与文化企业以合同的形式确立文化产品和服务的价格及成本等指标，然后规制机构根据被规制文化企业对合同的执行程度进行相应的奖惩。

三、文化产业的政府规制体系

按照中国经济立法和经济法制的基本原理，一项有关产业规制方面的立法，必须就政府实施产业管制的职权、职责问题予以分层次的规定，以确立明确的管理体制，避免在产业管制中政府职责部门相互扯皮，进而影响产业规制的效力，特别是需要改革“条块分割”的文化管理体制。

文化产业政府规制体系主要分为三个层次。第一层次是有关主管部门职权与职责的界定。如在国家积极推进的文化产业发展中，各级政府的文化主管部门是文化产业发展规制的主管部门。③ 第二层次是相关管理部门职权与职责的界定，而相关管理部门在某一专项产业规制法的实施过程中，相对于主管部门而言，处于协助或辅助性的管理地位，其与产业规制主管部门的关系属于一种职务性管理关系。如甲部门系乙部门的主管部门，而在彼项经济管理中，乙部门则为甲部门的主管部门。如国家政策与法律所确定的产业指导部门（如国家发改委、国家统计局）为设定产业规制标准的主管部门，财政部门则按照产业指导部门的规定调整财政支持方向；若涉及财政支持产业发展的财政资金监督，则财政部门成为主管部门，产业指导部门又成为其协助管理部门。同时，基于产业管制的复杂性，职权、职责存在的交叉与重叠会增加政府管理的成本，因此，政府产业规制的职权与职责配置应按照经济合理化原则，尽量避免职权与职责的交叉与重叠；必要时，授予第三层次的社会组织产业规制的职权、职责或职能，以体现政府管理的社会化倾向。如《消费者权益保护法》赋予消费者协会以相当的职责，《价格法》亦有类似规定。如此，可分担和减少政府的管理监督成本。

值得强调的是，在中国社会主义市场经济体制下，国有经济力量是国家参与市场的重要形式。国家以政府投资的形式形成国有独资企业、国有投资控股企业或国有参股企业这三种企业或公司形态。④ 对于这些企业而言，与私营企业不同，其本身具有依照国家产业政策指导发展的职责。首先，中央和地方政府国有资产监督管理部门代表政府的投资行为必须与国家和地方政府出台的发展规划与产业政策保持一致，并影响着国有企业的发展方向。其次，国有企业利

---

① 参见梁建东：《从管制到服务——我国政府审批制度改革的理念追寻》，载《福建行政学院福建经济管理干部学院学报》，2003（1）。

② 参见韩平、闫慧婷：《我国文化产业政府规制研究》，载《哈尔滨商业大学学报》，2014（1）。

③ 参见张晓玲：《完善我国文化产业法律环境的思考》，载《经济纵横》，2007（3）。

④ 参见王红一：《我国国有企业的政策定位与若干立法问题探析》，载《河北法学》，2002（2）。

用国家投资产生资本积累与再投资，亦须按照产业规制法的要求履行职责，以达到中央和地方政府调控经济的目的。各地设立的文化集团公司均在原国有文化企业资产的基础上行政组合而成，其接受授权，负责按照产业政策和法律的规制组织对生产和经营的管理或监督。

在文化产业规制体制的横向构成层面，现有规制体制存在着规制主体多元与规制权力配置分散的突出特点。规制主体的多元主要表现在：从文化产业的规制主体来看，新闻出版行政主管部门、广电行政主管部门、工业与信息化行政主管部门以及公安部门、工商行政管理部门、物价行政主管部门等都承担着主要的或部分的产业规制的职责。规制权力也主要分散在这些部门之中。规制权力的分散主要表现在两个方面：其一，规制机构设置基本沿袭传统分工模式，与现实中出现的产业融合现状匹配不足，缺少综合性与全局性，彼此有内在关系的领域或者行业往往被人为分割归属不同的规制机构。[①] 如在传媒行业领域，广播电影电视与电信产业分割，内容方面还有新闻出版、宣传、保密、安全等部门监管，形成多头管理、某些领域实际无人负责的格局。[②] 2008年的中央政府机构改革，尽管强调多设立综合机构、少设立专业管理部门的原则，但并未从根本上改变文化产业规制机构设置过于狭窄的状况。[③] 2013年的机构改革在机构调整上开始尝试将新闻出版行政主管部门与广电行政主管部门的管理职能进行了整合，并组建国家新闻出版广电总局，但体制变动的效果尚待观察。其二，统一的规制权往往被分割在产业规制机构与其他综合政策部门或者执法部门之间，使文化产业规制机构的规制权力被严重分割，规制能力受到制约，而各部门之间的利益争夺却愈演愈烈。[④] 从规制主体的设定与规制权限划分的角度来看，我国文化产业的规制体制是分业多头规制，集混业规制和分业规制的弊端于一身[⑤]：规制部门多而且职权分配相对分散；规制主体既当运动员又当裁判员，不是严格意义上的传媒规制主体。

总体来看，我国文化产业规制体制保留了较多的计划经济体制下管制模式的特征，不能完全匹配市场经济和文化产业化发展的需要，这些问题在文化产业规制改革中须被充分考虑。

---

① 参见李明超、章志远：《公用事业特许经营监管机构模式研究》，载《学习论坛》，2011（3）。

② 参见陈世民：《电信业政府监管的法治化研究》，中共中央党校2005年硕士学位论文。

③ 参见周汉华：《基础设施产业政府监管权的配置》，载《国家行政学院学报》，2002（2）。

④ 参见常怡然：《论我国政府规制行为的法制化》，中南民族大学2009年硕士学位论文。

⑤ 参见李强：《中国证券市场规制体制改革与创新》，辽宁大学2005年博士学位论文。

第五章
出版法

第一节　出版法律、法规的基本概念与我国社会主义出版法制建设

一、出版法与出版法规

出版法与出版法规是两个既有联系又有区别的概念。从严格意义上讲，出版法应是全国人民代表大会或全国人民代表大会常务委员会制定的规范性法律条文；而出版法规是行政机关制定的规范出版行业的行政性法规。但在实际生活中，这两个概念经常被混用。因此，我们首先应该明确两者的概念、特征以及表现形式。

（一）出版法的概念

出版法是规定出版制度的法律规范的总称，有广义和狭义之分。广义的出版法是指由国家制定并由国家强制力保证其实施的、用于调整出版活动中所产生的各种社会关系的法律规范的总称，其中包括宪法的相关规定、相关法律规定、相关行政法规与规章等各种规范性法律文件。狭义的出版法是指全国人民代表大会或全国人民代表大会常务委员会制定的、专门用于调整与规范出版活动中的各种关系的规范性文件。① 近十年来，我国出版界一直呼吁出台的“出版法”，就是由立法机关颁布、实施的狭义的出版法。

（二）出版法规的概念

出版法规，也有广义与狭义两种。广义的出版法规是出版法律规范的简称，与广义的出版法是同一概念。狭义的出版法规是有关出版活动的法律规范文件中的一种具体形式，包括由国务院制定与颁布的行政法规，由省、直辖市、自治区以及省、自治区人民政府所在地的市与其他国务院批准的较大的市的人民代表大会及其常务委员会制定和颁布的地方性法规，以及国家出版行政主管机关根据宪法和法律制定的有关出版管理的条例、章程、决定、命令、通知这三种，其效力低于法律。我们所讲的“出版法规”一词，是指广义的出版法规，即所有出版法律规范的简称。在“中华人民共和国出版法”颁布之前，出版法规是政府对出版工作实施管理的主要法律依据。

二、出版政策与出版法规

在国家调整出版活动的规范性文件中，除了出版法规以外，还有出版政策。在出版事业的

---

① 参见黄先蓉：《出版法规及其应用》，4页，苏州，苏州大学出版社，2005。

发展过程中，出版政策发挥了非常重要的作用。因此，我们有必要在阐述出版法规的同时，解析出版政策这一概念以及其与出版法规的联系和区别。

（一）出版政策的概念

政策是国家政权机关、政党组织和其他社会政治集团为了实现自己所代表的阶级、阶层的利益与意志，以权威形式标准化地规定在一定的历史时期内应该达到的奋斗目标、遵循的行动原则、完成的明确任务、实行的工作方式、采取的一般步骤和具体措施。出版政策则是国家根据需要制定的有关发展出版事业的方针、原则、措施和行动准则，它是调整出版活动并借以指导、推动整个出版事业发展的行动指南，是国家对出版事业进行宏观调控的重要手段。

（二）出版政策和出版法规的联系与区别

出版政策与出版法规的联系是：基本内容相同，都是社会主义经济基础的反映，体现人民的意志；政治方向相同，都是以四项基本原则为前提；服务对象相同，都是为广大人民群众服务、为社会主义建设服务；社会作用相同，都是对巩固人民民主专政、发展社会主义经济和建设社会主义精神文明起促进作用。在此过程中，出版政策是出版法规的依据与指导，出版法规的制定必须以党的出版政策为依据，在具体适用过程中也必须以党制定的出版政策为指导；而出版法规是出版政策得以实现的重要工具，出版政策是出版法规所要体现的一般原则、精神和内容，出版法规是党和国家出版政策的定型化、条文化。但出版政策与出版法规在制定的机关和程序、表现形式、调整范围和方式、本质属性和功能等方面存在区别：

1. 两者制定的机关和程序不同。出版法规是由国家专门的立法机关即全国人民代表大会及其常务委员会或者拥有立法权限的机关如国务院及其各部委依照法律程序而创制的；而出版政策一般是由执政党的代表机关或者领导机关制定的，在表现为法律形式之前，不具有国家意志的属性。

2. 两者的表现形式不同。在我国，出版方面的法律、法规通常表现为制定法的形式，已经颁布的法律、法规主要有《民法通则》《刑法》、一些单行法（如《著作权法》）和一些单行法规（如《计算机软件保护条例》）；而出版政策以国家机关制定和颁布的决定、决议、命令、规则、规定、意见以及通知、会议纪要、号召等形式出现，如《中共中央关于深化文化体制改革推动社会主义文化大发展大繁荣若干重大问题的决定》（2011 年）、《中华人民共和国国民经济和社会发展第十二个五年规划纲要》（2011 年）、《国家“十二五”时期文化改革发展规划纲要》（2012 年）、《文化产业振兴规划》（2009 年）、《关于进一步推进新闻出版体制改革的指导意见》（2009 年），等等。

3. 两者调整的对象和方式不同。从范围上看，出版政策所调整的社会关系要比出版法规所调整的广泛得多，大到出版体制改革、培育和规范出版市场，小到加强出版物管理、控制某类书的编辑出版、规定如何举办书展等，涉及书报编辑、出版、印刷、发行的方方面面。而出版法规所调整的则是在出版活动中对国家、社会有较大影响的社会关系，如出版管理关系、出版活动中的违法犯罪行为及其制裁、计算机软件的保护等。从方式上看，出版法规一般调整较为稳定的社会关系，所以它偏重对既有社会关系的确认、保护及控制；而出版政策是对正在形成或将要出现的问题作出反应，它偏重采取灵活多样的形式，以适应社会不断发展的需要。

4. 两者的稳定性不同。出版政策作为出版活动的指导性原则，往往是宏观的方针性号召，在政策执行中允许灵活性，而且随着出版环境的变化要不断修正、补充和完善，因此稳定性不高，时效也较短；而出版法规一般是在出版政策长期实施以后取得一定经验的基础上确立下来的比较具体的行为规范，时效较长，而且它的制定、修改、废止都要经过严格、复杂的法定程序，具有较高的稳定性。

(三) 正确处理出版政策与出版法规的关系

在实践中，出版政策与出版法规的实际地位和效力可能存在某种冲突与矛盾，有时出版政策的作用大于出版法规，有时出版法规的地位高于出版政策。因此，我们应该正确认识和处理这两者的关系。

随着依法治国的有序推进，法律、法规这种社会调控的手段正日益受到重视，我们必须重视及加快出版法规的制定工作，实现出版法规的稳定性、有效性。但就我国目前的现状来看，只是在著作权领域建立了比较完善的法律保护体系，而调控其他出版活动仍然主要靠出版政策。出版政策作为保障国家出版事业健康发展、出版部门协作工作的重要调节机制，对于出版资源的管理和出版产业的发展起着战略性的指导、协调作用。因此，在认识和处理出版政策与出版法规的关系问题上，既不要把两者简单地等同，也不要将两者割裂、对立起来。当两者在实践中发生矛盾与冲突时，既要维护出版法规的稳定性和权威性，又要根据新的出版政策适时对出版法规作出修改，以使两者的原则与内容协调一致。

三、我国社会主义出版法制建设的发展历程

(一) 社会主义出版法制的创建

中华人民共和国成立后，图书出版事业受到党中央的高度重视。1949 年 10 月第一次全国出版工作会议在京召开，同年出版总署正式成立。出版总署的成立，是中华人民共和国成立初期我国出版法制建设的一项重要举措。1949 年 9 月，中国人民政治协商会议第一届全体会议通过了《中国人民政治协商会议共同纲领》。该纲领是中华人民共和国各族人民的临时大宪章，也是我国出版事业的指导性文件。该纲领第 5 条规定："中华人民共和国人民有思想、言论、出版、集会、结社、通讯、人身、居住、迁徙、宗教信仰及示威游行的自由权。"第 49 条规定："发展人民出版事业，并注重出版有益于人民的通俗书报。"这些规定将言论自由、出版自由确立为中华人民共和国出版事业的根本原则。1966 年开始"文化大革命"，社会主义出版法制建设遭到严重的破坏，出版活动陷于停滞状态，出版法治工作已无法正常进行。

(二) 改革开放与社会主义法制的日趋完善

1978 年 12 月，党的十一届三中全会在北京召开。此后，社会主义法制建设的步伐日益加快，社会主义出版法制日趋完善。1985 年原国家出版局有关部门开始着手起草出版法。在出版法起草和制定工作的同时，出版行政法规和规章开始起步，并取得许多成果。《中华人民共和国刑法》《中华人民共和国民法通则》等一批法律的颁布，为出版法治提供了法律依据与准绳。

1990 年 9 月《中华人民共和国著作权法》颁布，这是有史以来涉及出版领域的唯一法律。1997 年 1 月，国务院以行政法规的形式颁布了《出版管理条例》，明确保障公民依法行使出版自由权利，还规定了出版单位设立的条件和程序，通过确立行政处罚制度规范出版发行活动，其中对非法出版发行活动的法律责任的界定尤为详细。2001 年 12 月《出版管理条例》由国务院修订后发布，并于 2002 年 2 月 1 日开始实施。

此外，印刷业、发行业及音像制品、电子出版物方面也由国务院和新闻出版署制定、颁布了一系列的行政法规和规章。在我国加入 WTO 前后，我国又迅速对这些行政法规进行了修订，使之更趋完善。

印刷业方面，2001 年 8 月 2 日修订后的《印刷业管理条例》通过，并自颁布之日开始施行。原新闻出版总署于 2011 年 12 月 6 日发布了《国家印刷复制示范企业管理办法》（以下简称《办法》），明确了国家印刷复制示范企业的定义、宗旨、条件、申请办法、优惠扶持以及考核机制等。

发行方面，修订后的《出版物市场管理规定》于 2011 年 3 月 25 日经新闻出版总署和商务部通过，并自公布之日起施行。

音像制品方面，《音像制品管理条例》经过修订于 2011 年 3 月 19 日颁布并实施。《音像制品进口管理办法》于 2011 年 3 月 17 日经新闻出版总署和海关总署通过，自公布之日起施行。

电子出版物方面，《电子出版物出版管理规定》于 2007 年 12 月 26 日经新闻出版总署通过，自 2008 年 4 月 15 日起施行。

现在，我国出版法制以"一法五条例"为基本框架，已形成较为科学的出版法律、法规体系。

第二节　报刊图书出版

一、报刊、图书出版单位的准入、退出规制

根据《出版管理条例》第 9 条的规定，该条例所称出版单位，包括报社、期刊社、图书出版社、音像出版社和电子出版物出版社等。法人出版报纸、期刊，不设立报社、期刊社的，其设立的报纸编辑部、期刊编辑部视为出版单位。随着科技尤其是互联网技术的迅猛发展，2002 年我国将互联网出版单位①也纳入出版单位的行列，丰富了出版单位的种类，符合时代的需要，反映出我国出版法制与时俱进的特点。出版单位的准入规制是出版单位进行精神生产活动的前提，也是出版活动得以顺利进行的首要条件。获得准入资格的出版单位可以在授权许可的范围内自由从事出版活动。此处的出版单位仅指报社、期刊社、图书出版社等纸质出版单位。

（一）出版单位准入规制

出版单位的设立是国家为了建立和维护出版秩序。出版单位准入规制是指依法确认出版单位资格、规范出版单位的组织和行为，使其合法进行出版活动的管理制度，主要包括出版单位的设立方式、设立条件和设立程序等。

1. 出版单位的设立方式

作为出版环节的准入机制，由于国情的差异，出版单位的设立在世界各国（地区）都有不同的表现形式。总的来说，目前国际上出版单位的设立主要有 4 种方式：登记制、自由制、保证金制和审批制。

（1）登记制。所谓登记制，是指出版单位的创办者在具备法定的设立条件后，向有关机关

---

① 《互联网出版管理暂行规定》（2002 年）第 5 条指出，本规定所称互联网出版机构，是指经新闻出版行政主管部门和电信管理机构批准，从事互联网出版业务的互联网信息服务提供者。

登记注册后，即可在法律许可的范围内从事出版活动。目前，西方大部分国家如英国、法国、美国等对出版单位的设立都采用登记制。如英国政府在伦敦设有出版登记所（companies house)，该所隶属于财政部，负责全英国出版公司的登记工作。日本对出版社的设立也实行登记制。登记制的诞生使得进入出版业的门槛大大减低，注册出版单位只需要符合法律上的最低资本等相关要求并在成立后向税务机关纳税，而无须再向政府有关部门申报。

（2）自由制。自由制是指出版单位的设立完全是自由的，不需要向有关部门登记，政府对此不作任何规定。此类做法的代表是原联邦德国。现在德国，出版社的设立采用登记制，符合条件的机构到财政局领取税号进行注册登记即可。①

（3）保证金制。保证金制是指交纳一定的保证金才能进行出版活动的制度。这是经济限制的手段。中国香港 1987 年之前的《刊物管制综合条例》规定，只要交纳 1 万元保证金，再有两人担保，出版单位即可成立。现在中国香港特别行政区的香港法例第 268 章《本地报刊注册条例》规定，所有本地报刊均须经特首委任的报刊注册主任（隶属政务司）注册。

（4）审批制。审批制是指一国的公民或者法人设立出版单位，首先必须向该国的行政主管部门提出申请，经主管部门按法律规定的程序审批后，设立出版单位的发起人才能向登记机关申请设立登记，之后方可在法律许可的范围内从事出版发行活动。

我国出版单位的设立采用的就是审批制的方式，其准入条件比较严格。我国的政治、经济和文化制度以及目前的管理体制决定了，出版单位的设立由国家特定的业务主管部门和行政管理机关，依据核准设立原则，通过对出版单位的审批、登记管理活动来进行。我国 1997 年颁布、2013 年修订的《出版管理条例》第 12 条规定："设立出版单位，由其主办单位向所在地省、自治区、直辖市人民政府出版行政主管部门提出申请；省、自治区、直辖市人民政府出版行政主管部门审核同意后，报国务院出版行政主管部门审批。设立的出版单位为事业单位的，还应当办理机构编制审批手续。"

我国目前对出版单位实行审批制的主要原因在于：(1）报刊图书历来是我们党和国家至关重要的喉舌和舆论宣传工具，在设立出版单位这样一个重要关口，必须实行比较严格的准入控制。(2）中华人民共和国成立以后长期实行计划经济体制，这对出版管理制度产生了深刻、直接的影响。当前实行出版单位审批制还有其现实基础和根据，还是一种能够实现管理目标的有效办法。②

2. 出版单位的设立条件

出版单位的设立条件就是法律、法规规定的出版单位在从事出版活动时所必须具备的基本条件，是出版单位设立的实质要件，只有取得实质要件的出版单位才能申请取得法人资格。一般市场主体要进行正常的生产经营活动，都必须具备基本的生产经营条件，包括生产经营的目的、财产状况、从业人员以及组织机构和制度等。作为法人，出版单位要按照《民法通则》的要求设立；作为企业法人，出版单位的设立也要符合企业法的规定。我国《出版管理条例》第 11 条规定，设立出版单位，应当具备下列条件：

（1）有出版单位的名称、章程。出版单位应该有自己的企业名称。由于名称的识别作用，

---

① 参见余敏：《国外出版业宏观管理体系研究》，94～95 页，北京，中国书籍出版社，2004。

② 参见于慈珂：《解读〈出版管理条例〉》，载《中国新闻出版报》，2003-04-01。

出版单位的诚信经营和良好业绩可以通过名称得以标示和传播，所以从法律意义来讲，出版单位的名称是一种财产权。章程是规定出版单位的组织行为和行为准则的书面文件，经登记机关审批后具有法律效力。出版单位的章程是根据出版单位的业务性质和工作需要而制定的内部总的规章制度，主要包括出版单位的经济性质、业务范围、经营管理方式、组织原则等。它是从事出版活动的准则和纲领，对出版单位的业务工作起着指导作用。

（2）有符合国务院出版行政主管部门认定的主办单位及其主管机关。依据 1993 年新闻出版署制定的《关于出版单位的主办单位和主管单位职责的暂行规定》，主办单位是指出版单位的上级领导部门，主管单位是指出版单位创办时的申请者，主管单位、主办单位与出版单位之间必须是领导与被领导的关系。

（3）有确定的业务范围。出版单位的业务范围是其出版经营活动的界限，出版单位的业务范围由出版单位的申请者确定，并经出版行政主管部门和工商行政管理部门核定。业务范围一经核定，即在出版单位的“出版许可证”和营业执照上载明，出版单位有权而且应当在此范围内从事报刊、音像制品和电子出版物的出版活动。

（4）有 30 万元以上的注册资本和固定的工作场所。出版单位要开展正常的生产经营活动，以自己的名义享有权利、承担义务，就必须有其可以支配的独立财产，包括资金、设备等。除此之外，还要有从事出版活动的固定场所，场所是进行出版物编辑、出版、发行的地方，是保证出版物市场化的基本条件。

（5）有适应业务范围需要的组织机构和符合国家规定的资格条件的编辑出版专业人员。出版是专业性很强的行业，从事出版活动应当具备适应业务范围需要的组织机构，有取得国家出版专业技术人员资格的编辑人员。出版单位的组织机构是对编辑、出版、发行等活动实行计划、组织、指挥、协调以及控制的内部管理组织。专业人员是指编辑、技术、发行和管理四类人员。

（6）法律、行政法规规定的其他条件。

此外，《出版管理条例》还规定了出版单位设立的特殊条件，即国家对出版单位的宏观调控。该规定要求，出版行政主管部门审批设立出版单位，除依照前述所列条件外，还应当符合国家关于出版单位总量、结构、布局的规划。数量上要根据地域、人口分布、市场情况、发展水平、长远规划等方面综合分析，结构上对不同种类出版物的出版单位的成分应进行总体规划，布局上要有利于发挥各地区的优势与特点；在有效利用资源的前提下，出版内容尽量丰富，反映我国各民族文化特色。

（二）出版单位的变更与退出规制

1. 出版单位的变更

为了适应复杂的市场形势，追求自身利益的最大化，法人可在履行有关手续的前提下变更企业形式和合并、分立、改变经营范围，以分散经营风险，实现资源的优化配置。①

2014 年《企业法人登记管理条例》第 17 条规定，企业法人改变名称、住所、经营场所、法定代表人、经济性质、经营范围、经营方式、注册资金、经营期限，以及增设或者撤销分支机构，应当申请办理变更登记。为此，《出版管理条例》第 17 条作出相应规定：出版单位变更

① 参见申卫星：《民法学》，94 页，北京，北京大学出版社，2003。

名称、主办单位或者其主管机关、业务范围、资本结构，合并或者分立，设立分支机构，出版新的报纸、期刊，或者报纸、期刊变更名称的，应当依照本条例的规定办理审批手续。出版单位属于事业单位法人的，还应当持批准文件到事业单位登记管理机关办理相应的登记手续；属于企业法人的，还应当持批准文件到工商行政管理部门办理相应的登记手续。出版单位除前款所列变更事项外的其他事项的变更，应当经主办单位及其主管机关审查同意，向所在地省、自治区、直辖市人民政府出版行政主管部门申请变更登记，并报国务院出版行政主管部门备案。

2. 出版单位的退出规制

出版单位的退出又称出版单位的终止或者出版单位的消灭，是指出版单位的法人资格在法律上不存在，丧失了作为民事主体进行出版活动的资格，其民事权利能力和民事行为能力也随之终止。

《出版管理条例》规定出版单位的终止有两种情况：第一种是出版单位终止出版活动；第二种是图书出版社、音像出版社和电子出版物出版社自登记之日起满 180 日未从事出版活动。出版单位终止出版活动，可能有多种原因，如依法撤销、解散、依法宣告破产等。图书出版社、音像出版社和电子出版物自登记之日起满 180 日未从事出版活动，是指图书出版社、音像出版社和电子出版物出版社自向所在省、自治区、直辖市人民政府出版行政单位登记、领取出版许可证起满半年未从事出版活动。这也可能有多种原因，如没有合格的编辑、出版专业人员，没有相应的组织机构等。

《出版管理条例》第 18 条第 2 款规定：出版单位终止出版活动的，由主办单位提出申请并经主管机关同意后，由主办单位向所在地省、自治区、直辖市人民政府出版行政主管部门办理注销登记，并报国务院出版行政主管部门备案。出版单位属于事业单位法人的，还应当持批准文件到事业单位登记管理机关办理注销登记；属于企业法人的，还应当持批准文件到工商行政管理部门办理注销登记。

《出版管理条例》第 19 条规定：图书出版社、音像出版社和电子出版物出版社自登记之日起满 180 日未从事出版活动的，报社、期刊社自登记之日起满 90 日未出版报纸、期刊的，由原登记的出版行政主管部门注销登记，并报国务院出版行政主管部门备案。因不可抗力或者其他正当理由发生前款所列情形的，出版单位可以向原登记的出版行政主管部门申请延期。

《互联网出版管理暂行规定》规定：互联网出版机构终止互联网出版业务，主办者应当自终止互联网出版业务之日起 30 日内到所在地省、自治区、直辖市新闻出版行政主管部门办理注销手续，并报新闻出版广电总局备案。同时，到相关省、自治区、直辖市电信管理机构办理互联网信息服务业务经营许可证的变更或注销手续。同时规定：互联网出版机构自登记之日起满 180 日未开展互联网出版活动的，由原登记的新闻出版行政主管部门注销登记，并向新闻出版广电总局备案，同时，向相关省、自治区、直辖市电信管理机构通报。

出版单位作为企业，必然要求规范、科学的管理方式，就其退出制度来看关系到出版企业能否合法经营，关系到出版市场的健康、有序发展。我国出版单位退出制度的完善主要应从法律、法规上予以健全。2013 年修订的《出版管理条例》在出版单位的准入制度上给予了明确的规定，但在退出制度上相对模糊。在出版实践活动中，出版单位的退出大多是依法撤销，很少由于经营问题而退出。可见，建立优胜劣汰的良性竞争机制，是目前出版管理部门的主要任务。

二、出版单位的管理

出版单位的管理是出版行政主管部门及其相关主管部门运用政治、经济、法律等管理手段依法对出版单位（包括集团及集团内的具有法人地位或者能够独立承担法律责任的出版单位）进行宏观管理。

（一）出版管理机构

综观世界各国，政府对出版单位的管理主要有两种形式：第一种是政府不设出版管理机构，其职能由政府的一些部门共同承担或者由行业组织承担。这一种以美国为代表。第二种是政府设立出版管理机构，但其只行使部分管理职能，如法国，法国管理出版企业和国家图书馆的政府机构是文化和交流部，下设图书与阅览司主管图书的创作、出版发行和阅览环节。

我国对出版单位实行的是以出版行政管理为主，其他各部门在职权范围内各司其职的多层次、多部门共同管理的模式。《出版管理条例》第6条规定："国务院出版行政主管部门负责全国的出版活动的监督管理工作。国务院其他有关部门按照国务院规定的职责分工，负责有关的出版活动的监督管理工作。县级以上地方各级人民政府负责出版管理的部门（以下简称出版行政主管部门）负责本行政区域内出版活动的监督管理工作。县级以上地方各级人民政府其他有关部门在各自的职责范围内，负责有关的出版活动的监督管理工作。"例如出版单位的登记就由新闻出版行政主管部门进行审批、工商行政管理部门负责登记。在出版单位的管理中，还有税务、工商行政管理、财政等部门在各自职权范围内参与管理。

（二）我国对出版单位的管理形式

我国对出版单位的管理的一个显著特征是主办主管单位负责制，这是我国为确保意识形态安全、确保出版事业健康发展的重大政策。

我国出版单位的主办主管制度是逐步形成的。中华人民共和国成立初期，出版单位主要是新建的，如人民出版社等，也有旧有的私营出版单位（如商务印书馆、中华书局、荣宝斋等）在后来的社会主义改造中都演变成国营出版单位。当时人民出版社为直属出版总署的国营出版企业，以编辑、出版政治读物为其专业方向；人民美术出版社为国营的企业机关，受中央人民政府文化部、出版总署共同领导；人民卫生出版社由中央卫生部为主、出版总署为辅会同领导；法律出版社在编辑方针、编辑业务上受中国政治法律学会领导，在出版业务及财务管理上受文化部出版事业管理局领导。中华人民共和国成立初期的出版单位虽然不多，但却为其后奠定了发展基础和管办模式，并逐步形成中央各部委所办所管、地方新闻出版行政主管部门及其他有关行政主管部门所办所管、各大学及其上级教育行政主管部门所办所管、各重要科研单位及其上级科研机构所办所管、全国性人民团体所办所管、中国人民解放军所办所管等几类主要管办系统。①

1993年新闻出版署发布了《关于出版单位的主办单位和主管单位职责的暂行规定》，对主办主管单位的定位、相互关系以及所负责任作了规定，形成了较为严格的主办主管的管理制度。1997年国务院颁布、2014年修订的《出版管理条例》都将主办主管制度以法规形式确定下来。

（三）管理内容

由于出版单位准入制度不同，各个国家对出版单位的管理也根据各自的国情制定了相应不

---

① 参见宋木文：《出版单位主办主管制度的由来与调整的探索》，载《中国出版》，2003（9），9～11页。

同的管理方式。

总的来说，西方发达国家对出版单位的微观管理主要有以下几个方面：（1）对出版行业的组织控制，主要包括设置连接政府与企业的董事会和总经理任命。（2）对出版单位进行财务监督，如对预算、投资、价格、工资的监督。对政府出版单位不要求盈利，但如果盈利必须上交国家财政，其所需部分由国家财政或者国家财政指定的组织按年度预算予以补贴。（3）经营指导，原则上不对出版单位内部的经营管理予以干涉，但有时会运用一些手段对经营施加影响，例如，通过与出版单位签订计划合同，协调出版单位追求利润与国家政策目标之间的矛盾；通过签订采购合同、承包合同规范出版单位的经营行为；向出版单位提供信息、技术帮助和进行劝告，等等。①

相较于西方国家对出版单位的管理，我国的管理也具有自己的特色。根据《出版管理条例》及其他相关法律、法规的规定，我国出版行政主管部门对出版单位实施的管理主要包括以下六个方面：

1. 出版单位总量控制和年检登记

出版单位总量控制和年检登记制度主要从宏观层面对我国出版单位的数量和运行情况进行管理。《出版管理条例》第10条规定："国务院出版行政主管部门制定全国出版单位总量、结构、布局的规划，指导、协调出版产业和出版事业发展。"年检登记制度的法律依据是1994年新闻出版署颁布的《关于实行"出版社年检登记制度（试行）"的通知》，该通知规定，自1995年开始，每逢单数年，进行年检登记换证。该通知还规定：经新闻出版署审核，条件不完全具备的出版社将缓期登记，并根据不具备登记换证基本条件的实际情况，分别作如下处理：批评、警告，没收利润、罚款，停止某编辑室或某一部分图书的出版权、全社停业整顿。音像出版单位的年检早在1991年就由新闻出版总署、国家工商总局颁布的《关于音像出版、复录、发行单位重新登记注册和音像制品经营单位年检问题的通知》（已失效）进行了规定。经审核批准的音像出版单位，可以凭新闻出版署的批复文件向工商行政管理部门申请重新登记注册。

2. 出版计划和重大选题备案制

出版计划和重大选题备案主要是出版行政管理部门运用事先限制的方式来管理出版单位的出版情况。

出版计划是指出版单位年度出版计划即年度选题管理以及出版中、长期计划。选题是出版的基础性工作，决定着出版物的内容、品味和市场效益，也决定着一家出版社、一个地区甚至整个国家出版的水平、结构和整体发展趋势。因此，对出版计划的管理是把握出版导向的关键，是出版管理的一项常规性工作。② 1993年新闻出版署发布的《关于出版计划管理若干问题的通知》（已失效）对出版计划的内容、制定时间、报批程序等进行了规定。2006年新闻出版署颁布的《关于加强2007年音像制品年度出版计划备案工作的通知》特别对2007年音像制品年度出版计划作出了详细的规定。

重大选题备案是指按照法律、法规、行政规章及相关文件等的规定，出版单位对于涉及国

① 参见周源：《发达国家的出版物管理制度》，58页，北京，时事出版社，2001。

② 参见彭国华：《新闻出版版权法制理论与实务》，99～100页，长沙，湖南人民出版社，2002。

家安全、社会安定等方面的内容，对国家政治、经济、文化、军事等会产生较大影响的选题，应向主管部门报告制定、完成情况的制度。1997 年 10 月，新闻出版署根据《出版管理条例》制定了《图书、期刊、音像制品、电子出版物重大选题备案办法》，该办法第 2 条规定："凡列入备案范围内的重大选题，图书、音像制品、电子出版物出版单位在出版之前，必须依照本办法报新闻出版署备案。未经备案的，不得出版发行。"

3. 书号、刊号、版号管理

对出版单位的书号、刊号、版号的管理是出版行政主管部门对出版单位生产出版物数量、结构管理的一种手段。书号是指中国标准书号，是在中国注册的出版社出版的每一种图书和电子出版物的每一个版本世界性的唯一标识代码。刊号指中国标准刊号，是在中国登记的每一种报纸和期刊的每一个版本唯一的标准编码。版号是指中国标准音像制品编码，是在中国注册的所有音像出版社在其生产的每一种音像制品（包括唱片、录像带、录音带、激光视盘、激光唱片等）上，对所录入的节目以及节目中的每项可以独立使用的部分编加的国际性唯一标识编码。1994 年发布的《关于对书号使用总量进行宏观调控的通知》规定，出版单位每年书号量都由新闻出版署核定，由省、自治区、直辖市新闻出版局和中央各部委出版社主管部门核发。1998 年发布的《关于对音像出版单位使用版号实行总量控制的通知》规定，按音像出版单位所报的在职中级职称以上的编辑人员数，以每人每年新编 10 种音像制品为限，分配和使用版号。

我国出版行政主管部门在对书号、刊号、版号实行总量控制的另一个目的就是管理买卖书号、刊号、版号、版面等。20 世纪 80 年代，由于非法出版现象愈演愈烈，新闻出版署于 1993 年发布了《关于禁止"买卖书号"的通知》，于 1997 年发布了《关于严格禁止买卖书号、刊号、版号等问题的若干规定》，在一定程度上威慑了非法出版的势头。

4. 质量管理

出版行政主管部门对出版物的质量管理主要包括两个方面：一是出版物的内在质量，二是出版物的外在质量。出版物的内在质量是指它的思想性、科学性、艺术性、可读性以及它的实用性和符号表达的通用性等。《出版管理条例》第 28 条规定："出版物必须按照国家的有关规定载明作者、出版者、印刷者或者复制者、发行者的名称、地址，书号、刊号或者版号，在版编目数据，出版日期、刊期以及其他有关事项。出版物的规格、开本、版式、装帧、校对等必须符合国家标准和规范要求，保证出版物的质量。出版物使用语言文字必须符合国家法律规定和有关标准、规范。"

2004 年 12 月新闻出版总署颁布了新的《图书质量管理规定》，其中第 3 条规定："图书质量包括内容、编校、设计、印制 4 项，分为合格、不合格 2 个等级。内容、编校、设计、印制 4 项均合格的图书，其质量属合格。内容、编校、设计、印制 4 项中有 1 项不合格的图书，其质量属不合格。"同时对不合格图书的法律责任也作了明确规定："对于印制质量不合格的图书，出版单位必须及时予以收回、调换。""一年内造成三种以上图书不合格或者连续两年造成图书不合格的直接责任者，由省、自治区、直辖市新闻出版行政主管部门注销其出版专业技术人员职业资格，三年之内不得从事出版编辑工作。"

1995 年新闻出版总署颁布的《报纸质量管理标准（试行）》规定了对报纸质量管理使用抽查出版质量和限定最低发行量的评定办法，以确定报纸质量是否合格。期刊的质量也有标准，相关规章文件有《社会科学期刊质量管理标准（试行）》等。

5. 样本管理

样本管理是出版物质量的保障机制之一，同时也是出版管理和国家样本保存的重要方式，有着文化保存、延续和传承的作用。我国于1979年由国家出版局修订、颁布了《关于征集图书、杂志、报纸样本办法》，要求凡出版社、杂志社和报社编辑、出版的各种图书、杂志、报纸，均应在出版物出版后即向国家出版事业管理局、版本图书馆及北京图书馆缴送出版物样本。《出版管理条例》第22条规定："出版单位应当按照国家有关规定向国家图书馆、中国版本图书馆和国务院出版行政主管部门免费送交样本。"这是出版单位的法定义务。

6. 人员管理

出版行政管理部门对出版从业人员（包括图书、期刊、音像、电子、网络出版单位中从事编辑、出版、校对、发行工作的人员以及出版单位中的其他相关人员）进行管理，具体包括人员准入、考核、领导任命。出版专业技术人员管理的依据是2008年新闻出版总署颁布的《出版专业技术人员职业资格管理规定》。1999年颁布的《新闻专业人员职务试行条例》将新闻专业人员职务分为记者职务和编辑职务两类，对新闻专业人员职务的聘用和任命采用的也是评审制。与其他出版单位不同的是，报纸、新闻性期刊对记者证要进行统一换发。新闻记者证审核发放工作实行统一领导、分级管理、严格把关的原则，由新闻出版总署（现为新闻出版广电总局）负责全国新闻记者证的核发工作。2000年颁布的《新闻出版行业领导岗位持证上岗实施办法》规定，需要持证上岗的主要领导有出版社（含图书、音像、电子出版单位）社长、总编辑，期刊社主编，报社社长、总编辑及各相应副职。

三、出版物内容的管理

出版物是出版活动的最终产品，是精神文化产品的物质载体，具有精神产品的特殊属性，因此，世界各国都很重视对出版物内容的管理。

（一）出版物内容的管理方式

出版物内容的管理主要有预审制和追惩制两种方式。预审制又称事先检查，是指出版物在出版、发行之前，必须先将原稿或者清样送经政府有关机构检查、删改和批准方能出版、发行。追惩制又称事后检查，是一种事后惩治的出版制度，是指出版物在出版发行前不受限制，政府管理机关不作任何检查，出版物在出版发行后，通过有关机构审读样书或社会舆论监督，发现违法行为时，政府有关机关依照新闻出版法或其他法律予以惩处。

我国对出版物内容的管理也采用追惩制的方式，既通过颁布《出版管理条例》规定出版违禁出版物的责任，也通过制定《图书、期刊、音像制品、电子出版物重大课题备案办法》加强对出版物重大选题的管理。①

（二）我国对出版物内容的管理

我国一直十分重视出版业的舆论宣传和弘扬精神文明的作用，因此，对出版物内容的管理一直非常严格，颁布了大量对各种出版物内容进行限制的法规。《出版管理条例》对出版物内容的规定主要是第25条、第26条。

我国出版业相关法律、法规、部门规章等对出版物内容的管理主要包括以下几个方面：

---

① 参见黄先蓉：《出版法规及其应用》，4页，苏州，苏州大学出版社，2005。

（1）对于涉及国家、政府安全、社会秩序稳定等内容的出版物的管理。出版党代会、人代会文件及学习辅导读物，要严格执行《新闻出版署关于出版党代会、党中央全会和全国人代会文件及学习辅导材料的暂行规定》；出版法律汇编要严格执行国务院 1990 年发布的《法规汇编编辑出版管理规定》和新闻出版署 1990 年发布的《关于贯彻执行国务院“法规汇编编辑出版管理规定”的通知》的有关规定；有关军事题材的出版物，依 1994 年中央宣传部、新闻出版署、总政治部联合发布的《关于加强军事题材出版物出版管理的规定》，要严格执行事前送审报批制度。有关港、澳、台的宣传报道主要是称谓的规定，在使用称谓时，港、澳、台不得与“中”并列。

（2）对民族、宗教出版物的管理。我国政府十分重视民族团结和尊重宗教信仰，因此，对民族和宗教出版物的管理比较严格。新闻出版总署于 2003 年下发《关于进一步加强对涉及民族宗教问题出版物管理的通知》，要求各新闻出版管理部门高度重视民族、宗教出版物的出版管理工作。

（3）对以未成年人为对象的出版物的管理。2006 年修订的《未成年人保护法》第 34 条规定：“禁止任何组织、个人制作或者向未成年人出售、出租或者以其他方式传播淫秽、暴力、凶杀、恐怖、赌博等毒害未成年人的图书、报刊、音像制品、电子出版物以及网络信息等。”根据这一原则，中宣部、新闻出版总署联合发布了《关于进一步加强和改进未成年人出版物出版工作的意见》，要求所有图书、报刊、音像、电子、网络出版单位都要增强责任感，把推动未成年人思想道德教育作为义不容辞的职责。在互联网出版方面，《互联网出版管理暂行规定》第 18 条规定：“以未成年人为对象的互联网出版内容不得含有诱发未成年人模仿违反社会公德的行为和违法犯罪的行为的内容，以及恐怖、残酷等妨害未成年人身心健康的内容。”

（4）对淫秽、色情出版物的管理。对淫秽、色情出版物进行管理的法律、法规有《中华人民共和国刑法》《中华人民共和国未成年人保护法》《互联网信息服务管理办法》《出版管理条例》《关于认定淫秽及色情出版物的暂行规定》《关于认定淫秽与色情声讯的暂行规定》《互联网站禁止传播淫秽、色情等不良信息自律规范》《互联网低俗信息专项整治中公布的低俗信息认定标准》等。这些法律、法规有效地遏制了淫秽、色情出版物的发行、销售，使出版物市场和网络文化环境得到明显改善。

（5）法律、法规禁止的其他内容。除以上内容外，我国对于损害公民、法人合法权益的出版物，地图出版，党和国家领导人的出版物，美术、摄影、挂历，纪实作品、回忆录等也作出了相应的规定。

第三节　印刷行业经营

一、出版物印刷企业的准入及退出规制

作为出版的重要环节和国民经济的重要部门，印刷业的法制建设和依法管理对于保障出版业的健康发展、繁荣人民群众文化生活以及促进社会主义精神文明建设具有非常深远的意义。

（一）我国出版物印刷企业准入制度

我国对印刷企业的设立实行经营许可制度，《印刷管理条例》第 7 条规定：“国家实行印刷经营许可制度。未依照本条例规定取得印刷经营许可证的，任何单位和个人不得从事印刷经营

活动。”通过印刷经营许可制度，可以掌握印刷企业经营动态，规范印刷经营者的经营活动，有效杜绝一些印刷企业受经济利益驱动而印刷、复制含有反动、淫秽、迷信内容和国家明令禁止印刷、复制的其他内容的出版物；可以防止侵犯知识产权，侵权盗版以及印刷假证件、虚假广告和仿冒他人包装装潢的印刷品；可以杜绝一些单位和个人无证无照或者证照不全而非法经营印刷业务，造成印刷、复制市场混乱；可以维护广大印刷、复制经营者的合法权益和社会公共利益，保护知识产权，促进社会主义精神文明、政治文明和物质文明建设，促进和谐社会建设。

(二) 出版物印刷企业设立的基本条件

出版物印刷企业的设立条件是根据企业法人设立的一般条件结合出版物印刷行业的特殊性确定的。根据《中华人民共和国公司法》《印刷管理条例》《印刷业经营者资格条件暂行规定》(2015 年修订) 等法律、法规的要求，设立出版物印刷企业，应当具备下列条件：(1) 有企业的名称、章程；(2) 有确定的业务范围；(3) 有适应业务范围需要的生产经营场所和必要的资金、设备等生产经营条件；(4) 有适应业务范围需要的组织机构和人员；(5) 有关法律、行政法规规定的其他条件。审批设立印刷企业，除依照前述规定外，还应当符合国家有关印刷企业总量、结构和布局的规划。

相对于一般的企业而言，出版物印刷企业的特别之处在于：(1) 在企业名称上，一般会出现“印刷”字样，表明其从事的行业。(2) 在企业组织形式上呈现多元化的特点，有国有、集体、股份制、私营、外资、个体等。(3) 在业务范围上，主要包括出版物印刷、包装装潢印刷品的印刷、其他印刷品的印刷三种，近年来注册的印刷企业多是兼营型。(4) 生产经营条件包括生产经营场所和资金、设备的条件。在新闻出版署制定、发布的《印刷业经营者资格条件暂行规定》(2015 年修订) 中，对从事不同业务范围的企业提出了不同的生产经营场所、注册资本、设备的要求，对经营出版物印刷业务的企业要求最高。(5) 在组织机构上，依照《印刷管理规定》，个人不得从事出版物的印刷和经营，因此，从事出版物印刷的经营实体应该具有一定的形式和规模的组织机构以及人员。根据企业类型的不同，组织机构有所差异，公司企业中的组织机构包括股东会、董事会、监事会。较为特殊的是外商投资设立印刷企业要求合资中方投资者应当控股或占主导地位，一般情况下董事长由中方担任，董事会成员中中方应当多于外方。(6) 符合国家统一规划要求。国家对出版物印刷企业总量、结构和布局的规划是设立印刷企业的特殊条件，国家的宏观调控主要表现在审批设立印刷企业。

(三) 出版物印刷企业设立的程序

《印刷业管理条例》规定，个人不得从事出版物印刷经营活动。要设立从事出版物印刷品印刷经营活动的企业，应该严格按照条例规定的程序，在一定期限内进行印刷企业设立的申请、审批。

一般印刷企业的设立根据《印刷业管理条例》第 9 条的规定，即：“设立从事出版物、包装装潢印刷品和其他印刷品印刷经营活动的企业，应当向所在地省、自治区、直辖市人民政府出版行政主管部门提出申请；其中，设立专门从事名片印刷的企业，应当向所在地县级人民政府出版行政主管部门提出申请。申请人经审核批准的，取得印刷经营许可证；并按照国家有关规定持印刷经营许可证向公安部门提出申请，经核准，取得特种行业许可证后，持印刷经营许可证、特种行业许可证向工商行政管理部门申请登记注册，取得营业执照。”在程序上包括三个步骤：第一是申请印刷经营许可证，第二是申请特种行业许可证，第三是申请营业执照。

外商投资设立出版印刷企业的法律依据是《设立外商投资印刷企业暂行规定》，分为三个步骤：第一是向所在地省级新闻出版行政主管部门提出申请，需要经过省级新闻出版行政主管部门的初审和新闻出版广电总局的终审两个阶段；第二是申请人获得新闻出版广电总局批准文件后，向所在地省、自治区、直辖市、计划单列市外经贸行政部门提出申请，批准设立申请的，发给“外商投资企业批准证书”；第三是获得批准设立的申请人，持新闻出版广电总局的批准文件及“外商投资企业批准证书”到省级新闻出版行政主管部门申领“印刷经营许可证”，并按照《印刷业管理条例》的有关规定申领“特种行业许可证”和营业执照。

(四) 出版物印刷企业的变更

一般情况下企业的变更到工商行政管理部门进行变更登记即可，但是印刷行业作为特种行业，需要政府部门较强的监督与管理。依照《印刷业管理条例》，印刷企业发生变更必须重新办理审批登记手续。《印刷业管理条例》第 11 条规定：“印刷业经营者申请兼营或者变更从事出版物、包装装潢印刷品或者其他印刷品印刷经营活动，或者兼并其他印刷业经营者，或者因合并、分立而设立新的印刷业经营者，应当依照本条例第九条的规定办理手续。印刷业经营者变更名称、法定代表人或者负责人、住所或者经营场所等主要登记事项，或者终止印刷经营活动，应当向原办理登记的公安部门、工商行政管理部门办理变更登记、注销登记，并报原批准设立的出版行政部门备案。”

对于已设立的外商印刷企业的变更，《设立外商投资印刷企业暂行规定》第 13 条规定：“已设立的中外合营印刷企业申请兼营或者变更从事出版物、包装装潢印刷品或者其他印刷品印刷经营活动的，或者已设立的外商投资印刷企业兼并其他印刷业经营者，或者因合并、分立而设立新的印刷业经营者，应经新闻出版总署批准后，再报外经贸部门批准，并依法办理相应的注册登记变更手续。其他事项变更，按现行有关规定报原审批部门批准，并办理相应的注册登记变更手续。对于企业变更名称、法定代表人或者负责人、住所或者经营场所、股权比例等主要登记事项，或者终止印刷经营活动等，并报新闻出版总署备案。”

(五) 出版物印刷企业的退出规制

出版物印刷企业终止印刷经营活动应当向原先办理登记的公安部门、工商登记管理部门办理注销登记，并报原批准其设立的出版行政主管部门备案。出版物印刷企业终止经营活动，涉及企业的“印刷经营许可证”“特种行业许可证”、营业执照的效力问题，为了避免这些本该失去效力的证照被不法之徒利用、从事非法的印刷经营活动，扰乱正常的印刷经营秩序，法律规定，印刷企业终止印刷经营活动必须办理注销登记手续。

按照《设立外商投资印刷企业暂行规定》，审批设立的外商投资印刷企业经营期限一般不得超过 30 年，经营期限届满，因特殊情况确需延长经营期限的，应当在经营期限届满前 180 天提出申请，并报送原审批机关审批。

二、出版物印刷企业的经营管理制度

印刷企业的业务范围主要分为出版物印刷、包装装潢印刷品印刷和其他印刷品印刷。出版物印刷业是复制精神产品的行业，应该建立基本的经营制度用以规范日常行为。为了从源头上净化文化市场，保证社会主义精神文明建设的健康发展，出版物印刷企业必须建立、健全各项制度，做到依法经营。目前我国已建立的出版物印刷业制度包括合同制度、承印验证制度、承印登记制度、印刷品保管制度、印刷品交付制度、印刷活动残次品销毁制度等。

（一）合同制度

委托印刷单位和出版物印刷企业在印刷出版物活动中，对出版物的每一个印刷品种都应当依照国家有关规定签订出版物印刷合同，以保障双方的权利和义务，同时也为合同履行过程中发生的纠纷提供解决依据。具体来讲，出版物印刷行业的合同制度应该满足以下要求：

首先，需要合格的合同主体。按照《印刷业管理条例》的规定，印刷出版物的，委托印刷单位和印刷企业应当按照国家有关规定签订印刷合同。委托单位必须是依法取得出版许可的出版单位，承印企业则必须是依法取得出版物印刷许可的印刷单位，未依法取得出版许可和印刷许可的企业不具备签订出版物委托印刷合同的主体资格。

其次，合同的形式应该符合《合同法》的规定。《合同法》第10条规定，当事人订立合同，有书面合同、口头合同和其他形式，当事人约定采用书面形式的，应当采用书面形式。这里的“书面形式”是指合同书、信件以及数据电文等可以有形地表现所载内容的形式。虽然《印刷业管理条例》对于委托印刷合同采用何种形式没有硬性的规定，但委托印刷单位可以与承印企业约定合同采用书面形式，这样具有确定性，便于履行和监督。

依照《合同法》的规定委托印刷合同应当具备下列内容：(1）委托印刷合同双方当事人的名称和住所；(2）委托印刷的出版物的名称；(3）委托印刷出版物的数量；(4）委托印刷出版物的质量要求；(5）印刷方式；(6）印刷材料，如出版物纸型和印刷底片的提供；(7）履行委托印刷合同的期限；(8）验收出版物的标准和方法等。

（二）承印验证制度

依照《印刷业管理条例》等法律、法规的规定，印刷企业在承接出版物时，应当验证的证明文件主要有图书、期刊印刷委托书，报纸出版许可证、准印证、批准文件、有关著作权的合法证明文件等；验证以上文件主要是为了保证印刷活动的合法性，防止违法、违规活动的发生。

印刷企业接受出版单位委托印刷图书、期刊的，必须验证并收存出版单位盖章的印刷委托书，并在印刷前报出版单位所在地省、自治区、直辖市人民政府出版行政主管部门备案；印刷企业接受所在地省、自治区、直辖市以外的出版单位的委托印刷图书、期刊的，印刷委托书还必须事先报印刷企业所在地省、自治区、直辖市人民政府出版行政主管部门备案。印刷委托书由国务院出版行政主管部门规定统一格式，由省、自治区、直辖市人民政府出版行政主管部门统一印制。

印刷企业接受出版单位委托印刷报纸的，必须验证“报纸出版许可证”；接受出版单位的委托印刷报纸、期刊的增版、增刊的，还必须验证主管的出版行政主管部门批准出版增版、增刊的文件。印刷企业接受委托印刷内部资料性出版物的，必须验证县级以上地方人民政府出版行政主管部门核发的“准印证”。

印刷企业接受委托印刷宗教内容的内部资料性出版物的，必须查验证省、自治区、直辖市人民政府宗教事务管理部门的批准文件和省、自治区、直辖市人民政府出版行政主管部门核发的准印证。

印刷企业接受委托印刷境外的出版物的，必须持有关著作权的合法证明文件，经省、自治区、直辖市人民政府出版行政主管部门批准；印刷的境外出版物必须全部运输出境，不得在境内发行、散发。

值得说明的是，印刷委托书不同于印刷合同，印刷合同由双方签订，而印刷委托书是出版单位单方面出具的，载明出版物名称、字数、印数等的书面凭证，是出版单位的单方法律行为。一般来说，印刷合同签订在前，出版单位签发印刷委托书在后。

（三）承印登记制度

《出版管理条例》第 28 条规定："出版物必须按照国家的有关规定载明作者、出版者、印刷者或者复制者、发行者的名称、地址，书号、刊号或者版号，在版编目数据，出版日期、刊期以及其他有关事项。"这里所称的"国家有关规定"是指有关行政法规、国务院出版行政主管部门的规章和规范性文件，如《关于图书版本记录规定》《期刊管理暂行规定》《报纸管理暂行规定》等。在印刷环节，《印刷业管理条例》第 20 条明确规定了出版物印刷单位的承印登记制度，在印刷环节的管理上和《出版管理条例》的要求一致。为了便于检查、监督和追究责任，《印刷管理条例》要求出版物上载明"接受委托印刷出版物的企业的真实名称和地址"。这些规定实际上进一步规范了出版物的法定记载事项，更加明确了委托印刷单位在出版物上刊载法定事项的义务。印刷企业应当在《出版物印刷登记簿》上登记委托印刷出版单位及委印人的名称、住址，经手人的姓名、身份证号码和联系电话，委托印刷的印刷品的名称、数量、印件原稿（或电子文档）、底片及交货日期、收货人等。《印刷登记簿》一式三联，由省、自治区、直辖市人民政府出版行政主管部门或者其授权的地（市）级出版行政主管部门组织统一印制。

另外，印刷企业对于印刷出版物的各种证明文件应当妥善留存 2 年，以备查验。各种证明文件包括印刷委托书或者委托印刷证明文件、准印证原件、出版许可证复印件等。

（四）出版物印刷品保管制度

出版物印刷企业对承印件的原稿（或电子文档）、校样、印版、底片、半成品、成品及印刷品的样本应当妥善保管，不得毁损。印刷企业应当自完成出版物的印刷之日起 2 年内，保存一份接受委托印刷的出版物样本备查。建立这一制度，一方面是为了维护委托印刷人的合法权益，另一方面也是为了防止各种出版物的非法散发，避免不法分子盗版、盗印事件的发生。

（五）印刷品交付制度

印刷行为属于加工承揽行为，印刷企业对委托印刷的标的等不享有所有权。因此，印刷企业在印刷活动完成后，应当依法履行印刷品交付手续。印刷企业每完成一种出版物的印刷业务后，应当认真清点出版物数量，登记台账，并根据合同的规定将出版物成品、原稿（或电子文档）、底片、印版、校样等全部交付委托印刷单位或者个人，不得擅自留存。

《印刷品承印管理规定》中对印刷品交付进行了严格规定，如印刷企业必须严格按照印刷委托书或者委托印刷证明规定的印数印刷，不得擅自加印。

印刷企业应当建立印刷品承印档案，每完成一种出版物的印刷业务后，应当将印刷合同、承印验证的各种证明文件及相应的复印件、发排单、付印单、样书等相关的资料一并归档留存。

建立这一制度同样是为了维护委托印刷人的合法权益，并防止印刷品在社会上非法传播。

（六）印刷活动残次品销毁制度

出版物印刷企业不但对出版物成品要依法严加保管，对印刷活动产生的残次品也不得任意散发，而应该建立相应的销毁制度。印刷企业对印刷活动中产生的残次品，应当按实际数量登记造册，对于不能修复并履行交付的，应当予以销毁，并登记销毁印件名称、数量、时间、责任人等。其中，属于国家秘密载体或者特种印刷品的，应当根据国家有关规定及时销毁。

《印刷业管理条例》还明确了专人负责制度，要求印刷企业重视各项制度，指定专人负责，明确责任。

印刷企业都要遵守承印验证制度、承印登记制度、出版物印刷品保管和交付制度、印刷活动残次品销毁制度等，定期进行自查自纠，保证企业的健康发展。

当然，除了上述制度外，为了打击非法出版活动，《印刷业管理条例》还作出了如下规定：(1) 印刷企业不得盗印出版物；(2) 印刷企业不得销售委托印刷的出版物；(3) 印刷企业不得擅自加印或者接受第三人委托加印受委托印刷的出版物；(4) 印刷企业不得征订、销售出版物；(5) 印刷企业不得将出版单位委托印刷的出版物纸型及印刷底片等出售、出租、出借或者以其他形式转让给其他单位或者个人；(6) 印刷企业不得假冒或者盗用他人名义印刷、销售出版物；等等。

三、出版物印刷内容规制

出版物属于精神产品，它作用于人们的思想与心灵，对于人民群众特别是青少年的思想意识和人生观的形成有着潜移默化的作用。出版印刷企业作为特殊行业，所印刷的出版物的内容和最终印刷品的质量都必须符合相关行业法规的要求。

从某种意义上来说，印刷业是一种加工工业，同时又是对文化传播和意识形态发展有十分重要影响的一个领域，是事关我国国家安全和政治稳定、事关我国社会主义精神文明建设和物质文明建设的重要阵地。国家对印刷经营者的管理主要从印刷业经营的社会影响出发，目的是维护印刷业的经营秩序，维护社会的公共利益。

(一) 印刷业经营者不得印刷含有反动、淫秽、迷信内容的出版物

印刷业在讲求社会效益的同时，还要遵守印刷业相关法律、法规，不得印刷妨碍社会秩序、污染社会风气以及其他不利于社会健康发展的印刷品。《印刷业管理条例》对印刷业经营者禁止印刷的内容进行了明确的规定。

(二) 印刷业经营者不得印刷国家明令禁止的其他内容的出版物

在实际生活中，有些印刷品并不是反动、淫秽或者迷信的，但是仍然对社会的危害极大，比如宣扬血腥、暴力的内容对青少年就有极大的危害性；有些印刷品宣传不正确的人生观、价值观，但又不是单纯的反动，比如美化侵略战争、非正义战争的内容。1989 年中央办公厅、国务院办公厅发布的《关于整顿、清理书报刊和音像市场，严厉打击犯罪活动的通知》明确规定：凡属于下列范围的书报刊的音像制品一律取缔：宣扬资产阶级自由化或其他内容反动的；有严重政治错误的；淫秽色情的；夹杂淫秽色情内容、低级庸俗、有害于青少年身心健康的；宣扬封建迷信、凶杀暴力的；封面、插图、广告及其他宣传品存在上述问题的；非法出版的书报刊和音像制品。新闻出版署 1989 年 11 月发布的《关于部分应取缔出版物认定标准的暂行规定》对这些出版物进一步作出了明确的解释："夹杂淫秽色情内容、低级庸俗、有害于青少年身心健康的"出版物（简称"夹杂淫秽内容的出版物"），是指尚不能定性为淫秽、色情出版物，但具有特定内容之一，低级庸俗，妨害社会公德，缺乏艺术价值或者科学价值，公开展示或阅读会对普通人特别是青少年身心健康产生危害，甚至诱发青少年犯罪的出版物；"宣扬封

建迷信”的出版物，是指除符合国家规定出版的宗教出版物外，其他违反科学、违反理性，宣扬愚昧、迷信的出版物；宣扬“凶杀暴力”的出版物，是指以有害方式描述凶杀等犯罪活动或暴力行为，足以诱发犯罪，破坏社会治安的出版物。印刷业经营者在经营活动中违法印刷此类印刷品的，必须承担相应的法律责任。

第四节 音像制品、电子出版物出版

一、音像制品、电子出版物的法律界定

音像制品是指录有内容的录音带、录像带、唱片、激光唱盘和激光视盘等，包括音像软件、学习软件（包含 CD、VCD、DVD、DVCD、EVCD、蓝光碟等）。电子出版物是以电子数据的形式，把文字、图像、影像、声音、动画等信息贮存在光、磁疗、硅片等非纸张载体上，并通过电脑或网络通信来播放以供人们阅读的出版物。

21 世纪以来，中国电影逐渐走上了商业化、娱乐化的大众路线，随后发行的电影 VCD、DVD 等一系列音像产品随着影片的大受欢迎而成为音像制品的领头军。随着计算机互联网的快速普及，更多人倾向于从互联网下载喜爱的节目。音像制品国内市场的传统销售业务开始急剧下滑，市场形势不容乐观。而电子出版物是一种在整合营销传播方面具有独特优势的媒体，从整合营销传播的角度考察，电子出版物与其他传播媒体相比较，具有以下几个方面的优势：（1）电子出版物具有更具实用性的增值服务内容。（2）发布速度快，更新方便。电子出版物随时可以出版，发现错后可以快速进行更正。（3）电子出版物是一种费用低、效益大的媒体。据调查资料表明，通过电子出版物发布各种商业信息的成本显然大大低于其他网络传媒方式。（4）覆盖空间广，发布时间长。网络之所及，电子出版物就能发挥传播功能，即使在没有网络的区域也可以通过下载电子出版物在 PC 上观看。网络上流传的电子出版物几乎可以无限保存，时间流逝不会损坏电子出版物的页面或结构。（5）互动性。覆盖在线洽谈、链接网站、发送邮件、向商家留言、在线订购等即时互动功能，完全实现阅读者和企业的互动沟通，时刻把握商机。（6）出版方便、简单。没有刊号、没有印刷、没有运输……只要通过软件将刊物出版，便可通过无限网络渠道传播，但在我国也需要遵守相关管理规定，其行业主管部门为国家新闻出版广电总局。

二、音像制品单位的准入与退出规制

1. 音像制品单位的准入制度

音像制品单位按照业务范围的不同，分为音像出版单位、音像复制单位以及音像批发、零售、出租单位三种。对于不同的音像单位，设立的条件有所不同。《音像制品出版管理条例》第 8 条规定：设立音像出版单位，应当具备下列条件：（1）有音像出版单位的名称、章程；（2）有符合国务院出版行政主管部门认定的主办单位及其主管机关；（3）有确定的业务范围；（4）有适应业务范围需要的组织机构和符合国家规定的资格条件的音像出版专业人员；（5）有适应业务范围需要的资金、设备和工作场所；（6）法律、行政法规规定的其他条件。审批设立音像出版单位，除依照前述所列条件外，还应当符合音像出版单位总量、布局和结构的规划。

依据《音像制品管理条例》第 20 条，设立音像复制单位应当具备下列条件：（1）有音像

复制单位的名称、章程；（2）有确定的业务范围；（3）有适应业务范围需要的组织机构和人员；（4）有适应业务范围需要的资金、设备和复制场所；（5）法律、行政法规规定的其他条件。审批设立音像复制单位，除依照前述所列条件外，还应当符合音像复制单位总量、布局和结构的规划。

设立音像制品批发、零售、出租单位，应当具备下列条件：（1）有音像制品批发、零售单位的名称、章程；（2）有确定的业务范围；（3）有适应业务范围需要的组织机构和人员；（4）有适应业务范围需要的资金和场所；（5）法律、行政法规规定的其他条件。

除满足以上条件外，设立音像出版单位，由所在地省、自治区、直辖市人民政府出版行政主管部门审核同意后，报国务院出版行政主管部门审批，批准的，发给“音像制品出版许可证”，由申请人持“音像制品出版许可证”到工商行政管理部门登记，依法领取营业执照方可从事音像制品出版活动；申请设立音像复制单位，同样由所在地省、自治区、直辖市人民政府出版行政主管部门审批，批准的，发给“复制经营许可证”，由申请人持“复制经营许可证”到工商行政管理部门登记，依法领取营业执照；申请设立音像制品批发单位，应当报所在地省、自治区、直辖市人民政府出版行政主管部门审批；申请从事音像制品零售、出租业务，应当报县级地方人民政府出版行政主管部门审批，批准的，应当发给“出版物经营许可证”，由申请人持“出版物经营许可证”到工商行政管理部门登记，依法领取营业执照。

2. 音像制品单位的变更与退出规制

音像制品单位的变更与终止关系到文化市场的管理秩序，依照《音像制品管理条例》的规定，音像出版单位变更名称、主办单位或者其主管机关、业务范围，或者兼并其他音像出版单位，或者因合并、分立而设立新的音像出版单位的，应当依照规定办理审批手续，并到原登记的工商行政管理部门办理相应的登记手续。音像出版单位变更地址、法定代表人或者主要负责人，或者终止出版经营活动的，应当到原登记的工商行政管理部门办理变更登记或者注销登记，并向国务院出版行政主管部门备案。

音像复制单位变更业务范围，或者兼并其他音像复制单位，或者因合并、分立而设立新的音像复制单位的，应当依照规定办理审批手续，并到工商行政管理部门办理相应的登记手续。音像复制单位变更名称、地址、法定代表人或者主要负责人，或者终止复制经营活动的，应当到原登记的工商行政管理部门办理变更登记或者注销登记，并向国务院出版行政主管部门备案。

音像制品批发、零售、出租单位变更名称、业务范围，或者兼并其他音像制品批发、零售、出租单位，或者因合并、分立而设立新的音像制品批发、零售、出租单位的，应当依照《音像制品管理条例》第 32 条的规定办理审批手续，并到原登记的工商行政管理部门办理相应的登记手续。音像制品批发、零售、出租单位变更地址、法定代表人或者主要负责人或者终止经营活动，从事音像制品零售、出租经营活动的个体工商户变更业务范围、地址或者终止经营活动的，应当到原登记的工商行政管理部门办理变更登记或者注销登记，并向原批准的出版行政主管部门备案。

三、电子出版物单位的准入与退出规制

1. 电子出版物单位的设立

《电子出版物管理规定》将电子出版单位按照业务范围分为制作单位、出版单位、进口单

位、发行单位四种，对各种不同的电子出版单位设立了不同的条件。

出版行政管理部门对从事电子出版物制作经营业务的单位实行备案制管理。对于电子出版物制作单位与一般企业设立的要求相同，但是电子出版物制作单位经所在地工商行政管理部门登记设立后，应当向所在地省、自治区、直辖市新闻出版主管部门申请备案，并由省、自治区、直辖市新闻出版主管部门报新闻出版广电总局。

设立电子出版物出版、进口单位，应当具备下列条件：（1）有出版单位的名称、章程；（2）有符合新闻出版广电总局认定的主办单位及必要的上级主管部门；（3）有确定的业务范围；（4）有必需的资金和设备；（5）有固定的工作场所；（6）有适应业务范围需要的组织机构；（7）有相关的资质人员。同时，审批设立电子出版物出版、进口单位，除依照前述所列条件外，还应当符合电子出版物出版、进口单位总量、结构、布局的规划。此外，设立电子出版物出版、进口单位，应当由主办单位向所在地省、自治区、直辖市新闻出版主管部门提出申请，经省、自治区、直辖市新闻出版主管部门审核同意后，报新闻出版广电总局审批或审核。

申请从事电子出版物发行业务，应当具备下列条件：（1）有经营单位的名称、章程；（2）有确定的业务范围；（3）有必需的资金和设备；（4）有固定的经营场所；（5）有熟悉电子出版物业务的技术人员和管理人员。审批从事电子出版物发行业务的单位，除依照前述所列条件外，还应当符合电子出版物发行单位总量、结构、布局的规划。外商独资、中外合资、中外合作企业不得从事电子出版物总批发、批发业务。

2. 电子出版物单位的变更与退出管理

备案是指向主管机关报告事由存案以备查考。出版行政管理部门对从事电子出版物制作经营业务的单位实行备案制管理。电子出版物制作单位改变名称、地址、企业类型、章程、主要负责人或者法定代表人的，应当依照规定重新办理备案。电子出版物制作单位终止制作经营活动的，应当自终止经营活动之日起30日内通知所在地省、自治区、直辖市新闻出版主管部门，并由省、自治区、直辖市新闻出版主管部门报新闻出版广电总局。

电子出版物出版单位改变名称、业务范围、经济性质、主办单位、主管部门，合并或者分立，新增或者改变连续型电子出版物的名称、刊期、媒体形态的，应当依照规定重新办理审批手续。电子出版物出版单位改变地址、主要负责人或者法定代表人的，应当经主办单位及上级主管部门审查同意后，向所在地省、自治区、直辖市新闻出版主管部门申请变更登记，并由省、自治区、直辖市新闻出版主管部门报新闻出版广电总局备案。电子出版物出版单位终止出版活动的，应当自终止经营活动之日起30日内到所在地省、自治区、直辖市新闻出版主管部门办理注销登记手续，并报新闻出版广电总局备案。

同样，电子出版物复制单位改变名称、业务范围、企业类型，合并或者分立，应当依照规定重新办理审批手续。电子出版物复制单位改变地址、主要负责人或者法定代表人的，应当经主办单位审查同意后，向所在地省、自治区、直辖市新闻出版主管部门申请变更登记，并由省、自治区、直辖市新闻出版主管部门报新闻出版广电总局备案。电子出版物复制单位终止复制活动的，应当自终止经营活动之日起30日内到所在地省、自治区、直辖市新闻出版主管部门办理注销登记手续，并报新闻出版广电总局备案。

电子出版物进口单位改变名称、业务范围、经济性质、主办单位、主管部门，合并或者分立的，应当依照规定重新办理审批手续。电子出版物进口单位改变地址、主要负责人或者法定代表人的，应当到原审批机关办理变更登记手续。电子出版物进口单位终止进口活动的，应当自终止经营活动之日起30日内到原审批机关办理注销登记手续。

电子出版物发行单位改变名称、经营范围的，应当依照规定重新办理审批手续。电子出版物发行单位改变地址、主要负责人或者法定代表人的，应当向原发证机关申请变更登记。电子出版物发行单位终止经营活动的，应当自终止经营活动之日起30日内到原发证机关办理注销登记手续。电子出版物发行单位注销登记的，报新闻出版广电总局备案。

四、音像、电子出版物经营单位的管理

（一）音像制品经营单位的管理

1. 音像制品出版管理

为了促进我国音像出版事业的健康发展和繁荣，加强音像制品出版的管理，根据《音像制品管理条例》的有关规定，新闻出版署制定了《音像制品出版管理办法》。该办法规定，凡从事音像制品（含录有内容的录音带、录像带、唱片、激光唱盘和激光视盘等）出版活动，适用该办法。依据该办法，音像制品出版管理的内容主要包括：

（1）国家对出版音像制品，实行许可证制度。未经许可，任何单位和个人不得从事音像制品的出版活动。音像制品出版的许可证件和批准文件，不得出租、出借、出售或者以其他任何形式转让。

（2）音像出版单位的质量管理。音响出版单位应当按照国家标准及有关规定标识、使用《中国标准音像制品编码》。版号由新闻出版广电总局负责管理和调控，由省、自治区、直辖市人民政府出版行政主管部门发放。

（3）非卖品的管理。无偿赠送、发放及业务交流的音像制品属于非卖品，不得定价，不得销售或变相销售，不得收取任何费用。对于音像非卖品须统一编号：第一段为各省、自治区、直辖市简称，第二段为“音像非卖品”字样，第三段为年度，第四段为数字编号。要求在包装显著位置注明非卖品。

（4）委托复制的管理。委托复制音像制品，须使用复制委托书。复制委托书由新闻出版广电总局统一印制。出版单位不得以任何形式向任何单位或者个人出售或者转让复制委托书，复制委托书使用记录保存期为两年。

（5）审核登记。音像出版单位实行审核登记制度，审核登记每两年进行一次，审核登记音像出版单位应该提交的材料，包括出版单位审核登记表、音像出版业务开展情况总结报告、过去两年出版登记情况表、出版许可证复印件、营业执照复印件。

2. 音像制品制作管理

音像制品制作是指通过录音、录像等技术手段，将声音、图像、文字等内容整理加工成音像制品节目源的活动。依照《音像制品制作管理规定》的规定，对音像制品制作的管理主要包括如下内容：

（1）国家对从事音像制品制作经营活动实行许可制度；未经许可，任何单位和个人不得从事音像制品制作经营活动。音像出版单位从事音像制品制作经营活动，无须再申请取得“音像制品制作许可证”。

（2）新闻出版广电总局负责对全国音像制品制作管理工作实施监督。县级以上地方新闻出

版行政主管部门负责本行政区域内音像制品制作的监督管理工作。

（3）音像制作单位的法定代表人或者主要负责人应当接受所在地市以上新闻出版行政主管部门组织的岗位培训。

（4）音像制作单位必须有健全的内部管理制度，并填写制作文档记录。制作文档记录须归档保存 2 年以备查验。制作文档记录由新闻出版广电总局制定统一格式。

（5）音像制作单位接受委托制作音像制品的，应当按照国家有关规定，与委托方订立制作委托合同，并验证委托方的营业执照或者身份证明材料。对于所涉及的合同、营业执照及身份证明材料复印件，音像制作单位应当归档保存 2 年以备查验。

（6）音像制作单位制作的音像制品，应当符合国家有关质量、技术标准和规定。

3. 音像制品进口管理

（1）国家对进口音像制品实行许可管理制度，应在进口前报新闻出版广电总局进行内容审查，审查批准取得许可文件后方可进口。

（2）新闻出版广电总局设立音像制品内容审查委员会，负责审查进口音像制品的内容。委员会下设办公室，负责进口音像制品内容审查的日常工作。

（3）进口音像制品成品，由音像制品成品进口经营单位向新闻出版广电总局提出申请并报送文件及材料，新闻出版广电总局自受理进口音像制品申请之日起 30 日内作出批准或者不批准的决定。批准的，发给进口音像制品批准单；不批准的，应当说明理由。进口音像制品批准单内容不得更改，如需修改，应重新办理。进口音像制品批准单一次报关使用有效，不得累计使用。其中，属于音像制品成品的，批准单当年有效；属于用于出版的音像制品的，批准单有效期限为 1 年。

（4）出版进口音像制品，应当符合新闻出版广电总局批准文件要求，不得擅自变更节目名称和增删节目内容，要使用经批准的中文节目名称；外语节目应当在音像制品及封面包装上标明中外文名称；出版进口音像制品必须在音像制品及其包装的明显位置标明国家版权局的登记文号和新闻出版广电总局进口批准文号；利用信息网络出版进口音像制品必须在相关节目页面标明以上信息。

（5）进口单位持新闻出版广电总局进口音像制品批准单向海关办理音像制品的进口报关手续。违反海关法及有关管理规定的，由海关依法处理。

4. 音像制品复制管理

依据《音像制品复制管理办法》的有关规定，对音像制品复制活动的管理主要包括：

（1）设立的管理。申请设立音像复制单位，由申请单位的主管部门报所在地省、自治区、直辖市人民政府音像制品行政管理部门审核并经省、自治区、直辖市人民政府同意后，由省、自治区、直辖市人民政府音像制品行政管理部门报新闻出版广电总局审批。设立音像复制单位的申请经新闻出版广电总局批准并发给“音像制品复制经营许可证”后，申请单位应当在 60 日内持“音像制品复制经营许可证”到所在地工商行政管理部门登记。工商行政管理部门根据新闻出版广电总局发给的“音像制品复制经营许可证”和工商行政管理的有关规定，发给营业执照。

（2）复制活动的管理。音像复制单位凭音像出版单位的委托书复制音像制品，在接受委托时应当要求委托单位提交证明文件；承接机关、企业、事业单位制作的内部使用的非经营性的音像制品时，委托单位必须出具省级以上音像制品行政管理部门核发的“录音录像制品复制委托书”，方可复制；激光唱盘、激光视盘，必须加制来源识别码；音像复制单位每两年履行一次审核登记手续，等等。

（二）电子出版物经营单位的管理

为了加强对电子出版物出版活动的管理，促进电子出版事业的健康发展与繁荣，根据国务院《出版管理条例》《国务院对确需保留的行政审批项目设定行政许可的决定》和有关法律、行政法规，新闻出版总署于2007年12月通过了《电子出版物出版管理规定》。该办法规定在中华人民共和国境内从事电子出版物的制作、出版、进口活动，适用该规定。依据该办法电子出版物的出版管理主要包括：

（1）国家对电子出版经营单位实行许可制度。未经许可，任何单位、个人不得从事电子出版活动。设立电子出版物出版单位，经其主管单位同意后，由主办单位向所在地省、自治区、直辖市新闻出版行政主管部门提出申请；经省、自治区、直辖市新闻出版行政主管部门审核同意后，报新闻出版广电总局审批。设立电子出版物出版单位的主办单位应当自收到批准决定之日起60日内，向所在地省、自治区、直辖市新闻出版行政主管部门登记，领取新闻出版广电总局颁发的“电子出版物许可证”。电子出版物出版单位持“电子出版物出版许可证”向所在地工商行政管理部门登记，依法领取营业执照。

（2）电子出版物经营单位的质量管理。电子出版物应当符合国家的技术、质量标准和规范要求。出版电子出版物，须在电子出版物载体的印刷标识面或其装帧的显著位置载明电子出版物制作、出版单位的名称，中国标准书号或国内统一连续出版物号及条码，著作权人名称以及出版日期等其他有关事项。

（3）非卖品的管理。电子出版物非卖品内容限于公益宣传、企事业单位业务宣传、交流、商品介绍等，不得定价，不得销售、变相销售或与其他商品搭配销售。

（4）委托复制的管理。电子出版物、电子出版物非卖品应当委托经新闻出版广电总局批准设立的复制单位复制。委托复制电子出版物和电子出版物非卖品，必须使用复制委托书，并遵守国家关于复制委托书的管理规定。

（5）进口管理，进口电子出版物成品，须由新闻出版广电总局批准的电子出版物进口经营单位提出申请；所在地省、自治区、直辖市新闻出版行政主管部门审核同意后，报新闻出版广电总局审批。新闻出版广电总局自受理进口电子出版物申请之日起20日内，作出批准或者不批准的决定；不批准的，应当说明理由。

（6）年度核验管理。电子出版物出版单位实行年度核验制度，年度核验每两年进行一次。省、自治区、直辖市新闻出版行政主管部门负责对本行政区域内的电子出版物出版单位实施年度核验。核验内容包括电子出版物出版单位的登记项目、设立条件、出版经营情况、遵纪守法情况、内部管理情况等。

第五节 出版物市场管理

一、违法行为与法律责任概述

法律、法规的实现取决于人们的行为。从法学的角度定义，人们的行为分为守法和违法两种。本书主要讨论的是违法行为以及违法行为实施后应承担的法律责任。

1. 违法行为的定义及种类

违法行为是指具有主体资格的公民或组织，由于主观过错所实施的违反国家现行法律、法规，具有一定社会危害性，依照法律、法规应予以追究法律责任的行为。①

一般来说，违法由四个要素构成：（1）违法是实施了违反法律、法规的行为，违法行为包括积极的作为和消极的不作为，即作出了法律不允许（禁止）的行为或者不作出法律要求的行为；（2）违法是不同程度侵犯法律保护的社会关系的行为，即违法是被国家认定为具有社会危害性的行为：（3）违法的行为人有主观上的过错，包括故意和过失；（4）违法是具有法定行为能力或者法定责任能力的自然人、法人或其他组织所实施的行为。

违法按其性质和危害程度的不同，可分为刑事违法、民事违法和行政违法等。刑事违法即犯罪，是指触犯刑事法律法规依法应受刑罚处罚的行为。犯罪对社会危害较大，因此它是违法中最严重的一种。民事违法是指违反民事法律法规（包括民法、劳动法等部门法规）的行为，如没有正当理由而不履行民事义务或违反民事义务造成对方的某种损失等。行政违法是指违反行政管理法规的行为。具体来说，它包括两种情况：一是公民和法人违反行政管理法规的行为，二是国家工作人员执行职务时的轻微违法行为或违反纪律的行为。民事违法和行政违法因其危害较小，通常称为一般违法。

2. 法律责任的种类及承担方式

法律责任是指因违反了法定义务或契约义务，或不当行使法律权利、权力所产生的，由行为人承担的不利后果。法律责任是法律规则的有机组成部分，是法律运行的保障机制。法律责任和违法密不可分：违法是承担法律责任的前提和根据，它意味着一定的国家机关代表国家查清违法行为的性质、特点、情节，也意味着国家对违法行为的否定性反应和谴责。

二、出版、印刷、发行环节的违法行为及其法律责任

1. 出版环节涉及的违法行为及其法律责任

总的来说，出版环节的违法行为主要包括以下几种：

（1）擅自设立、变更出版单位或擅自从事出版物出版。《出版管理条例》第 61 条规定：未经批准，擅自设立出版物的出版单位，或者擅自从事出版物的出版业务，假冒出版单位名称或者伪造、假冒报纸、期刊名称出版出版物的，均属违法行为。《互联网出版管理暂行规定》第 24、25 条也规定：未经批准，擅自从事互联网出版活动的；互联网出版机构，没有在其网站主页上标明新闻出版行政主管部门批准文号，均属违法行为。另外，《出版管理条例》还规定，出版单位变更名称、主办单位或者主管单位、业务范围、合并或者分立，出版新的报纸、期刊，或者报纸、期刊改变名称、刊期，以及出版单位变更其他事项，未依照条例规定到出版行政主管部门办理审批、变更登记手续的，也属违法行为。

（2）出版含有法律、法规禁止出版的内容。出版含有法律、法规禁止出版的内容（《出版管理条例》第 25 条、第 26 条有明确规定），或者明知、应知他人出版含有法律、法规禁止出版的内容而向其出售或者以其他形式转让本出版单位的名称、书号、刊号、版号、版面，或者

---

① 参见王会玲：《法律基础教程》，32 页，北京，人民出版社，2001。

出租本单位的名称、刊号的；出版未经依法审定的中小学教科书，或者非依照《出版管理条例》规定确定的单位从事中小学教科书的出版业务。

(3) 出版单位违反书号、刊号、版号、版面规定。包括：出版单位出售或者以其他形式转让出版单位的名称、书号、刊号、版号、版面，或者出租本单位的名称、刊号的行为；电子出版物出版单位出售、出租或者以其他形式转让本出版单位的名称、书号、刊号及条码的行为；电子出版物出版单位未按规定使用中国标准书号、刊号及条码的行为。

(4) 出版单位违反选题备案制度和样本送交制度。出版单位未将其年度出版计划和涉及国家安全、社会安定等方面的重大选题备案的；出版单位未依照规定送交出版物的样本也属于出版活动中的违法行为。

(5) 出版质量不合格。按照《图书质量管理规定》，图书质量不合格包括内容不合格、编校质量不合格、设计质量不合格、印刷质量不合格，对于此类违法行为有关机关应予以惩戒。

依据《出版管理条例》和其他相关的法律、法规的规定，出版环节违法行为的法律责任主要有三种，即民事法律责任、行政法律责任和刑事法律责任。

(1) 民事法律责任。依据《出版管理条例》第61条的规定，未经批准，擅自设立、变更出版单位，或者擅自从事出版物的出版而侵犯他人合法权益的，依法承担民事责任。民事责任与其他责任相比较主要是财产责任，目的在于弥补当事人的损失。

(2) 行政法律责任。在出版环节，行政法律责任的方式主要是行政处罚，具体的形式为警告、罚款、没收非法所得、没收非法财产、责令停业、吊销许可证、对相关责任人的处罚等。

(3) 刑事法律责任。刑事法律责任在出版环节主要涉及危害国家安全罪，侵犯公民人身权利、民主权利罪，制作、复制、出版、贩卖、传播淫秽物品罪，非法经营罪，侵犯知识产权罪等罪名。对于出版活动中严重侵犯国家利益、企业利益、公民利益的行为应依法予以惩处。

2. 印刷环节的违法行为与法律责任

在出版物复制、印刷环节中的违法行为主要有：

(1) 擅自设立出版物的印刷或者复制单位，或者擅自从事出版物的复制或者印刷业务。依据《出版管理条例》和《印刷业管理条例》的规定，这类违法行为主要表现为：未经批准擅自设立出版物的印刷或者复制单位，或者擅自从事出版物的印刷或者复制业务；单位内部设立的印刷厂（所）未依照规定办理手续，从事印刷经营活动的；电子出版物复制单位未取得合法手续复制电子出版物、计算机软件、电子媒体非卖品的；单位内部设立印刷厂（所）违反规定，没有向所在地县级以上地方人民政府出版行政主管部门、保密工作主管部门办理登记手续，并按照国家有关规定向公安部门备案的。

(2) 擅自兼营或者变更印刷品印刷的经营活动。未取得出版行政主管部门的许可，擅自兼营或者变更从事出版物印刷经营活动，或者擅自兼并其他印刷业经营者的；因合并、分立而设立新的印刷业经营者，未依照《印刷业管理条例》办理手续的；出售、出租、出借或者以其他形式转让“印刷经营许可证”；变更名称、法定代表人或者负责人、住所或者经营场所等主要登记事项，或者终止印刷经营活动，不向原批准设立的出版行政主管部门备案的。

(3) 印刷或复制含有法律、法规禁止内容的行为。印刷业经营者明知或者应知出版物含有法律法规禁止印刷内容而印刷或者复制的，或者印刷国家明令禁止出版的出版物或者非出版单位出版的出版物的；印刷或者复制、发行国务院出版行政主管部门禁止进口的出版物；印刷或者复制走私涉及的境外出版物；印刷或者复制未取得印刷或者复制许可而印刷、复制出版物等行为。

（4）印刷企业违反《印刷管理条例》的行为。印刷或者复制单位未依照《印刷业管理条例》的规定留存备查资料的；没有建立承印验证制度、承印登记制度、印刷品保管制度、印刷品交付制度、印刷活动残次品销毁制度的；假冒或者盗用他人名义印刷出版物的；盗印他人出版物的；非法加印或者销售受委托印刷的出版物的；征订、销售出版物的；擅自将出版单位委托印刷的出版物纸型及印刷底片等出售、出租、出借或者以其他形式转让的；未经批准，接受委托印刷境外出版物的，或者未将印刷的境外出版物全部运输出境的。

根据《出版管理条例》《印刷业管理条例》及其他相关法规，印刷环节违法行为的法律责任主要包括：

（1）民事法律责任。根据《出版管理条例》第 61 条的规定，未经批准擅自设立出版物的印刷或者复制单位，或者擅自从事出版物的印刷或者复制业务，侵犯他人合法权益的，依法承担民事责任。

（2）行政法律责任。在印刷环节行政责任的承担方式包括警告、罚款、没收非法所得、没收非法财物、责令停业、吊销营业执照、对相关责任人的行政处分等。

（3）刑事法律责任。在印刷复制环节，严重违法行为可能需要承担的罪名包括危害国家安全罪，侵犯知识产权罪，制作、复制、出版、贩卖、传播淫秽物品罪，非法经营罪等。

第六章
广播电视、电影法

第一节 广播电视、电影法概述

一、广播电视法概述

（一）广播电视的概念

1. 广播电视的词义

《辞海》和《广播电视词典》中都有对广播电视一词的解释。《辞海》中对广播的解释是：广播是通过无线电波或导线传送声音、图像节目的大众媒介。通过无线电波传送节目的称为无线广播；通过导线传送节目的称为有线广播。仅传送声音的，称为声音广播，简称广播；传送声音、图像的，称为电视广播，简称电视。[①] 在《广播电视词典》中，广播电视泛指通过无线电波或导线向广大地区或特定范围传播声音、图像节目的大众传播媒介。按传输方式分为无线广播和有线广播两大类。只播放声音的，称为声音广播，简称广播；同时播出声音和图像的，称为电视广播，简称电视。[②]

2. 国际电信联盟对广播电视的定义

国际电信联盟（ITU）是根据《国际电信公约》而成立的国际组织。《国际电信联盟组织法》中使用的概念是"广播业务"，其定义是：为供一般公众直接接收而发送的无线电通信业务，可包括声音传输、电视传输或其他类型的传输。

3. 各国法律中广播电视的概念

各国（地区）法律对广播电视基本上都作了规定。

日本广播法将广播电视定义为"传送以公众直接接收为目的的无线电通信"。

韩国广播电视法对广播电视的定义是"指策划、编排、制作广播电视节目以及通过传输设施向公众播出，包括地面、有线、卫星广播电视"[③]。

我国台湾地区"广播电视法"第2条规定："称广播者，是指以无线电或有线电传播声音，籍供公众直接之收听。称电视者，指以无线电或有线电传播声音、影像，籍供公众收视与收听。"

---

① 参见《辞海》，2397页，上海，上海辞书出版社，1999。

② 参见赵玉明、王福顺主编：《广播电视词典》，17页，北京，北京广播学院出版社，1999。

③ 马庆平主编：《中外广播电视法规比较》，288页，北京，经济管理出版社，2005。

我国现行法律、法规中对广播电视没有直接规定。只是国务院在发布的《广播电视管理条例》(征求意见稿)中曾将广播电视定义为“制作并通过无线电波、电缆、光缆或其他手段向公众传播声音、图像及其他信息的活动”。但争议较大，且与电信的概念区分存在分歧。[①] 国务院 1997 年发布、2013 年修订的《广播电视管理条例》中并未采纳此定义，而是只对广播电台和电视台进行了具体规定：“广播电台、电视台是指采编、制作并通过有线或者无线的方式播放广播电视节目的机构”。由此，可以把广播电视理解为采编、制作并通过有线或无线的方式向公众传输的大众传媒方式。

(二) 我国广播电视相关立法

1. 行政法规。目前，国务院发布的涉及广播电视的行政法规主要有 10 部，即《广播电视管理条例》《信息网络传播权保护条例》《有线电视管理暂行办法》《卫星地面接收设施接收外国卫星传送电视节目管理办法》《广播电台电视台播放录音制品支付报酬暂行办法》《卫星电视广播地面接收设施管理规定》和《广播电视设施保护条例》。

2. 部门规章。当前我国发布的广播电视行政管理的部门规章总共有 30 部左右，即《〈广播电视广告播出管理办法〉的补充规定》《电视剧内容管理规定》《广播电视安全播出管理规定》《广播电视广告播出管理办法》《卫星电视广播地面接收设施安装服务暂行办法》《〈中外合作制作电视剧管理规定〉的补充规定》、《互联网视听节目服务管理规定》《广播电影电视行业统计管理办法》《广播电影电视系统内部审计工作规定》《境外电视节目引进、播出管理规定》《互联网等信息网络传播视听节目管理办法》《广播影视节(展)及节目交流活动管理规定》《广播电台电视台审批管理办法》《城市社区有线电视系统管理暂行办法》《广播电视视频点播业务管理办法》《广播电视节目制作经营管理规定》《广播电视节目传送业务管理办法》《广播电视站审批管理暂行规定》《境外机构设立驻华广播电视办事机构管理规定》《境外卫星电视频道落地管理办法》《广播电视编辑记者、播音员主持人资格管理暂行规定》《广播电视设备器材入网认定管理办法》《国家广播电影电视总局行政许可实施检查监督暂行办法》《广播电影电视立法程序规定》《赴国外租买频道和设台管理暂行规定》《广播电影电视行政复议办法》《广播电影电视行政处罚程序暂行规定》《〈卫星电视广播地面接收设施管理规定〉实施细则》等。

3. 地方性法规。如《吉林省广播电视管理条例》(1989 年公布，是我国第一部广播电视管理地方性法规)、《吉林省广播电视设施保护条例》《福建省广播电视设施保护条例》《江西省广播电视管理条例》《山东省广播电视管理暂行条例》《安徽省广播电视管理条例》等。

4. 地方政府规章。如《山东省广播管理规定》《黑龙江省有线电视管理规定》《湖北省广播电视管理办法》《河北省有线电视管理实施办法》《上海市有线电视管理办法》《南京市有线广播电视管理办法》等。

二、电影法概述

(一) 电影的概念

电影是由活动照相术和幻灯放映术结合发展起来的一种连续的视频画面，是一门视觉和听觉的现代艺术，也是一门可以容纳悲喜剧与文学戏剧、摄影、绘画、音乐、舞蹈、文字、雕

---

① 参见涂昌波：《广播电视法律制度概论》，2 版，4 页，北京，中国传媒大学出版社，2011。

塑、建筑等多种艺术的现代科技与艺术的综合体。电影在艺术表现力上不但具有其他各种艺术的特征，又可以运用蒙太奇这种艺术性突跃的电影组接技巧，具有超越其他一切艺术的表现手段，而且影片可以大量复制、放映。随着现代社会的发展，电影已深入人类社会生活的方方面面，是人们文化生活不可或缺的一员。

《中华人民共和国电影产业促进法（草案）》对电影及电影活动作了明确的定义：电影是指运用视听技术和艺术手段摄制、以胶片或者数字载体记录、由表达一定内容的有声或者无声的连续画面组成、符合国家规定的电影技术标准、用于公映的作品。电影活动是指从事电影的创作、摄制、发行、放映等活动。

（二）我国电影业发展现状

中国目前仅次于美国，拥有世界第二大电影市场，占全球票房的比重为13%。2005年到2014年，中国电影票房增长平均每年为30%以上，2014年票房实现近300亿元，比2013年增长36%；截至2015年4月，每天新增27.8块电影放映银幕。与此同时，在中国实力和影响力整体提升及中国政府对文化产业实行倾斜政策的作用下，中国电影市场体量大、增速猛、潜力大。

当前，我国电影业呈现出良好的发展势头。一方面，中式大片在产量和社会效果两方面都越来越好，重新赢得国内观众的信任；另一方面，它在海外市场的拓展也出现持续上升趋势，对于推广我国文化价值体系及软实力起到积极作用。

中式大片的国际影响力不断增强，受到外国观众的欢迎，国际市场有了新的开拓，商业价值也趋于提高。

从创作上看，中式大片已经摸索出一条主旋律片、艺术片和商业片三型互渗的电影美学道路，特别是在主旋律应当具有观赏性和艺术性方面取得了共识。

从资金投入方式来看，中式大片已经探索出了中国独资、中外合资、民间融资、内地与香港合拍等多重电影投资渠道，并初步形成了良性循环的投资环境。这对于我国电影产业的又快又好发展是重要的进步。

从电影管理机制来看，我国电影管理部门已经在电影指导、审查及监控等方面取得了一些经验，这对于国产大片的持续发展是必要的。

以2015年的戛纳电影节为例：贾樟柯的电影《山河故人》与侯孝贤的电影《聂隐娘》双双入围主竞赛单元，与其他15部作品竞逐金棕榈奖；《寻龙诀》的创作班底自戛纳电影节一开始就为影片的国际发行谋求合作伙伴；中国电影海外推广公司更为2015年的国际电影市场带来了50部不同类型的电影作品。中国电影无论是追求艺术、启用国际化宣传方式还是直接体现其文化产品属性，其迈向国际影坛的脚步从未停歇过。虽然中国电影无论在艺术成就还是电影票房领域都在国际上有所收获，但中国电影作为一个整体产业在国际贸易中处于逆差状态，影片的海外竞争力仍然偏弱，与中国贸易大国和文化大国的地位很不相称，“走出去”仍处在初级阶段。①

（三）我国电影业相关立法

我国关于电影业管理方面还未有专门的法律，但已出台很多法规和规章。如2011年年底

---

① 参见新华网：《中国电影国际化机遇挑战并存模式创新是关键》，载 http://news.xinhuanet.com/overseas/2015-05/20/c_127820871.htm。

国务院法制办公布了《中华人民共和国电影产业促进法（征求意见稿）》，向社会公开征求意见。2015 年 9 月 1 日，国务院常务会议通过了《中华人民共和国电影产业促进法（草案）》，但具体内容尚未向社会公布。

1. 法律

虽然《中华人民共和国电影产业促进法》还未出台，但第十二届全国人大常委会第十七次会议已于 2015 年 10 月 30 日开始首次审议电影产业促进法草案。根据草案，我国将立法规范电影产业发展和市场秩序，通过简政放权、加大扶持力度，提高电影产业化水平。

2. 行政法规

电影领域的行政法规包括《电影管理条例》《进口影片管理办法》《信息网络传播权保护条例》等。

3. 部门规章

我国现行的涉及电影业的部门规章主要有《电影企业经营资格准入暂行规定》《〈电影企业经营资格准入暂行规定〉的补充规定》《广播电影电视行业统计管理办法》《电影剧本（梗概）备案、电影片管理规定》《电影艺术档案管理规定》《外商投资电影院暂行规定》《〈外商投资电影院暂行规定〉补充规定》《〈外商投资电影院暂行规定〉的补充规定二》《国家广播电影电视总局行政许可实施检查监督暂行办法》《广播电影电视立法程序规定》《广播电影电视行政复议办法》《广播电影电视行政处罚程序暂行规定》等。

（四）电影产业促进法规、政策

1.《关于促进电影产业繁荣发展的指导意见》

电影产业的发展离不开电影产业相关法规、政策的规范和鼓励。2010 年 1 月 21 日，国务院办公厅发布了《关于促进电影产业繁荣发展的指导意见》（以下简称《指导意见》），充分肯定了电影在文化产业中的地位，以及发展电影产业对于加强社会主义文化建设、满足人民群众精神文化需求、促进经济社会协调发展和扩大中华文化国际竞争力和影响力、增强国家文化软实力的重要意义。

首先，《指导意见》提出了促进电影产业发展的总体要求、基本原则和发展目标。总体要求是：以邓小平理论和“三个代表”重要思想为指导，深入贯彻落实科学发展观，按照高举旗帜、围绕大局、服务人民、改革创新的总要求，牢牢把握正确导向，坚持“二为”方向和“双百”方针，弘扬社会主义核心价值体系，走中国特色电影发展道路，大力推动我国电影产业跨越式发展，实现由电影大国向电影强国的历史性转变。基本原则包括：（1）坚持正确方向、科学发展。准确把握电影的意识形态和文化商品双重属性，发挥电影的审美娱乐和教育双重功能，遵循社会主义市场经济和艺术创作生产双重规律，始终把社会效益放在首位，努力实现社会效益与经济效益相统一。（2）坚持以人为本、服务大众。着眼于保障人民群众基本文化权益、满足人民群众多层次、多方面、多样性精神文化需求，着力丰富产品、繁荣市场，提高质量、改善服务，引导消费、促进增长。（3）坚持市场运作、政府推动。发挥市场在推动电影产业发展中的基础性作用，多渠道筹集资金；强化市场运作与政府扶持、产业经营与公益服务等的结合。（4）坚持重点突破、整体推进。紧紧抓住电影产业改革发展的关键环节、重点问题，着力实施好精品战略、骨干企业品牌战略和重点工程、重要项目带动战略，以点带面，努力增强电影产业的整体实力、竞争力和影响力。发展目标是到 2015 年年底，健全电影产业运营体系、电影行政管理体系和电影数字化发行放映网络，提高电影的创作生产、经营管理、科技创新、公共服务和国际传播能力。

其次，《指导意见》提出了促进电影产业的主要措施：（1）大力繁荣创作生产。在数量稳定增长的同时，更加突出提高质量。弘扬主旋律，提倡多样化，精心组织生产好弘扬民族精神和时代精神，讴歌真善美、鞭挞假丑恶，反映现实生活和人民主体地位的重点影片。扶持现实、农村、少数民族以及少儿题材的电影故事片创作，促进动画片、纪录片、科教片以及适合网络、手机等新媒体、新形式传播的产品的生产。加强影视制作、动漫等产业基地建设，以及特种电影的研发。改进政府评奖，开展积极、健康的文艺批评，营造良好的创作环境。建立、健全政府资金投入机制，继续执行电影精品专项资金等制度，使政府资金在引导创作、繁荣创作方面发挥更大的效益。充分运用文化产业发展资金，加大对电影创作生产的扶持力度。（2）积极培育新型企业。加快推进国有电影事业单位转企改制和公司制、股份制改造。着力培育、发展一批国有或国有控股龙头骨干企业，增强国有经济控制力和活力。发展一大批“专、精、特、新”的中小企业。鼓励社会资本投资，积极发展多种所有制形式的电影生产企业，在法律、法规许可范围内，减少审批环节，简化审批手续，优化审批服务。对非公有制电影企业在投资核准、土地使用、财税政策、融资服务、对外贸易等方面给予国有电影企业同等待遇。（3）继续扩大院线经营规模。发展跨区域规模院线、特色院线和数字院线。积极探索院线经营规律、营销方式和管理经验。发展主流院线市场，开发二级市场和社区电影市场、农村放映市场和电影的电视点播、家庭影院放映、互联网点播、手机等移动多媒体播映等市场，形成现代电影市场体系。扩大国产影片发行放映，加强国产影片发行放映考核奖励。继续执行国家电影事业发展专项资金制度，用于加强电影行业宏观调控和促进国产电影发行放映。（4）大力支持城镇数字影院建设。以政府推动和市场运作相结合，采取信贷、税收优惠、补贴奖励等多种手段和措施，加强城镇数字影院建设，鼓励各类资本投资建设商业影院和社区影院。国家给予必要资金支持中西部地区中小城市及县城的影院建设，各地对建设项目选址、立项、征地、投入、办证等给予大力支持。（5）鼓励加大投融资政策支持。鼓励金融机构加大对电影企业的金融支持力度，并拓展适合电影产业发展的融资方式和配套金融服务；对符合信贷条件的电影企业，金融机构应合理确定贷款期限和利率，提高服务质量和效率。支持具备条件的电影企业通过发行企业债券、短期融资券、中期票据和利用银行贷款等多种融资手段，扩大规模。符合条件的国有和国有控股电影企业可进行重组上市。建立电影风险投资机制，各地可以利用中小企业创业、发展等投资基金支持电影风险投资，鼓励大型企业通过参股、控股等方式投资电影，培育电影领域战略投资者。（6）积极推动科技创新。开展电影产业领域基础性、战略性和前瞻性的新技术研发和应用，构建以企业为主体、市场为导向、产学研相结合的电影技术创新体系，鼓励电影技术企业开展电影技术研发和基础设施设备改造。实施电影数字化发展规划，大力推广数字技术在电影制作、发行、放映、存储、监管等环节的应用。完善数字电影标准体系，提高电影数字设备国产化水平。研究开发数字电影技术服务体系，加快建设全国和省级电影数字化服务监管平台，研发网络实时监控系统技术，完善数字化分发和接收系统。实施资料影片数字化修护工程，加快数字影片节目库的建设和利用。（7）全面加强公共服务。大力实施农村电影数字化放映工程。普及数字化流动放映，有条件的地方可建立固定放映点；推动农村电影放映规范化、制度化、长效化；鼓励电影企业深入城乡社区、厂矿、校园、军营和广场等开展公益放映活动。提倡电影发行放映企业采取优惠票价等多种方式满足农民工、城市低收入居民等群体的观影需求；继续加大对少数民族语言电影译制工作的扶持力度，保障少数民族群众看懂、看好电影。将观看爱国主义教育影片纳入中小学、中等职业学校教育教学计划。农村义务教育阶段学校为学生放映的爱国主义电影所需经费从公用经费中开支，城市义务教育阶段学生的影视教育经费纳入公用经费开支范围。（8）努力增强国际影响力。实施电影“走出去”战略，落实国家鼓励和支持文化产品和服务出口优惠政策，通过现有渠道，加大对电影产品和服务出口支持力度并形成长效机制。培育海外营销市场主体，建立国产影片海外推广营销体系，推动国产影片进入国际主流电影市场；支持电影企业、电影作品参加重要的国际电影节展和交易市场，办好电影节等活动；采用频道时段合作、有线电视网络租用及互联网等手段加快海外落地步伐，扩大用户规模；通过与各国政府、国际电影节展组委会、电影机构、社会组织、行业协会等建立广泛、友好合作推广机制来加强对外合作拍片，举办好中国电影节展等活动，以增强国际影响力。（9）不断完善监管体系。抓紧推动建立、完善促进电影产业发展的法律、法规和政策体系，重点推进电影产业促进法的制定和公布实施，制定和完善深化电影改革的相关配套政策。加快地方电影行政管理职能归口划转工作，推进各级广电部门进一步转变职能、理顺关系、优化结构、提高效能，建立权责一致、分工合理、执行顺畅、监督有力的电影行政管理体制，不断提高依法行政水平。严格执行各项管理制度，强化市场准入管理，严把立项、备案、审查、发行放映和播出等关口，规范互联网电影传播秩序。切实加大执法力度，综合运用法律、行政、经济、技术等手段强化监管，防控各种形式的非法电影，坚决打击电影走私、盗版等违法犯罪活动，保护与电影有关的知识产权，规范放映行为，维护市场秩序。统一规范电影产业数据统计工作，保证电影市场信息全面、准确、公开、透明。充分发挥电影行业协会、专业学会等社团组织的作用，加强行业自律，树立良好形象。（10）大力加强队伍建设。创造条件，完善措施，积极发展电影高等教育和职业教育，加强在职人员的学习培训和实践锻炼，培育电影优秀人才，重点加强创作、技术、经营、管理等各类专业人才队伍建设。重视青年人才的培养和使用，优化人才队伍结构。重视既懂艺术又懂现代信息技术的复合型人才以及既懂经营管理又有外语交流能力、熟悉国际运作的外向型人才的培养。深化人事制度改革，建立和完善优秀电影人才脱颖而出的机制。

最后，《指导意见》强调：加强组织领导，认真贯彻落实。各地要从全局高度，充分认识繁荣发展电影产业的重要意义，将促进电影产业繁荣发展摆上重要议事日程，纳入当地经济社会文化发展总体规划和布局，推进电影产业繁荣发展。要按照本意见确定的目标任务和要求，结合当地实际，抓紧制定具体实施意见。各有关部门和单位要按照职能分工，沟通协商，密切配合，尽快制定完善各项配套政策措施和办法，加强指导和监督检查。各广电部门要切实强化责任意识，认真抓好具体实施工作，及时研究新情况、解决新问题。

2.《中华人民共和国电影产业促进法（草案）》

2011年年底，迟到多年的《电影法（草案）》终于由国务院法制办公室（以下简称“法制办”）面向公众“征集意见”。2015年9月1日，国务院总理李克强主持召开国务院常务会议，会议审议并通过了《中华人民共和国电影产业促进法（草案）》，并且决定将草案提请全国人大常委会审议。2015年11月，第十二届全国人大常委会第十七次会议初次审议了《中华人民共和国电影产业促进法（草案）》（以下简称《草案》），并将《草案》在中国人大网公布，向社会公开征求意见。这意味着国家已将电影产业发展纳入战略层面，而中国电影产业也将在更加法治化的环境中迎来新的机遇。

《草案》的主要内容有四个方面：

第一，推动简政放权，激发电影市场活力。为加快转变政府职能，《草案》未新设行政审批，同时取消2项、下放5项行政审批：一是鼓励企业、其他组织从事电影摄制活动，取消了“电影摄制许可证（单片）”，只保留“电影摄制许可证”；二是简化电影剧本审查制度，取消一般题材电影剧本审查，只需将电影剧本梗概予以备案；三是降低有关电影活动的准入门槛，下放了电影摄制审批、特殊题材电影剧本审批、电影公映审批、电影放映审批和举办涉外电影节（展）审批。（参见《草案》第15条、第16条、第21条、第27条、第35条。）

第二，规范产业发展和电影市场秩序。一是电影主管部门要加强对电影活动的日常监督管理，建立社会信用档案制度，并向社会公布；二是电影行业组织要依法制定行业自律规范，开展业务交流和职业技能认证，加强职业道德教育，维护成员的合法权益；三是从事电影摄制、发行、放映活动，要具有与其相适应的人员、资金等条件；四是执法部门要依法保护与电影有关的知识产权，查处侵犯知识产权行为；五是要求电影院安装符合国家标准的计算机售票系统，依法进行会计核算，如实统计销售收入；六是从事电影院放映和流动放映的，要保障电影放映质量，放映设施、设备符合国家规定的电影放映技术标准；七是在境内举办涉外电影节（展）的，需经有关电影主管部门批准。（参见《草案》第7条、第11条、第15条、第27条、第33条、第35条、第44条。）

第三，加大扶持力度，提高电影产业发展水平。为调动电影创作、摄制、发行、放映等主体的积极性，《草案》规定：一是政府应将电影产业发展纳入本级国民经济和社会发展规划，通过制定相关产业政策引导形成统一开放、公平竞争的电影市场；二是通过引导相关文化产业专项资金、基金加大对电影产业投入力度，以及给予税收优惠、鼓励金融机构提供支持、有效保障用地需求、加大境外推广力度等，促进电影产业全面发展；三是要求政府为电影创作人员深入基层、深入群众、体验生活等提供便利和帮助，协调有关部门为摄制电影提供便利和帮助；四是鼓励社会力量以投资、捐赠等方式发展电影产业，并依法给予优惠；五是扶持农村地区、边疆地区、贫困地区和少数民族地区开展电影活动，加强电影的少数民族语言文字译制工作。（参见《草案》第5条、第9条、第14条、第18条、第37条、第38条至第40条、第42条、第43条。）

第四，维护文化安全，弘扬社会主义核心价值观。一是明确电影的正面导向作用，规定电影要坚持为人民服务、为社会主义服务，禁止含有违反宪法确定的基本原则、危害国家安全、危害社会公德等的内容；二是禁止境外企业、其他组织在境内独立从事电影摄制活动，禁止境外个人在境内从事电影摄制活动，禁止从事过损害我国国家荣誉和利益、危害社会稳定、伤害民族感情等活动的境外企业、其他组织参与合作摄制电影；三是未经审查通过的电影，不得发行、放映、参加电影节（展），不得通过互联网、电信网、广播电视网等进行传播，不得制作为音像制品。（参见《草案》第3条、第17条、第20条、第25条。）①

① 参见《关于〈中华人民共和国电影产业促进法（草案）〉的说明》，见 http://www.npc.gov.cn/npc/xinwen/lfgz/flca/2015-11/06/content_1950616.htm。

三、电影市场准入制度

（一）电影制作主体市场准入制度

1. 电影制片公司准入制度

我国允许境内公司、企业和其他经济组织（不包括外商投资企业）设立电影制片公司。设立电影制片公司，应由境内公司、企业和其他经济组织向新闻出版广电总局提出申请。

第一，已取得“摄制电影许可证”的组织联合设立电影制片公司。对于已经取得“摄制电影许可证”的境内公司、企业和其他经济组织（不包括外商投资企业）联合设立电影制片公司的，申报条件及程序为：公司注册资本不少于100万元人民币。提交申请书、合同、章程、工商行政管理部门颁发的各方营业执照复印件、公司名称预核准通知书。

第二，没有取得“摄制电影许可证”的申请设立电影制片（单片许可）公司。对于没有取得“摄制电影许可证”的境内公司、企业和其他经济组织（不包括外商投资企业），首次拍摄电影片时须设立影视文化公司，由影视文化公司申请领取“摄制电影片许可证（单片）”。取得“摄制电影片许可证（单片）”的申报条件及程序如下：

A. 地（市）级以上工商行政管理部门注册的各类影视文化单位，均有资格申领“摄制电影片许可证（单片）”。

B. 提交申请书、工商行政管理部门颁发的营业执照复印件、制作影片的资金来源证明、拟摄制影片的文学剧本（故事梗概）一式三份。

C. 新闻出版广电总局在20个工作日内对申报的摄制资格及电影文学剧本（故事梗概）进行审查。审查合格的，发给“摄制电影片许可证（单片）”。申报单位持新闻出版广电总局出具的批准文件到所在地工商行政管理部门办理相关手续；不批准的，书面回复理由。

D. 取得“摄制电影片许可证（单片）”的单位，享有影片一次性出品权。出品人可独立出品，也可与其他制片单位（含影视文化单位）联合出品。

E.“摄制电影片许可证（单片）”实行一片一报制度。

第三，已取得“摄制电影片许可证（单片）”的境内公司、企业和其他经济组织（不包括外商投资企业）单独或联合设立电影制片公司的申报条件及程序如下。

A. 已经以“摄制电影片许可证（单片）”的形式投资拍摄了2部以上电影片。

B. 注册资本不少于100万元人民币。

C. 提交申请书、工商行政管理部门颁发的营业执照（联合设立电影制片公司的，还要提供合同、章程、工商行政管理部门颁发的各方营业执照复印件）、公司名称预核准通知书。

D. 投资摄制2部电影片的“摄制电影片许可证（单片）”“电影片公映许可证”等相关材料。

对于符合电影制片公司设立条件的，新闻出版广电总局应在20个工作日内颁发“摄制电影许可证”，申报单位持新闻出版广电总局出具的批准文件到所在地工商行政管理部门办理相关手续，并报新闻出版广电总局备案。不批准的，书面回复理由。

第四，境内公司、企业和其他经济组织（以下简称中方）可以与境外公司、企业和其他经济组织（以下简称外方）合资、合作设立电影制片公司（以下简称合营公司）。申请设立合营公司，由中方向新闻出版广电总局提出申请。申报条件及程序如下：

(1) 中方已取得“摄制电影许可证”或已取得2个“摄制电影片许可证（单片）”。

(2) 合营公司注册资本不少于500万元人民币。

(3) 外资在注册资本中的比例不得超过49%。

(4) 符合 (1) (2) (3) 项的，由中方向新闻出版广电总局提交项目申请书、可行性研究报告、合同、章程、合营各方注册登记证明（或身份证明）、资信证明、公司名称预核准通知书等。新闻出版广电总局依法予以审核，经审核合格的，出具核准文件并颁发“摄制电影许可证”。

(5) 符合 (1) (2) (3) (4) 项的，由中方持新闻出版广电总局出具的核准文件及 (4) 中所列文件，报商务部审批。商务部依法作出批准或不批准的决定。经批准的，颁发“外商投资企业批准证书”；不予批准的，书面回复理由。

(6) 申报单位持新闻出版广电总局、商务部的批准文件，到所在地工商行政管理部门办理相关手续。

2. 电影技术公司准入制度

第一，境内电影技术公司的设立。我国允许境内公司、企业和其他经济组织（不包括外商投资企业）设立电影技术公司，改造电影制片、放映基础设施和技术设备。其申报条件及程序如下：(1) 注册资本不少于500万元人民币。(2) 提交申请书、工商行政管理部门颁发的营业执照（联合设立电影技术公司的还要提供合同、章程、各方营业执照复印件）、公司名称预核准通知书。(3) 符合 (1) (2) 项的，申报单位持新闻出版广电总局出具的批准文件到所在地工商行政管理部门办理相关手续，并报新闻出版广电总局备案。

第二，境内电影技术公司的设立。境内公司、企业和其他经济组织（以下简称中方）与境外公司、企业和其他经济组织（以下简称外方）合资、合作设立电影技术公司，改造电影制片、放映基础设施和技术设备。其申报条件及程序如下：

(1) 注册资本不少于500万元人民币。

(2) 外资在注册资本中的比例不得超过49%，经国家批准的省市可以控股。

(3) 符合 (1) (2) 项的，由中方向新闻出版广电总局提交项目申请书、可行性研究报告、合同、章程、合营各方注册登记证明（或身份证明）、资信证明、公司名称预核准通知书等。新闻出版广电总局依法予以审核，经审核合格的，出具核准文件。

(4) 符合 (1) (2) (3) 项的，由中方持新闻出版广电总局出具的核准文件及 (3) 中所列文件，报商务部审批。商务部依法作出批准或不批准的决定。经批准的，颁发“外商投资企业批准证书”；不予批准的，书面回复理由。

(5) 申报单位持新闻出版广电总局、商务部的批准文件，到所在地工商行政管理部门办理相关手续。

(二) 电影发行主体市场准入制度

电影发行主体即影片发行公司。我国鼓励境内公司、企业和其他经济组织（不包括外商投资企业）设立专营国产影片发行公司。其申报条件及程序如下：

(1) 注册资本不少于50万元人民币。

(2) 受电影出品单位委托代理发行过2部电影片或受电视剧出品单位委托发行过2部电视剧。

(3) 提交申请书、工商行政管理部门颁发的营业执照复印件、公司名称预核准通知书、已代理发行影视片的委托证明等材料。

（4）符合（1）（2）（3）项并向新闻出版广电总局申请设立专营国产影片发行公司的，由新闻出版广电总局在20个工作日内颁发全国专营国产影片的“电影发行经营许可证”；向当地省级电影行政管理部门申请设立专营国产影片发行公司的，由当地省级电影行政管理部门在20个工作日内颁发本省（区、市）专营国产影片的“电影发行经营许可证”。申报单位持电影行政管理部门出具的批准文件到所在地工商行政管理部门办理相关手续。

（三）电影放映主体市场准入制度

电影放映主体主要指电影院线公司。允许电影院线公司以紧密型或松散型进行整合。鼓励以跨省院线为基础，按条条管理的原则重新整合。不允许按行政区域整体兼并院线。院线整合报新闻出版广电总局审批。

1. 现有院线投资或单独组建院线

我国鼓励境内公司、企业和其他经济组织（不包括外商投资企业）投资现有院线公司或单独组建院线公司。

以参股形式投资现有院线公司的，参股单位须在3年内投资不少于3 000万元人民币，用于本院线中电影院的新建、改造。

以控股形式投资现有院线公司的，控股单位须在3年内投资不少于4 000万元人民币，用于本院线中电影院的新建、改造。

单独组建省内或全国电影院线公司的，组建单位须在3年内投资不少于5 000万元人民币用于本院线中电影院的新建、改造。

2. 院线公司组建程序

组建省（区、市）内院线公司的，由所在地省、自治区、直辖市人民政府电影行政管理部门在20个工作日内审批，并报新闻出版广电总局备案。

组建跨省院线公司的，由新闻出版广电总局在20个工作日内审批。申报单位持电影行政管理部门出具的批准文件到所在地工商行政管理部门办理相关手续。

3. 少年儿童电影发行放映院线组建

我国鼓励境内公司、企业和其他经济组织（不包括外商投资企业）组建少年儿童电影发行放映院线。

（1）凡在省（区、市）内与20家以上中小学校、少年宫、儿童活动中心、影剧院、礼堂等签订电影供片协议的，可向当地省级电影行政管理部门申请，设立一条省（区、市）内少年儿童电影发行放映院线。

（2）凡在不同省（区、市）与30家以上中小学校、少年宫、儿童活动中心、影剧院、礼堂等签订电影供片协议的，可向新闻出版广电总局提出申请，设立一条跨省（区、市）的少年儿童电影发行放映院线。

（3）组建省（区、市）内院线公司的，由所在地省、自治区、直辖市人民政府电影行政管理部门在20个工作日内审批，并报新闻出版广电总局备案；组建跨省院线公司的，由新闻出版广电总局在20个工作日内审批。申报单位持电影行政管理部门出具的批准文件到所在地工商行政管理部门办理相关手续。

4. 外商投资电影院

根据《外商投资电影院暂行规定》的规定，外商不得设立独资电影院，不得组建电影院线公司。但是外国的公司、企业和其他经济组织或个人按照平等互利的原则，经中国政府批准，同中国境内的公司、企业可以设立中外合资、合作企业，新建、改造电影院，从事电影放映业务。

设立外商投资电影院的条件有：(1) 符合当地文化设施的布局与规划。(2) 注册资本不少于600万元人民币。(3) 有固定的营业（放映）场所。(4) 中外合资电影院，合营中方在注册资本中的投资比例不得低于51%；对全国试点城市——北京、上海、广州、成都、西安、武汉、南京市中外合资电影院，合营外方在注册资本中的投资比例最高不得超过75%。(5) 合资、合作期限不超过30年。(6) 符合中国有关法律、法规及有关规定。

设立外商投资电影院的申请程序如下：

(1) 合营中方须向所在地省级商务行政部门提出申请，提交以下材料：设立外商投资电影院项目申请书；合营中方的法人资格证明材料、影院土地使用权的有关材料、银行资信证明；合营外方的资格证明材料、银行资信证明、会计师事务所出具的财务状况证明材料；工商行政管理部门出具的外商投资电影院名称预核准通知书；可行性研究报告、合同、章程；法律、法规和审批机构要求提供的其他材料。

(2) 所在地省级商务行政部门在征得省级电影行政部门同意后，依照国家有关外商投资的法律、法规进行审批，报商务部、新闻出版广电总局、文化部备案。对批准设立的外商投资企业颁发“外商投资企业批准证书”。

(3) 获批准设立的外商投资电影院，应自收到“外商投资企业批准证书”之日起1个月内，持“外商投资企业批准证书”到省级工商行政部门办理注册登记手续。

(4) 外商投资电影院完成建设、改造任务后，经有关部门验收合格，持“外商投资企业批准证书”“营业执照”向省级电影行政部门申领“电影放映经营许可证”，方可从事电影放映业务。

第二节 广播电台、电视台的设立与经营

一、广播电台、电视台的设立

(一) 广播电台、电视台设立的主体

在我国，广播电台、电视台设立的主体是县以上人民政府广播电视行政管理部门。根据《广播电视管理条例》第10条和第11条的规定，在中国境内设立广播电台、电视台应由县、不设区的市以上人民政府广播电视行政管理部门设立，其中，教育电视台可以由设区的市、自治州以上人民政府教育行政管理部门设立。其他任何单位和个人不得设立广播电台、电视台。其中，中央的广播电台、电视台由国务院广播电视行政管理部门设立；地方设立广播电台、电视台，由县、不设区的市以上地方人民政府广播电视行政管理部门提出申请，本级人民政府审查同意后，逐级上报，经国务院广播电视行政管理部门审查批准后，方可筹建。而且禁止设立外资经营、中外合资经营和中外合作经营的广播电台、电视台。

(二) 广播电台、电视台设立的条件

1. 广播电台、电视台的概念

广播电台、电视台是指采编、制作并通过有线、无线、卫星或其他方式向社会公众播放广播电视节目的机构。广播电视节目播出机构（含广播电视台、教育电视台、广播影视集团、总

台、具备独立法人资格的广播电台、电视台分台等)。

2. 广播电台、电视台设立的条件

根据《广播电台电视台审批管理办法》第6条的规定，广播电台、电视台的设立、合并应当具备下列条件：(1) 符合国家广播电视事业和产业发展规划以及相关的国家、行业标准；(2) 有符合国家规定的广播电视专业人员、技术设备和必要的场所；(3) 有必要的基本建设资金和稳定的资金保障；(4) 有明确的频道定位和确定的传输覆盖范围；(5) 传输覆盖方式和技术参数符合国家广播电视传输覆盖网规划。

(三) 广播电视站设立的条件

1. 广播电视站的定义

广播电视站是指市辖区、乡镇以及企事业单位、大专院校设立的，在广播电视行政管理部门核定的区域范围内播出广播电视节目的广播电视传输机构。根据我国《广播电视站审批管理暂行规定》，市辖区、乡镇以及企事业单位、大专院校可申请设立广播电视站。每个申请单位只能设立一个广播电视站，并只能在广播电视行政管理部门核定的区域范围内播出广播电视节目。

2. 广播电视站的审批主体

省级广播电视行政管理部门根据国家广播电视发展规划和当地广播电视发展的实际情况，制定本辖区内广播电视站的规划和布局，负责本辖区内广播电视站的审批和日常管理工作。

3. 广播电视站的设立条件

我国《广播电视站审批管理暂行规定》第4条规定，设立广播电视站，应当具备下列条件：(1) 符合国家和本辖区广播电视事业和产业建设发展规划；(2) 有符合国家规定的广播电视专业人员；(3) 有符合国家规定的广播电视技术设备；(4) 有必要的基本建设资金和稳定的资金保障；(5) 有必要的场所；(6) 省级广播电视行政管理部门规定的其他条件。

(四) 广播电台、电视台的设立程序

1. 一般广播电台、电视台的设立程序

根据国务院《广播电视管理条例》的规定，中央的广播电台、电视台由国务院广播电视行政管理部门设立。地方设立广播电台、电视台的，由县、不设区的市以上地方人民政府广播电视行政管理部门提出申请，本级人民政府审查同意后，逐级上报，经国务院广播电视行政管理部门审查批准后，方可筹建。

2. 教育电视台的设立程序

中央的教育电视台由国务院教育行政管理部门设立，报国务院广播电视行政管理部门审查批准。

地方设立教育电视台的，由设区的市、自治州以上地方人民政府教育行政管理部门提出申请，征得同级广播电视行政管理部门同意并经本级人民政府审查同意后，逐级上报，经国务院教育行政主管部门审核，由国务院广播电视行政管理部门审查批准后，方可筹建。

(五) 广播电台、电视台的合并与变更

1. 一般广播电台、电视台的合并与变更

根据《广播电台电视台审批管理办法》，中央级广播电台、电视台的设立、合并和相关事项变更，直接报新闻出版广电总局审批。地方级广播电台、电视台的设立和变更，由本级广播电视行政管理部门向上级广播电视行政管理部门提出申请，逐级审核后，报新闻出版广电总局审批。

2. 教育电视台的合并与变更

教育电视台的设立、合并和相关事项的变更，由设区的市、自治州以上教育行政管理部门征得同级广播电视行政管理部门同意后，向上级教育行政管理部门提出申请，逐级审核后，经国务院教育行政管理部门审核同意，报新闻出版广电总局审批。

二、广播电台、电视台的经营

（一）广播电台、电视台的组织形式

根据中共中央、国务院《关于深化文化体制改革的若干意见》的规定，广播电台、电视台实行事业体制，其影视剧等节目制作销售部门、传输网络部分可从事业体制中剥离出来，转制为企业，进行市场运作，为主业服务。事业单位和企业单位是实现广播电视所有权的组织形式。

1. 事业单位

目前我国广播电视领域以事业单位占绝大多数，所有的广播电台、电视台、广播电视台、广播电视发射台、转播台以及乡镇广播电视站都实行事业单位体制，部分电视剧制作机构、有线电视网络中心也实行事业单位体制。无线发射台、转播台，暂时继续实行事业体制。2006年中共中央、国务院《关于深化文化体制改革的若干意见》对现有文化事业单位进行了分类，也明确了电台、电视台实行事业体制，由国家重点扶持。

2. 企业单位

我国音乐、科技、体育、娱乐节目以及影视剧制作、广播电视传输接入活动已逐渐从广播电台、电视台剥离出来，改制为国有独资企业、有限责任公司、上市公司等企业形式，进行市场运作。广播电视传输网包括有线网、卫星网和无线网也应按照企业运作。

国有独资企业一般是广播电台、电视台等事业单位独家利用国有资产独资开办，如中央电视台 1984 年独资开办的中国国际电视总公司。

有限责任公司在广播电视领域广泛采用。既有多家广播电台、电视台等事业单位联合开办的，也有多家广播电台、电视台等事业单位与其他组织联合开办的，还有民营机构联合开办的有限责任公司，如 2001 年中央人民广播电台、中国国际广播电台、中央电视台出资联合开办的中广广播影视传输网络有限责任公司。

我国广电上市企业已初具规模，国有广电企业占据多数。截至 2014 年年底，我国共诞生了 17 家广播电视上市企业。20 年间文化政策、经济政策的双重驱动，催化了广电企业在资本市场的持续探索。资本市场的介入为我国广播电视产业做大做强提供了保障①，如上海东方明珠（集团）股份公司，它是我国第一家文化传媒类上市公司，1992 年批准设立，发起人为上海广播电影电视发展有限公司、上海电视台、上海人民广播电台及上海电视节办公室，主要从事广播电视无线发射、观光旅游、媒体广告、移动电视等业务。

（二）广播电台、电视台的经营形式

我国的广播电视媒体是介于西方公共广播电视媒体与商业性广播电视媒体之间的一种混合

---

① 参见王羽：《中国广电企业上市研究报告》，载 http://chuansong.me/n/1426479，访问日期：2015-06-03。

形态。一方面，我国所有广播电视媒体就其性质而言都属于公共广播电视媒体；另一方面，它们又从事一定的商业活动，具有盈利目的。

我国广播电台、电视台实行决策、执行、监督合一的领导体制和运行机制。广播电台、电视台、广播电视集团实行党委领导下的台长负责制或总裁负责制，党委行使重大问题的决策权和监督权，台长（总裁）、副台长（副总裁）、纪检组长、总编（副总编）、总会计师、总工程师以及各职能部门具体执行实施。一般情况下，台长兼任党委书记，副台长、纪检组长、总会计师等兼任党委成员。此外，我国广播电台、电视台一般设有编辑委员会，负责节目宣传，把握导向；设有经营管理委员会，负责广告创收和经营管理。

经国家广电总局（即现在的新闻出版广电总局）批准成立的广电集团都采用事业单位企业化管理的模式。随着我国广播电视事业的发展，广播电视的经费来源从主要依靠财政拨款逐渐转变为财政拨款和广告费、有线电视收视维护费等相结合的方式。①

第三节　广播电视节目的制作、审查、传送

一、广播电视节目的制作

（一）广播电视节目制作经营业务的监管主体

《广播电视节目制作经营管理规定》第 3 条规定，新闻出版广电总局负责制定全国广播电视节目制作产业的发展规划、布局和结构，管理、指导、监督全国广播电视节目制作经营活动。县级以上地方广播电视行政管理部门负责本行政区域内广播电视节目制作经营活动的管理工作。

（二）广播电视节目制作经营主体

我国境内社会组织、企事业机构（不含在境内设立的外商独资企业或中外合资、合作企业）可以设立广播电视节目制作经营机构或从事广播电视节目制作经营活动，按《广播电视节目制作经营管理规定》向新闻出版广电总局或省级广播电视行政管理部门申报。

境内广播电视播出机构和广播电视节目制作经营机构与境外机构合作制作广播电视节目的，按《中外合作制作电视剧管理规定》向新闻出版广电总局申报。

（三）广播电视节目经营业务许可

设立广播电视节目制作经营机构或从事专题、专栏、综艺、动画片、广播剧、电视剧等广播电视节目的制作以及节目版权的交易、代理交易等活动，应当持有“广播电视节目制作经营许可证”。

1.“广播电视节目制作经营许可证”的取得条件

根据我国《广播电视节目制作经营管理规定》的规定，申请“广播电视节目制作经营许可证”应当符合国家有关广播电视节目制作产业发展规划、布局和结构，并具备下列条件：（1）具有独立法人资格，有符合国家法律、法规规定的机构名称、组织机构和章程；（2）有适应业务范围需要的广播电视及相关专业人员、资金和工作场所，其中企业注册资金不少于 300 万元人民币；（3）在申请之日前 3 年，其法定代表人无违法、违规记录或机构无被吊销“广播

---

① 参见涂昌波：《广播电视法律制度概论》，2 版，144 页，北京，中国传媒大学出版社，2011。

电视节目制作经营许可证”的记录；（4）法律、行政法规规定的其他条件。

2. 申请“广播电视节目制作经营许可证”的程序

首先，申请材料提交。申请“广播电视节目制作经营许可证”的申请机构应当向审批机关同时提交以下材料：（1）申请报告；（2）广播电视节目制作经营机构章程；（3）“广播电视节目制作经营许可证”申领表；（4）主要人员材料；（5）注册资金或验资证明；（6）办公场地证明；（7）企事业单位执照或工商行政部门的企业名称核准件。

其次，主管机关审批。在京的中央单位及其直属机构申请“广播电视节目制作经营许可证”，报新闻出版广电总局审批；其他机构申请“广播电视节目制作经营许可证”，向所在地广播电视行政管理部门提出申请，经逐级审核后，报省级广播电视行政管理部门审批。

最后，办理登记。经批准取得“广播电视节目制作经营许可证”的企业，凭许可证到工商行政管理部门办理注册登记或业务增项手续。

（四）电视剧制作许可

1. 制作主体

电视剧由持有“广播电视节目制作经营许可证”的机构、地市级（含）以上电视台（含广播电视台、广播影视集团）和持有“摄制电影许可证”的电影制片机构制作。

2. 电视剧制作许可证

“广播电视节目制作经营管理规定”明确规定，电视剧制作必须事先另行取得电视剧制作许可。电视剧制作许可证分为“电视剧制作许可证（乙种）”和“电视剧制作许可证（甲种）”两种，由新闻出版广电总局统一印制。“电视剧制作许可证（乙种）”仅限于该证所标明的剧目使用，有效期限不超过180日；特殊情况下经发证机关批准后，可适当延期。“电视剧制作许可证（甲种）”有效期限为两年，有效期届满前，对持证机构制作的所有电视剧都有效。

3. 电视剧制作许可证的申领

“电视剧制作许可证（乙种）”由省级以上广播电视行政管理部门核发。其中，在京的中央单位及其直属机构直接向新闻出版广电总局提出申请，其他机构向所在地广播电视行政管理部门提出申请，经逐级审核后，报省级广播电视行政管理部门审批。

申请机构须提交以下申请材料：（1）申请报告；（2）“电视剧制作许可证（乙种）申领登记表”；（3）新闻出版广电总局题材规划立项批准文件复印件；（4）编剧授权书；（5）申请机构与制片人、导演、摄像、主要演员等主创人员和合作机构（投资机构）等签订的合同或合作意向书复印件，其中，如聘请境外主创人员参与制作的，还需提供新闻出版广电总局的批准文件复印件；（6）“广播电视节目制作经营许可证”（复印件）或电视台、电影制片机构的相应资质证明；（7）持证机构出具的制作资金落实证明。

省级广播电视行政管理部门应在核发“电视剧制作许可证（乙种）”后1周内将核发情况报新闻出版广电总局备案。

“电视剧制作许可证（甲种）”可按程序向新闻出版广电总局申请，其申请前提是电视剧制作机构在连续两年内制作完成6部以上单本剧或3部以上连续剧（3集以上/部）。申领“电视剧制作许可证（甲种）”，申请机构须提交以下申请材料：（1）申请报告；（2）“电视剧制作许可证（甲种）”申请表；（3）最近两年申领的“电视剧制作许可证（乙种）”（复印件）；（4）最近两年持“电视剧制作许可证（乙种）”制作完成的电视剧目录及相应的“电视剧发行许可证”（复印件）。

（五）动画片制作与发行许可

为推进国产动画产业的发展，国家广电总局决定自2006年8月1日起，取消国产电视动画片题材规划立项审批制度，实行国产电视动画片（含合拍电视动画片）制作备案公示管理制度。根据《国产电视动画片制作备案公示管理制度暂行规定》，凡持有“广播电视节目制作经营许可证”的制作机构均可申请制作动画片。国产电视动画片经新闻出版广电总局备案公示后方能投产制作。未经备案公示的国产电视动画片，不予审查完成片，不予发放“国产电视动画片发行许可证”，各级电视播出机构不予播出。

《国家广电总局关于实行国产电视动画片发行许可制度的通知》规定，自2005年1月20日起，国家开始实行国产电视动画片发行许可制度。由新闻出版广电总局和省级广播影视行政管理部门两级管理。中央单位及下属制作机构制作的国产电视动画片，经新闻出版广电总局审查后，由新闻出版广电总局颁发“国产电视动画片发行许可证”；各省下辖制作机构制作的国产电视动画片，经当地省级广播影视行政管理部门审查后，由省级广播影视行政管理部门颁发“国产电视动画片发行许可证”。

（六）广播电视节目内容的禁止性规定

广播电视节目制作经营活动必须遵守国家法律、法规和有关政策规定。禁止制作经营载有下列内容的节目：（1）反对宪法确定的基本原则的；（2）危害国家统一、主权和领土完整的；（3）泄露国家秘密、危害国家安全或者损害国家荣誉和利益的；（4）煽动民族仇恨、民族歧视，破坏民族团结，或者侵害民族风俗、习惯的；（5）宣扬邪教、迷信的；（6）扰乱社会秩序，破坏社会稳定的；（7）宣扬淫秽、赌博、暴力或者教唆犯罪的；（8）侮辱或者诽谤他人，侵害他人合法权益的；（9）危害社会公德或者民族优秀文化传统的；（10）有法律、行政法规和国家规定禁止的其他内容的。

广播电视播出机构不得播放未取得“广播电视节目制作经营许可证”的机构制作的和未取得发行许可的电视剧、动画片。

二、广播电视节目的审查

我国对广播电视节目有两种审查制度：一种是播出机构审查，即广播电台、电视台对其播放的节目内容进行播前审查、重播重审，付费频道开办机构对付费频道的节目内容进行播前审查、重播重审。播出机构一般设有编辑委员会负责审查，是政府审查。对用于广播电台、电视台播放的境外电影、电视剧，由国务院广播电视行政管理部门进行审查批准；用于广播电台、电视台播出的境外其他节目，由国务院广播电视行政管理部门或其授权机构审查批准。二是事后监测评议制度。《卫星传输广播电视节目管理办法》规定：广播电视行政管理部门设立监测中心，对卫星节目进行监测，定期报告监测情况；设立视听评议机构，对卫星节目进行收听收看和评议，定期公布评议结果。目前，我国国务院广播电视行政管理部门和省级广播电视行政管理部门已建立监测监管和收听收看机构，基本建成境内与境外相结合的广播电视监测网，可以对卫星广播电视、中短波广播、城市有线电视等进行全天候监测，对重要时段的节目进行监听监看，确保广播电视节目的导向正确。

三、广播电视节目的传送与视频点播

（一）广播电视节目的传送

1. 广播电视的传输形式

（1）有线传输。广播电视有线传输是指利用有线方式从事广播电视节目传输和接入服务的活动。

（2）其他传输方式，即利用无线、微波、卫星等方式进行广播电视节目传送业务。

2. 广播电视的传送业务许可

在我国进行广播电视传送业务首先应当取得“广播电视节目传送业务经营许可证”。

根据《广播电视节目传送业务管理办法》，具有申请资格的主体有以下三种：（1）经新闻出版广电总局批准设立的广播电视播出机构；（2）经新闻出版广电总局批准设立的广播影视集团（总台）及下属机构；（3）拥有有线广播电视网络经营权的国有或国有控股机构。

申请“广播电视节目传送业务经营许可证”除了符合以上主体要求外，还应当具备以下条件：（1）符合国家广播电视节目传送业务总体规划和业务要求；（2）具有确保广播电视节目安全传送所需的设备、资金、技术、人员及相关管理制度；（3）资费标准符合国家有关规定；（4）有从事经营活动的场所及相应网络资源；（5）有长期提供传送服务的信誉和能力；（6）有合法的广播电视节目信号来源；（7）其他法律、行政法规规定的条件。

3. 广播电视传送机构行为规范

依据《广播电视节目传送业务管理办法》的规定，广播电视传送机构从事广播电视节目传送业务，必须遵循以下规定：第一，从事广播电视节目传送业务的机构应当在“广播电视频道播出许可证”传输覆盖范围内传送频道节目；第二，不得利用所拥有的网络或频率资源擅自开办广播电视节目，不得为非法开办的节目以及来源非法的广播电视节目信号提供传送服务，不得擅自传送境外卫星电视节目；第三，广播电视播出机构不得通过未获得广播电视节目传送业务许可的机构传送其节目信号；第四，传送违反广播电视节目制作的禁止性内容；第五，不得在所传送的节目中插播其他节目、数据、图像、文字及其他信息；第六，应当向广播电视行政管理部门设立的监测机构提供所传送节目的完整信号，不得干扰、阻碍监测活动。

（二）广播电视视频点播

1. 广播电视视频点播的概念

广播电视视频点播，简称视频点播，是指通过广播电视技术系统以即时点播、准视频点播（轮播）、下载播放等点播形式供用户自主选择收看广播电视节目的业务活动。

2. 广播电视视频点播的许可

我国对视频点播业务实行许可制度，未经许可，任何机构和个人均不得开办视频点播业务。

同广播电视节目传送业务一样，从事视频点播业务也应取得许可证，即“广播电视视频点播业务许可证”。该证分为甲、乙两种：持有甲种许可证的机构，可在许可证载明的行政区域内从事视频点播业务。持有乙种许可证的机构，可在许可证载明的宾馆、饭店内从事视频点播业务。

3. 从事广播电视视频点播的主体及条件

可以申请“广播电视视频点播业务许可证（甲种）”的主体有两类：（1）经批准设立的地

（市）级以上广播电台、电视台；（2）经批准设立的广播影视集团（总台）。

可以申请“广播电视视频点播业务许可证（乙种）”的主体也有两类：（1）三星级以上或相当于三星级以上的宾馆饭店；（2）具有同时为10家以上三星级或相当于三星级以上的宾馆、饭店提供视频点播业务能力的机构。

《广播电视视频点播业务管理办法》规定，申请“广播电视视频点播业务许可证”须具备的条件有9项：（1）符合国家视频点播业务总体规划；（2）有符合该办法规定的节目资源；（3）具备与视频点播业务开办规模相适应的资金、场所、技术、人员等条件；（4）所使用的系统和设备符合国家和行业技术标准；（5）有健全的节目内容审查制度、播出管理制度；（6）有确定的传播范围；（7）具备与开办视频点播业务相适应的信誉和服务能力；（8）有与广播电视行政管理部门监控系统实现联网的方案；（9）其他法律、行政法规规定的条件。

4. 视频点播节目管理

视频点播的节目内容除了应符合《广播电视视频点播业务管理办法》中的禁止性规定外，还应以国产节目为主，且符合《著作权法》的规定。用于视频点播的节目限于5类：（1）取得“电视剧发行许可证”“电影片公映许可证”的影视剧；（2）依法设立的广播电视播出机构制作、播出的节目；（3）依法设立的广播电视节目制作经营机构制作的节目；（4）经省级以上广播电视行政管理部门审查批准的境外广播电视节目；（5）从合法途径取得的天气预报、股票行情等信息类节目。

第四节　电影制片、审查、进出口和发行

一、电影制片

（一）电影制片单位的设立、变更和终止

1. 电影制片单位的设立

设立电影制片单位，应当具备如下条件：（1）有电影制片单位的名称、章程；（2）有符合国务院广播电影电视行政管理部门认定的主办单位及主管机关；（3）有确定的业务范围；（4）有适应业务范围需要的组织机构和专业人员；（5）有适应业务范围需要的资金、场所和设备；（6）法律、行政法规规定的其他条件。

2. 电影制片单位的变更和终止

电影制片单位变更、终止，应当报国务院广播电影电视行政管理部门批准，并依法到原登记的工商行政管理部门办理变更登记或者注销登记。

（二）电影制片单位的权限范围

电影制片单位可以从事下列活动：（1）摄制电影片；（2）按照国家有关规定制作本单位摄制的电影片的复制品；（3）按照国家有关规定在全国范围发行本单位摄制并被许可公映的电影片及其复制品；（4）按照国家有关规定出口本单位摄制并被许可公映的电影片及其复制品。电影制片单位对其摄制的电影片，依法享有著作权。

（三）中外合作摄制电影片

中外合作摄制电影片，是指依法取得“摄制电影许可证”或“摄制电影片许可证（单片）”的境内电影制片者与境外电影制片者在中国境内外联合摄制、协作摄制、委托摄制电影片，包

括中外电影制片者在中国境内外合作摄制的故事片、美术片、科教片、纪录片、专题片等电影片（含胶片电影、数字电影、电视电影等）。

1. 中外合作摄制电影片的形式

联合摄制，即由中外双方共同投资（含资金、劳务或实物）、共同摄制、共同分享利益及共同承担风险的摄制形式；协作摄制，即外方出资，在中国境内拍摄，中方有偿提供设备、器材、场地、劳务等予以协助的摄制形式；委托摄制，即外方委托中方在中国境内代为摄制的摄制形式。

2. 中外合作摄制电影片的原则

（1）符合中国宪法、法律、法规及有关规定；（2）尊重中国各民族的风俗、宗教、信仰和生活习惯；（3）有利于弘扬中华民族的优秀文化传统；（4）有利于中国的经济建设、文化建设、思想道德建设和社会安定；（5）有利于中外电影交流；（6）不得损害第三国的利益。

3. 中外合作摄制电影片许可制度

持有“摄制电影许可证”或“摄制电影片许可证（单片）”的中方制片单位（含在境内批准注册的中外合资电影制片公司）可以向新闻出版广电总局申请“中外合作摄制电影片许可证”或批准文件。境内任何单位或个人未取得“中外合作摄制电影片许可证”或批准文件的，不得与境外单位或个人合作摄制电影片。未经批准，境外单位或个人不得在中国境内独立摄制电影片。申请人取得“中外合作摄制电影片许可证”后，应当按照国务院广播电影电视行政管理部门的规定签订中外合作摄制电影片合同。

二、电影审查

我国实行电影审查制度。未经国务院广播电影电视行政管理部门的电影审查机构审查通过的电影片，不得发行、放映、进口、出口。

1. 电影制片单位自审及电影剧本（梗概）备案制度

电影制片单位应当依照《电影管理条例》第 25 条的规定①，负责电影剧本投拍和电影片出厂前的审查。

电影制片单位依照前述规定对其准备投拍的电影剧本审查后，应当报电影审查机构备案；电影审查机构可以对报备案的电影剧本进行审查，如对备案的电影剧本（梗概）有修改意见或不同意拍摄的，应当及时通知电影制片单位。

拍摄重大革命和重大历史题材影片与重大文献纪录影片，需报送剧本立项审查，分别按照新闻出版广电总局关于重大革命和重大历史题材电影剧本立项及完成片的管理规定和新闻出版广电总局关于重大文献纪录影片的管理规定办理。

中外合作摄制影片，需报送剧本立项审查，按照新闻出版广电总局关于中外合作摄制电影

---

① 《电影管理条例》第 25 条规定：“电影片禁止载有下列内容：（一）反对宪法确定的基本原则的；（二）危害国家统一、主权和领土完整的；（三）泄露国家秘密、危害国家安全或者损害国家荣誉和利益的；（四）煽动民族仇恨、民族歧视，破坏民族团结，或者侵害民族风俗、习惯的；（五）宣扬邪教、迷信的；（六）扰乱社会秩序，破坏社会稳定的；（七）宣扬淫秽、赌博、暴力或者教唆犯罪的；（八）侮辱或者诽谤他人，侵害他人合法权益的；（九）危害社会公德或者民族优秀文化传统的；（十）有法律、行政法规和国家规定禁止的其他内容的。电影技术质量应当符合国家标准。”

片的管理规定办理。

2. 电影审查机构审查

（1）电影审查机构。新闻出版广电总局负责电影剧本（梗概）备案和电影片审查的管理工作。新闻出版广电总局电影审查委员会和电影复审委员会负责电影片的审查。省级广播影视行政管理部门，经申请可以受新闻出版广电总局委托，成立电影审查机构，负责本行政区域内持有“摄制电影许可证”的制片单位摄制的部分电影片的审查工作，即属地审查。

（2）电影审查的内容。

1）电影片内容审查。电影片有下列情形的，应删剪修改：A. 曲解中华文明和中国历史，严重违背历史史实；曲解他国历史，不尊重他国文明和风俗习惯；贬损革命领袖、英雄人物、重要历史人物形象；篡改中外名著及名著中重要人物形象的。B. 恶意贬损人民军队、武装警察、公安和司法形象的。C. 夹杂淫秽色情和庸俗低级内容，展现淫乱、强奸、卖淫、嫖娼、性行为、性变态等情节及男女性器官等其他隐秘部位；夹杂肮脏、低俗的台词、歌曲、背景音乐及声音效果等。D. 夹杂凶杀、暴力、恐怖内容，颠倒真假、善恶、美丑的价值取向，混淆正义与非正义的基本性质；刻意表现违法犯罪嚣张气焰，具体展示犯罪行为细节，暴露特殊侦查手段；有强烈刺激性的凶杀、血腥、暴力、吸毒、赌博等情节；有虐待俘虏、刑讯逼供罪犯或犯罪嫌疑人等情节；有过度惊吓恐怖的画面、台词、背景音乐及声音效果。E. 宣扬消极、颓废的人生观、世界观和价值观，刻意渲染、夸大民族愚昧落后或社会阴暗面的。F. 鼓吹宗教极端主义，挑起各宗教、教派之间，信教与不信教群众之间的矛盾和冲突，伤害群众感情的。G. 宣扬破坏生态环境，虐待动物，捕杀、食用国家保护类动物的。H. 过分表现酗酒、吸烟及其他陋习的。L. 违背相关法律、法规精神的。

2）电影片的署名、字幕等语言文字审查。电影片的署名、字幕等语言文字，应按《中华人民共和国著作权法》《中华人民共和国国家通用语言文字法》等有关规定执行。

3）电影片技术质量审查。电影片技术质量按照国家有关电影技术标准审查。

3. 电影片公映许可

制片单位摄制完成的电影片应当报相应的电影审查机构审查。联合摄制的电影片，由办理备案手续的制片单位按照相关规定送相应的电影审查机构审查。重大革命和重大历史题材影片、重大文献纪录影片、特殊题材影片、中外合作摄制影片，由省级广电行政管理部门初审同意后，报新闻出版广电总局电影审查机构审查。中央和国家机关下属的电影制片单位和所有持有“摄制电影片许可证（单片）”的单位摄制的影片，直接报新闻出版广电总局电影审查委员会审查。

对于混录双片审查合格的，发给“影片审查决定书”和“电影片公映许可证”片头；审查不合格或需要修改的，应在“影片审查决定书”中作出说明，并通知制片单位。

标准拷贝（数字节目带）审查合格的，发给“电影片公映许可证”；审查不合格或需要修改的，应通知制片单位。

实行属地审查的省级广电行政管理部门，应依照相关规定进行电影片审查，审查合格的，颁发“影片审查决定书”和“送审标准拷贝技术鉴定书”。制片单位持“影片审查决定书”“送审标准拷贝技术鉴定书”及相关材料，到新闻出版广电总局领取“电影片公映许可证”；审查不合格或需要修改的，应在“影片审查决定书”中作出说明，并通知制片单位。

电影制片单位和电影进口经营单位对电影片审查决定不服的，可以自收到审查决定之日起30日内向国务院广播电影电视行政管理部门的电影复审机构申请复审；复审合格的，由国务院广播电影电视行政管理部门发给“电影片公映许可证”。

4. 中外合作摄制电影片的审查

中外合作摄制完成的电影片，经当地省级广播影视行政管理部门提出初审意见后，报新闻出版广电总局电影审查委员会审查；中央和国家机关下属电影制片单位和持有“摄制电影片许可证（单片）”的单位申请立项并摄制完成的电影片，直接报新闻出版广电总局电影审查委员会审查。经审查合格，取得新闻出版广电总局颁发的“电影片公映许可证”后，方可在中国境内外发行公映。

三、电影的进出口

(一) 电影的进口

1. 进口电影

在我国，凡属从外国及我国港澳台地区进口发行的影片或试映的拷贝，包括35毫米、16毫米、超8毫米、影片录像带和影片视盘等，统称进口影片。进口影片分两种：一种是分账片，大部分会跟国外同期或者紧跟着国外影片上映；另一种为批片，批片的放映会滞后于国外大片很久的时间。所谓分账片，是国外大片在中国放映，版权不卖给中国，以分账的形式由中国引进，这样，票房成绩所取得的利润中外国投资方拿到的钱会比较多。而批片是国内片商以固定的价格把影片的放映权从国外片商处买断，而国外片商不参与中国票房分成。相比之下，如果影片票房好，国内片商利润会无限高。

2. 中国引进外国电影的历史

中华人民共和国成立初到改革开放前，中国流行的“大片”一般都来自友好国家，而这种引进只是友好外交的需要，相互交换电影在对方国家放映。

1978年，提倡改革开放的中国开始大量买进国外生产的影片，其中一大部分都是买断全部版权的，一旦引进，影片何时放映、在哪里放映都由国家电影局说了算，根本不受限制。

2003年以后，中国放宽了引进外国大片的数量，20部“大片”蜂拥而至，第一次让影迷有了“看不过来”的感觉。

2012年2月18日，中美双方就解决WTO电影相关问题的谅解备忘录达成协议，中国政府同意在每年20部海外分账电影的配额之外，增加14部美国进口大片，以IMAX和3D电影为主，美国电影票房分账比例从13%提高到25%。这一协议曾引发轩然大波，国产电影的市场份额也在当年受到了一定的冲击，10年来国产片票房首次低于进口片票房。

3. 电影进口业务

凡属从外国及我国港澳台地区进口发行影片或试映拷贝（包括35毫米、16毫米、超8毫米、影片录像带和影片视盘等）的业务即电影进口业务，由国务院广播电影电视行政管理部门指定电影进口经营单位经营；未经指定，任何单位或者个人不得经营电影进口业务。

我国电影进口业务统一由中国电影发行放映公司（现为中国电影集团公司）经营管理。中影集团公司是中国大陆唯一拥有影片进口权的公司，而且是中国产量最大的电影公司。中影集团公司成立于1999年2月，由原中国电影公司、北京电影制片厂、中国儿童电影制片厂、中国电影合作制片公司、中国电影器材公司、电影频道节目中心、北京电影洗印录像技术厂、华韵影视光盘有限责任公司共8家单位组成。我国第二家拥有进口影片全国发行权的机构是2003年8月8日成立的华夏电影发行有限责任公司。

4. 电影进口审批

进口供公映的电影片，进口前应当报送电影审查机构审查。

报送电影审查机构审查的电影片，由指定的电影进口经营单位持国务院广播电影电视行政管理部门的临时进口批准文件到海关办理电影片临时进口手续；临时进口的电影片经电影审查机构审查合格并发给“电影片公映许可证”和进口批准文件后，由电影进口经营单位持进口批准文件到海关办理进口手续。

属于在全国发行的商业性影片，应在进口时办理纳税手续；属于非商业性影片，应予免税；属于非商业性影片，进口后经过批准在全国发行的，由中影集团公司按章向北京海关办理补税手续。

进口供科学研究、教学参考的专题片，进口单位应当报经国务院有关行政主管部门审查批准，持批准文件到海关办理进口手续，并于进口之日起30日内向国务院广播电影电视行政管理部门备案。但是，不得以科学研究、教学的名义进口故事片。

中国电影资料馆进口电影资料片，可以直接到海关办理进口手续。中国电影资料馆应当将其进口的电影资料片按季度向国务院广播电影电视行政管理部门备案。

除以上情形外，任何单位或者个人不得进口未经国务院广播电影电视行政部门审查合格的电影片。电影进口经营单位应当在取得电影作品著作权人使用许可后，在许可的范围内使用电影作品；未取得使用许可的，任何单位和个人不得使用进口电影作品。

（二）电影的出口

电影制片单位出口本单位制作的电影片的，应当持“电影片公映许可证”到海关办理电影片出口手续。

中外合作摄制电影片出口的，中方合作者应当持“电影片公映许可证”到海关办理出口手续。中外合作摄制电影片素材出口的，中方合作者应当持国务院广播电影电视行政管理部门的批准文件到海关办理出口手续。

中方协助摄制电影片或者电影片素材出境的，中方协助者应当持国务院广播电影电视行政管理部门的批准文件到海关办理出境手续。

举办中外电影展、国际电影节，提供电影片参加境外电影展、电影节等，应当报国务院广播电影电视行政管理部门批准。

参加境外电影展、电影节的电影片经批准后，参展者应当持国务院广播电影电视行政管理部门的批准文件到海关办理电影片临时出口手续。参加在中国境内举办的中外电影展、国际电影节的境外电影片经批准后，举办者应当持国务院广播电影电视行政管理部门的批准文件到海关办理临时进口手续。

四、电影的发行和放映

有关电影发行和放映单位等问题参见本章第一节。

电影片依法取得国务院广播电影电视行政管理部门发给的“电影片公映许可证”后，方可发行、放映。放映电影片，应当符合国家规定的国产电影片与进口电影片放映的时间比例。放映单位年放映国产电影片的时间不得低于年放映电影片时间总和的 2/3。

已经取得“电影片公映许可证”的电影片，国务院广播电影电视行政管理部门在特殊情况下可以作出停止发行、放映或者经修改后方可发行、放映的决定；对决定经修改后方可发行、放映的电影片，著作权人拒绝修改的，由国务院广播电影电视行政管理部门决定停止发行、放映。

利用电影片制作音像制品的，应当遵守国家有关音像制品管理的规定。

任何单位和个人不得利用电影资料片从事或者变相从事经营性的发行、放映活动。

第五节　广播影视监管

一、我国广播影视监管机构

国务院广播电影电视行政管理部门是我国的广播影视监管机构。在我国，新闻出版广电总局的职责是负责新闻出版、广播电影电视和信息网络视听节目服务的法律、法规草案，宣传创作的方针政策、舆论导向和创作导向的把握，事业产业发展规划、节目的进口和收录管理，活动宣传交流监管等一系列与影视娱乐相关的业务。新闻出版广电总局的前身是国家新闻出版总署和国家广播电影电视总局。2013 年 3 月 14 日国务院将新闻出版总署、广播电影电视总局的职责整合，组建为新闻出版广电总局。

二、我国广播影视监管的内容

新闻出版广电总局对广播影视的监管主要涉及以下内容：

（1）监督管理广播影视节目的内容和质量，实施依法设定的行政许可并承担相应责任，指导对市场经营活动的监督管理工作，组织查处重大违法、违规行为。指导、监管广播电视广告播放。对全国新闻记者证监制管理。

（2）对网络视听节目、公共视听载体播放的广播影视节目进行监管，审查其内容和质量。

（3）推进广播影视与科技融合，依法拟订广播影视科技发展规划、政策和行业技术标准，并组织实施和监督检查。

（4）对广播电视节目传输覆盖、监测和安全播出进行监管，推进广电网与电信网、互联网三网融合，推进应急广播建设。负责指导、协调广播影视系统安全保卫工作。

（5）对广播影视节目的进口、收录进行管理，协调推动广播影视领域“走出去”工作。

三、我国广播影视监管的方式

广播影视监管方式很多，有直接干预、事前引导等方式，也有间接调控、事后监督等方式。

事前监督以审批引导为主要方式：制定广播影视法律、法规，明确广播影视行业的准入条件、审批程序、节目标准、惩治机制，公开广播影视机构的权利、义务和法律责任，公开广播影视监管机构的职能和职责，使广播影视业界和社会各界完全知晓、相互监督，维护法律、法规的权威性；发布有指导性的广播影视政策意见、年度报告等，明确当前广播影视的发展势头、存在问题、对策建议等，向投资者、经营者、消费者提供有针对性的资料信息，引导投资者、经营者合法投资经营广播影视业，引导消费者更加科学、理性地消费；实施行政许可，把好广播影视行业的准入关和退出关。向符合条件的申请人颁发广播影视许可或签署特许协议，明确执照持有者或特许获得者的所有义务，明确执照持有者或特许获得者未履行义务的法律后果，监管部门可以抽查评估，在执照（协议）到期时决定是否续展执照、续签协议。

事后监督主要有以下方式：(1）受理受众和用户的投诉、申诉。国家新闻出版广电总局设有信访办公室，专门受理各地来信、来函，接待各地受众，及时处理各地反映的广播影视中存在的问题。(2）查处违法行为。根据不同情况，对违法者依法给予行政处分、行政处罚、刑事处罚等。国家新闻出版广电总局收听收看中心对中央和地方通过卫星传送的节目进行监听监看；保存已播放的节目内容和有关资料，以备事后检查。①

---

① 参见涂昌波：《广播电视法律制度概论》，2版，112页，北京，中国传媒大学出版社，2011。

第七章
广告法

第一节　广告法概述

广告是商品经济发展的产物：自从人类有了商品与商品间的交换，有了顾客与市场，就有了广告活动。广告的简单解释是"广而告之"，是通过一定媒介向用户推销产品或招徕、承揽服务来增加了解和信任以扩大销售目的的一种促销形式。广告与市场经济的发展是紧密相连的，它是经济发展的助推器，在经济、社会和文化产业的发展中发挥着重要的作用。而广告业本身就是文化产业的一个重要组成部分，各种文化活动、文化产品绝大多数是利用广告在媒体中传播出去的，广告促进了文化产业的发展，文化是成功广告的前提。

一、广告法的概念和调整对象

（一）广告法的概念

广告法是指国家为了规范广告活动、促进广告业的健康发展、保护消费者的合法权益、维护社会经济秩序、发挥广告在市场经济中的积极作用的，有关调整广告活动主体、广告审查者、广告监督管理者之间的各种社会关系的法律规范的总称。

广告法对于保证和促进我国整个广告行业的规范运作和健康发展，对于使广告业的发展更能适应建设社会主义市场经济的需要，具有重要的推动作用。但是，我们也看到，由于我国目前在广告立法、执法等方面存在诸多不足，部分广告主、广告经营者、广告发布者的违法行为给消费者带来权益上的损害，给经济的良性发展制造了巨大的障碍。因此，如何规范广告业中的活动，构建完善的广告法律制度，促进广告业健康发展，维护消费者的合法权益，已成为社会公众关注的焦点。

广告法有广义和狭义两种解释：狭义上的广告法，是指1994年10月27日第八届全国人大常委会第十次会议通过的《中华人民共和国广告法》，该法于2015年4月24日经第十二届全国人大常委会第十四次会议修订，于2015年9月1日正式施行。广义上的广告法，是指以《中华人民共和国广告法》为基本法，以其他广告法律、法规、规范性文件和地方性法规为补充的法律规范体系。本书所指的广告法，是从广义角度理解的。

（二）广告法的调整对象

法律是社会关系的调节器，每一个法律部门一般都有自己特定的调整对象。广告法也不例外：广告法作为一个独立的法律部门，有其特定的调整对象和范围，概言之，广告法的调整对象是广告活动过程中发生的各种社会关系，具体来讲，包括以下几方面：

1. 广告监督管理关系

广告监督管理关系是广告监督管理机关在进行依法监督、检查以及管理各种广告的过程中与广告活动主体发生的广告监督管理关系。

2. 广告行政管理关系

广告行政管理关系是广告审查机关在依法审查各种商业广告，包括药品、医疗器械、农药、兽药等商品在广播、电视、报纸和杂志上发布的广告过程中发生的广告行政管理关系。

3. 广告民事法律关系

广告民事法律关系是广告主、广告经营者和广告发布者之间以营利为目的，进行广告设计、制作、发布等活动过程中行使权利、履行义务而发生的民事法律关系。广告主、广告经营者和广告发布者是市场经济条件下进行广告活动最主要的主体，因此，在一定程度上也可以把它们统称为广告活动主体或广告主体。

二、广告法的特征

（一）兼有公法和私法的属性

按照古罗马以来的法律传统，法律有公法和私法之分：公法是指规范国家和人民之间关系的法律，确切地说，只要适用法律一方的主体是公权力主体，那么这个法律就是公法；私法是指调整平等民事主体之间关系的法律规范。一方面，广告法涉及国家设置的广告审查、广告行政管理等制度，是公权力对广告市场秩序进行的监督、检查和管理，从而使广告法体现了公法的色彩。另一方面，广告业的发展和繁荣在某种程度上表现为广告主、广告经营者和广告发布者之间频繁的经济交往，而在这种经济交往中，它们三者的关系通常表现为平等民事主体之间以盈利为目的的经营关系和合同关系，因而广告法又具有浓厚的私法色彩。因此，从这个属性来看，广告法属于经济法的范畴。

（二）兼具实体法和程序法的功能

实体法是指规定具体权利、义务内容或者法律职权、职责的法律，如宪法、民法、刑法、合同法、婚姻法、公司法，等等。实体法的主要功能在于规定和确认权利和职权以及义务和责任。程序法是与实体法相对应的，是指为保证权利、义务的实施和职权、职责的行使而规定所要遵循的程序，如民事诉讼法、仲裁法，等等。程序法是为了保证实现实体法的，具有手段和工具的性质。

1. 广告法是实体法

广告法规定了广告活动主体的权利、义务和国家有关机关在广告审查、监督和管理过程中的职权、职责，因此是实体法。首先，广告法规定了对广告主、广告经营者和广告发布者的实体性规范，《广告法》第 32 条规定，广告主委托设计、制作、发布广告，应当委托具有合法经营资格的广告经营者、广告发布者。第 34 条规定，广告经营者、广告发布者应当按照国家有关规定，建立、健全广告业务的承接登记、审核、档案管理制度。第 18 条规定：禁止在大众传播媒介或公共场所、交通工具、户外发布任何形式的烟草广告；禁止向未成年人发送任何形式的烟草广告等。其次，广告法规定了对国家有关机关的实体性规范，如《广告法》第 6 条规定：国务院工商行政管理部门主管全国的广告监督管理工作，国务院有关部门在各自的职责范围内负责广告管理相关工作。县级以上地方工商行政管理部门主管本行政区域的广告监督管理工作，县级以上地方人民政府有关部门在各自的职责范围内负责广告管理相关工作。《广告法》第60条规定：违反本法第29条的规定，广播电台、电视台、报刊出版单位未办理广告发布登记，擅自从事广告发布业务的，由工商行政管理部门责令改正，没收违法所得，并处五千元以上三万元以下的罚款。

2. 广告法是程序法

广告法也是程序法，它规定了程序性的内容。如《广告法》第67条规定：有本法规定的违法行为的，由工商行政管理部门记入信用档案，并依照有关法律、行政法规规定予以公示。

三、我国的广告法立法现状

(一) 广告法的产生和发展

广告法制建设与特定的社会经济发展现状是分不开的。我国的广告法制建设起步较晚，首先是颁布了一些广告法规，最早的广告法规是以地方性法规的形式出现的，如上海、天津于1949年分别制定和公布了《广告管理规则》，这些地方性法规是中华人民共和国最早的广告法规。① 在从1956年至1978年的计划经济时期，广告作为商品信息的传播手段失去了其存在的意义，各地原有的广告法规名存实亡，广告法制建设处于停滞时期，甚至出现了倒退。从1979年改革开放之后，广告业开始复苏。我国实行有计划的商品经济后，生产、消费发生了巨大变化，广告活动日趋频繁，这对广告的管理工作提出了新的要求。因此，根据广告发展的实际情况，我国制定了一系列广告行政法规和部门规章。1982年2月，国务院通过并颁布了由国家经济委员会和国家工商行政管理总局起草的《广告管理暂行条例》，国家工商行政管理局颁布了《广告管理暂行条例实施细则》。1987年10月经过修改、完善，国务院颁布了《广告管理条例》，该条例及其实施细则是我国改革开放后第一部全国性广告管理法规，从此结束了新时期恢复广告业务以来广告活动无章可循、无法可依、缺乏管理的混乱状况，明确了我国的广告管理机构是工商行政管理总局和地方各级工商行政管理局。20世纪90年代后，我国广告业进入了高速发展时期，同时，也出现了许多问题，这些问题不仅影响了广告业的声誉、妨碍了广告业的健康发展，也严重干扰了社会主义市场经济正常秩序。随着广告业的高速发展，随着经济的发展和改革的深入，《广告管理条例》已不能适应经济发展的需要，不少政策和法规已经滞后。为了进一步完善广告产业的法律体系，规范广告市场秩序，促进我国广告产业的健康发展②，国家工商行政管理局从1990年开始着手进行《广告法》的起草工作。经多方征求意见并经多次论证和修改、调整，1994年6月经国务院会议通过并正式颁布了《中华人民共和国广告法》，于1995年2月1日起正式实施。《广告法》共6章、49条，从立法目的、适用范围、广告法的基本原则、广告发布的一般标准、特殊广告发布标准、广告经营活动规范、广告审查制度、各类广告违法行为所应承担的法律责任等方面对商业广告进行了全面规范；与《广告管理条例》及其实施细则以及相关部门规章、地方性法规/规章一起构筑了我国广告法律制度的基本形态。但在过去的十多年中，中国广告业发展非常迅猛，新类型的广告产品不断被开发出来，如网站上的弹出式广告和微博上的病毒式营销等，使现有的《中华人民共和国广告法》与

---

① 参见蒋恩铭：《广告法律制度》，2页，南京，南京大学出版社，2007。

② 参见林日葵：《中国文化产业政策法规与典型案例分析》，103页，杭州，浙江工商大学出版社，2013。

当前的广告业实际状况相比出现了相对滞后的情况。这种滞后使得在中国新媒体上出现了越来越多的不符合规定的广告，而最终却由消费者承担不良后果。于是在2000年，全国人大代表提交了一份提案，建议修改《中华人民共和国广告法》。同时，政府将其列入第十一届全国人大常委会立法修订战略计划。2014年8月，第十二届全国人大常委会第十次会议初次审议了《中华人民共和国广告法（修订草案)》。2014年8月31日至9月30日，修订草案在中国人大网公布，向社会公开征求意见。2014年12月，第十二届全国人大常委会第十二次会议对修订草案二次审议稿进行了审议。2015年4月24日第十二届全国人大常委会第十四次会议修订通过《中华人民共和国广告法》，于2015年9月1日正式施行。

（二）广告法的法律规范组成

依据制定机关和法律规范效力的不同，我国的广告法由以下法律规范组成：

1. 宪法

宪法是国家的根本大法，是由全国人民代表大会制定的具有最高法律效力的根本法，其他任何法律制度都不能与之相抵触。宪法设立了我国社会主义市场经济的体制，赋予包括广告活动主体在内的市场经济主体以基本权利和义务。宪法中涉及广告内容的规定有：国家发展为人民服务、为社会主义服务的文学艺术事业、新闻广播电视事业、出版发行事业、图书馆博物馆文化馆和其他文化事业，开展群众性的文化活动。中华人民共和国公民的人格尊严不受侵犯。禁止用任何方法对公民进行侮辱，诽谤和诬告陷害。中华人民共和国公民有进行科学研究、文学艺术创作和其他文化活动的自由。国家对于从事教育、科学、技术、文学、艺术和其他文化事业的公民的有益于人民的创造性工作给以鼓励和帮助。总之，宪法是进行广告活动的最高行为规范。

2. 广告法律

1994年颁布、2015年修订的《中华人民共和国广告法》（以下简称《广告法》）是我国广告法律制度体系中的基本法。《广告法》是一切广告活动必须遵守的基本规范，也是制定相关行政法规、规章和规范性文件以及地方性法规的立法依据。

3. 其他法律中有关广告内容的规定

如我国《民法通则》《合同法》等都是广告法的重要渊源，在《产品质量法》《反不正当竞争法》《消费者权益保护法》《药品管理法》《食品卫生法》《烟草专卖法》等法律文件中也有广告法律规范，它们也是在我国进行广告活动的重要法律依据。

4. 广告行政法规、规章和规范性文件

根据我国《立法法》的有关规定，国务院可以制定行政法规，国务院下属各部门可以在其职权范围内制定行政政策、规章和规范性文件。在《广告法》颁布后，1987年《广告管理条例》仍然有效。另外，在法律和行政法规的引导下，国家工商行政管理局颁布了众多的部门规章和行政解释，如国家工商局发布的《广告经营资格检查办法》（1997年发布，1998年施行，1998年修订)、《医疗广告管理办法》《户外广告登记管理规定》等。广告方面的行政法规、部门规章和规范性文件也是广告法的重要表现形式。

5. 广告地方性法规

地方性法规是由省、自治区、直辖市和较大的市的人民代表大会及其常务委员会，根据本行政区域的具体情况和实际需要，在不与宪法、法律、行政法规相抵触的前提下制定，由大会主席团或者常务委员会用公告公布施行的文件。地方性法规在本行政区域内有效，其效力低于宪法、法律和行政法规。广告方面的地方性法规很多，如《北京市网络广告管理暂行办法》《浙江省广告管理条例》《湖南省实施〈中华人民共和国广告法〉办法》《广州市户外广告和招牌设置管理办法》《成都市户外广告和招牌设置管理条例》等各省、自治区、直辖市的国家权力机构及其常设机构制定的条例、办法、规定、规则和实施细则等。

6. 最高人民法院有关广告内容的司法解释

司法解释是指由最高人民法院和最高人民检察院根据法律赋予的职权，对审判和检察工作中具体应用法律所作的具有普遍司法效力的解释，如《关于适用〈中华人民共和国合同法〉若干问题的解释（二）》中有关悬赏广告的解释，最高人民法院出台的《关于审理非法集资刑事案件具体运用法律若干问题的解释》中有关非法集资活动中的虚假广告行为的定罪，最高人民检察院、公安部《关于公安机关管辖的刑事案件立案追诉标准的规定（二）》等。

7. 我国加入的有关广告内容的国际公约

我国作为WTO的成员，有义务履行WTO规则中关于广告活动的规则和义务。另外，《世界卫生组织烟草控制框架公约》（World Health Organization Framework Convention on Tobacco Control，WHO FCTC）于2003年5月21日由世界卫生大会批准，并于2005年2月27日起生效。该公约呼吁所有国家开展尽可能广泛的国际合作，控制烟草的广泛流行。中国于2003年11月10日正式签署《烟草控制框架公约》。到2010年以后，我国履行公约的要求，全面禁止烟草广告。

总而言之，我国的广告法律体系是由宪法、法律、行政法规、部门规章以及规范性文件、地方性法规、其他法律中有关广告内容的规定，以及最高人民法院、最高人民检察院有关广告内容的司法解释，还有我国加入的有关广告内容的国际公约等共同构成的比较完善的广告法律体系。

四、广告法的基本原则

法律的基本原则是指法律的指导思想和基本理念，是制定、执行、研究该法的出发点。广告法的基本原则是指反映广告法的本质和内容的指导思想，是制定、修改、解释、执行以及研究广告法的出发点，是进行广告活动所必须遵循的准则。

（一）公平原则

公平原则是我国《广告法》规定的基本原则之一。公平是人类社会自存在以来一直孜孜追求的理想，也是现代法律所承载的重要使命。通常认为，法律意义上的公平包括两个层面的含义：一是程序公平，也称程序正义，是指法律对每一个社会成员适用同样的行为法则和交易规则；二是结果公平，强调每一个社会成员可以公平地分享社会资源和成果。广告法作为市场规制法，承担着规范广告市场秩序、平衡广告活动主体与消费者利益关系的重要作用，同时具有实现社会公平的使命。① 1937年通过的《国际商会广告行为准则》第1条明确规定，广告应当……遵守商界所公认的公平竞争原则。这一规定基本上可以作为“公平原则”的国际法依据。根据我国《广告法》及相关法律、法规的规定，公平原则具有以下四个方面的内容：

---

① 参见蒋恩铭：《广告法律制度》，11页，南京，南京大学出版社，2007。

(1) 广告市场主体进入的公平。广告市场主体准入制度是国家建立的进入广告活动领域的基本标准和条件，只要符合法律规定的条件，任何人和组织都可以进入该市场，取得从事广告活动的法定主体资格。

(2) 广告行为主体与广告受众之间的公平。从商品购买者和服务接受者的角度来看，广告对其有直接的或者潜移默化的影响。若广告主、广告经营者或广告发布者（以下统称为“广告活动主体”）利用虚假的、引人误解的广告欺骗或者误导广告受众或者消费者，诱导广告受众或者消费者购买其产品或者接受其服务，该广告活动主体的行为就是违反公平原则的行为。广告受众或者消费者之所以容易被误导或诱导，其主要原因在于广告受众或者消费者与广告活动主体在市场信息资源方面具有明显的不平等性，而且前者掌握、具有的市场信息主要来自后者。所以，广告法对于广告活动主体的广告行为进行约束，禁止发布虚假的、引人误解的广告，以最大限度地改变这种不平等性，实现交易双方的公平。

(3) 广告市场竞争的公平。凡参与广告市场竞争的广告活动主体，都应当依照同一规则从事广告活动，严禁广告活动主体利用其优势，采用任何非正当的或者不道德的手段进行不公平竞争，诸如利用回扣、贿赂等手段承揽广告业务，或者利用自身优势垄断广告市场，阻碍他人参与广告市场的公平竞争等。在广告活动中，广告活动主体应当平等地享有权利和承担义务，不允许任何广告活动主体只享有权利而不承担义务，也不允许某些广告活动主体利用自己的优势地位，强迫交易对方放弃其依法享有的权利。

(4) 广告监管部门执法的公平。根据广告法的要求，政府行政监管部门在广告领域中的监管应当体现一视同仁、秉公执法、有法必依、执法必严的态度，这样才能公正执法，有效地规范广告市场。

(二) 真实性、合法性原则

我国《广告法》第3条规定：“广告应当真实、合法，以健康的表现形式表达广告内容，符合社会主义精神文明建设和弘扬中华民族优秀传统文化的要求。”这一规定是广告“真实、合法原则”的法律依据。该项原则实际包含两个方面的内容，即“广告的真实性”和“广告的合法性”。广告的真实性，从正面来讲，就是要求广告主在广告中提出的任何主张和陈述都是客观、真实的，其所依据的数据、资料都是可以证实的，其所援引的依据和证据都是合法、有效的；从反面来讲，就是任何广告不得通过直接或者间接说明的方法，或者通过省略、含糊或夸大的方法误导消费者，也不得利用过时的研究成果或者滥用科技资料，让广告受众误认为其广告的主张或者说明是真实的。广告的合法性，又分为广告内容的合法性和广告形式的合法性，是指广告的形式和内容都必须遵守法律和行政法规的规定，不得违反公序良俗或者损害公共利益、损害他人利益。

(三) 诚实信用原则

被多数学者冠以“帝王条款”之名的诚实信用原则，作为民法的基本原则受到众多学者的关注和青睐。它是“要求民事主体在民事活动中维持双方的利益平衡，以及当事人利益与社会利益平衡的立法者的意志”①。随着市场经济的发展，诚信原则已经不仅仅是民法的基本原则，也成为规制市场活动的广告法的立法原则。它不仅是广告伦理道德要求，也是法律要求，而且

① 徐国栋：《民法基本原则解释——成文法局限性之克服》，79页，北京，中国政法大学出版社，1992。

是司法活动中法官进行自由裁量的重要依据。我国《广告法》第5条规定，广告主、广告经营者、广告发布者从事广告活动，应当遵守诚实信用原则。这项原则要求广告活动主体在广告活动中应保持善意、诚实、恪守信用、忠实履约，反对任何形式的误导和欺骗。任何广告在设计时不得滥用消费者的信任或者利用消费者缺乏经验或者知识欠缺，弄虚作假、欺骗误导；更不得利用广告这种具有广泛影响力和说服力的宣传形式，诋毁、贬损其他经营者。

（四）保护消费者合法权益原则

现代社会中，消费者面对的是一个商品琳琅满目、花色品种繁多、同一产品的厂家成千上万的市场，而且随着经济的发展和科技的进步，消费者和经营者信息不对称的现象会更加明显，所以消费者权益更容易受损。因此，我国除了专门颁布《消费者权益保护法》以保护消费者的合法权益以外，还在其他的法律、法规中也规定了相关内容，包括广告法在内，使广告法成为一部以维护消费者合法权益为导向的法律，成为保护消费者权益法律制度的重要组成部分。《广告法》第1条规定，为了规范广告活动，保护消费者的合法权益，促进广告业的健康发展，维护社会经济秩序，制定本法。这一规定体现出“保护消费者的合法权益”是我国广告立法的主要目的之一。《广告法》第14条第1、2款规定：广告应当具有可识别性，能够使消费者辨明其为广告。大众传播媒介不得以新闻报道形式发布广告。通过大众传播媒介发布的广告应当显著标明“广告”，与其他非广告信息相区别，不得使消费者产生误解。广告法将消费者权益保护作为重要原则，贯彻到具体的法律条文中。

（五）政府适度干预原则

在市场经济条件下，市场虽然是一种最为有效的资源配置手段，但它也有弱点和不足之处，即存在着“市场失灵”问题，因此，需要通过政府干预来弥补“市场失灵”的缺陷。但是，政府干预如果不适度，有可能对经济造成更大的的危害，也就是所谓的“政府失灵”。所以要求政府对经济生活要进行适度干预：该出手时出手干预，不该出手时交给市场。可以说，适度干预原则被真正贯彻之日，就是市场发达、政府成熟之时。就广告法而言，政府适度干预原则要求政府适度干预广告活动，制定各类广告法律规范，搞好广告经营活动的监督、审查工作，打击各类违法广告行为。我国目前存在着大量的违法广告，如果通过市场机制本身对其加以克服，会收效甚微。只有借助于国家公权力对市场的干预，努力创造各种条件贯彻适度干预原则以促成市场和政府的成熟，推进社会主义市场经济体制改革，才能创造一个健康、有序的广告活动环境。

第二节 广告主体法律制度

一、广告主体的概念

广告主体，也叫广告活动主体，是指广告信息传播活动中的传送者，也即广告活动的提议者、策划者、创意者和实施者。广告活动主体主要包括三种：广告主、广告经营者和广告发布者。其中，广告主是广告需要的产生者，而广告经营者和广告发布者是满足这种需要的服务提供者，因此，在许多地方，又往往把广告经营者和发布者统称为广告商。一般情况下，一条广告信息，在传达给消费者之前，会经过广告主、广告商、广告媒体这三个元素之间的互动运作。例如在“娃哈哈”纯净水的广告里，杭州娃哈哈集团有限公司就是广告主，而那则广告的设计制作公司就是广告经营者，而广告发布者就是电视台、杂志、报社等媒体。根据法律规定，广告主、广告经营者、广告发布者之间在广告活动中依法订立书面合同，明确各方的权利和义务，在广告活动中进行任何形式的不正当竞争都是不允许的。

二、广告主体的种类及相关法律规定

（一）广告主

广告主是指为推销商品或者提供服务，自行或者委托他人设计、制作、发布广告的法人、其他经济组织或者个人。在市场上，一般把广告主称为广告客户，广告的创意、设计、文案及发布方式都围绕广告客户的需要和要求进行：广告主自行或者委托他人设计、制作、发布广告，所推销的商品或者所提供的服务应当符合广告主的经营范围。广告主是市场经济及广告活动的重要参与者，它的主体资格与自身组织形态是有密切关联的，它可以是法人、其他组织，也可以是自然人。任何推广、销售其产品或服务的商家都可以作为广告主。按照广告法的规定，广告主委托设计、制作、发布广告，应当委托具有合法经营资格的广告经营者、广告发布者。广告主自行或者委托他人设计、制作、发布广告，应当具有或者提供真实、合法、有效的下列证明文件：（1）营业执照以及其他生产、经营资格的证明文件；（2）质量检验机构对广告中有关商品质量内容出具的证明文件；（3）确认广告内容真实性的其他证明文件。

（二）广告经营者

广告经营者是指受委托提供广告设计、制作、代理服务的法人、其他经济组织或者个人。根据广告法的规定，广告经营者主要分为企业法人、不具备法人资格的经济组织和个体工商户。从事广告经营的，应当具有必要的专业技术人员、制作设备，并依法办理公司或者广告经营登记，方可从事广告活动。实践中，广告经营者为了争取广告客户要专门设计一系列的营销攻略，从而使广告市场显得生机勃勃、精彩纷呈。在广告经营者中，有进行广告代理、广告创意设计、广告发布一体化服务的综合性广告公司，也有专门进行一项或几项特别服务的公司，如专门的形象设计公司、专门的市场调查公司甚至专门的广告美术设计公司，等等。

（三）广告发布者

广告发布者是指为广告主或者广告主委托的广告经营者发布广告的法人或者其他经济组织。广义的广告发布者既包括专门的大众传播机构，也包括具有自营媒介的一般广告经营者。狭义的广告发布者仅仅包括广播电台、电视台、报社和杂志社等各种新闻媒介机构，而不包括专门提供其他媒介类型的广告发布业务服务的企事业单位，以及自行发布广告作品的广告主和在自营媒介上发布广告作品的广告经营者。根据我国《广告法》的规定，广告发布者，是指为广告主或者广告主委托的广告经营者发布广告的法人或者其他经济组织，即一般是从狭义角度来理解广告发布者概念的。

依据广告法的规定，广播电台、电视台、报刊出版单位的广告业务，应当由其专门从事广告业务的机构办理，并依法办理兼营广告的登记。广告经营者、广告发布者依据法律、行政法规查验有关证明文件，核实广告内容。对内容不实或者证明文件不全的广告，广告经营者不得提供设计、制作、代理服务，广告发布者不得发布。广告经营者、广告发布者按照国家有关规定，建立、健全广告业务的承接登记、审核、档案管理制度。广告收费应当合理、公开，收费标准和收费办法应当向物价和工商行政管理部门备案。广告经营者、广告发布者应当公布其收费标准和收费办法。广告发布者向广告主、广告经营者提供的媒介覆盖率、收视率、发行量等资料应当真实。法律、行政法规禁止生产、销售的商品或者提供的服务以及禁止发布广告的商品或者服务，不得设计、制作、发布广告。

（四）广告代言人

广告代言是指利用名人、明星的平面肖像或录像，通过一系列的宣传载体让产品的终端受众广为知晓的一种营销活动。《广告法》第2条第5款规定，本法所称广告代言人，是指广告主以外的，在广告中以自己的名义或者形象对商品、服务作推荐、证明的自然人、法人或者其他组织。现实生活中，广告代言人一般是指较多在社会公众面前出现的人物，通常是体育明星、娱乐明星、学术专家、国家政要等，他们经常通过各种媒体（自愿或被迫）出现在大众面前，比非公众人物对社会有更大的影响和作用。由于名人、明星身份的特殊性，所以他们代言广告所取得的效果往往比其他方式更直接、更有效。广告经营者正是看中了这一点，所以，高额聘请名人、明星为其代言广告。近年来，部分明星、名人代言的虚假广告损害了消费者的合法权益，如郭德纲、刘嘉玲、王宝强、侯耀华等明星代言的虚假广告被媒体曝光，引发了对明星、名人代言广告承担责任问题的关注。

在欧美国家，有关名人、明星代言广告的法律规定远比中国严格得多。美国联邦贸易委员会规定，广告代言人必须是产品的真实使用者，其广告中有关产品效果部分的声明必须要有事实依据。2015年《广告法》对广告代言人应承担的连带责任作出了规定，将参与广告代言、证明、推荐的“广告其他参与者”也列为广告主体。如果明星、名人代言的广告的确给消费者造成了损害，就必须视具体情况追究代言人的连带责任。这将意味着，明星、名人代言虚假广告除了承担相应的行政责任、民事责任外，构成犯罪的，还将被追究刑事责任。《广告法》第38条第1款规定，广告代言人在广告中对商品、服务作推荐、证明，应当依据事实，符合本法和有关法律、行政法规规定，并不得为其未使用过的商品或者未接受过的服务作推荐、证明。第62条规定，广告代言人有下列情形之一的，由工商行政管理部门没收违法所得，并处违法所得1倍以上2倍以下的罚款：（1）违反本法第16条第1款第4项规定，在医疗、药品、医疗器械广告中作推荐、证明的；（2）违反本法第18条第1款第5项规定，在保健食品广告中作推荐、证明的；（3）违反本法第38条第1款规定，为其未使用过的商品或者未接受过的服务作推荐、证明的；（4）明知或者应知广告虚假仍在广告中对商品、服务作推荐、证明的。

第三节 广告活动准则法律制度

一、广告活动准则概述

（一）广告活动准则的概念

广告活动准则又叫广告发布标准，关于广告法规定的，关于发布广告在内容上和形式上的原则和限制性的法律规范。广告活动准则是国家通过法律形式所确定的对广告的发布要求，是衡量广告内容与形式是否合法的准绳。它既包括对一般商品或服务的广告要求，也包括对特殊商品的广告要求。

（二）广告活动准则的分类

1. 从适用范围上来分，广告活动准则可以分为一般准则和特殊准则。

2. 从规范对象上分，广告活动准则可以分为内容准则和形式准则。

3. 从制定主体上分，广告活动准则可以分为法定准则和非法定准则。

(三) 广告活动准则的作用

广告活动准则作为广告法律规范的重要组成部分，对于规范广告市场，促进广告业健康、有序地发展起着非常重要的作用，具体体现在以下几个方面：

1. 为广告活动主体进行广告设计、制作和发布提供了基本行为准则

无论是广告主、广告经营者还是广告发布者，都应当在广告活动的每一个环节中遵守广告活动准则，广告设计者、广告制作者策划、制作、设计的广告内容和形式应当符合广告活动准则的要求。广告主自行或者委托他人设计、制作广告应当具有或者提供真实、合法、有效的文件，以确认广告内容的真实性。如第34条的规定，广告经营者、广告发布者应当按照国家有关规定，建立、健全广告业务的承接登记、审核、档案管理制度。广告经营者、广告发布者依据法律、行政法规查验有关证明文件，核对广告内容。对内容不符或者证明文件不全的广告，广告经营者不得提供设计、制作、代理服务，广告发布者不得发布。发布广告需要经有关行政主管部门审查的，还应当提供有关批准文件。广告经营者应当依据国家有关规定查验有关证明，核实广告内容是否符合广告标准。

2. 为广告审查机关行使职责提供了审查标准

根据《广告法》的规定，广告审查机关在对特殊商品广告进行审查的过程中，不仅要依据该产品广告的特殊要求，还要依据广告活动准则的要求，即对于一些涉及人体健康和人民财产、生产安全的特殊商品广告，应当进行事先审查，方能发布。广告审查机关必须在发布前依照广告活动准则以及法律、法规和其他有关规定，对广告内容进行审查，未经审查或者审查不符合有关规定的，不得发布。

3. 为广告监督管理机关进行广告执法提供了法律依据

按照广告法的规定，广告监督管理机关对已发布的广告有事后监督的责任和权力，广告监督管理机关应当依据广告活动准则及其他规定，对已发布的广告进行监督，查处违法广告。

4. 为处理各类广告纠纷提供了法律准绳

人民法院在处理广告纠纷案件时，要以广告法律规范为依据。但在现实生活中，一方面，同一部法律中可能会出现规定模糊或自相矛盾之处，不同的法律、法规之间更容易产生法律的冲突；另一方面，现有的广告法律规范也有缺漏，不能为处理广告纠纷提供具体的法律依据。在这种情况下，在有关广告的诉讼中，广告活动准则也会成为司法审判的重要的法律准绳。

二、广告的一般准则

根据广告活动准则作用的范围以及重要性的不同，广告活动准则可以分为广告的一般准则和特殊商品的广告准则。广告的一般准则是一切广告所必须遵守的最根本的原则，它是适用于所有广告的普遍标准，贯穿广告活动的始终。其主要表现为广告管理法律、法规对一切广告内容和形式的要求，以及对广告内容和形式进行限制的禁止性规定。特殊商品的广告准则是针对特定商品广告的特殊标准。根据规范的内容不同，广告的一般准则又分为禁止性广告准则和命令性广告准则。

(一) 禁止性广告准则

禁止性广告准则是规定广告活动主体不能为的行为准则和规范要求，属于禁止性法律规范。由于广告不仅仅是一种经济信息的传播手段，也是一种政治的、道德的、民族的、社会性的宣传活动，所以《广告法》第9条规定了广告表现形式和内容的各项禁止性的情形。这些规定目的在于规范广告宣传活动，发挥广告在社会主义精神文明建设、物质文明建设中的积极作用，防止违法广告损害社会的善良风俗，损害民族和国家的尊严与利益。每一个广告主、广告经营者、广告发布者都应当在广告宣传活动中认真执行这些规定，违反了这些规定就应当承担相应的责任。这不仅是一种法律责任，也是一种社会责任。

《广告法》第9条的规定具体包括以下几方面：

1. 广告不得使用中华人民共和国国旗、国徽、国歌、军旗、军歌、军徽

广告不得使用中华人民共和国国旗、国徽、国歌、军旗、军歌、军徽，是指既不允许原封不动地照搬使用，也不准变形、剪接、剪辑后使用，也就是说，不论是标准的使用还是夸张的使用，都包括在内。因为国旗、国徽、国歌和军旗、军歌、军徽是一个国家主权的象征和标志，是由国家通过专门立法进行保护的，以维护其主权的神圣性。世界上许多国家如韩国、日本都有相关规定。[①] 我国《国旗法》规定，国旗及其图案不得用作商标和广告。我国《国徽法》规定，国徽及其图案不得用于商标和广告。《广告法》也明确规定：广告不得使用中华人民共和国国旗、国徽、国歌、军旗、军歌、军徽。违反该规定的，由广告监督管理机关责令负有责任的广告主、广告经营者、广告发布者停止发布、公开更正，没收广告费用，并处广告费用1倍以上5倍以下罚款。此类违法广告一般会出现在国庆节期间，大量以庆祝祖国华诞为主题的形象广告中容易出现此类问题。但下列特殊情况之一可为例外：(1) 时事政治类公益广告中可以善意和适当地使用国旗、国徽图案和国歌，但广告中不得标列企业名称；(2) 社会组织的标志、会旗或会徽中含有我国国旗、国徽图案的，如果经国务院或国务院办公厅认可，可以在广告中使用；(3) 建筑物或其他场所本身悬挂有国徽和国旗的，其画面可以作为背景在广告中出现，但不得突出、清晰使用。

2. 广告不得使用或变相使用国家机关和国家机关工作人员的名义和形象

《广告法》第9条第2款规定，“(广告不得) 使用或者变相使用国家机关、国家机关工作人员的名义或者形象”。国家机关和国家机关工作人员是依法行使管理国家事务权力的机关和人员，其名义和形象代表着国家利益和社会公共利益，在市场经济中承担着监管者的职责。他们的身份、地位特殊，如果允许使用国家机关和国家机关工作人员的名义或形象，不仅不严肃，也有损国家机关及其工作人员的形象，容易导致不正当竞争。国家机关的内涵极为广泛，既包括各级权力机关、行政机关，还包括各级党委、政协和工会、共青团和妇联组织。国家机关工作人员一般是指上述国家机关的在编人员以及从事国家日常管理活动的临时人员，既包括普通工作人员，也包括党和国家领导人，如全国人大常委会委员长、国家主席、国务院总理等，还包括已故领导人和在世但已经离任的党和国家领导人。

禁止使用国家机关和国家机关工作人员的名义和形象，既包括直接引用，即直接使用国家

---

① 韩国《放松广告审议》第10条规定：一些国家性意义的如国旗、国歌及国家重要的文化遗产不能受侮辱。2002年世界杯之前，对国旗等是严禁做广告的。在2002年世界杯之后，韩国广告法对国旗的规定比较宽松了，现在韩国广告中经常可以看到国旗的图案。

机关和国家机关工作人员的名义介绍商品或者服务，如“某某国家机关向广大消费者推荐某某商品”“某国家机关工作人员认为某项服务质量上乘”“某国家领导人题词称赞某种商品”等，也包括间接引用，如使用国家机关及其工作人员视察企业、出席企业庆典活动、接见职工时的讲话，为企业及产品题词、评价及使用产品的照片等，还包括在展览会、交易会、订货会等商业性活动或者其他销售活动有关的场所设置、散发、播放含有国家机关及国家机关工作人员名义的印刷品或者音像制品等商业性广告。2006 年《关于对广告中使用党和国家领导人名义的违法行为进行检查的通知》明确禁止各类商场、专卖店、特许经营店及其他销售点摆放领导同志题词、照片及其他在广告中使用党和国家领导同志名义和形象的行为。

3. 广告不得使用国家级、最高级、最佳等用语

广告应当真实、合法，不得含有虚假的内容。这就要求广告必须真实、客观地介绍商品和服务，而不能作虚假的宣传。广告毕竟不同于商品和服务本身，它只是介绍商品和服务的一种形式，在介绍过程中，必然会使用描述商品和服务情形的文字。按照《广告法》的规定，广告可以使用一般的描述商品和服务情况的用语，但不能使用“国家级、最高级、最佳”等用语。之所以如此规定，首先是因为：一方面可以使消费者免于遭受欺骗和误导之害，另一方面可以保护其他竞争者的合法权益；其次是因为，“国家级、最高级、最佳”等用语一般都没有一个准确的标准。就消费者而言，都希望自己购买的商品或接受的服务是最好的。但是，在绝大多数条件下，很难说清楚哪个产品就是最好的，更多情况下是各有千秋、各有特色。与之相类似的绝对化用语还有“顶级、第一品牌、第一、最好”等。另外，在广告中使用“最高级、最佳”等绝对化语言，违背了事物不断发展、变化的客观规律，客观上起到了抬高自己、贬低其他竞争对手的作用，不利于市场上的公平竞争。因此，我国广告法规定了不得使用“国家级、最高级、最佳”等容易产生误导的绝对化语言。但获得国家级、部级、省级各类奖的优质名酒，经工商行政管理机关批准可以做广告。

4. 广告不得损害国家的尊严或者利益、泄露国家秘密、妨碍社会安定、损害社会公共利益

《广告法》第 9 条第 4 款、第 5 款规定：（广告不得）损害国家的尊严或者利益、泄露国家秘密、妨碍社会安定、损害社会公共利益。这些规定包括的内容非常广泛，如损害民族团结、国家统一、国家政治安定、公共利益等；如使用煽动性的语言或者其他表现形式，可能造成对社会管理秩序的破坏，从而妨碍社会安定的。广告法要求的是广告活动不能够直接或间接损害社会公共利益。《广告法》第 39 条规定：“发布广告违反本法第七条第二款规定的，由广告监督管理机关责令负有责任的广告主、广告经营者、广告发布者停止发布、公开更正，没收广告费用，并处广告费用一倍以上五倍以下的罚款；情节严重的，依法停止其广告业务。构成犯罪的，依法追究刑事责任。”

5. 广告不得危害人身、财产安全，泄露个人隐私

广告经营者不能为了自己的利益而危害他人人身、财产安全，更不能为牟取利益，造成他人个人信息的泄露。

6. 广告不得妨碍社会公共秩序和违背社会良好风尚

社会公共秩序是指人们在社会公共生活中为维护公共事业和集体利益而必须共同遵守的原则，是一个国家和社会存在、发展所必需的一般的秩序。社会良好风尚又称善良风俗，是指为

国家之存在及发展所必要的一般道德，或某一特定社会所尊重的伦理要求。在法律上，社会公共秩序和社会良好风尚通常合称为“公序良俗”。遵守公序良俗不仅是法律的要求，也是发展文化产业、建设社会主义精神文明的首要条件。作为一种商业促销手段，利用广告进行商业炒作的底线除了法律、法规，还有社会公共道德伦理。杜绝出现格调低下、有伤风化、内容粗俗、滥用成语、虚假误导的不良内容。

7. 广告不得含有淫秽、色情、赌博、迷信、恐怖、暴力的内容

所谓淫秽、色情，按照《关于惩治走私、制作、贩卖、传播淫秽物品的犯罪分子的决定》关于淫秽物品的规定，是指含有具体描绘性行为或者露骨宣扬色情的诲淫性内容。所谓迷信，是指相信星占、卜筮、风水、命相、鬼神等的一种思想。所谓恐怖，是指以人们自己不能控制的恐惧为特征的一种心理状态。所谓暴力，是指侵犯他人人身、财产等权利的强暴行为。所谓赌博，即用斗牌、掷色子等形式，拿有价值的东西做注码来赌输赢的一种游戏，是人类的一种娱乐方式。淫秽、色情、赌博、迷信、恐怖、暴力的东西是与社会主义精神文明建设格格不入的，即这一类的广告表现手段直接地与广告应当符合社会主义精神文明建设的要求相违背，是法律所不能允许的。

8. 广告不得含有民族、种族、宗教、性别歧视的内容

我国《宪法》规定，中国境内的各民族一律平等，不得进行种族歧视。同时，我国《宪法》保障公民宗教信仰自由，保障男女平等。在广告宣传中含有民族、种族、宗教、性别歧视的内容，是对《宪法》规定的背离，自然应当追究其法律责任。

9. 广告不得妨碍环境和自然资源或者文化遗产的保护

保护环境和自然资源，是我国的一项基本国策，为此我国制定了一系列的法律、行政法规，如《环境保护法》《大气污染防治法》《水污染防治法》《海洋环境保护法》《土地管理法》《森林法》《草原法》《水法》《野生动物保护法》《渔业法》等法律，对环境保护和自然资源的保护作了具体的规定。文化遗产包括物质文化遗产和非物质文化遗产。我国文化遗产蕴含着中华民族特有的精神价值、思维方式、想象力，体现着中华民族的生命力和创造力，是各民族智慧的结晶，也是全人类文明的瑰宝。保护文化遗产，也是维护世界文化多样性和创造性、促进人类共同发展的前提，是建设社会主义先进文化和构建社会主义和谐社会的必然要求。

10. 法律、行政法规规定禁止的其他情形

这是一种兜底的法律规定：一是防止《广告法》规定得不够全面；二是为今后的法律、行政法规对这一类问题作出规定留有余地。如《广告法》对广告中使用妇女肖像的问题没有作出规定，但《妇女权益保障法》第 38 条规定：“未经本人同意，不得以营利为目的，通过广告、商标、展览橱窗、报纸、期刊、图书、音像制品、电子出版物、网络等形式使用妇女肖像。”因此，于其他法律、行政法规作出禁止规定的情形，广告也不得使用。实际上，其他法律、法规中有许多有关广告活动的禁止性规定，主要有以下三个方面：(1) 禁止将人民币变相作为奖券使用；(2) 停止发布含有乱评比、乱排序等内容的广告；(3) 严禁刊播有关性生活产品的广告。

另外，《广播电视广告播出管理办法（2011 版）》规定，广播电视广告禁止含有下列内容：(1) 反对宪法确定的基本原则的；(2) 危害国家统一、主权和领土完整，危害国家安全，或者损害国家荣誉和利益的；(3) 煽动民族仇恨、民族歧视，侵害民族风俗习惯，伤害民族感情，

破坏民族团结，违反宗教政策的；（4）扰乱社会秩序，破坏社会稳定的；（5）宣扬邪教、淫秽、赌博、暴力、迷信，危害社会公德或者民族优秀文化传统的；（6）侮辱、歧视或者诽谤他人，侵害他人合法权益的；（7）诱使未成年人产生不良行为或者不良价值观，危害其身心健康的；（8）使用绝对化语言，欺骗、误导公众，故意使用错别字或者篡改成语的；（9）商业广告中使用、变相使用中华人民共和国国旗、国徽、国歌，使用、变相使用国家领导人、领袖人物的名义、形象、声音、名言、字体或者国家机关和国家机关工作人员的名义、形象的；（10）药品、医疗器械、医疗和健康资讯类广告中含有宣传治愈率、有效率，或者以医生、专家、患者、公众人物等形象做疗效证明的；（11）法律、行政法规和国家有关规定禁止的其他内容。

（二）命令性广告准则

命令性广告准则是指广告活动主体应当从事的一定行为规范，即广告活动主体必须要履行的、不允许以任何方式变更或违反的法定义务。我国广告法规定的命令性广告准则包括以下四个方面：

1. 广告要保护未成年人和残疾人的身心健康

包括广告中不得含有损害未成年人和残疾人的身心健康的内容，表现形式上不得具有损害未成年人和残疾人身心健康的形象等。《未成年人保护法》和《残疾人保障法》都对未成年人和残疾人的身心健康保护作了规定。这样规定，一方面是为了使未成年人不受到不利于他们身心健康的不良商品信息的污染；另一方面是使未成年人能够正确对待广告所传输的消费观念和价值取向。对于残疾人，广告法同样要求广告活动主体无论在广告的内容上还是在广告的形式上，都能尊重残疾人的基本权利，杜绝利用残疾人的形象或生理缺陷制造广告卖点。

2. 广告内容应当清楚、明白、正确，不得有误导倾向

这是广告法真实性原则的必然要求。目前，虽然消费者对虚假广告的辨别能力得到显著提高。然而，由于自身知识储备等方面的限制和随着科技的飞速发展以及社会的不断进步，有些商品的相关信息并不能够完全掌握，特别是对隐蔽性更强的误导性虚假广告仍然防范不足。对消费者尤其是心理素质尚未发育成熟的未成年人而言，误导性虚假广告仍然极具诱惑力，不知情者往往被其蒙蔽。所以，要求广告内容应该清楚、明白、正确、实事求是。所谓误导，就是广告主活动主体利用消费者的心理等方面的弱点，在广告中运用模棱两可、引人误解的语言陈述或表达方式，使消费者对商品的真实情况产生错误的联想，从而影响其购买决定。

3. 广告不得贬低其他生产经营者的商品或者服务

所谓贬低，是指给予不公正的评价。此类广告具有以下特征：第一，一般是针对竞争对于进行的。第二，广告的内容表现为通过比较，散布竞争对象的商品或者服务在质量、工艺、技术、价格等方面存在的不足或者问题，产生诋毁他人商业信誉的效果，以削弱对手的竞争能力。第三，此类广告的广告主制作、发布此类广告时，在主观上是故意的。第四，广告行为侵犯的客体是竞争对手的商业信誉和商品或者服务的声誉。这种损害对手合法权益的市场竞争行为，破坏了社会主义市场经济的竞争秩序，属于不正当竞争行为。从广告领域的角度来讲，此类广告违背了广告活动的基本准则。

特别是在比较广告中，应当正确区分正当的比较广告和含有贬低内容的比较广告之间的界限。正当的比较广告一般来说具有以下特征：第一，正当的比较广告所涉及的产品应当是相同的产品或可类比的产品，即属于同一竞争领域内的产品，比较之处应当具有可比性。1993 年

国家工商行政管理局颁布的《广告审查标准》第 34 条规定，“比较广告的内容，应当是相同的产品或可类比的产品，比较之处应当具有可比性”。第二，对比的内容应以具体事实为基础，并且这些事实是可以证明的。国家工商行政管理局的《广告审查标准》第 33 条规定：“比较广告中使用的数据或调查结果，必须有依据，并应提供国家专门检测机构的证明。”因此，正当的比较广告是法律所允许的。但是还要注意到，我国的有关法律、法规还规定，对于一些特殊商品不得做比较广告，如《药品广告管理办法》第 16 条规定，药品广告不得含有“贬低同类产品或与其他药品进行功效和安全性对比评价的内容”。《医疗器械广告管理办法》第 12 条规定，医疗器械广告不得出现“有与同类产品功效、性能进行比较的言论或画面、形象”。

4. 广告应当具有可识别性

大众传播媒介不得以新闻报道形式发布广告。通过大众传播媒介发布的广告应当有广告标记，与其他非广告信息相区别，不得使消费者产生误解。要求广告具有可识别性，不仅是出于保护消费者权益的需要，而且有利于广告监督管理机关能够及时、准确地依法实施监督管理。

广告作为一种介绍和推销商品或服务的形式，有其自身的特点。但是，目前有一些广告采用含混的方式介绍和推销商品或者服务，使广大消费者难以辨认其究竟是否属于广告，使消费者产生误解。这就属于《广告法》所禁止的欺骗或者误导消费者的情形。广告应当具有可识别性，能够使消费者辨明其为广告。要求广告具有可识别性，界限在于能够使消费者辨认其是广告。具体来讲：首先，在形式上要求广告具有使普通消费者一看便知是广告的特征，而不能在形式上使消费者误认为是艺术作品或新闻报道等；其次，在内容上要有介绍或者推销商品或者服务的含义；最后，在发布方式上要求广告具有使普通消费者一看便知是广告的特征，如利用电视、报刊发布广告时，应当有专门的提示或者在时间、版面等方面具有明显的特征。

广告与新闻有本质的区别。所谓新闻，是指公开传播新近变动事实的信息。构成新闻价值的要素有时新性、重要性、接近性、显著性、趣味性等。而广告是指商品经营者或者服务提供者承担费用，通过一定媒介和形式直接或者间接地介绍自己所推销的商品或者所提供的服务。两者的区别有两点：一是新闻是无偿的，广告是有偿的；二是新闻的目的是传播某种事实的信息，而广告的目的是推销某种商品或者服务。1993 年 7 月 31 日中央宣传部、新闻出版署发布的《关于加强新闻队伍职业道德建设禁止“有偿新闻”的通知》指出：新闻与广告必须严格分开，不得以新闻报道的形式为被报道单位做广告。凡属新闻报道，新闻单位不得向被报道单位收取任何费用；凡收取费用而刊播的，应标明为“广告”。新闻单位刊播广告，应当有明确的标志。新闻单位不得以新闻报道形式刊播广告，收取费用；新闻记者不得借采访名义招揽广告。

三、特殊商品广告准则

（一）特殊商品广告准则和制定特殊商品广告准则的目的

当商品本身与消费者的人身和财产安全密切相关，而消费者对产品广告依赖度高时，就需要国家通过立法对这些商品的广告信息发布制定特殊的标准，以保证这些特殊商品的广告信息真实、可靠，不对消费者构成误导。特殊商品本身与消费者的人身和财产安全密切相关，决定了其生产、销售会受到国家严格的管制，而且，必须为这些商品的广告制定专门遵守的广告准则。《广告法》规定，禁止医疗、药品、医疗器械、保健食品广告利用广告代言人作推荐、证明。除医疗、药品、医疗器械广告外，禁止其他任何广告涉及疾病治疗功能，并不得使用医疗用语或者易使推销的商品与药品、医疗器械相混淆的用语。

（二）药品、医疗器械广告准则

1. 药品、医疗器械广告的禁止性规定

（1）含有不科学的表示科学断言或者保证的；（2）说明治愈率或者有效率的；（3）与其他药品、原料器械的功效和安全性比较的；（4）含有绝对化用语；（5）利用医药科研单位、学术结构、医疗器械或者专家、医生、患者的名义的形象作证明的。

2. 药品、医疗器械广告的忠告性规定

第一，国家规定的应当在医生指导下使用的治疗性药品广告中，必须注明“按医生处方购买和使用”或者“请在医生指导下使用”。这一条叫作“忠诚性语言规定”。第二，标示必须清楚。第三，药品批准生产文号和药品广告的审查批准文号必须列为广告内容同时发布。第四，药品广告的内容必须以国务院卫生行政管理部门或者省、自治区、直辖市卫生行政管理部门批准的说明书为准。

3. 禁止做广告的药品种类

（1）治疗肿瘤、艾滋病、改善和治疗性功能障碍的药品，计划生育药品、防疫制品、解毒药品以及卫生行政管理部门认定的特殊药品。（2）未经卫生行政管理部门批准生产的药品和试生产的药品。（3）卫生行政管理部门命令禁止销售、使用的药品和医疗单位配制的制剂。（4）除中药饮剂外，未取得注册商标的药品或制剂。另外，对处方药和非处方药广告的特殊要求是，处方药可以在国务院卫生行政管理部门和国务院食品药品监督管理部门共同指定的医学、药学专业刊物上介绍，但不得在大众传播媒介上发布广告或者以其他方式进行以公众为对象的广告宣传。

（三）农药广告准则

农药广告发布的限制性规定是：第一，不得使用无毒、无害等表明安全性的绝对化断言的；第二，不得含有不科学的表示功效的断言或者保证；第三，不得含有违反农药安全使用规程的文字、语言或者画面；第四，不得使用直接或者暗示的方法，以及模棱两可、言过其实的用语，使人在产品安全性、实用性或者政府批准等方面产生错觉。

（四）烟草广告准则

烟草广告通常有三种形式：烟草制品广告、烟草企业的形象广告、烟草赞助广告。

1. 烟草广告的禁止性规定是：第一，禁止利用广播、电影、电视、报纸、期刊发布烟草广告；第二，禁止在候车室、影剧院、会议厅堂、体育比赛场所等公共场所设置烟草广告。

2. 烟草广告的命令性规定是：烟草广告中必须标明“吸烟有害健康”忠告语，并且忠告语必须清晰，易于辨认，所占面积不得少于全部广告面积的10%。此外，烟草广告中不得有下列情形：（1）吸烟形象；（2）未成年人形象；（3）鼓励、怂恿吸烟的；（4）表示吸烟有利于人体健康、解除疲劳、缓解精神紧张的；（5）其他违反国家广告管理规定的。

3. 在国家禁止范围以外的媒介或者场所发布烟草广告，必须经省以上广告监督管理机关或者其授权的省辖市广告监督管理机关批准。烟草经营者或者其被委托人直接向商业、服务业的销售点和居民住所发送广告品，须经所在地县级以上广告监督管理机关批准。

(五) 食品、酒类、化妆品广告准则

食品、酒类、化妆品都是人民群众的日常消费品，与人民群众的生命健康息息相关，因此，对于这些商品的广告内容都有严格限制。食品包括各种供人食用的或者饮用的成品和原料，但不包括以治疗为目的的药品。酒是食品的一种，酒在一定的条件下会损害人的身体健康，因此，它是一种特殊的食品，为了突出其特殊性，专门将酒单独列出。化妆品是指以涂擦、喷洒或者其他类似的办法，散布于人体表面任何部位，以达到清洁、清除不良气味、护肤、美容和修饰目的的日用化学工业产品。化妆品可分为一般化妆品和特殊用途化妆品，所谓特殊用途化妆品是指用于育发、染发、烫发、脱发、美乳、健美、除臭、祛斑、防晒的化妆品。为了防止食品、酒类、化妆品有害因素对人体的危害，保障人民身体健康，广告法对食品、酒类、化妆品的广告提出了特殊的要求。

1. 食品、酒类、化妆品广告的共同发布要求

(1) 广告的内容必须符合卫生许可的事项。要求发布广告要有卫生许可证或者卫生行政管理部门颁发的批准文号，广告的内容应当符合卫生行政管理部门或者卫生行政管理部门认可的检验单位出具的产品检验合格证明中记载的事项。这是食品、酒类、化妆品广告的内容必须符合卫生许可事项的最重要的内容。检验合格证明是食品、酒类、化妆品经卫生行政管理部门或者卫生行政管理部门认可的检验单位依据有关法律、法规以及食品、化妆品卫生标准，按照一定的程序进行检验，对合格食品、酒类、化妆品出具的证明。此外，广告内容中涉及的广告主的名称（或姓名）、法定代表人、经营场所等事项也应当与卫生行政管理部门颁发的卫生许可证记载的事项相符。

(2) 不得使用医疗用语或者易与药品混淆的用语。首先，在广告中不得使用医疗用语，这主要是要求在食品、酒类、化妆品广告中禁止宣传疗效；其次，在广告中不得使用与药品相混淆的用语，如将某某食品称为“家传秘方”等，因为在消费者的观念中，“家传秘方”一般指药品的配方。

(3) 不得使用“最新科学”“最新技术”“最新工艺”等绝对化用语。《广告法》第 18 条第 1 项规定，医疗、药品、医疗器械广告不得含有“表示功效、安全性的断言或者保证”。《医疗器械广告审查发布标准》第 10 条第 7 项规定，医疗器械广告不得“含有‘唯一’、‘精确’、‘最新技术’、‘最先进科学’、‘国家级产品’、‘填补国内空白’等绝对化或排他性的用语”。《保健食品广告审查暂行规定》第 8 条第 2 款第 14 项规定，保健食品广告不得“含有最新技术、最高科学、最先进制法等绝对化的用语和表述”。《食品广告发布暂行规定》第 6 条规定，“食品广告不得含有‘最新科学’、‘最新技术’、‘最先进加工工艺’等绝对化的语言或者表示”。《化妆品广告管理办法》第 8 条第 5 项规定，化妆品广告不得“使用最新创造、最新发明、纯天然制品、无副作用等绝对化语言”。

另外，《广告法》第 17 条规定，除医疗、药品、医疗器械广告外，禁止其他任何广告涉及疾病治疗功能，并不得使用医疗用语或者易使推销的商品与药品、医疗器械相混淆的用语。对它们的批准和生产过程要求与药品有很大不同，如果允许使用医疗用语或者易与药品混淆的用语，将会严重地误导消费者。

2. 食品广告的发布要求

内容必须符合卫生许可标准和事项，如食品的主要成分、生产日期、保质期等必须与标准相符；不得使用医疗用语或者易与药品混淆的用语。

3. 酒类广告的发布要求

获得国优、部优、省优和39度以下的烈性酒，以及符合卫生许可事项的酒，才可做广告。不得用一些医疗用语或易于混淆的用语，不得以文字、语言等形式鼓励人们饮酒，避免给消费者身心造成危害。

4. 化妆品广告的发布要求

其质量必须达到卫生许可标准，在广告中表述的化妆品主要配方、功用、生产日期、有效期等，均要与标准相符；也不能使用医学用语或易与药品相混的用语。

第四节　广告活动的监督管理制度

一、广告活动审查制度

（一）广告活动审查制度的概念

广告审查制度是指广告审查机关在广告交付设计、制作、代理和发布前，对广告主的主体资格、广告的内容和表现形式、有关证明文件或材料的审查，并出具与审查结果和审查意见相应的证明文件的一种广告管理制度。广告审查制度是广告行政管理的重要组成部分。根据广告法的规定，利用广播、电影、电视、报纸、期刊以及其他媒介发布药品、医疗器械、农药、兽药等商品的广告和法律、行政法规规定应当进行审查的其他广告，必须在发布前依照相关法律、行政法规由有关行政主管部门对广告内容进行审查，未经审查，不得发布。广告审查既是广告经营者、广告发布者的权利，也是其必须履行的法定义务。广告经营者、广告发布者依据法律、行政法规查验有关证明文件，核实广告内容；要按照国家有关规定建立、健全广告业务的审查制度，要有熟悉广告法的管理人员和编审人员。对内容不实或证明文件不全的广告主，广告经营者不得提供设计、制作、代理服务，广告发布者不得发布。广告审查是为了保证广告内容真实、合法，它是在工商行政管理机关的监督指导下进行的。

（二）广告审查的内容和程序

1. 广告审查的内容

根据广告法的规定，广告主自行或者委托他人设计、制作、发布广告，应当具有或者提供真实、合法、有效的下列文件证明：营业执照和其他生产、经营资格的证明文件；质量检验机构对广告中有关商品质量内容出具的证明文件；确认广告内容真实性的其他证明文件。

广告审查的内容主要包括两个方面：

（1）广告主体资格的审查。《广告经营许可证管理办法》第2条规定：广播电台、电视台、报刊出版单位，事业单位，法律、行政法规规定应进行广告经营审批登记的单位，领取“广告经营许可证”后，方可从事相应的广告经营活动。广告审查机关首先要求广告主提交营业执照和其他生产、经营资格的证明文件。这也是审查广告主是否是合法组织、有无与其广告相关的权利能力和行为能力。广告是否合法必须以广告主的合法资格为前提和条件。只有当广告主出示了经国家工商行政管理机关核准登记的拥有生产、经营某种商品、提供某种服务的营业执照，并根据自己要求发布的广告提供其与营业执照上核定的生产、经营范围相一致的证明后，广告审查机关对广告主的主体资格的审查才算完成。

（2）广告内容和表现形式的审查。主要是审查广告内容与客观事实是否相符、有无随意虚构和隐瞒真相，尤其是对一些涉及质量标准的和一时难以证明广告内容真实性的商业广告，还要求出示由质量检验机构对广告中有关商品质量内容所出具的证明文件和确认广告内容真实性的其他证明文件。除了对广告内容真实性审查之外，还要对表现广告内容的语言文字、画面、声音等广告表现形式进行审查，以保证广告表现形式与广告内容相符且真实。

2. 广告审查的程序

广告审查的程序是：(1) 承接登记。广告审查机关接受广告主提出的广告审查申请时，首先要进行登记，对广告主的一些基本情况，如姓名、地址、广告内容及其表现形式，进行登记，并按照广告法规的相关规定，向广告主收取广告主主体资格证明和广告内容及其表现形式真实性的证明材料。(2) 审查人员初审。完成承接登记后，广告审查人员开始初审工作，把广告内容及其表现形式与广告主所提供的各种证明文件或材料一一进行对照，按照广告法规进行全面审查。审查完成后，广告审查人员应提出初审意见，交复审人员进行复审。(3) 广告业务负责人复审。初审完成后，广告业务负责人应对广告审查人员的初审意见进行复审，并根据复审结果提出复审意见。根据复审意见，决定是否准予进行该广告的代理或发布。(4) 建立审查档案。广告审查完成后，有关承接登记、初审、复审全部过程的记录材料应进行归档，以备查验。对于未查验证明、核实内容的广告经营者、广告发布者，视其情节予以通报批评、没收非法所得、处以 3 000 元以下罚款；由此造成虚假广告的，必须负责发布更正广告；给用户和消费者造成损害的，承担连带赔偿责任。

3. 对广告行政审查的相关法律规定

(1) 对广告进行审查是广告经营者的一项法律义务，未经审查的广告不得进行宣传发布。

(2) 广告经营者审查广告应当按照广告管理法规的要求，全面审查广告宣传内容和表现形式，严格掌握广告宣传的标准，并查验广告证明。

(3) 广告审查程序分承接登记、审查、复审和建立广告业务档案等步骤进行。

(4) 审查时要看广告客户的主体资格是否合法、广告宣传是否符合真实性原则、有无虚构事实或隐瞒事实真相的词语或画面、有无夸大宣传让消费者上当受骗的地方、有无能使消费者产生误解的文字，审查广告中有无广告法规明令禁止出现的内容。

(5) 广告审查要把实际审查和通过查验广告证明结合起来，同时注意广告证明的出具机关是否合法、有效。

(6) 对广告审查合格的，广告经营者可以设计、制作、代理、分布，对不合格者指出其问题，建议修改广告内容或表现手法，引导广告主依法进行广告宣传；在广告经营中必须坚持原则，依法办事。

(7) 对违背广告审查制度而承接相应广告出现违法虚假的广告，造成社会不良影响的，按规定追究当事人的相应法律责任。

广告审查根据审查主体的不同分为政府的行政审查和广告行业的自律审查两种。前者是一种依赖行政权力实施的外部监管手段，而后者是一种主要依赖企业的社会责任和商业道德而进行的自律措施。无论何种形式的广告审查制度，其设计目的就是在源头上对广告内容的真实性进行把关，在广告发布前能做到防患于未然，以期实现事先预防虚假广告。为此，各国的广告审查制度通常由政府的行政审查和广告行业的自律审查两大体系组成。如美国就拥有一套非常发达和有效的广告行业自律体系，并在整个广告审查体系中发挥着举足轻重的作用。而美国的联邦贸易委员会、联邦通讯委员会、食品药品监管局等政府机构也负责广告的行政审查，承担着弥补广告自律审查的职能。比如，美国对保健品广告的管理十分严格。首先，保健品不是药品，根据法律规定，它的上市不需要经过药监部门的审批，但是在其说明书上必须注明它的功效“没有得到食品药品监管局验证”。同时，在广告中可以宣传它对身体“结构或者功能上的好处”，但是不得宣称自己能够“治疗任何疾病或情况”。其次，即使是保健品，一切广告信息都必须是“真实的、没有误导性的、有科学依据的”，而且这个科学依据必须“有力而可靠”；由专家以公认的方式研究试验；数据结构不能有选择性，产生数据的附加条件不得隐瞒。尤其被强调的是，个人经验，即使是真实的，也不能算作科学依据。最后，与药品广告相同，保健品广告中必须交代此药的副作用和风险，这个交代必须以醒目、清晰、易懂的方式呈现。比较有意思的是，法律还规定，不仅仅是生产商，“产品推广中任何有关方面，包括广告商、发行商、零售商、电视台，等等”，都有义务确认广告的真实性和科学依据的充分性。①

（三）广告的自律审查

在我国，除了国家工商行政管理局承担着全国广告行政审查的职责外，还存在着由广告经营者、广告发布者展开的自律审查。

与强大的广告行政审查制度相比，我国广告业的自律审查机制一直以来还没有形成一个完善的、多层次的自觉、自律的体系。从各国实践来看，广告的自律体系往往会包括个体性企业自律体系、会员性协会自律体系和专职性机构自律体系。而在我国既不存在专职性的自律机构，会员性协会自律的功能也很不健全和完善，广告自律功能的实现主要是由广告经营者和广告发布者承担。如早在 1987 年《广告管理条例》中就规定了“广告经营者承办或者代理广告业务，应当查验证明，审查广告内容。对违反本条例规定的广告，不得刊播、设置、张贴”。随后在《广告法》第 34 条第 2 款同样规定了“广告经营者、广告发布者依据法律、行政法规查验有关证明文件，核实广告内容。对内容不实或者证明文件不全的广告，广告经营者不得提供设计、制作、代理服务，广告发布者不得发布”。相似的规定在我国《反不正当竞争法》第 9 条第 2 款也有所规定。为了督促广告经营者自觉履行自律审查义务，相关法律也规定了严格的行政责任和民事连带责任以及其他具有威慑力的规制措施。比如，那些未尽自律审查义务的广告经营者不仅可能面临政府的责罚，而且有可能被消费者或经营者指控、要求承担责任。责罚体系中既有经济罚又有名誉罚乃至资格罚，而相应的救济体系中既有针对个体受害者的救济体系，也有针对众多不特定受害者的救济形式（如责令公开更正）。

相比之下，以专职性广告自律机构、协会性自律机构的自律审查为主，广告经营者的自律审查为辅的广告自律审查体系具有天然的自发性优势和比较优势。其不仅可以弥补政府人力、财力方面的不足，还可以减少政府的广告监管及私人诉讼的成本、大大降低消费者的诉讼概率，节省社会资源。当面临行政监管失灵、行政监管体制不协调以及行政审查制度功能日益退化的状态时，良好的广告自律审查制度就显得尤为重要。

二、广告活动管理制度

（一）广告活动管理的概念

广告活动管理是指国家广告监督管理机关依据《广告法》和其他有关法律、法规，对广告

① 参见刘瑜：《民主的细节》，207 页，上海，上海三联书店，2009。

活动主体和广告活动进行调控和监督的活动。

（二）广告活动的管理机构

根据广告法的规定，国务院工商行政管理部门主管全国的广告监督管理工作，国务院有关部门在各自的职责范围内负责广告管理相关工作。

县级以上地方工商行政管理部门主管本行政区域的广告监督管理工作，县级以上地方人民政府有关部门在各自的职责范围内负责广告管理相关工作。

广告行业组织依照法律、法规和章程的规定，制定行业规范，加强行业自律，促进行业发展，引导会员依法从事广告活动，推动广告行业诚信建设。

（三）广告活动行为规范

1. 广播电台、电视台、报刊出版单位从事广告发布业务的，应当设有专门从事广告业务的机构，配备必要的人员，具有与发布广告相适应的场所、设备，并向县级以上地方工商行政管理部门办理广告发布登记。

2. 广告主、广告经营者、广告发布者之间在广告活动中应当依法订立书面合同。

3. 广告主、广告经营者、广告发布者不得在广告活动中进行任何形式的不正当竞争。

4. 广告经营者、广告发布者应当按照国家有关规定，建立、健全广告业务的承接登记、审核、档案管理制度。广告经营者、广告发布者依据法律、行政法规查验有关证明文件、核对广告内容。对内容不符或者证明文件不全的广告，广告经营者不得提供设计、制作、代理服务，广告发布者不得发布。

5. 不得利用不满10周岁的未成年人作为广告代言人。

6. 对于在虚假广告中作推荐、证明受到行政处罚未满3年的自然人、法人或者其他组织，不得利用其作为广告代言人。

7. 不得在中小学校、幼儿园内开展广告活动，不得利用中小学生和幼儿的教材、教辅材料、练习册、文具、教具、校服、校车等发布或者变相发布广告，但公益广告除外。

8. 在针对未成年人的大众传播媒介上不得发布医疗、药品、保健食品、医疗器械、化妆品、酒类、美容广告，以及不利于未成年人身心健康的网络游戏广告。

三、广告合同法律制度

（一）广告合同的概念

广告合同是指广告客户与经营者之间、广告经营者与广告经营者之间确立、变更、终止广告承办或代理关系的协议。

（二）广告合同的种类

1. 广告发布业务合同

广告发布业务合同是由广告发布者与广告主或广告主委托的广告经营者签订的书面合同。

2. 广告制作合同

广告制作合同是由广告经营者与广告主就广告作品的设计、制作所签订的合同。

3. 广告市场调查合同

广告市场调查合同是由广告经营者与广告主就某一具体市场调查活动所签订的合同，对某一具体商品广告市场或某一具体市场商品广告的信息、效果进行调查，提供数据、资料等。

4. 广告代理协议

广告代理协议是由广告经营者与广告主或广告发布者就某一具体商品、服务广告活动、广告发布业务所签订的代理协议。一般情况下，全面代理协议包括广告制作合同、广告市场调查合同和广告发布业务合同。

（三）广告合同的主要条款

根据广告业务活动的内容，广告合同应当具备下列主要条款：

1. 标的和数量、质量。标的是指承办或代理的广告项目；数量是指完成广告项目的多少；质量是指广告项目满足规定要求的特性的总和。

2. 广告内容及交验、查验广告证明文件。以此认定广告内容是否经过审查和合同双方当事人是否履行了法律规定的签约程序，如发生违法问题，各自应当承担什么责任。

3. 广告费用。广告费用包括两部分：一是直接费用，广告合同当事人一方向另一方支付的，与其为完成广告项目所提供的财产相当的货币如广告制作费、媒介发布费等；二是间接费用，如广告人员工资、办公费、管理费、代理费等等。

4. 广告原材料的提供以及规格、数量、质量、交付期限。

5. 技术资料、图纸或广告作品提供的期限、质量、数量及保密要求。

6. 广告项目验收标准、办法、期限和违约责任及解决合同纠纷的方式。

第五节　广告法律责任

一、广告法律责任的概念

广告法律责任是指广告主、广告经营者和广告发布者对于其在广告活动中实施的违法行为及其造成的危害应承担的法律责任，包括民事责任、行政责任、刑事责任三种形式。

二、广告违法行为的民事责任

除《民法通则》《消费者权益保护法》等法律规定外，《广告法》第56条对此作了专门规定：

（一）广告主的民事责任

违反《广告法》规定，发布虚假广告，欺骗、误导消费者，使购买商品或者接受服务的消费者的合法权益受到损害的，由广告主依法承担民事责任。

（二）广告经营者、广告发布者的先行赔付责任

广告经营者、广告发布者不能提供广告主的真实名称、地址和有效联系方式的，消费者可以要求广告经营者、广告发布者先行赔偿。

（三）广告经营者、广告发布者、广告代言人应承担的连带责任

关系消费者生命健康的商品或者服务的虚假广告，造成消费者损害的，其广告经营者、广告发布者、广告代言人应当与广告主承担连带责任。前述规定以外的商品或者服务的虚假广告，造成消费者损害的，其广告经营者、广告发布者、广告代言人，明知或者应知广告虚假仍设计、制作、代理、发布或者作推荐、证明的，应当与广告主承担连带责任。

另外，《广告法》第69条规定，广告主、广告经营者、广告发布者违反本法规定，有下列

侵权行为之一的，依法承担民事责任：（1）在广告中损害未成年人或者残疾人的身心健康的；（2）假冒他人专利的；（3）贬低其他生产经营者的商品、服务的；（4）在广告中未经同意使用他人名义或者形象的；（5）其他侵犯他人合法民事权益的。

三、广告违法行为的行政责任

《广告法》第55、57、58、59条和第61、63条等对广告主、广告经营者和广告发布者违反广告法应承担的行政责任作了专门规定：

（一）广告主应承担的行政责任

违反《广告法》规定，发布虚假广告的，由工商行政管理部门责令停止发布广告，责令广告主在相应范围内消除影响，处广告费用3倍以上5倍以下的罚款，广告费用无法计算或者明显偏低的，处20万元以上100万元以下的罚款；两年内有3次以上违法行为或者有其他严重情节的，处广告费用5倍以上10倍以下的罚款，广告费用无法计算或者明显偏低的，处100万元以上200万元以下的罚款，可以吊销营业执照，并由广告审查机关撤销广告审查批准文件、1年内不受理其广告审查申请。医疗机构有前述违法行为，情节严重的，除由工商行政管理部门依照《广告法》处罚外，卫生行政管理部门可以吊销诊疗科目或者吊销医疗机构执业许可证。

（二）广告经营者、广告发布者应承担的行政责任

广告经营者、广告发布者明知或者应知广告虚假仍设计、制作、代理、发布的，由工商行政管理部门没收广告费用，并处广告费用3倍以上5倍以下的罚款，广告费用无法计算或者明显偏低的，处20万元以上100万元以下的罚款；两年内有3次以上违法行为或者有其他严重情节的，处广告费用5倍以上10倍以下的罚款，广告费用无法计算或者明显偏低的，处100万元以上200万元以下的罚款，并可以由有关部门暂停广告发布业务、吊销营业执照、吊销广告发布登记证件。

（三）广告主、广告经营者、广告发布者应共同承担的行政责任

《广告法》第57条规定，有下列行为之一的，由工商行政管理部门责令停止发布广告，对广告主处20万元以上100万元以下的罚款，情节严重的，并可以吊销营业执照，由广告审查机关撤销广告审查批准文件、1年内不受理其广告审查申请；对广告经营者、广告发布者，由工商行政管理部门没收广告费用，处20万元以上100万元以下的罚款，情节严重的，并可以吊销营业执照、吊销广告发布登记证件：

1. 发布有本法第9条、第10条规定的禁止情形的广告的。

2. 违反本法第15条规定发布处方药广告、药品类易制毒化学品广告、戒毒治疗的医疗器械和治疗方法广告的。

3. 违反本法第20条规定，发布声称全部或者部分替代母乳的婴儿乳制品、饮料和其他食品广告的。

4. 违反本法第22条规定发布烟草广告的。

5. 违反本法第37条规定，利用广告推销禁止生产、销售的产品或者提供的服务，或者禁止发布广告的商品或者服务的。

6. 违反本法第40条第1款规定，在针对未成年人的大众传播媒介上发布医疗、药品、保

健食品、医疗器械、化妆品、酒类、美容广告，以及不利于未成年人身心健康的网络游戏广告的。

（四）广告代言人应承担的行政责任

《广告法》第62条规定，广告代言人有下列情形之一的，由工商行政管理部门没收违法所得，并处违法所得1倍以上2倍以下的罚款：

1. 违反本法第16条第1款第4项规定，在医疗、药品、医疗器械广告中作推荐、证明的。

2. 违反本法第18条第1款第5项规定，在保健食品广告中作推荐、证明的。

3. 违反本法第38条第1款规定，为其未使用过的商品或者未接受过的服务作推荐、证明的。

4. 明知或者应知广告虚假仍在广告中对商品、服务作推荐、证明的。

此外，《广告法》对广播电台、电视台、报刊音像出版单位、公共场所电信业务经营者和互联网经营者等应承担的行政责任也作了具体规定。

四、广告活动中的犯罪行为及处罚

广告主、广告经营者和广告发布者违反广告法，情节严重，构成犯罪的，《广告法》规定了要依法追究刑事责任。另外，广告监督管理机关和广告审查机关的工作人员玩忽职守、滥用职权、徇私舞弊，情节严重，构成犯罪的，也要依法追究刑事责任。

1. 广告主、广告经营者、广告发布者有《广告法》第55条第1款、第3款规定行为，构成犯罪的，依法追究刑事责任。另外，《广告法》第71条规定：违反本法规定，拒绝、阻挠工商行政管理部门监督检查，或者有其他构成违反治安管理行为的，依法给予治安管理处罚；构成犯罪的，依法追究刑事责任。

2.《广告法》第72条规定：广告审查机关对违法的广告内容作出审查批准决定的，对负有责任的主管人员和直接责任人员，由任免机关或者监察机关依法给予处分；构成犯罪的，依法追究刑事责任。第73条规定：工商行政管理部门对在履行广告监测职责中发现的违法广告行为或者对经投诉、举报的违法广告行为，不依法予以查处的，对负有责任的主管人员和直接责任人员，依法给予处分。工商行政管理部门和负责广告管理相关工作的有关部门的工作人员玩忽职守、滥用职权、徇私舞弊的，依法给予处分。有前两种行为，构成犯罪的，依法追究刑事责任。

第八章
计算机软件、互联网法

第一节　计算机软件和互联网概述

一、计算机软件概述

(一) 计算机软件的定义和特征

1. 计算机软件的定义

我国《计算机软件保护条例》第 2 条和第 3 条对计算机软件作了如下定义：计算机软件(以下简称软件)，是指计算机程序及其有关文档。计算机程序，是指为了得到某种结果而可以由计算机等具有信息处理能力的装置执行的代码化指令序列，或者可以被自动转换成代码化指令序列的符号化指令序列或者符号化语句序列。同一计算机程序的源程序和目标程序为同一作品。

计算机软件是用户与硬件之间的接口界面。用户主要是通过软件与计算机进行交流。软件是计算机系统设计的重要依据。

2. 计算机软件的特点

计算机软件应具备三个特点：(1) 运行时，能够提供所要求功能和性能的指令或计算机程序集合；(2) 程序能够满意地处理信息的数据结构；(3) 描述程序功能需求以及程序如何操作和使用所要求的文档。

(二) 计算机软件的分类

一般来说，计算机软件被划分为编程语言、系统软件、应用软件和介于这两者之间的中间件。其中，系统软件为计算机使用提供最基本的功能，但是并不针对某一特定应用领域；而应用软件恰好相反，不同的应用软件根据用户和所服务的领域提供不同的功能。

1. 系统软件

系统软件负责管理计算机系统中各种独立的硬件，使它们可以协调工作。一般来讲，系统软件包括操作系统和一系列基本的工具(比如编译器、数据库管理、存储器格式化、文件系统管理、用户身份验证、驱动管理、网络连接等工具)，具体包括 4 类：(1) 各种服务性程序，如诊断程序、排错程序、练习程序等；(2) 语言程序，如汇编程序、编译程序、解释程序；(3) 操作系统；(4) 数据库管理系统。①

① 参见赖晓铮、谭键诚、杨春武：《计算机组成原理》，13 页，北京，科学出版社，2013。

2. 应用软件

应用软件是为了某种特定的用途而开发的软件。它可以是一个特定的程序，比如一个图像浏览器；可以是一组功能联系紧密、可以互相协作的程序的集合，比如微软的Office软件；也可以是一个由众多独立程序组成的庞大的软件系统，比如数据库管理系统。常见的有：文字处理软件如WPS Office、Microsoft Office，网页浏览软件如Internet Explorer，网络通信软件如Windows Live Messenger、QQ等。

软件开发是根据用户要求建造出软件系统或者系统中的软件部分的过程。软件一般是以某种程序设计语言来实现的。不同的软件一般都有对应的软件许可，软件的使用者必须在同意所使用软件的许可证的情况下才能够合法地使用软件。另外，某种特定软件的许可条款也不能够与法律相抵触。①

(三)我国鼓励软件产业发展的相关政策

软件产业是国家战略性新兴产业，是国民经济和社会信息化的重要基础。近年来，在国家《鼓励软件产业和集成电路产业发展的若干政策》等一系列政策措施的扶持下，我国软件产业和集成电路产业获得较快发展。为继续完善激励措施，明确政策导向，优化产业发展环境，增强科技创新能力，提高软件产业发展质量和水平，2011年国务院制定了《进一步鼓励软件产业和集成电路产业发展的若干政策》。前后两个鼓励政策主要是从财税政策、投融资政策等多个方面对软件产业的发展环境、发展质量和水平进行政策导向。

1. 财税政策

财税政策主要是软件增值税优惠政策、营业税和所得税减免政策以及保税政策。对于符合条件的企业从事软件开发与测试，信息系统集成、咨询和运营维护等业务，免征营业税，并简化相关程序。我国境内新办符合条件的软件企业，经认定后，自获利年度起，享受企业所得税"两免三减半"优惠政策。经认定的符合条件的软件企业的进口料件，符合现行法律、法规规定的，可享受保税政策，享受国家规划布局内重点软件企业所得税优惠政策。符合条件的软件企业享受企业所得税"两免三减半""五免五减半"优惠政策，在2017年12月31日前自获利年度起计算优惠期，并享受至期满为止。

2. 投融资政策

第一，中央预算内适当投资及积极的资源整合政策。鼓励软件企业加强技术开发综合能力建设及产业资源整合。国务院有关部门和地方各级人民政府要积极支持引导软件企业为实现资源整合和做大做强进行的跨地区重组并购，避免设置各种障碍。第二，引导社会资本设立创业投资基金，通过现有的创业投资引导基金等资金和政策渠道，支持中小软件企业创业。有条件的地方政府也可以按有关规定设立支持软件企业发展的股权投资基金或创业投资基金，引导社会资金投资软件产业。积极支持符合条件的软件企业采取发行股票、债券等多种方式筹集资金，拓宽直接融资渠道。第三，通过支持和引导地方政府建立贷款风险补偿机制，健全知识产权质押登记制度，来积极推动软件企业利用知识产权等无形资产进行质押贷款。积极为中小软件企业促成融资性担保机构和融资担保补助资金的贷款担保。政策性金融机构在批准的业务范围内，可对符合国家重大科技项目范围、条件的软件项目给予重点支持。商业性金融机构应进一步改

---

① 参见［美］Behrouz Forouzan：《计算机科学导论》，刘艺、瞿高峰译，北京，机械工业出版社，2010。

善金融服务，积极创新适合软件产业发展的信贷品种，为符合条件的软件企业提供融资支持。

3. 研究开发政策

大力支持软件重大关键技术的研发，利用多种资金渠道，加大对科技创新的支持力度。发挥国家科技重大专项的引导作用，实现关键技术的整体突破，加快具有自主知识产权技术的产业化和推广应用。围绕培育战略性新兴产业的目标，重点支持基础软件、面向新一代信息网络的高端软件、工业软件、数字内容相关软件、关键应用系统的研发以及重要技术标准的制定。科技部、国家发改委、财政部、工业和信息化部等部门要做好有关专项的组织实施工作。

推动在基础软件、高性能计算和通用计算平台、关键应用软件等领域国家重点实验室、国家工程实验室、国家工程中心和企业技术中心建设，有关部门要优先安排研发项目。鼓励软件企业建立产、学、研、用结合的产业技术创新战略联盟，促进产业链协同发展。

鼓励软件企业大力开发软件测试和评价技术，完善相关标准，提升软件研发能力，提高软件质量，加强品牌建设，增强产品竞争力。

4. 进出口政策

对软件企业需要临时进口的自用设备（包括开发测试设备、软硬件环境、样机及部件、元器件等），经地市级商务主管部门确认，可以向海关申请按暂时进境货物监管，其进口税收按照现行法规执行。对符合条件的软件企业和集成电路企业，质检部门可提供提前预约报检服务，海关根据企业要求提供提前预约通关服务。

对软件企业与国外资信等级较高的企业签订的软件出口合同，政策性金融机构可按照独立审贷和风险可控的原则，在批准的业务范围内提供融资和保险支持。

支持企业建立境外营销网络和研发中心，推动软件和信息服务出口。大力发展国际服务外包业务。商务部要会同有关部门与重点国家和地区建立长效合作机制，采取综合措施为企业拓展新兴市场创造条件。

5. 人才政策

加快完善期权、技术入股、股权、分红权等多种形式的激励机制，充分发挥研发人员和管理人员的积极性和创造性。各级人民政府可对有突出贡献的软件高级人才给予重奖。对国家有关部门批准建立的产业基地（园区）、高校软件学院引进的软件人才，优先安排本人及其配偶、未成年子女在所在地落户。加强人才市场管理，积极为软件企业招聘人才提供服务。

高校要进一步深化改革，加强软件工程专业建设，紧密结合产业发展需求及时调整课程设置、教学计划和教学方式，努力培养国际化、复合型、实用性人才。加强软件工程专业师资队伍、教学实验室和实习实训基地建设。教育部要会同有关部门加强督促和指导。

支持建立校企结合的人才综合培训和实践基地，支持示范性软件学院与国际知名大学、跨国公司合作，引进国外师资和优质资源，联合培养软件和集成电路人才。

按照引进海外高层次人才的有关要求，加快软件海外高层次人才的引进。制定落实软件人才引进和出国培训年度计划，办好国家软件人才国际培训基地，积极开辟国外培训渠道。

6. 知识产权政策

鼓励和支持软件企业进行著作权登记及软件企业依法到国外申请知识产权，符合有关规定的，可申请财政资金支持。大力发展知识产权服务业。加大对网络环境下软件著作权的保护力度，积极开发和应用正版软件网络版权保护技术，有效保护软件知识产权。

进一步推进软件正版化工作。凡在我国境内销售的计算机（大型计算机、服务器、微型计算机和笔记本电脑）所预装软件必须为正版软件，禁止预装非正版软件的计算机上市销售。全面落实政府机关使用正版软件的政策措施，将软件购置经费纳入财政预算，对通用软件实行政府集中采购，加强对软件资产的管理。大力引导企业和社会公众使用正版软件。

7. 市场政策

积极引导企业将信息技术研发应用业务外包给专业企业。鼓励政府部门通过购买服务的方式将电子政务建设和数据处理工作中的一般性业务发包给专业软件和信息服务企业，有关部门要抓紧建立和完善相应的安全审查和保密管理规定。

鼓励大中型企业将其信息技术研发应用业务机构剥离，成立专业软件和信息服务企业，为全行业和全社会提供服务。

进一步规范软件市场秩序，加强反垄断工作，依法打击各种滥用知识产权排除、限制竞争以及滥用市场支配地位进行不正当竞争的行为，充分发挥行业协会的作用，创造良好的产业发展环境。加快制定相关技术和服务标准，促进软件市场公平竞争，维护消费者合法权益。完善网络环境下消费者隐私及企业秘密保护制度，促进软件和信息服务网络化发展。逐步在各级政府机关和事业单位推广符合安全要求的软件产品。

8. 政策落实

凡在我国境内设立的符合条件的软件企业，不分所有制性质，均可享受该政策。同时继续实施国发（2000）18号文件《关于印发鼓励软件产业和集成电路产业发展若干政策的通知》明确的政策，若相关政策与2011年政策（国务院《关于进一步鼓励软件产业和集成电路产业发展的若干政策》）不一致的，以2011年政策为准。

（四）我国计算机软件相关法律规定

1. 法律

我国现阶段还没有制定专门关于计算机软件的法律。但是在知识产权保护领域有很多法律都有关于计算机软件的相关规定，如《著作权法》《专利法》《商标法》《反不正当竞争法》等。

2. 行政法规

如《计算机软件保护条例》《中华人民共和国计算机信息系统安全保护条例》等。

3. 规章

如《软件产品管理办法》《计算机信息系统保密管理暂行规定》《工业和信息化部、国家质量监督检验检疫总局、中国人民银行等关于加强信息安全管理体系认证安全管理的通知》《涉及国家秘密的通信、办公自动化和计算机信息系统审批暂行办法》《公安部关于防病毒卡等产品属于计算机安全专用产品的批复》《计算机信息系统安全专用产品检测和销售许可证管理办法》《关于对出售没有申领销售许可证的计算机信息系统安全专用产品的单位进行处罚问题的批复》《计算机病毒防治管理办法》。

二、互联网概述

（一）互联网的概念

互联网（internet），又称网际网，或音译因特网，是网络与网络之间所串连成的庞大网络。这些网络以一组标准的网络TCP/IP协议族相连，链接全世界几十亿个设备，形成逻辑上的单一巨大国际网络。这是一个网络的网络①，它是由从地方到全球范围内几百万个私人的、政府的、学术界的、企业的和政府的网络所构成，通过电子、无线和光纤网络技术等一系列技术联系在一起。这种将计算机网络互相连接在一起的方法称作“网络互联”，在此基础上发展出覆盖全世界的全球性互联网络称互联网，就是互相连接在一起的网络。互联网不等同于万维网，万维网只是一个基于超文本相互链接而成的全球性系统，是互联网所能提供的服务之一。互联网带有范围广泛的信息资源和服务，例如相互关系的超文本文件，还有万维网（WWW）的应用、支持电子邮件的基础设施、点对点网络、文件共享和电话服务。

（二）互联网的特征

互联网与其他的媒介相比具有明显优势：互联网能够不受空间限制地进行信息交换；信息交换具有时域性（更新速度快）；交换信息具有互动性（人与人、人与信息之间可以互动交流）；信息交换的使用成本低（通过信息交换代替实物交换）；信息交换趋向于个性化发展（容易满足每个人的个性化需求）；使用者众多；有价值的信息被资源整合，信息储存量大、高效、快；信息交换能以多种形式（视频、图片、文章，等等）存在。

（三）我国互联网发展状况

根据中国互联网络信息中心（CNNIC）2015 年 2 月发布的《第 35 次中国互联网络发展状况统计报告》，截至 2014 年 12 月的数据如下：

1. 互联网基础资源使用情况

全球 IPv4 地址数已于 2011 年 2 月分配完毕，自 2011 年开始我国 IPv4 地址总数基本维持不变，共计有 33 199 万个。拥有 IPv6 地址 18 797 块/32，年增长 12.8%。

域名总数为 2 060 万个，年增长 11.7%，其中“.CN”域名总数年增长为 2.4%，达到 1 109 万个，在中国域名总数中占比达 53.8%。

网站②总数为 335 万个，年增长 4.6%；“.CN”下网站数为 158 万个。

网页数量为 1 899 亿个，年增长 26.6%。国际出口带宽为 4 118 663 Mbps，年增长 20.9%。

2. 互联网络接入场所

2014 年，我国网民在家里、网吧、工作单位通过电脑接入互联网的比例与 2013 年基本持平，在学校通过电脑上网比例略有增长，在公共场所电脑上网使用率增长 3.4 个百分点。机场、咖啡馆、餐厅等公共场所无线网络环境的提供，使公共场所成为网民网络办公、娱乐地点的补充。

3. 城镇电脑网民家庭 Wi-Fi 接入情况

在家里使用电脑接入互联网的城镇网民中，家庭 Wi-Fi 的普及情况已达到很高水平，比例为 81.1%。家庭 Wi-Fi 的使用对于家庭中高龄成员上网具有较强带动作用，推动城市互联网普及率的进一步提升。

4. 互联网络安全环境

2014 年，总体网民中有 46.3%的网民遭遇过网络安全问题，我国个人互联网使用的安全状况不容乐观。在安全事件中，电脑或手机中病毒或木马、账号或密码被盗情况最为严重，分

① See RFC 1122，Requirements for Internet Hosts——Communication Layers，1.1.2 Architectural Assumptions，1989.

② 指域名注册者在中国境内的网站。

别达到26.7%和25.9%，在网上遭遇到消费欺诈的比例为12.6%。网络安全的维护需要政府、企业、网民三方群策群力，全体网民应致力于提高自我保护意识和技能，提高对网络虚假、有害信息的辨识和抵抗能力，共建安全的网络环境。

5. 网民规模

截至2014年12月，我国网民规模达6.49亿人，全年共计新增网民3 117万人。互联网普及率为47.9%，较2013年年底提升了2.1个百分点。新网民最主要的上网设备是手机，使用率为64.1%。截至2014年12月，我国手机网民规模达5.57亿人，较2013年增加5 672万人。网民中使用手机上网的人群占比由2013年的81.0%提升至85.8%。

(四) 互联网相关法律规定

1. 法律

我国现阶段还没有有关互联网的专门法律，但有两部比较重要的法律涉及互联网活动：《中华人民共和国治安管理处罚法》和《中华人民共和国保守国家秘密法》。

2. 行政法规

国务院发布的有关互联网安全、服务等的行政法规主要有：《互联网上网服务营业场所管理条例》《信息网络传播权保护条例》《中华人民共和国电信条例》《计算机信息网络国际联网安全保护管理办法》《互联网信息服务管理办法》等。

3. 部门规章等规范性文件

涉及互联网的部门规章主要包括：《信息安全等级保护管理办法》《电信网络运行监督管理办法》《通信网络安全防护管理办法》《金融机构计算机信息系统安全保护工作暂行规定》《互联网安全保护技术措施规定》《互联网IP地址备案管理办法》《互联网电子邮件服务管理办法》《互联网视听节目服务管理规定》《互联网文化暂行管理规定》《互联网著作权行政保护办法》《计算机信息系统国际联网保密管理规定》《公安部公共信息网络安全监察局关于对利用网络漏洞进行攻击但未造成危害后果的行为如何处罚的答复》《关于信息安全等级保护安全建设整改工作的实施意见》等。

第二节 计算机软件管理与保护

一、计算机软件管理法

(一) 计算机软件管理主体

计算机软件管理主体即《软件产品管理办法》中所述的软件产品管理主体。根据《软件产品管理办法》的规定，工业和信息化部负责全国软件产品的管理。其主要职责是：(1) 制定并发布软件产品测试标准和规范。(2) 对省、自治区、直辖市及计划单列市软件产业主管部门登记的软件产品进行备案。(3) 指导、监督、检查全国的软件产品管理工作。(4) 指导并监督软件产品检测机构，按照我国软件产品的标准规范和软件产品的测试标准及规范，进行符合性检测。(5) 制定全国统一的软件产品登记号码体系、制作软件产品登记证书。(6) 发布软件产品登记公示。

省、自治区、直辖市及计划单列市软件产业主管部门依法负责本行政区域内软件产品的登记、报备和管理工作。

（二）软件产品的登记和备案

符合软件产品生产规定的软件产品在省级及计划单列市软件产业主管部门登记和备案。软件产业主管部门委托所在地的软件产品登记机构，负责软件产品登记申请的受理和审查。审查申请材料齐全的，软件产业主管部门核报工业和信息化部备案。

1. 国产软件产品

国产软件产品应当由该软件产品的开发、生产单位申请登记和备案，并提交下列材料：（1）软件产品登记申请表。（2）企业法人营业执照副本和复印件。（3）软件产品样品。（4）软件产品在我国境内开发及申请单位拥有知识产权的有效证明。（5）软件检测机构出具的检测证明材料。（6）其他需要出具的材料。

2. 进口软件产品

进口软件产品的登记备案，由负责进口的单位提交下列材料：（1）软件产品登记申请表。（2）申请单位营业执照副本复印件。（3）软件产品样品。（4）软件产品著作权人授权在中国经营的证明材料。（5）软件检测机构出具的检测证明材料。（6）软件产品符合国家软件进口程序的材料。

（三）软件产品的生产

1. 软件产品生产规范

在我国境内生产软件产品应当遵守我国的法律规定，符合我国技术标准、安全标准、规范和《软件产品管理办法》的规定。软件产品生产单位所生产的软件产品应当是本单位享有著作权或者著作权人或其他权利人许可其生产的软件。软件产品生产单位应当对其生产的软件进行内容检查。

2. 软件产品包装要求

提供给用户的软件产品的外包装上，应当标明该软件的名称、版本号、软件著作权人、软件产品登记号、软件生产单位（或进口单位）和单位地址、生产日期。提供给用户的软件产品，应配有完备的中文说明书、使用手册等说明文件，并在产品上或者说明文件等书面文件中注明提供技术服务的单位、内容和方式。

（四）软件产品的销售

1. 销售方式

（1）软件产品的开发、生产单位直接经营销售其软件产品。

（2）以代理方式进行软件产品销售。代理方（软件产品销售单位）与被代理方（软件产品开发或者生产单位）之间、总代理与分代理之间应当签订书面代理合同。代理方应当在其经营场所的显著位置悬挂代理资格证书。

（3）以许可证贸易形式经营软件产品的，软件产品经营单位应当与生产单位签订书面许可合同。软件产品经营单位在销售软件产品时，应当告知用户阅读许可证协议，并要求用户在阅读后作出是否同意的表示。

2. 费用规定

软件产品经营单位销售的软件产品应符合《软件产品管理办法》第 4 条的规定，并以书面或者文档的形式告知用户提供技术服务的单位、服务内容、服务方式和费用。没有注明提供服务的单位的，视为软件产品销售单位提供有关技术服务。没有注明额外收取服务费的，视为软件产品价格包含服务费。

软件产品的测试版应当明确标出并免费提供，不得进行营利性销售。

二、计算机软件保护

计算机软件保护主要是针对计算机软件著作权人权益的保护。在我国涉及对计算机软件著作权人权益保护的法律、法规主要是《中华人民共和国著作权法》以及根据著作权法制定的《计算机软件保护条例》，旨在调整计算机软件在开发、传播和使用中发生的利益关系，鼓励计算机软件的开发与应用，促进软件产业和国民经济信息化的发展。根据《计算机软件保护条例》，计算机软件保护主要是对计算机软件的著作权下的各项权利的保护：

（一）计算机软件著作权人及其著作权

1. 计算机软件著作权人

计算机软件著作权人是指对软件享有著作权的自然人、法人或者其他组织。根据《计算机软件保护条例》第9条的规定，软件著作权属于软件开发者，如无相反证明，在软件上署名的自然人、法人或者其他组织为开发者。

2. 计算机软件著作权

计算机软件著作权即软件著作权人享有的发表权、署名权、修改权、复制权、发行权、出租权、信息网络传播权、翻译权及其他应由软件著作权人享有的权利，其中：(1) 发表权，即决定软件是否公之于众的权利；(2) 署名权，即表明开发者身份，在软件上署名的权利；(3) 修改权，即对软件进行增补、删节，或者改变指令、语句顺序的权利；(4) 复制权，即将软件制作一份或者多份的权利；(5) 发行权，即以出售或者赠与方式向公众提供软件的原件或者复制件的权利；(6) 出租权，即有偿许可他人临时使用软件的权利，但是软件不是出租的主要标的的除外；(7) 信息网络传播权，即以有线或者无线方式向公众提供软件，使公众可以在其个人选定的时间和地点获得软件的权利；(8) 翻译权，即将原软件从一种自然语言文字转换成另一种自然语言文字的权利；(9) 应当由软件著作权人享有的其他权利。

软件著作权人可以许可他人行使其软件著作权，并有权获得报酬。

软件著作权人可以全部或者部分转让其软件著作权，并有权获得报酬。

3. 共同开发软件著作权

由两个以上的自然人、法人或者其他组织合作开发的软件，其著作权的归属由合作开发者签订书面合同约定。无书面合同或者合同未作明确约定，合作开发的软件可以分割使用的，开发者对各自开发的部分可以单独享有著作权；但是，行使著作权时，不得扩展到合作开发的软件整体的著作权。合作开发的软件不能分割使用的，其著作权由各合作开发者共同享有，通过协商一致行使；不能协商一致，又无正当理由的，任何一方不得阻止他方行使除转让权以外的其他权利，但是所得收益应当合理分配给所有合作开发者。

4. 委托开发软件著作权

接受他人委托开发的软件，其著作权的归属由委托人与受托人签订书面合同约定；无书面合同或者合同未作明确约定的，其著作权由受托人享有。

5. 职务开发软件著作权

职务开发软件著作权分为两种情况：一是由国家机关下达任务开发的软件，著作权的归属与行使由项目任务书或者合同规定；项目任务书或者合同中未作明确规定的，软件著作权由接受任务的法人或者其他组织享有。二是由自然人在法人或者其他组织中任职期间所开发的软件：（1）针对本职工作中明确指定的开发目标所开发的软件；（2）开发的软件是从事本职工作活动所预见的结果或者自然的结果；（3）主要使用了法人或者其他组织的资金、专用设备、未公开的专门信息等物质技术条件而开发并由法人或者其他组织承担责任的软件。

（二）软件著作权的保护期限及继承

软件著作权自软件开发完成之日起产生。根据我国《计算机软件保护条例》的规定，自然人的软件著作权，保护期为自然人终生及其死亡后50年；法人或者其他组织的软件著作权，保护期为50年，截止于软件首次发表后第50年的12月31日，但软件自开发完成之日起50年内未发表的，不再保护。

软件著作权属于自然人的，该自然人死亡后，在软件著作权的保护期内，软件著作权的继承人可以依照《中华人民共和国继承法》的有关规定，继承除署名权以外的其他权利。

软件著作权属于法人或者其他组织的，法人或者其他组织变更、终止后，其著作权在《计算机软件保护条例》规定的保护期内由承受其权利、义务的法人或者其他组织享有；没有承受其权利、义务的法人或者其他组织的，由国家享有。

（三）软件的合法复制品所有人权利及软件的合法使用

1. 软件的合法复制品所有人权利有以下几个方面：

（1）根据使用的需要把该软件装入计算机等具有信息处理能力的装置内。

（2）为了防止复制品损坏而制作备份复制品。这些备份复制品不得通过任何方式提供给他人使用，并且所有人在丧失该合法复制品的所有权时，负责将备份复制品销毁。

（3）为了把该软件用于实际的计算机应用环境或者改进其功能、性能而进行必要的修改；但除合同另有约定外，未经该软件著作权人许可，不得向任何第三方提供修改后的软件。

2. 软件的合法使用。为了学习和研究软件内含的设计思想和原理，通过安装、显示、传输或者存储软件等方式使用软件的，可以不经软件著作权人许可，不向其支付报酬。

（四）软件著作权的许可使用和转让

1. 软件著作权的许可使用

软件著作权的许可使用分为一般许可使用和专有许可使用。许可他人行使软件著作权时，应订立许可使用合同。许可使用合同中软件著作权人未明确许可的权利，被许可人不得行使。许可他人专有行使软件著作权的，当事人应当订立书面合同。没有订立书面合同或者合同中未明确约定为专有许可的，被许可行使的权利应当视为非专有权利。

2. 软件著作权的转让

转让软件著作权时，当事人应订立书面合同。订立许可他人专有行使软件著作权的许可合同，或者订立转让软件著作权合同，可以向国务院著作权行政管理部门认定的软件登记机构登记。

中国公民、法人或者其他组织向外国人许可或者转让软件著作权的，应当遵守《中华人民共和国技术进出口管理条例》的有关规定。

三、计算机软件著作权登记

根据我国《计算机软件著作权登记办法》，国家著作权行政管理部门鼓励软件登记，并对登记的软件予以重点保护。计算机软件著作权登记包括软件著作权登记、软件著作权专有许可合同和转让合同登记。

（一）软件著作权登记申请

1. 软件著作权及软件著作权合同登记申请人

软件著作权登记申请人应为该软件的著作权人以及通过继承、受让而承受软件著作权的自然人、法人或者其他组织。软件著作权合同登记的申请人应为软件著作权专有许可合同或者转让合同的当事人。

2. 软件著作权登记管理主体

国家版权局主管全国软件著作权登记管理工作。国家版权局认定中国版权保护中心为软件登记机构。中国版权保护中心经国家版权局批准可以在地方设立软件登记办事机构。

3. 申请材料

软件著作权登记申请人，应向中国版权保护中心提交以下材料：(1) 按要求填写的软件著作权登记申请表。(2) 软件的鉴别材料，包括程序和文档的鉴别材料。程序和文档的鉴别材料应当由源程序和任何一种文档前、后各连续30页组成。整个程序和文档不到60页的，应当提交整个源程序和文档。除特定情况外，程序每页不少于50行，文档每页不少于30行。(3) 相关的证明文件。

软件著作权转让合同或者专有许可合同当事人可以向中国版权保护中心申请合同登记。申请合同登记时，应当提交的材料：(1) 按要求填写的合同登记表；(2) 合同复印件；(3) 申请人身份证明。

软件著作权登记人或者合同登记人可以对已经登记的事项作变更或者补充。申请登记变更或者补充时，申请人应当提交以下材料：(1) 按照要求填写的变更或者补充申请表；(2) 登记证书或者证明的复印件；(3) 有关变更或者补充的材料。

4. 申请材料的交存

申请软件著作权登记的，可以选择以下方式之一对鉴别材料作例外交存：(1) 源程序的前、后各连续的30页，其中的机密部分用黑色宽斜线覆盖，但覆盖部分不得超过交存源程序的50%；(2) 源程序连续的前10页，加上源程序的任何部分的连续的50页；(3) 目标程序的前、后各连续的30页，加上源程序的任何部分的连续的20页。文档作例外交存的，按前述方式处理。

软件著作权登记时，申请人可以申请将源程序、文档或者样品进行封存。除申请人或者司法机关外，任何人不得启封。

（二）审查和批准

1. 受理

对软件著作权登记及合同登记的申请，以收到符合《计算机软件著作权登记办法》规定的材料之日为受理日，并书面通知申请人。

2. 审查

中国版权保护中心应当自受理之日起60日内审查完成所受理的申请，申请符合《计算机软件著作权保护条例》和《计算机软件著作权登记办法》规定的，予以登记，发给相应的登记证书，并予以公告。

3. 撤销登记

撤销登记分为两种情形：第一，国家版权局根据情况撤销登记：最终的司法判决；著作权行政管理部门作出的行政处罚决定。第二，中国版权保护中心根据申请人的申请撤销登记。

(三) 登记公告

软件登记实行公告制，公告的内容包括：(1) 软件著作权的登记；(2) 软件著作权合同登记；(3) 软件登记的撤销；(4) 其他事项。除另有规定，任何人均可查阅软件登记公告以及可公开的有关登记文件。

(四) 登记费用

申请软件登记或者办理其他事项，应当交纳的费用包括：(1) 软件著作权登记费；(2) 软件著作权合同登记费；(3) 变更或补充登记费；(4) 登记证书费；(5) 封存保管费；(6) 例外交存费；(7) 查询费；(8) 撤销登记申请费；(9) 其他需交纳的费用。

四、计算机信息系统安全保护

(一) 计算机信息系统及安全保护的基本概念

1. 计算机信息系统

计算机信息系统是指由计算机及其相关的和配套的设备、设施（含网络）构成的，按照一定的应用目标和规则对信息进行采集、加工、存储、传输、检索等处理的人机系统。①

2. 计算机信息系统的安全保护

计算机信息系统的安全保护是指保障计算机及其相关的和配套的设备、设施（含网络）的安全、运行环境的安全，保障信息的安全，保障计算机功能的正常发挥，以维护计算机信息系统的安全运行。重点维护国家事务、经济建设、国防建设、尖端科学技术等重要领域的计算机信息系统的安全。

(二) 计算机信息系统安全保护主管机关

公安部主管全国计算机信息系统安全保护工作。国家安全部、国家保密局和国务院其他有关部门，在国务院规定的职责范围内做好计算机信息系统安全保护的有关工作。

(三) 基本保护规定

1. 安全等级保护制。计算机信息系统实行安全等级保护。安全等级的划分标准和安全等级保护的具体办法，由公安部会同有关部门制定。

2. 机房保护。计算机机房应符合国家标准和国家有关规定，如在计算机机房附近施工，不得危害计算机信息系统的安全。

3. 国际联网备案制。国际联网的计算机信息系统，应由计算机信息系统的使用单位报省级以上人民政府公安机关备案。

4. 海关申报制。运输、携带、邮寄计算机信息媒体出入境时，应向海关申报。

5. 使用单位安全管理制度。计算机信息系统的使用单位应当建立、健全安全管理制度，负责本单位计算机信息系统的安全保护工作。

6. 公安机关管理范围。对计算机信息系统中发生的案件，有关单位应当在24小时内向当

---

① 参见吴佩江编著：《网络法律》，116页，杭州，浙江大学出版社，2009。

地县级以上人民政府公安机关报告。对计算机病毒和危害社会公共安全的其他有害数据的防治研究工作，由公安部归口管理。

（四）安全监督

对计算机信息系统保护工作公安机关行使以下监督职权：（1）监督、检查、指导计算机信息系统安全保护工作；（2）查处危害计算机信息系统安全的违法犯罪案件；（3）履行计算机信息系统安全保护工作的其他监督职责，如公安机关发现影响计算机信息系统安全的隐患时，应及时通知使用单位采取安全保护措施。我国公安部在紧急情况下，可就涉及计算机信息系统安全的特定事项发布专项通令。

第三节　网站、互联网上网服务营业场所经营和互联网络域名管理

一、网站经营管理

（一）网站概述

网站（Website）是指在互联网上，根据一定的规则，使用 HTML 等工具制作的用于展示特定内容的相关网页的集合。网站是一种通信工具，就像布告栏一样，人们可以通过网站来发布自己想要公开的资讯，利用网站来提供相关的网络服务，或者通过浏览网站获取自己需要的资讯或者享受网络服务。

网站由域名（即网址）、网站空间和网站源程序三部分构成。其中，域名的形式为：www. ×××. com（一级域名），hi. ×××. com/e000（二级/三级域名）；网站空间由专门的独立服务器或租用的虚拟主机承担；网站源程序则放在网站空间里面，表现为网站前台和网站后台。

网站域名的管理机构有：ICANN（国际互联网名称与数字地址分配机构，the Internet Corporation for Assigned Names and Numbers）及其下属的 InterNIC（国际互联网络信息中心，Internet Information Center），CNNIC（中国互联网络信息中心，China Internet Network Information Center）。

（二）互联网站管理

1. 互联网站管理概述

为加强互联网站管理工作，规范和细化互联网行业内部管理流程，提高网站管理基础信息数据库的完整性、准确性，我国原信息产业部制定了《互联网站管理工作细则》。根据该细则，互联网站管理工作坚持属地管理原则。按照“谁运营谁负责”“谁接入谁负责”的要求，辅以相应的技术手段，做到政府管理、行业自律和社会监督相结合。互联网站管理有关数据的使用和发布应严格遵守国家与工业和信息化部有关保密的规定。

2. 互联网站管理所涉主体

《互联网站管理工作细则》中涉及的主体有：工业和信息化部，省级通信管理局，互联网接入服务提供者，互联网信息服务提供者，IP 地址备案单位，域名注册管理机构，域名注册服务机构等。

互联网接入服务提供者是指互联网接入服务业务经营者、互联网数据中心业务经营者以及以其他方式为网站提供接入服务的电信业务经营者的统称。

IP地址备案单位是指直接从亚太互联网络信息中心等具有IP地址管理权的国际机构获得IP地址的单位，以及具有分配IP地址供其他单位或个人使用行为的单位。

3. 相关主体职责权限

（1）工业和信息化部。工业和信息化部对全国ICP、IP地址及域名信息备案管理工作及相关工作进行监督、指导及协调，具体包括：1）根据互联网站管理工作的需要制定相关管理规定。2）指导、检查、督促省级电信管理局开展互联网站管理工作。3）了解、掌握备案管理工作中存在的问题和情况，组织研究解决。4）组织开展“工信部ICP、IP地址、域名信息备案管理系统”的优化、完善等工作。5）对跨地区经营性互联网信息服务提供者的ICP备案信息进行录入、审核。6）对域名注册服务机构和相关IP地址备案单位的备案工作进行业务指导和监督检查。7）定期通报备案工作进展情况和及时通报未备案网站、备案信息真实性等备案信息的相关情况。8）协调部级前置审批部门、专项内容主管部门、公益性互联网站主管部门等相关部门开展互联网站管理工作。

（2）省级电信管理局。具体负责本行政区ICP、IP地址信息备案管理，查处违法、违规网站，监管互联网接入服务市场，对网站进行年度审核等工作。

（3）接入提供者，即为网站主办者提供互联网接入服务的主体。接入提供者应当按照“谁运营谁负责”“谁接入谁负责”的要求，切实加强内部管理和对所接入互联网站的管理。

（4）网站主办者。网站主办者应依法开展互联网信息服务业务。应当自行或委托接入提供者履行备案、备案变更、备案注销手续。

（5）IP地址备案单位，具体承担IP地址信息报备工作。IP地址备案单位应当按要求通过“备案管理系统”报备IP地址信息。其中，基础电信运营公司IP地址信息的报备由总部和省级公司共同完成，基础电信运营公司总部应对其省级公司的IP地址信息报备工作进行指导和监督。公益性互联网络的管理单位负责统一完成其网络上使用的所有IP地址信息的报备。跨省经营互联网接入服务业务者IP地址信息的报备由其开展业务所在地的所有分支机构共同完成。

（6）中国互联网络信息中心和相关域名注册服务机构。中国互联网络信息中心和相关域名注册服务机构具体承担域名信息的报备工作，按要求通过“备案管理系统”报备域名信息。其中，中国互联网络信息中心负责报备所有CN和中文域名注册信息；相关域名注册服务机构负责报备所有境外域名注册信息。

二、互联网上网服务营业场所经营管理

（一）概念

根据《互联网上网服务营业场所管理条例》的规定，互联网上网服务营业场所是指通过计算机等装置向公众提供互联网上网服务的网吧、电脑休闲室等营业性场所。学校、图书馆等单位内部附设的为特定对象获取资料、信息提供上网服务的场所，不属于该条例中规定的营业场所。

（二）管理主体及其职责

文化行政管理部门、公安机关、工商行政管理部门和电信管理等其他有关部门为互联网上网服务营业场所的相关管理行政机关。

县级以上人民政府文化行政管理部门负责互联网上网服务营业场所经营单位的设立审批，并负责对依法设立的互联网上网服务营业场所经营单位的经营活动的监督管理；公安机关负责对互联网上网服务营业场所经营单位的信息网络安全、治安及消防安全的监督管理；工商行政管理部门负责对互联网上网服务营业场所经营单位的登记注册和营业执照的管理，并依法查处无照经营活动；电信管理等其他有关部门在各自职责范围内，依照前述条例和有关法律、行政法规的规定，对互联网上网服务营业场所经营单位分别实施有关监督管理。

(三) 互联网上网服务营业场所的设立

我国对互联网上网服务营业场所经营单位的经营活动实行许可制度。未经许可，任何组织和个人不得设立互联网上网服务营业场所，不得从事互联网上网服务经营活动。

1. 设立条件

设立互联网上网服务营业场所经营单位，应当采用企业的组织形式，并具备下列条件：(1) 有企业的名称、住所、组织机构和章程；(2) 有与其经营活动相适应的资金；(3) 有与其经营活动相适应并符合国家规定的消防安全条件的营业场所；(4) 有健全、完善的信息网络安全管理制度和安全技术措施；(5) 有固定的网络地址和与其经营活动相适应的计算机等装置及附属设备；(6) 有与其经营活动相适应并取得从业资格的安全管理人员、经营管理人员、专业技术人员；(7) 法律、行政法规和国务院有关部门规定的其他条件。除前述的条件外，还应当符合国务院文化行政管理部门和省、自治区、直辖市人民政府文化行政管理部门规定的互联网上网服务营业场所经营单位的总量和布局要求。

中学、小学校园周围200米范围内和居民住宅楼（院）内不得设立互联网上网服务营业场所。

2. 申请

设立互联网上网服务营业场所的经营单位，应向县级以上地方人民政府文化行政管理部门提出申请，并提交下列文件材料：(1) 名称预先核准通知书和章程；(2) 法定代表人或者主要负责人的身份证明材料；(3) 资金信用证明；(4) 营业场所产权证明或者租赁意向书；(5) 依法需要提交的其他文件。

3. 审查

文化行政管理部门应当自收到设立申请之日起20个工作日内作出决定，对符合条件的发给同意筹建的批准文件。

申请人完成筹建后，持同意筹建的批准文件到同级公安机关申请信息网络安全和消防安全审核。公安机关应自收到申请之日起20个工作日内作出是否批准的决定。

4. 许可登记

申请人持公安机关批准文件向文化行政管理部门申请最终审核。文化行政管理部门应当自收到申请之日起15个工作日作出决定；经实地检查并审核合格的，发给“网络文化经营许可证”。申请人持“网络文化经营许可证”到工商行政管理部门申请登记注册，依法领取营业执照后，方可开业。

5. 营业场所的变更和终止

互联网上网服务营业场所经营单位变更营业场所地址或者对营业场所进行改建、扩建，变更计算机数量或者其他重要事项，应经原审核机关同意。

互联网上网服务营业场所经营单位变更名称、住所、法定代表人或者主要负责人、注册资本、网络地址或者终止经营活动的，应当依法到工商行政管理部门办理变更登记或者注销登记，并到文化行政管理部门、公安机关办理有关手续或备案。

（四）互联网上网服务营业场所的经营管理规定

互联网上网服务营业场所经营单位和上网消费者不得利用互联网上网服务营业场所制作、下载、复制、查阅、发布、传播或者以其他方式使用含有下列内容的信息：（1）反对宪法确定的基本原则的；（2）危害国家统一、主权和领土完整的；（3）泄露国家秘密，危害国家安全或者损害国家荣誉和利益的；（4）煽动民族仇恨、民族歧视，破坏民族团结，或侵害民族风俗、习惯的；（5）破坏国家宗教政策，宣扬邪教、迷信的；（6）散布谣言，扰乱社会秩序，破坏社会稳定的；（7）宣传淫秽、赌博、暴力或者教唆犯罪的；（8）侮辱或者诽谤他人，侵害他人合法权益的；（9）危害社会公德或者民族优秀文化传统的；（10）含有法律、行政法规禁止的其他内容的。

互联网上网服务营业场所经营单位和上网消费者不得进行下列危害信息网络安全的活动：（1）故意制作或者传播计算机病毒以及其他破坏性程序；（2）非法侵入计算机信息系统或者破坏计算机信息系统功能、数据和应用程序；（3）进行法律、行政法规禁止的其他活动。

互联网上网服务营业场所经营单位应当通过依法取得经营许可证的互联网接入服务提供者接入互联网，不得采取其他方式接入互联网。

互联网上网服务营业场所经营单位提供上网消费者使用的计算机必须通过局域网的方式接入互联网，不得直接接入互联网。

互联网上网服务营业场所经营单位不得经营非网络游戏。

互联网上网服务营业场所经营单位和上网消费者不得利用网络游戏或者其他方式进行赌博或者变相赌博活动。

互联网上网服务营业场所经营单位应当实施经营管理技术措施，建立场内巡查制度，发现上网消费者有《互联网上网服务营业场所管理条例》第14、15、18条所列行为或者有其他违法行为的，应当立即予以制止并向文化行政管理部门、公安机关举报。该条例第20条规定，互联网上网服务营业场所经营单位应当在营业场所的显著位置悬挂“网络文化经营许可证”和营业执照。

互联网上网服务营业场所经营单位不得接纳未成年人进入营业场所。

互联网上网服务营业场所经营单位应当在营业场所入口处的显著位置悬挂未成年人禁入标志。

互联网上网服务营业场所每日营业时间限于8时至24时。

互联网上网服务营业场所经营单位应当对上网消费者的身份证等有效证件进行核对、登记，并记录有关上网信息。登记内容和记录备份保存时间不得少于60日，并在文化行政管理部门、公安机关依法查询时予以提供。登记内容和记录备份在保存期内不得修改或者删除。

互联网上网服务营业场所经营单位应当依法履行信息网络安全、治安和消防安全职责，并遵守下列规定：（1）禁止明火照明和吸烟并悬挂禁止吸烟标志；（2）禁止带入和存放易燃、易爆物品；（3）不得安装固定的封闭门窗栅栏；（4）营业期间禁止封堵或者锁闭门窗、安全疏散通道和安全出口；（5）不得擅自停止实施安全技术措施。

三、互联网络域名管理

（一）互联网络域名概述

1. 域名

域名（Domain Name）是Internet地址中的一项，是与互联网协议（IP）地址相对应的一串容易记忆的字符，它由若干个从a到z的26个英文字母、1到0的10个阿拉伯数字及“一”“.”符号构成并按一定的层次和逻辑排列。顶级域名是域名体系中根节点下的第一级域的名称。目前也有一些国家在开发其他语言的域名，如中文域名，即含有中文文字。域名不仅便于记忆，而且即使在IP地址发生变化的情况下，通过改变、翻译对应关系，域名仍可保持不变。一个单位如果希望在网络上建立自己的主页，就必须取得一个域名。域名是上网单位和个人在网络上的重要标识，起着识别作用，便于他人识别和检索某一企业、组织或个人的信息资源，从而更好地实现网络上的资源共享。除了识别功能外，在虚拟环境下，域名还可以起到引导、宣传、代表等作用。

2. 中文域名及注册体系

中文域名是含有中文文字的域名，是我国域名体系的重要组成部分。中文域名应当包含汉字，并可以含字母（A—Z，a—z，大小写等价）、数字（0～9）或连接符（—）。各级中文域名之间用实点（.）连接，各级中文域名长度不得超过20个字符。中文顶级域名包括CN和纯中文两种类型。中文顶级域名下可以直接申请二级域名。

中文域名注册体系的结构分为三层，即注册管理机构、注册服务机构和注册代理机构。注册管理机构负责运行和管理域名系统，维护域名中央数据库；注册服务机构负责受理域名注册申请并完成注册；注册代理机构在注册服务机构授权范围内接受域名注册申请。①

（二）互联网络域名管理

根据《中国互联网络域名管理办法》的规定，我国工业和信息化部负责中国互联网络域名的管理工作，其主要职责是：（1）制定互联网络域名管理的规章及政策；（2）制定国家（或地区）顶级域名CN和中文域名体系；（3）管理在中国内地设置并运行域名根服务器（含镜像服务器）的域名根服务器运行机构；（4）管理在中华人民共和国境内设立的域名注册管理机构和域名注册服务机构；（5）监督管理域名注册活动；（6）负责与域名有关的国际协调。

除工业和信息化部（以下简称工信部）外，域名根服务器运行机构和域名注册服务机构是域名体系日常管理机构。域名根服务器运行机构承担域名根服务器的运行、维护和管理。域名注册管理机构承担顶级域名系统的运行、维护和管理工作。

（三）互联网络域名注册

互联网络域名注册遵循“先申请先注册”的原则。为维护国家利益和社会公众利益，域名注册管理机构可以对部分保留字进行必要保护，报工信部备案后施行。除此之外，域名注册管理机构和注册服务机构不得预留或变相预留域名。域名注册管理机构和注册服务机构在提供域名注册服务过程中不得代表任何实际或潜在的域名持有者。

---

① 参见吴佩江编著：《网络法律》，33页，杭州，浙江大学出版社，2009。

域名注册管理机构和域名注册服务机构应当公布域名注册服务的内容、时限、费用，提供域名注册信息的公共查询服务，保证域名注册服务的质量，并有义务向工信部提供域名注册信息。未经用户同意，域名注册管理机构和域名注册服务机构不得将域名注册信息用于其他用途，但国家法律、行政法规另有规定的除外。

注册和使用的域名，不得违反域名注册的禁止性规定。

域名注册申请者应当提交真实、准确、完整的域名注册信息，并与域名注册服务机构签订用户注册协议。域名注册完成后，域名注册申请者即成为其注册域名的持有者。

域名持有者应当遵守国家有关互联网络的法律、行政法规和规章。因持有或使用域名而侵害他人合法权益的责任，由域名持有者承担。

注册域名应当按期缴纳域名运行费用。域名注册管理机构应当制定具体的域名运行费用收取办法，并报工信部备案。

已注册的域名出现下列情形之一时，原域名注册服务机构应当予以注销，并以书面形式通知域名持有者：（1）域名持有者或其代理人申请注销域名的；（2）域名持有者提交的域名注册信息不真实、不准确、不完整的；（3）域名持有者未按照规定缴纳相应费用的；（4）依据人民法院、仲裁机构或域名争议解决机构作出的裁判，应当注销的；（5）违反相关法律、行政法规及《中国互联网络域名管理规定》规定的。

域名注册管理机构和域名注册服务机构有义务配合国家主管部门开展网站检查工作，必要时按要求暂停或停止相关的域名解析服务。

（四）互联网络域名争议

域名注册管理机构可以指定中立的域名争议解决机构解决域名争议。任何人可就已经注册或使用的域名向域名争议解决机构提出投诉。

域名争议解决机构作出的裁决只涉及争议域名持有者信息的变更。域名争议解决机构作出的裁决与人民法院或者仲裁机构已经发生法律效力的裁判不一致的，域名争议解决机构的裁决应服从人民法院或者仲裁机构发生法律效力的裁判。

域名争议在人民法院、仲裁机构或域名争议解决机构处理期间，域名持有者不得转让有争议的域名，但域名受让方以书面形式同意受人民法院裁判、仲裁裁决或争议解决机构裁决约束的除外。

第四节　网络安全保护及管理

一、网络安全保护

（一）网络域名系统安全保护

域名系统是互联网的重要组成部分。保障域名系统的安全，对于维护互联网安全、促进互联网健康发展具有重要意义。当前，域名系统面临的安全威胁和风险不断加大，安全事件增多，必须采取切实、有效的措施，加强域名系统安全保障工作。

针对外部网络攻击、域名劫持等威胁以及安全防护和应急管理薄弱等突出问题，工信部印发了《关于加强互联网域名系统安全保障工作的通知》，要求从以下方面加强域名系统安全防护和应急工作，建立、完善域名安全技术手段，推进域名安全标准化和自主创新，强化对域名安全保障工作的监督、检查。

1. 加强域名系统安全防护和应急工作。基础电信运营企业、域名注册管理机构和域名注册服务机构等域名系统运行单位，按照“谁运行谁负责”的原则，加强对本单位运行管理且对外提供服务的权威、递归域名解析系统和域名注册系统的安全防护和应急工作，确保本单位所属域名系统安全、稳定运行和域名注册信息安全。

2. 建立、完善公共域名安全技术平台。国家计算机网络应急技术处理协调中心（CNCERT）和域名注册管理机构加强公共域名安全技术平台建设，实现对重要域名系统运行状况和重点域名解析状况的及时准确监测，建立健全针对政府网站、重点新闻网站、重要信息系统的域名安全支撑保障机制；研究制定根域名镜像服务器专项应急方案，落实相关技术保障措施。

3. 推进域名安全标准化和自主创新工作。完善标准体系，加快制订发布域名系统安全防护系列标准，加强标准宣传，推进标准贯彻实施。积极研究域名系统安全检测、评估和监测等技术，开发相关工具，加大推广应用力度。加快制定联网软件行为规范和测试要求，并通过行业自律等方式探索开展联网软件评测工作。加强自主创新，积极推进具有我国自主知识产权的域名解析软件的研究、开发和应用。跟踪全球DNSSEC① 部署应用情况，做好相关配套工作。

4. 强化域名安全保障工作的监督检查。工信部通信保障局负责按照该通知精神，对域名系统安全保障工作进行指导、协调、监督和检查。各地通信管理局要把域名系统安全作为通信网络安全管理工作的重要内容，指导、督促当地基础电信运营企业落实域名系统安全防护标准，建设域名系统安全监控手段，制定域名系统专项应急预案，落实域名安全信息通报和域名安全事件的应急指挥协调工作。

（二）通信网络安全防护管理

通信网络安全防护管理是指对电信业务经营者和互联网域名服务提供者管理和运行的公用通信网和互联网的网络安全所进行的防护工作。网络安全防护工作是指为防止通信网络阻塞、中断、瘫痪或者被非法控制，以及为防止通信网络中传输、存储、处理的数据信息丢失、泄露或者被篡改而开展的工作。

1. 管理主体

工信部负责全国通信网络安全防护工作的统一指导、协调和检查，组织建立、健全通信网络安全防护体系，制定通信行业相关标准。各省、自治区、直辖市通信管理局对本行政区域内的通信网络安全防护工作进行指导、协调和检查。工信部与通信管理局统称“电信管理机构”。

2. 通信网络运行单位的职责

通信网络运行单位应当按照电信管理机构的规定和通信行业标准开展通信网络安全防护工作，对本单位通信网络安全负责。

（1）通信网络工程项目及通信网络安全保障设施的建设。通信网络运行单位新建、改建、扩建通信网络工程项目，应当同步建设通信网络安全保障设施，并与主体工程同时进行验收和投入运行。

---

① DNSSEC（Domain Name System Security Extensions）即DNS安全扩展，是由IETF提供的一系列DNS安全认证的机制。它提供了一种来源鉴定和数据完整性的扩展，但不保障可用性、加密性和证实域名不存在。

通信网络安全保障设施的新建、改建、扩建费用，应当纳入本单位建设项目概算。

(2) 通信网络单元分级。通信网络运行单位应当对本单位已正式投入运行的通信网络进行单元划分，并按照各通信网络单元遭到破坏后可能对国家安全、经济运行、社会秩序、公众利益的危害程度，由低到高分别划分为一级、二级、三级、四级、五级。

电信管理机构应当组织专家对通信网络单元的分级情况进行评审。

通信网络运行单位应当根据实际情况适时调整通信网络单元的划分和级别，并按照前述规定进行评审。

通信网络运行单位应当在通信网络定级评审通过后30日内，将通信网络单元的划分和定级情况按照以下规定向电信管理机构备案：1）基础电信业务经营者集团公司向工信部申请办理其直接管理的通信网络单元的备案；基础电信业务经营者各省（自治区、直辖市）子公司、分公司向当地通信管理局申请办理其负责管理的通信网络单元的备案。2）增值电信业务经营者向作出电信业务经营许可决定的电信管理机构备案。3）互联网络域名服务提供者向工信部备案。

通信网络运行单位报备的信息应当真实、完整。电信管理机构应当对备案信息的真实性、完整性进行核查，发现备案信息不真实、不完整的，通知备案单位予以补正。

(3) 通信网络单元安全防护措施评测。通信网络运行单位应当落实与通信网络单元级别相适应的安全防护措施，并按照以下规定进行符合性评测：三级及三级以上通信网络单元应当每年进行一次符合性评测；二级通信网络单元应当每两年进行一次符合性评测。

通信网络单元的划分和级别调整的，应当自调整完成之日起90日内重新进行符合性评测。

通信网络运行单位应当在评测结束后30日内，将通信网络单元的符合性评测结果、整改情况或者整改计划报送通信网络单元的备案机构。

(4) 通信网络单元安全风险评估。通信网络运行单位应当按照以下规定组织对通信网络单元进行安全风险评估，及时消除重大网络安全隐患：三级及三级以上通信网络单元应当每年进行一次安全风险评估；二级通信网络单元应当每两年进行一次安全风险评估。

国家重大活动举办前，通信网络单元应当按照电信管理机构的要求进行安全风险评估。

通信网络运行单位应当在安全风险评估结束后30日内，将安全风险评估结果、隐患处理情况或者处理计划报送通信网络单元的备案机构。

(5) 数据备份及演练。通信网络运行单位应当对通信网络单元的重要线路、设备、系统和数据等进行备份。通信网络运行单位应当组织演练，检验通信网络安全防护措施的有效性。

通信网络运行单位应当参加电信管理机构组织开展的演练。

(6) 通信网络安全监测系统建设及运行。通信网络运行单位应当建设和运行通信网络安全监测系统，对本单位通信网络的安全状况进行监测。通信网络运行单位可以委托专业机构开展通信网络安全评测、评估、监测等工作。

工信部应当根据通信网络安全防护工作的需要，加强对前述规定的受托机构的安全评测、评估、监测能力指导。

(7) 通信网络安全防护工作情况的检查。电信管理机构应当对通信网络运行单位开展通信网络安全防护工作的情况进行检查。

电信管理机构可以采取以下检查措施：1）查阅通信网络运行单位的符合性评测报告和风

险评估报告；2）查阅通信网络运行单位有关网络安全防护的文档和工作记录；3）向通信网络运行单位工作人员询问了解有关情况；4）查验通信网络运行单位的有关设施；5）对通信网络进行技术性分析和测试；6）法律、行政法规规定的其他检查措施。

电信管理机构可以委托专业机构开展通信网络安全检查活动。

通信网络运行单位应当配合电信管理机构及其委托的专业机构开展检查活动，对于检查中发现的重大网络安全隐患，应当及时整改。

电信管理机构对通信网络安全防护工作进行检查，不得影响通信网络的正常运行，不得收取任何费用，不得要求接受检查的单位购买指定品牌或者指定单位的安全软件、设备或者其他产品。

电信管理机构及其委托的专业机构的工作人员对于检查工作中获悉的国家秘密、商业秘密和个人隐私，有保密的义务。

（三）电子认证服务管理

电子认证服务是指为电子签名相关各方提供真实性、可靠性验证的公众服务活动。电子认证服务提供者是指为电子签名人和电子签名依赖方提供电子认证服务的第三方机构。

我国工信部依法对电子认证服务机构和电子认证服务实施监督管理。

1. 电子认证服务机构及认证服务许可

设立电子认证服务机构的条件是：（1）具有独立的企业法人资格；（2）从事电子认证服务的专业技术人员、运营管理人员、安全管理人员和客户服务人员不少于30名；（3）注册资金不低于人民币3 000万元；（4）具有固定的经营场所和满足电子认证服务要求的物理环境；（5）具有符合国家有关安全标准的技术和设备；（6）具有国家密码管理机构同意使用密码的证明文件；（7）法律、行政法规规定的其他条件。

申请电子认证服务许可应提交的材料包括：（1）书面申请；（2）专业技术人员和管理人员证明；（3）资金和经营场所证明；（4）国家有关认证检测机构出具的技术设备、物理环境符合国家有关安全标准的凭证；（5）国家密码管理机构同意使用密码的证明文件。

工信部自接到申请之日起45日内作出许可或者不予许可的书面决定。不予许可的，说明理由并书面通知申请人；准予许可的，颁发“电子认证服务许可证”，并公布下列信息：（1）“电子认证服务许可证”编号；（2）电子认证服务机构名称；（3）发证机关和发证日期。“电子认证服务许可证”的有效期为5年。

取得电子认证服务许可的，应当持“电子认证服务许可证”到工商行政管理部门办理相关手续。在提供电子认证服务之前，应当通过互联网公布下列信息：（1）机构名称和法定代表人；（2）机构住所和联系办法；（3）“电子认证服务许可证”编号；（4）发证机关和发证日期；（5）“电子认证服务许可证”有效期的起止时间。

2. 电子认证服务的具体内容

电子认证服务机构应当按照公布的电子认证业务规则提供电子认证服务。电子认证服务机构应当保证提供下列服务：（1）制作、签发、管理电子签名认证证书；（2）确认签发的电子签名认证证书的真实性；（3）提供电子签名认证证书目录信息查询服务；（4）提供电子签名认证证书状态信息查询服务。

电子认证服务机构的义务是：（1）保证电子签名认证证书内容在有效期内完整、准确；

（2）保证电子签名依赖方能够证实或者了解电子签名认证证书所载内容及其他有关事项；（3）妥善保存与电子认证服务相关的信息；（4）对电子签名人和电子签名依赖方的资料，负有保密的义务。

电子认证服务机构在受理电子签名认证证书申请前，应向申请人告知下列事项：（1）电子签名认证证书和电子签名的使用条件；（2）服务收费的项目和标准；（3）保存和使用证书持有人信息的权限和责任；（4）电子认证服务机构的责任范围；（5）证书持有人的责任范围；（6）其他需要事先告知的事项。

电子认证服务机构受理电子签名认证证书申请后，应当与证书申请人签订合同，明确双方的权利、义务。

3. 电子签名认证证书

申请人申请电子签名认证证书，电子认证服务机构应当对申请人提供的证明身份的有关材料进行查验。

电子签名认证证书应当准确载明下列内容：（1）签发电子签名认证证书的电子认证服务机构名称；（2）证书持有人名称；（3）证书序列号；（4）证书有效期；（5）证书持有人的电子签名验证数据；（6）电子认证服务机构的电子签名；（7）工信部规定的其他内容。

在下列情况下，电子认证服务机构可以撤销电子签名认证证书：（1）证书持有人申请撤销证书；（2）证书持有人提供的信息不真实；（3）证书持有人没有履行双方合同规定的义务；（4）证书的安全性不能得到保证；（5）法律、行政法规规定的其他情况。电子认证服务机构更新或者撤销电子签名认证证书时，应当予以公告。

4. 电子认证服务机构的监督管理

工信部对电子认证服务机构进行年度检查并公布检查结果。年度检查采取报告审查和现场核查相结合的方式。取得电子认证服务许可的电子认证服务机构，在电子认证服务许可的有效期内不得降低其设立时所应具备的条件。

电子认证服务机构应当按照工信部信息统计的要求，按时和如实报送认证业务开展情况及有关资料。电子认证服务机构应当对其从业人员进行岗位培训。

工信部根据监督管理工作的需要，可以委托有关省、自治区和直辖市的信息产业主管部门承担具体的监督管理事项。

（四）计算机信息网络国际联网安全保护

我国公安部计算机管理监察机构负责全国计算机信息网络国际联网的安全保护管理工作。公安机关计算机管理监察机构应当保护计算机信息网络国际联网的公共安全，维护从事国际联网业务的单位和个人的合法权益以及公众利益。

1. 国际联网安全保护基本原则

任何单位和个人不得利用国际联网危害国家安全、泄露国家秘密，不得侵犯国家的、社会的、集体的利益和公民的合法权益，不得从事违法犯罪活动。任何单位和个人不得利用国际联网制作、复制、查阅和传播下列信息：（1）煽动抗拒、破坏宪法和法律、行政法规实施的；（2）煽动颠覆国家政权，推翻社会主义制度的；（3）煽动分裂国家、破坏国家统一的；（4）煽动民族仇恨、民族歧视，破坏民族团结的；（5）捏造或者歪曲事实，散布谣言，扰乱社会秩序的；（6）宣扬封建迷信、淫秽、色情、赌博、暴力、凶杀、恐怖，教唆犯罪的；（7）公然侮辱他人或者捏造事实诽谤他人的；（8）损害国家机关信誉的；（9）其他违反宪法和法律、行政法规的。

任何单位和个人不得从事下列危害计算机信息网络安全的活动：（1）未经允许，进入计算机信息网络或者使用计算机信息网络资源的；（2）未经允许，对计算机信息网络功能进行删除、修改或者增加的；（3）未经允许，对计算机信息网络中存储、处理或者传输的数据和应用程序进行删除、修改或者增加的；（4）故意制作、传播计算机病毒等破坏性程序的；（5）其他危害计算机信息网络安全的。

用户的通信自由和通信秘密受法律保护。任何单位和个人不得违反法律规定，利用国际联网侵犯用户的通信自由和通信秘密。

2. 安全保护责任

从事国际联网业务的单位和个人应当接受公安机关的安全监督、检查和指导，如实向公安机关提供有关安全保护的信息、资料及数据文件，协助公安机关查处通过国际联网的计算机信息网络的违法犯罪行为。

国际出入口信道提供单位、互联单位的主管部门或者主管单位，应当依照法律和国家有关规定负责国际出入口信道、下属互联网络的安全保护管理工作。

互联单位、接入单位及使用计算机信息网络国际联网的法人和其他组织应当履行下列安全保护职责：（1）负责本网络的安全保护管理工作，建立、健全安全保护管理制度；（2）落实安全保护技术措施，保障本网络的运行安全和信息安全；（3）负责对本网络用户的安全教育和培训；（4）对委托发布信息的单位和个人进行登记，并对所提供的信息内容按照《计算机信息网络国际联网安全保护管理办法》第5条进行审核；（5）建立计算机信息网络电子公告系统的用户登记和信息管理制度；（6）发现有《计算机信息网络国际联网安全保护管理办法》第4～7条所列情形之一的，应当保留有关原始记录，并在24小时内向当地公安机关报告；（7）按照国家有关规定，删除本网络中含有《计算机信息网络国际联网安全保护管理办法》第5条内容的地址、目录或者关闭服务器。

3. 安全监督

省、自治区、直辖市公安厅（局），地（市）、县（市）公安局，应当有相应机构负责国际联网的安全保护管理工作。

公安机关计算机管理监察机构应当掌握互联单位、接入单位和用户的备案情况，建立备案档案，进行备案统计，并按照国家有关规定逐级上报。

公安机关计算机管理监察机构应当督促互联单位、接入单位及有关用户建立、健全安全保护管理制度，监督、检查网络安全保护管理以及技术措施的落实情况。公安机关计算机管理监察机构在组织安全检查时，有关单位应当派人参加。公安机关计算机管理监察机构对安全检查中发现的问题，应当提出改进意见，作出详细记录，存档备查。

公安机关计算机管理监察机构发现含有上述办法第5条所列内容的地址、目录或者服务器时，应当通知有关单位关闭或者删除。

公安机关计算机管理监察机构应当负责追踪和查处通过计算机信息网络的违法行为和针对计算机信息网络的犯罪案件，对违反上述办法第4条、第7条规定的违法犯罪行为，应当按照国家有关规定移送有关部门或者司法机关处理。

二、网络管理

(一) 网络交易管理

1. 网络商品交易的概念

网络商品交易是指通过互联网（含移动互联网）销售商品或者提供服务的经营活动。网络商品交易有关服务是指为网络商品交易提供第三方交易平台、宣传推广、信用评价、支付结算、物流、快递、网络接入、服务器托管、虚拟空间租用、网站网页设计制作等营利性服务。

2. 网络商品经营者和有关服务经营者的义务

(1) 从事网络商品交易及有关服务的经营者，应当依法办理工商登记。从事网络商品交易的自然人，应通过第三方交易平台开展经营活动，并向第三方交易平台提交其姓名、地址、有效身份证明、有效联系方式等真实身份信息；具备登记注册条件的，依法办理工商登记。

(2) 从事网络商品交易及有关服务的经营者销售的商品或者提供的服务属于法律、行政法规或者国务院决定规定应当取得行政许可的，应当依法取得有关许可。法律、法规禁止交易的商品或者服务，经营者不得在网上进行交易。

(3) 已经取得营业执照的法人、其他经济组织或者个体工商户从事网络商品交易及有关服务的，应当在其网站首页或者从事经营活动的主页面醒目位置公开营业执照登载的信息或者其营业执照的电子链接标识。

(4) 向消费者销售商品或者提供服务，应当遵守《消费者权益保护法》和《产品质量法》等法律、法规、规章的规定，不得损害消费者合法权益。

(5) 网络商品经营者销售商品或者提供服务，应当保证商品或者服务的完整性，不得将商品或者服务不合理拆分出售，不得确定最低消费标准或者另行收取不合理的费用。

(6) 网络商品经营者销售商品或者提供服务，应当按照国家有关规定或者商业惯例向消费者出具发票等购货凭证或者服务单据；征得消费者同意的，可以出具电子化购货凭证或服务单据。

(7) 网络商品交易应符合《反不正当竞争法》的相关规定，不得作虚假宣传和虚假表示损害消费者的合法权益，不得以不正当竞争方式损害其他经营者的合法权益、扰乱社会经济秩序；同时，不得利用网络技术手段或者载体等方式，从事不正当竞争行为。

(8) 使用合同格式条款的，应符合法律、法规、规章的规定，按照公平原则确定交易双方的权利与义务，采用显著的方式提请消费者注意与消费者有重大利害关系的条款，并按照消费者的要求予以解释说明。不得作出排除或者限制消费者权利、减轻或者免除经营者责任、加重消费者责任等对消费者不公平、不合理的规定，不得利用合同格式条款并借助技术手段强制交易。

(9) 在经营活动中收集、使用消费者或者经营者信息，应当遵循合法、正当、必要的原则，明示收集、使用信息的目的、方式和范围，并经被收集者同意。不得违反法律、法规的规定和双方的约定收集、使用信息，不得泄露、出售或者非法向他人提供。

3. 第三方交易平台经营者的义务

第三方交易平台是指在网络商品交易活动中为交易双方或者多方提供网页空间、虚拟经营场所、交易规则、交易撮合、信息发布等服务，供交易双方或者多方独立开展交易活动的信息网络系统，如我们熟知的淘宝网、京东商城、苏宁易购、国美在线等在线购物网站。

《网络交易管理办法》规定，第三方交易平台经营者应当是经工商行政管理部门登记注册并领取营业执照的企业法人，其主要职责：

（1）对申请进入平台销售商品或者提供服务的法人、其他经济组织或者个体工商户的经营主体身份进行审查和登记，建立登记档案并定期核实更新，在其从事经营活动的主页面醒目位置公开营业执照登载的信息或者其营业执照的电子链接标识。对于尚不具备工商登记注册条件、申请进入平台销售商品或者提供服务的自然人的真实身份信息进行审查和登记，建立登记档案并定期核实更新，核发证明个人身份信息真实、合法的标记，加载在其从事经营活动的主页面醒目位置。

（2）与申请进入平台销售商品或者提供服务的经营者订立协议，明确双方在平台进入和退出、商品和服务质量安全保障、消费者权益保护等方面的权利、义务和责任。

（3）建立平台内交易规则、交易安全保障、消费者权益保护、不良信息处理等管理制度。各项管理制度在其网站显示，并从技术上保证用户能够便利、完整地阅览和保存。

（4）采取必要的技术手段和管理措施保证平台的正常运行，提供必要、可靠的交易环境和交易服务，维护网络交易秩序。

（5）对于通过平台销售商品或者提供服务的经营者及其发布的商品和服务信息建立检查、监控制度，发现有违反工商行政管理法律、法规、规章的行为，应当向平台经营者所在地工商行政管理部门报告，并及时采取措施制止。

（6）采取必要手段保护注册商标专用权、企业名称权等权利，对权利人有证据证明平台内的经营者实施侵犯其注册商标专用权、企业名称权等权利的行为或者实施损害其合法权益的其他不正当竞争行为的，应当依照《侵权责任法》采取必要措施。

（7）建立消费纠纷和解与消费维权自律制度。

（8）开展商品或者服务自营业务的，应当以显著方式对自营部分和平台内其他经营者经营部分进行区分和标记，避免消费者产生误解，如标明自营商品或第三方经营者。

（9）审查、记录、保存在其平台上发布的商品和服务信息内容及其发布时间。平台内经营者的营业执照或者个人真实身份信息记录保存时间从经营者在平台的登记注销之日起不少于两年，交易记录等其他信息记录备份保存时间从交易完成之日起不少于两年。

（10）拟终止提供第三方交易平台服务时，应当至少提前3个月在网站主页面醒目位置予以公示并通知相关经营者和消费者，采取必要措施保障相关经营者和消费者的合法权益。

4. 网络商品交易及有关服务的监督管理

（1）管辖范围。县级以上工商行政管理部门对住所地在本辖区的网络商品交易及有关服务经营者享有监督管理权。两个以上工商行政管理部门发生管辖权争议的，应报请其共同上级工商行政管理部门指定管辖。在全国范围内有重大影响、严重侵害消费者权益、引发群体投诉或者案情复杂的网络商品交易及有关服务违法行为，由国家工商行政管理总局负责查处或者指定省级工商行政管理局负责查处。

（2）监督管理的具体内容。1）检查权。询问有关当事人，调查其涉嫌从事违法网络商品交易及有关服务行为的相关情况；查阅、复制当事人的交易数据、合同、票据、账簿以及其他相关数据资料。2）行政强制权。包括查封、扣押用于从事违法网络商品交易及有关服务行为的商品、工具、设备等物品；查封用于从事违法网络商品交易及有关服务行为的经营场所；提请网站许可或者备案地通信管理部门依法责令暂时屏蔽或者停止该违法网站接入服务等。3）行政处罚权。对于违反《网络交易管理办法》的行为，工商行政管理部门可处以警告、罚款等，同时责令网络商品交易及有关服务经营者对违法行为进行改正。

（二）互联网文化管理

互联网文化管理是指对提供互联网文化产品及其服务的活动进行规范和管理。

1. 互联网文化产品、互联网文化活动和互联网文化单位的概念

互联网文化产品是指通过互联网生产、传播和流通的文化产品，主要包括：（1）音像制品；（2）游戏产品；（3）演出剧（节）目；（4）艺术品；（5）动画等其他文化产品。

互联网文化活动是指提供互联网文化产品及其服务的活动，主要包括：（1）互联网文化产品的制作、复制、进口、批发、零售、出租、播放等活动；（2）将文化产品登载在互联网上，或者通过互联网发送到计算机、固定电话机、移动电话机、收音机、电视机、游戏机等用户端，供上网用户浏览、阅读、欣赏、使用或者下载的在线传播行为；（3）互联网文化产品的展览、比赛等活动。

互联网文化单位是指经文化行政管理部门和电信管理机构批准、从事互联网文化活动的互联网信息服务提供者。

2. 互联网文化活动的分类

（1）经营性互联网文化活动，是指以营利为目的，通过向上网用户收费或者电子商务、广告、赞助等方式获取利益，提供互联网文化产品及其服务的活动。

（2）非经营性互联网文化活动，是指不以营利为目的向上网用户提供互联网文化产品及其服务的活动。

3. 互联网文化活动的主管机关及其职能

文化部负责制定互联网文化发展与管理的方针、政策和规划，监督管理全国互联网文化活动；依据有关法律、法规和规章，对经营性互联网文化单位实行许可制度，对非经营性互联网文化单位实行备案制度；对互联网文化内容实施监管，对违反国家有关法规的行为实施处罚。

省、自治区、直辖市人民政府文化行政管理部门负责本行政区域内互联网文化活动的日常管理工作，对本行政区域内申请从事经营性互联网文化活动的单位进行初审，对本行政区域内申请从事非经营性互联网文化活动的单位进行审核，对本行政区域内从事互联网文化活动违反国家有关法规的行为实施处罚。

4. 互联网文化单位的设立

申请设立互联网文化单位，应当符合《互联网信息服务管理办法》的有关规定，具备《互联网文化管理暂行规定》规定的相应的条件，并按照相关的申请程序申请获得“网络文化经营许可证”，并根据《互联网信息服务管理办法》的有关规定，到所在地电信管理机构或者国务院信息产业主管部门办理相关手续。

5. 互联网文化单位的经营管理

互联网文化单位进口互联网文化产品应当报文化部进行内容审查。互联网文化单位不得提供载有《互联网文化管理暂行规定》中所禁止内容的文化产品。

互联网文化单位应当实行审查制度，有专门的审查人员对互联网文化产品进行审查，保障

互联网文化产品的合法性。其审查人员应当接受上岗前的培训，取得相应的从业资格。

互联网文化单位应当记录备份所提供的文化产品内容及时间、互联网地址或者域名，记录备份应当保存 60 日，并在国家有关部门依法查询时予以提供。互联网文化单位发现所提供的互联网文化产品含有禁止性内容的，应当立即停止提供，保存有关记录，向所在地省、自治区、直辖市人民政府文化行政管理部门报告并抄报文化部。

（三）其他网络管理的相关法规

1.《互联网 IP 地址备案管理办法》

《互联网 IP 地址备案管理办法》是为了加强对互联网 IP 地址资源使用的管理，保障互联网络安全，维护广大互联网用户利益，促进互联网业健康发展而由信息产业部于 2005 年通过的一部部门规章。该办法规定，我国对 IP 地址的分配使用实行备案管理。在我国境内直接从亚太互联网信息中心等具有 IP 地址管理权的国际机构获得 IP 地址的单位和具有分配 IP 地址供其他单位或者个人使用权限的单位，都应遵守该办法的相关规定对 IP 地址资源分配使用。

2.《非经营性互联网信息服务备案管理办法》

《非经营性互联网信息服务备案管理办法》规定：在我国境内提供非经营性互联网信息服务，应当依法履行备案手续。未经备案，不得从事非经营性互联网信息服务。非经营性互联网信息服务，是指在我国境内的组织或个人利用通过互联网域名访问的网站或者利用仅能通过互联网 IP 地址访问的网站，提供非经营性互联网信息服务。非经营性互联网信息服务备案实行年度审核。非经营性信息服务提供者违反国家有关法律规定，依法应暂停或终止服务的，或未履行年度审核手续的，可由其住所所在地的省通信管理局关闭网站并注销备案。

3.《互联网等信息网络传播视听节目管理办法》

在互联网等信息网络中开办各种视听节目栏目，播放（含点播）影视作品和视音频新闻，转播、直播广播电视节目及以视听节目形式转播、直播体育比赛、文艺演出等各类活动，依《互联网等信息网络传播视听节目管理办法》的规定，应获得“网上传播视听节目许可证”。各级广播电视行政管理部门根据新闻出版广电总局制定的全国视听节目网络传播发展规划，确定本辖区内视听节目网络传播发展规划；同时负责对本辖区内通过信息网络传播视听节目的活动进行监督管理。

4.《互联网新闻信息服务管理规定》

从事互联网新闻信息服务，应当遵守宪法、法律和法规，坚持为人民服务、为社会主义服务的方向，坚持正确的舆论导向，维护国家利益和公共利益。

根据该规定，新闻信息是指时政类新闻信息，包括有关政治、经济、军事、外交等社会公共事务的报道、评论，以及有关社会突发事件的报道、评论。而互联网新闻信息服务，即指通过互联网登载新闻信息、提供时政类电子公告服务和向公众发送时政类通信信息。

设立互联网新闻信息服务单位应符合《互联网新闻信息服务管理规定》规定的条件及程序。提供互联网新闻信息服务应当按照核定的服务项目，内容不得违反禁止性规定。

国务院新闻办公室和省、自治区、直辖市人民政府新闻办公室对互联网新闻信息服务单位进行监督检查。

第九章
文化遗产法

第一节 文化遗产法概述

文化遗产对于一个国家、民族保持文化多样性的重要性日益凸显，需要以法律手段对文化遗产加以保护，并对因保护、传承文化遗产而产生的社会关系加以规制、调整，因而产生了一个相对独立的、特殊的法律部门或法律领域：文化遗产法。文化遗产法是调整因文化遗产的保护、享用、传承、发展而形成的社会关系的法律规范的总称。①

一、文化遗产的概念

从广义来说，"文化遗产"一词指人类从先辈那里继承而来的无数的文化的表现形式，这些表现形式包括艺术、建筑、乡村和都市景观、手工艺品、音乐、语言、文学、电影、文献的和数字的记录、民俗和口头历史、烹饪传统、原住民医药、庆典和仪式、宗教、运动和游戏、舞蹈和其他的表演艺术、娱乐活动如狩猎和钓鱼等。狭义上的"文化遗产"，限定于具有文化意义的有形人造物即"文化物""文化物品"，以及与这些物相关的非物质（即无形）思想和知识。我们通常将这一狭义的定义与法律上的财产概念相联系，包括实体财产及智力财产（知识产品）。因此，"文化财产"一词和"文化遗产"在某些时候可以相互替用。②

因此，所谓"文化遗产"，是指由先人创造并保留至今的一切文化遗存，分别被表述为物质文化遗产、非物质文化遗产、文献遗产和文化景观类遗产等。它是一个地区、一个民族或一个国家极为重要的文化资源和文化竞争力的构成要素。我国文化遗产事业发展迅速。2005 年 12 月，国务院下发了《关于加强文化遗产保护的通知》。这是第一次在"红头文件"的标题上用"文化遗产"取代了使用了几十年的"文物"这个词。"文化遗产"作为一种系统表述，它最初出现于联合国教科文组织于 1972 年 10 月 17 日公布的《保护世界文化和自然遗产公约》中，物质形态的"文化遗产"包括文物、建筑群、遗址三个方面。2003 年 10 月 17 日，联合国教科文组织在正式通过的《保护非物质文化遗产公约》中又提出"非物质文化遗产"的定义。我国近年来通过对国际上"文化遗产"先进理念的吸纳并结合中国的自身实际情况，也以政府文件的形式给予"文化遗产"以界定："文化遗产"包括物质文化遗产和非物质文化遗产两部分。这一"文化遗产"内涵的建构，对于推动我国文化遗产事业的发展具有重要的指导作用。

---

① 参见王云霞：《文化遗产法教程》，30 页，北京，商务印书馆，2012。

② 同上书，30～31 页。

二、文化遗产法的调整对象

文化遗产法的调整对象即因文化遗产的保护、享用、传承、发展而形成的社会关系。这种社会关系主要包括以下内容：

其一，国家及其职能部门在文化遗产保护、管理过程中形成的社会关系。这种社会关系基于国家为维护全体国民的利益乃至全人类的共同利益而对文化遗产进行保护、管理的职能而产生，主要是一种行政法律关系。它包括两个层次：一是政府及其文化遗产行政主管部门基于行政隶属关系而产生的行政关系；二是政府及其文化遗产行政主管部门与公共文化遗产研究、收藏、保护机构以及文化遗产拥有者、享用者、传承者之间，基于文化遗产的管理、监督而产生的行政管理关系。

其二，平等主体之间在文化遗产的享用、传承、开发过程中形成的社会关系。国家确认和保护公民、法人和其他社会组织对文化遗产的合法权益，其中包括对其继承、传承或以其他合法方式取得的文化遗产的所有权、传承权、发展权，对其所属团体、社区所有的文化遗产的使用权、传承权、发展权，对他人所有文化遗产的接触、欣赏、利用权等。同时，这些主体在享用、传承、开发文化遗产过程中的地位是平等的，而且权利和义务是对等的，在享有和行使权利的同时，也要承担一定的尊重、保护文化遗产的义务。

其三，社会公众参与文化遗产保护过程中形成的社会关系。文化遗产是历史的见证，是文化多样性的重要表现，是人类社会创造力的源泉，在某种程度上是人类社会的共同遗产。文化遗产不能为个人绝对所有，也不能为某些机构或部门所垄断，所有的社会成员都有接触、欣赏和利用文化遗产的权利，也有保护文化遗产的责任。因此，在文化遗产保护过程中，社会公众的普遍参与和监督是必不可少的，因其参与文化遗产保护、监督而形成的各种社会关系也是文化遗产法的调整对象之一。①

三、文化遗产法的特征

相对于其他法律部门，文化遗产法具有如下特征：

（一）主体的多元性

文化遗产法不仅调整文化遗产保护和管理的行政法律关系，也调整平等主体享用、传承、开发文化遗产的民事法律关系，还调整促进社会公众参与文化遗产保护、监督的综合法律关系。其主体在不同的法律关系中呈现出多样性和广泛性：在文化遗产保护行政法律关系中，其主体不仅包括各级政府及文化遗产行政主管部门，还包括行政相对人，比如各种文化遗产研究、收藏、展示、保护机构，拥有、享用、传承文化遗产的个人和团体，以及对文化遗产保护和监督有极大热情的社会公众和非政府组织。在文化遗产民事法律关系中，其主体主要包括各种以个人或团体形式存在的文化遗产所有者、传承者，也包括以平等主体身份参与文化遗产的经营、使用、开发、利用等活动的所有个人和组织。国家及其机关或管理机构是积极的义务主体，负有积极、主动采取一切措施保护文化遗产的责任；个人和社会组织所承担的义务主要是消极义务，是依法尊重他人的文化遗产权利和不破坏文化遗产的义务。

---

① 参见王云霞：《文化遗产法教程》，31～34页，北京，商务印书馆，2012。

（二）调整手段的综合性

文化遗产法既涉及国家保护和管理文化遗产的活动，也涉及公民、法人和其他社会组织对文化遗产的享用、传承、开发和利用。这些活动的目的和方法不同，所需要的法律调整手段或方法也完全不同。为保障国家保护和管理文化遗产的活动，需要对文化遗产资源进行合理分配；需要对文化遗产保护的范围、方针、措施，保护机构的职责和权限，所有者、传承者和其他相关主体的权利、义务等进行明确规定。这些法律规范的调整方法大都属于行政法律手段，带有明显的强制性。为保障公民、法人和其他社会组织对文化遗产的享用、传承、开发和利用，需要用民事手段对处于平等地位的当事人的权利、义务进行规范和引导。这些手段不带有强制性。然而，一旦这些活动突破法律规范的底线，对文化遗产造成了破坏并构成犯罪，则需要动用刑事手段加以惩罚。因此，文化遗产法的调整手段具有较强的综合性或多样性。

（三）保护利益的公益性

文化遗产是历史的见证，是文化多样性的表现，其所具有的独特历史文化价值对于创造和传承它的个人或团体及其他社会成员甚至全人类而言都有重要的意义。文化遗产既不能为任何个人或团体所垄断，也不能为国家所垄断。文化遗产的所有权可以是特定个人或团体的，但这种所有权的行使与转让必须受到社会共同利益的限制。国家也不能随意处置其拥有的文化遗产。相关国际公约和其他法律文件对各国在文化遗产方面的保护和管理职责进行了约束，要求各国为了全人类的共同利益，采取一切有效措施，保护其境内具有历史、艺术、科学价值的文化财产和非物质文化遗产。因此，在开发和利用文化遗产时，国家必须制定合理的政策和制度，既要尊重当地社区居民的文化遗产权益，也要为了全社会的共同利益及子孙后代的长远利益，坚持可持续发展原则，避免对文化遗产进行掠夺性、过度的商业开发。①

四、文化遗产法的基本原则

文化遗产法的基本原则就是适用于各种文化遗产保护的基本原则。

（一）真实性原则

真实性即本真性、原真性。真实性原则要求在文化遗产的认定、记录、保存、修缮、传承等各个环节，完整、准确地保护文化遗产本身的历史信息和文化价值的真实性，不得随意改动、破坏其历史信息和文化价值。

该原则由 1964 年《关于古迹遗址保护与修复的国际宪章》即《威尼斯宪章》所确立。该宪章强调："保护与修复古迹的目的旨在把它们既作为历史见证，又作为艺术品予以保护。"该宪章还在保护、修复和发掘等各个环节对于如何保护和突出古迹遗址的真实性提出了具体要求，这些具体要求后来在《实施〈保护世界文化与自然遗产公约〉的操作指南》中得到进一步肯定，并成为检验一个候选世界文化遗产地是否符合世界遗产委员会所列 6 项关于突出的普遍价值标准的重要因素。真实性原则不仅是世界遗产保护的基本原则，也是不可移动文物保护和可移动的艺术品保护的基本原则。《威尼斯宪章》第 1 条指出："历史古迹的概念不仅包括单个建筑物，而且包括见证了一种独特的文明、一种有意义的发展或一个历史事件见证的城市或乡村环境。这不仅适用于伟大的艺术品，而且亦适用于随时光流逝而获得文化意义的过去一些更

① 参见王云霞：《文化遗产法教程》，49～56 页，北京，商务印书馆，2012。

为朴实的艺术品。”1994 年《奈良真实性文件》也明确肯定真实性原则适用于所有文化遗产：“《威尼斯宪章》所探讨及认可的真实性是有关价值的基本要素。对于真实性的了解在所有有关文化遗产的科学研究、保护与修复规划以及《世界遗产公约》与其他遗产名单收录程序中都起着至关重要的基本作用。”

在我国《文物保护法》中，对文化遗产保护的真实性原则也有明确要求，在具体规定中多次提及“不改变文物原状”原则。如第 21 条第 4 款规定：“对不可移动文物进行修缮、保养、迁移，必须遵守不改变文物原状的原则。”第 26 条规定：“使用不可移动文物，必须遵守不改变文物原状的原则，负责保护建筑物及其附属文物的安全，不得损毁、改建、添建或者拆除不可移动文物。”第 46 条规定：“修复馆藏文物，不得改变馆藏文物的原状……”不改变原状是真实性原则的基础，只有不改变文物原状，才能最大限度地保存文物的历史信息和文化价值。

在非物质文化遗产保护中，真实性原则也是基本原则之一。《非物质文化遗产法》第 4 条规定：“保护非物质文化遗产，应当注重其真实性、整体性和传承性……”第 5 条规定：“使用非物质文化遗产，应当尊重其形式和内涵。禁止以歪曲、贬损等方式使用非物质文化遗产。”

（二）整体性原则

整体性即完整性。整体性原则要求在文化遗产保护中，完整地保护文化遗产的所有形式与内涵以及其所处的自然与人文环境。

整体性原则首先要求对文化遗产本身的各个组成部分完整地加以保护。任何一处古迹所包含的历史信息和文化价值只有构成一个完整的信息链，才能起到历史见证的作用。在世界遗产的保护中，整体性原则被列为检验一项遗产是否具有突出的普遍价值的一个重要因素。《实施〈保护世界文化与自然遗产公约〉的操作指南》第 87 段明确要求：“所有申报《世界遗产名录》的遗产必须具有完整性。”第 88 段指出：“完整性用来衡量自然和/或文化遗产及其特征的整体性和无缺憾状态。”为了方便各缔约国申报，该指南进一步规定了评估一项候选文化遗产或自然遗产是否具有完整性的具体标准。对于非物质文化遗产而言同样如此：对一个非物质文化遗产项目的保护，必须将其所涉及的技艺、技能、材料、设施及表现方法、媒介等一并加以记录和保护，才能充分体现该项目的完整特征和价值。比如古琴艺术，既包括古琴演奏技艺、记谱方式和表演方式，也包括古琴的制作方式和工艺，还包括作为其物质载体的古琴本身，是一个完整的有机整体，缺了任何一个环节都无法展现古琴艺术的本质特征和价值。

整体性原则还要求对文化遗产所处的自然和人文环境一并加以保护。《威尼斯宪章》第6～8 条指出：古迹的保护包含着对一定规模环境的保护；古迹不能与其所见证的历史和其产生的环境分离，必须实行原址保护，除非迁移是唯一的保护办法；构成古迹有机组成部分的雕塑、绘画或装饰品也应尽可能不移动而实行原址保护。我国《文物保护法》的具体规定也体现了整体保护的理念，对不可移动文物尤其是文物保护单位的保护并不局限于文物本体，也要求尽可能地保护其周围环境和整体风貌，并严格限制在文物保护单位保护范围和建设控制地带内的作业活动。《中国文物古迹保护准则》也将文物环境的整体性保护作为一项重要的原则，于第 24 条明确要求：“必须保护文物环境。与文物古迹价值关联的自然和人文景观构成文物古迹的环境，应当与文物古迹统一进行保护……”对于非物质文化遗产保护而言，也应注重将其置于其特定环境中加以保护，离开了特定的人文和生态环境，非物质文化遗产中所含的特定信息就会减损或变形。

第二节 文物保护

一、文物保护的法律保护原则

文物保护法的基本原则，是观察、处理文物管理问题的准绳。它是文物管理保护的立法、司法以及文物管理保护活动的基本准则，也是文物保护的本质和特征的集中体现，反映了在文物保护领域内的根本要求和基本价值取向。

（一）保护为主原则

2002 年《文物保护法》第 1 条开宗明义写道："为了加强对文物的保护，继承中华民族优秀的历史文化遗产，促进科学研究工作，进行爱国主义和革命传统教育，建设社会主义精神文明和物质文明，根据宪法，制定本法。"第 4 条确定了我国文物保护工作的总方针："文物工作贯彻保护为主、抢救第一、合理利用、加强管理的方针。"因此，我国文物保护法的基本原则是：加强文物保护为主原则；抢救第一原则；促进文物合理利用、加强文物监督管理原则。加强文物保护为主原则，是文物所具有的特性所决定的：文物是不可再生的文化资源，是历史的见证，是中华民族智慧和创造力的结晶。我国文物年代久、数量大，并且在经过了长达半个世纪的战争风雨之后，文物的保护工作一直滞后于世界水平。在现实的文物国情基础上，在严峻的文物保护形势下，文物保护工作首当其冲，文物的保护是重中之重。

（二）抢救第一原则

抢救第一原则，强调保护为主，把抢救放在首位。这也是文物面临新问题时所需要的。比如，盗窃、盗掘、走私文物的犯罪活动非常猖獗，使我国大量文物遭到破坏、毁损、流失，已造成了严重损失，如不高度重视、采取紧急的措施，后果不堪设想，而且会严重地影响我国在国际社会的形象和声誉。并且除此之外，建设性破坏、开发性破坏，是我国面临的文物保护工作的重大难题。许多地方为了追求高速的经济发展目标，忽视对文物的保护与传承。这两种破坏与前者的性质不相同，但是造成的后果往往更加严重。前者往往是偷盗者、贩卖者意识到了文物的价值和重要性，为了谋求经济利益实施犯罪行为，在实施过程中，往往对文物的存在性比较小心，遗失、毁坏的后果往往是意外情况；但是在后两者的破坏情况中，结果往往令人触目惊心，千年古刹已成平地。破坏者往往因无知而没有意识到文物的重要性，从而造成文物完全地丧失，使几千年文明毁于一旦。

（三）合理使用与监督原则

促进文物合理利用、夯实文物监督管理原则，贯穿于我国现在的文物保护法和地方的文物保护条例，也是我国文物保护工作的基本原则。对文物进行合理、适度的利用，有利于文物的保护工作，也能发挥文物的价值、传承中华文化精神；相反，如果我们滥用，违反科学，违反适度、合理的原则，就会对文物造成无法挽回的损失。文物的合理利用原则在我国文物保护法律中有贯穿前后的体现。文物具有证史、正史、补史的作用，所以在科学研究和历史、考古、艺术等社科、人文领域，文物的作用是不可小视的。合理利用就是以监督管理为前提，利用的过程就是一个管理的过程，在管理的过程中合理的制度就是规制合理利用的强有力的保证。

文物保护法律三个基本原则之间也是相辅相成、相互补充的关系：加强文物的保护原则是最基础的原则，在此基础上衍生出抢救第一和促进文物合理利用、夯实文物监督管理原则；同时，抢救第一原则和促进文物合理利用、夯实文物监督管理原则是对加强文物保护原则的有效补充。抢救第一原则也是促进文物合理利用、夯实文物监督管理原则的体现，促进文物合理利用、夯实文物监督管理原则也是抢救第一原则的前提。①

二、文物的行政法保护

行政法对文物保护具有独特价值。一是行政法保护符合文物的属性要求。首先，文物具有的文化属性彰显其公益性。文物保护的公益性需求的实现必须依赖于专司公益维护之责的国家行政机关，由行政法对文物进行保护是相当必要的。其次，文物同时具有历史属性。尊重文物的历史性，保护并发展文物保护，也是国家和政府的责任。法治社会要求依法行政，行政机关在文物保护中，应当严格依照相关法律来行为，遵守相应的行政法规范。最后，文物具有价值属性。政府主导型的保护可通过公权力引导，规范文物的开发和利用，同时采取一切有效的措施来保护那些不具有直接经济价值甚至濒危的文物。政府的有效引导和规范，以及政府及时的经济和政策帮助，都需要行政法的有力保障。二是行政法能够满足"抢救性"保护的需要。对于具有价值并且濒临消失或者灭失的文物财产，应运用现代科学技术，利用一切可行的办法保护文物财产。这些都必须依据法律作为保护的后盾。行政法调整具有独特的效益性、效率性、及时性和主动性，其在文物保护中应肩负起对文物保护中的"抢救性"保护的责任。三是行政法保护能促进文物保护的国际交流和合作。从国际上看，文化财产的保护首先是政府的责任，尤其应当采取一系列行政措施以保证联合国教科文组织《保护世界文化和自然遗产公约》（1972 年）在本国国内的落实。作为该条约的缔约国之一，我国政府有责任、有义务在国际公约的架构内，使该公约在国内得到全面的贯彻。而实际上，《保护世界文化和自然遗产公约》在本质上就是一部行政法。

（一）我国现今中央及地方文物保护立法现状

我国《文物保护法》在过去的二十多年内得到了逐步的完善。1980 年全国文物工作会议集体讨论了《文物保护法》草稿。1982 年《文物保护法》通过并施行，这是中华人民共和国文化领域的第一部专门法律。1989 年全国文物工作会议集体讨论《文物保护法实施细则》（草案）。1992 年全国文物工作会议召开前夕，《文物保护法实施细则》经国务院批准、由国家文物局公布施行，这是文物法制建设的重大成果。2002 年全国文物工作会议召开前夕，《文物保护法》全面修订、颁行。2003 年《文物保护法实施条例》正式施行，这是文物法制建设的重要里程碑。修订的《文物保护法》及其实施条例操作性更强，更好地适应了文物工作与社会发展的实际，符合社会主义市场经济和改革开放的时代要求。

在地方文物保护立法方面，自 2002 年《文物保护法》修订、实施以来，各省、自治区、直辖市、较大的市人民代表大会及其常委会通过了一系列有关文物保护工作的地方性法规、地方政府规章，以及由民族自治地方制定的有关自治条例和单行条例，涉及的内容包括文化遗产保护的各个领域，如《北京市实施〈中华人民共和国文物保护法〉办法》《北京市长城保护管理办法》《承德避暑山庄及周围寺庙保护管理条例》《西藏自治区文物保护条例》《苏州园林保护和管理条例》《济南市文物保护规定》《甘肃敦煌莫高窟保护条例》《银川市贺兰山岩画保护

① 参见谷岩：《论我国文物保护的立法现状及完善》，载《中央民族大学》，2013（11）。

条例》《广东省开平碉楼保护管理规定》《云南红河哈尼族彝族自治州建水历史文化名城保护管理条例》《湘西土家族苗族自治州凤凰历史文化名城保护条例》《南京军区营区文物保护管理暂行办法》等。地方立法多为针对某一重点文物的保护和建设，或者是对2002年《文物保护法》的指导性操作立法和实施条例，成为对中央颁布的法律的有效支持和补充。

中央及地方的文物保护立法构建了我国文物保护的法律体系，除此之外，还有《文物认定管理暂行办法》《文物拍卖管理暂行办法》等单行条例补充了我国文物立法中的漏洞。

（二）我国《文物保护法》的法律制度

1. 历史文化名城保护制度

随着城市经济的高速发展，特别是在经济发展和城市化进程不断推进的今天，历史文化名城的保护问题被人类提上了重要的议程。今天，由于社会到处实行的工业化而导致城镇发展的结果，许多这类地区正面临着威胁，遭到物理退化、破坏甚至毁灭。[①] 2015年修正的《文物保护法》第14条规定："历史文化名城和历史文化街区、村镇所在地的县级以上地方人民政府应当组织编制专门的历史文化名城和历史文化街区、城镇保护规划并纳入城市总体规划。"2008年国务院颁布了《历史文化名城名镇名村保护条例》。1982年《文物保护法》对于历史文化名城的保护规定在第8条中："保存文物特别丰富、具有重大历史价值和革命意义的城市，由国家文化行政管理部门会同城乡建设环境保护部门报国务院核定公布为历史文化名城"。历史文化名城的概念被引入我国文物保护立法中来，但是其涉及面过窄，并没有涵盖具有巨大价值的历史街区或者城镇，而且从制度上并没有完善，只是给予了历史文化名城一个法律地位。

2015年修正的《文物保护法》第14条还规定："保存文物特别丰富并且具有重大历史价值或者革命纪念意义的城市，由国务院核定公布为历史文化名城。""保存文物特别丰富并且具有重大历史价值或者革命纪念意义的城镇、街道、村庄，由省、自治区、直辖市人民政府核定公布为历史文化街区、村镇、并报国务院备案。""历史文化名城和历史文化街区、村镇的保护办法，由国务院制定。"这些法律规定，为历史文化名城的区分和核定公布作出了明确规范，不再将文化名城区分为国家历史文化名城和省级历史文化名城；历史文化名城由国务院核定、公布，历史文化街区由省级人民政府核定、公布。迄今为止，我国已经确定了117座国家级历史文化名城，其由国务院确定并公布，按其特点分为古都型、传统风貌型、地方及民族特色型、近现代史迹型、特殊职能型、一般史迹型、风景名胜型共七大类。

2. 馆藏文物管理制度

可移动文物由国有文物收藏单位集中收藏是国家收藏文物的主要形式，也是一个重要的文物保护工作原则。我国现行2015年修正的《文物保护法》第四章"馆藏文物"对国有文物收藏单位收藏文物的保护和管理，作出了一系列明确的规定。2015年修正的《文物保护法》第36条规定："博物馆、图书馆和其他文物收藏单位对收藏的文物，必须区分文物等级，设置藏品档案，建立严格的管理制度，并报主管的文物行政部门备案。县级以上地方人民政府文物行政部门应当分别建立本行政区域内的馆藏文物档案；国务院文物行政部门应当建立国家一级文物藏品档案和其主管的国有文物收藏单位馆藏文物档案。"据2000年国家文物局普查统计，在

---

① 参见国际古迹遗址理事会《保护历史城镇与城区宪章》(《华盛顿宪章》，国际古迹遗址理事会第八届全体大会于1987年10月在华盛顿通过)，载《国际文化遗产保护文件选编》，128页，北京，文物出版社，2007。

我国目前文物系统共有文物保护管理机构1 976个，收藏、保管的国有可移动文物两百多万件。其他国有文物机构70个，也收藏、保管了一些国有可移动文物。文物系统有1 384个国有博物馆，收藏可移动文物九百八十多万件。针对馆藏制度，相比于1982年《文物保护法》，2002年《文物保护法》作出了比较大的修改：第一，明确规定文物收藏单位法定代表人的职责“全负责”，也就是实行“责、权、利”统一的原则。第二，明确规定了文物收藏单位法人代表离任办理文物移交手续。2002年《文物保护法》第38条规定：“国有文物收藏单位的法定代表人离任时，应当按照馆藏文物档案办理馆藏文物移交手续。”明确了移交手续的制度化的规定，以杜绝国有文物流失。第三，规定了文物收藏单位有效利用文物的义务，即“文物收藏单位应当充分发挥馆藏文物的作用，通过举办展览、科学研究等活动，加强对中华民族优秀的历史文化和革命传统的宣传教育”。2002年《文物保护法》第40条规定：“国有文物收藏单位之间因举办展览、科学研究等需借用馆藏文物的，应报主管的文物行政部门备案；借用馆藏一级文物，应当经国务院文物行政部门批准。”① 第四，扩大了国有文物收藏单位的交流渠道并且实行有偿交换制度。明确了可以使用的方式有调拨、交换和借用这三种方式，不能出现购买、出售等方式涉及的有偿制度，有助于杜绝就馆藏文物以交换为噱头而存在的暗箱买卖。第五，明确规定了文物收藏单位的安全配备设施与安全制度。在2002年《文物保护法》之中规定了所有的博物馆、图书馆和其他收藏单位应当按照国家有关规定配备防火、防盗、防自然损坏的设施，以确保馆藏文物的安全。第六，2002年《文物保护法》对文物行政部门和国有文物收藏单位的工作人员作了特别规定，即“文物行政部门和国有文物收藏单位的工作人员不得借用国有文物，不得非法侵占国有文物”，加强了文物工作人员责任机制的确立。

3. 民间文物收藏管理制度

民间收藏文物管理即民间收藏可移动文物管理，涉及的方面非常广，内容也非常丰富。民间文物收藏是文物保护发展的重要趋势，2002年《文物保护法》对这一章进行了大范围的修改，这也是近十几年来文物保护工作的重点，也即将是未来文物保护发展的主要方向。2002年的《文物保护法》对民间文物收藏者和收藏范围、民间文物收藏的合法来源、文物经营和文物等级、文物经营中的竞业禁止制度、民间收藏文物保护和利用等基本的问题作了基础的规定。国家收藏是文物收藏的主要方式，但是民间收藏是国家收藏的重要补充，合理、合法的民间收藏制度是文物保护工作的重要保证。2002年《文物保护法》明确规定了我国公民获得文物的方式分为几种：继承与赠与、文物商店购买、文物拍卖公司拍卖获得、通过转让获得。

第三节　文物利用和文物市场管理

一、经济建设与文物保护的关系

2002年《文物保护法》第9条规定：“各级人民政府应当重视文物保护，正确处理经济建设、社会发展与文物保护的关系，确认文物安全。”同时规定各有关国家机关，“应当依法认真

① 2015年《文物保护法》修正为：借用馆藏一级文物的，应当经省、自治区、直辖市人民政府文物行政部门批准，并报国务院文物行政部门备案。

履行所承担的保护文物的职责，维护文物管理秩序”。保护文物是全国人民的义务，也是全社会的责任；对于政府来说，更是神圣的职责。各级文物主管部门及领导干部应当增强文物保护的意识，严格按照法律、法规的规定，尽职尽责地履行所承担的保护文物的职责，积极、主动地依法处理经济建设与文物保护的关系，解决其中存在的矛盾，使两者的发展并行不悖。当前及今后相当长的时期内，特别是在当前经济飞速发展时期，正确处理发展经济与保护文物古迹之间的关系、如何使文物免遭“建设性破坏”是一个重要问题。党的十八大召开之后，精神文明建设被广泛地提上议程，保护文物、保存古文化遗存，发挥其作用，作为精神文明建设的一个重要的组成部分，表现为其社会效益是极其深远的，并且是可持续发展的。然而，有些地方为了自身的经济利益，在国家级、省级、县级重点文物保护区内大兴土木工程，或兴建商店、摊点，或兴建餐厅、旅店，许多文物古迹也被商业化地操作。这严重违反了《文物保护法》，破坏了文物保护景点的环境风貌，打破了其整体的完美性。有的政府不能正确处理发展旅游业与文物古迹保护之间的关系，片面地认为，“保护是为了利用，只有利用好了，赚了钱，才能做到有效保护”，“改革开放，核心是发展经济，在建设中的一些破坏是难以避免的，保护是次要的”。从而使得许多文物古迹也被商业化地操作，在很大程度上演化成了破坏性的建设行为。因此，加强对文物古迹的合理保护，就显得极其迫切和重要。文物的商业价值的开发，需要在商业价值和文化价值的和谐之下，既让文物遗产使人们获得文化熏陶，也可以获得经济效益以更利于文物的有序传承。我们在追求经济发展的同时，必须坚持把社会效益放在首位、社会效益和经济效益相统一。对文物古迹的开发必须以有效保护为前提，文物古迹的管理应该走可持续发展之路。

二、我国文物管理中存在的问题

文物的经营管理内容包括设立经营单位和经营文物许可、文物经营的日常监督、民间收藏文物的来源、收藏文物的保护，等等。

(一) 我国文物经营管理制度落后

1960年9月24日，国务院同意文化部、商业部和对外贸易部关于改变文物商业的性质和管理体制的方案。该方案规定：“改变各地文物商业的纯商业性质为实行企业经营方法的文化事业单位，作为国家收集社会上的流散的文物的收购站和临时保存所，统一划归各地文化部门负责领导。”关于今后的任务，该方案规定：“负责收集流散在社会上的传世文物，并有计划地供应各地博物馆、研究机关和学校作为陈列或研究参考之用；有计划、有选择地供应国内需要和适当的组织出口，并办理废旧物资中的连选工作。”该方案对文物商业单位的经营范围，也作出了明确的规定：“主要经营收集具有历史、艺术、科学价值的金石、书画、陶瓷、碑帖等各种传世的历史文物。”这标志着我国文物经营管理机制的最早确立。随着1992年文物拍卖作为一种新的销售形式引入国内文物市场，文物市场混乱，存在的问题很多。文物市场的混乱，进一步刺激了文物盗窃、盗掘犯罪活动，为犯罪分子提供了销赃场所，致使许多田野石刻和寺庙文物被盗窃、大量古墓葬被盗掘；同时，文物市场混乱，又为文物走私犯罪活动不断地提供货源，使不少的文物走私出境，从而使我国民族文化遗产遭到了无法挽回和无法弥补的重大损失。自20世纪80年代中期以来，文物走私活动十分猖獗。据公安部门统计，近年来，盗掘古墓葬、盗窃文物、非法倒卖文物等违法犯罪活动在全国各主要文物分布省份蔓延，达到了高潮，大量珍贵文物和艺术品被走私出境。

2015 年《文物保护法》对于如何规范文物市场作了明确的规定。该法第 53 条第 1 款规定："文物商店应当由省、自治区、直辖市人民政府文物行政部门批准设立，依法进行管理。"但是，在有的省文物商店已经被撤销，或步履艰难、难以维持。文物商店是由省级以上文物行政管理部门批准设立的购销经营单位，在其设立时有三个必备条件——"具备文物专业知识的从业人员；有必要的文物保管设施和技术条件；其他条件"。时至今日，对于其他条件，依然并没有作出限定。对于具有文物专业知识的从业人员的资格认定、建立文物购销经营单位的投资主体和资金数额等问题，在文物保护法律中都还未详细涉及。与文物市场的繁荣相比较，许多文物商店难以继日，需要我们在法律上给予确定和保护。

（二）文物拍卖企业单位设立审批不严

至 2013 年 4 月，我国具有资质的文物拍卖企业有 338 家。国家文物局于 2003 年 6 月 19 日发布、实施了《文物拍卖管理暂行规定》，其中规定："申请文物拍卖许可证时，应当提供下列材料：1. 拍卖企业设立时，所在地的省、自治区、直辖市拍卖行业管理部门的审核许可文件和工商行政管理部门颁发的营业执照复印件；2. 注册资本的验资证明；3. 5 名以上取得高级文物博物专业技术职务的文物拍卖专业人员的资格证明材料；4. 所在地的省、自治区、直辖市文物行政部门的审核意见。"在实际的拍卖市场中，随着近几年拍卖市场的繁荣，出现了许多问题，不按照有关规定对文物拍卖标的进行鉴定、许可，形成了违规、无序竞争，扰乱了文物拍卖市场的正常经营秩序。主要表现有：（1）有的拍卖公司急功近利，肆意拍卖假文物，欺骗消费者，赚取高额利润；（2）有的拍卖活动充斥投机行为，人为地对拍品炒买炒卖，搞商业欺诈；（3）有的拍卖公司将营业执照承包给个人，只收取租金，对其如何经营概不过问，致使承包人席卷拍品而去；（4）有的拍卖公司与文物贩子相勾结，不发拍卖公告，不预展，不举行公开拍卖会，而是用信函召集竞买人进行地下黑市交易；（5）有的拍卖公司违反有关法规，拍卖国家法律禁止买卖的文物；（6）有的拍卖公司没有严格执行国务院关于"流传在社会上具有特别重要历史、科学、艺术价值的文物，应在一定范围内定向拍卖。国家对公民在出售个人所有的传世珍贵文物有优先购买权"的规定。

国家文物行政管理部门应该在文物市场整顿的基础之上，研究、制定文物拍卖企业总量布局规定，既作为宏观调控的依据，又作为颁发文物拍卖许可证的依据。在审批时，对于符合拍卖法规定的条件和国家文物行政管理部门规定的总量布局的，可以发放许可证。有关文物主管部门，应该根据 2002 年《文物保护法》和《文物拍卖管理暂行条例》规定设立经营文物拍卖的拍卖企业的审批和许可条件重新审查，在数量上加以控制。这样有利于文物拍卖市场的规范经营，有利于加强管理，有利于维护竞买人的合法权益。从经营文物拍卖的拍卖企业竞买文物，是民间收藏文物的主要来源之一，是公民、法人和其他组织获取文物的主要方式之一。凡是从依法许可设立的经营文物拍卖的拍卖企业竞买的文物，都是民间收藏文物的合法来源，其所有权受到国家法律的保护。

三、文物利用和市场管理

为防止文物企业化管理所带来的遗产资源毁灭性破坏或遗失，我国政府尤其需要借助健全法律和加强执法等规制手段，强化对文物资源保护管理的管制。

第一，加快立法进程。为了规范全国的文物和国家级文物的保护管理工作，使这些重要文物的保护管理工作有法可依，减少因实行分权化给文物带来的不利影响，结合全国的宏观管理形势，应加快发布有关世界遗产和国家级文物的国家法律文件。目前我国列入国家层面保护的文化遗产数量明显偏少，即使与一些发展中国家相比也存在较大差距。2005年年底，国务院发布了《关于加强文化遗产保护的通知》，明确提出了新时期我国文化遗产保护的指导思想、基本方针和总体目标。新时期、新任务要求我们从理论上和在实践中推动文化遗产保护方式方法、体制机制、传播手段不断创新，研究、解决一些重大课题，例如：如何在大型古代城市遗址特别集中的城市设立“国家文化遗产保护特区”；如何实施长城、大运河和丝绸之路等巨型、线型文化遗产的整体保护；如何开展海峡西岸文化遗产、我国早期木结构建筑群等“系列遗产”的整体保护；如何推进将博物馆社会教育功能纳入国民教育体系等。

第二，公共财政补贴。政府通过非市场机制，按社会公众的集体意愿，提供市场机制下无法有效提供的公共物品，从而满足社会公共需要的经济活动或分配活动。在公共财政框架下，政府财政支出首先应当用于保护文物公共产品。通过中央、地区和地方当局足够的预算拨款，确保得到保护历史地区及其环境计划中所规定的用于公共投资的必要资金。目前我国的财政责任主要在地方较低一级政府，理由在于文物是地方性的，受益覆盖范围也主要在地方区域。然而文物市场开发并不能给地方带来具体的经济收益，文物管理收益更多地表现为文物的保护和价值的挖掘、民族文化的认同和公民社会道德水平的提高、国际交流的深入与扩大等有助于增进社会整体利益的方面，因此，它更像是一种全国性的公共产品。即便把地方文物视为地方性公共产品，它也是一种外溢性很强的地方性公共产品，收益在全国范围内流动。地方文物的收益外溢，其结果就是地方政府公共服务提供不到位。

第三，将门票定价权收回至中央。作为文物管理体制改革的第一步，应该将世界遗产和国家级风景区的门票定价权集中在中央，而且政府必须加强对门票收入使用的监管，明确门票收入使用规定和审计制度。在经济学意义上，遗产和风景名胜资源不是一般的商品，其门票价格不是由市场供需决定的。门票并不代表遗产和风景名胜资源的市场价值，门票只能作为资源保护费用的补充。文物单位的收费，只能是为了弥补国家和地方财政相关拨付的不足，或者因为物价上涨而经由严格听证程序进行微调，绝不能成为地方或某些部门的“摇钱树”和完全企业化。①

第四，依法管理，依法行政。各级政府要加大文物执法力度，严肃查处文物违法、违规案件，严厉打击文物犯罪活动；要切实落实中央提出的“五纳入”要求，不断增强全民文物保护和参与意识，以及法制观念；正确处理文物的社会效益和经济效益、文物保护和利用、文物保护与旅游开发、城乡经济建设与文物保护、专业文物保护工作和群众性文物保护工作的关系。建立监督机制，建立由各相关领域专家、政府官员、非政府组织和周边群众组成的监督委员会，定期或不定期地对世界遗产和国家级文物的保护管理工作进行评估，提出对文物保护不力的管理机构进行惩罚的依据，并将评估结果向社会公布，形成国家（包括专家）、地方政府、非政府组织和周边群众良性互动的监管机制。

---

① 参见周大庆：《我国文物管理制度研究》，载《湖南科技学院学报》，2009（2）。

第四节　非物质文化遗产的法律保护

一、非物质文化遗产概述

（一）非物质文化遗产的概念

1. 国际公约上的定义

根据联合国教科文组织2003年通过的《保护非物质文化遗产公约》，“非物质文化遗产”是指被各群体、团体，有时被个人视为其文化遗产的各种实践、表演表现形式、知识和技能及与其有关的工具、实物、工艺品和文化场所。各个群体和团体随着其所处环境、与自然界的相互关系和历史条件的变化不断使这种代代相传的非物质文化遗产得到创新，同时使他们自己具有一种认同感和历史感，从而促进了文化多样性和人类创造力的发展。按上述定义，非物质文化遗产的内容大体包括以下几个方面：（1）口头传说和表述，包括作为非物质文化遗产媒介的语言；（2）表演艺术；（3）社会风俗、礼仪、节庆；（4）有关自然界和宇宙的知识与实践；（5）传统的手工艺技能。

2. 我国对非物质文化遗产的界定

2011年6月1日起施行的《非物质文化遗产法》第2条规定：本法所称非物质文化遗产，是指各族人民世代相传并视为其文化遗产组成部分的各种传统文化表现形式，以及与传统文化表现形式相关的实物和场所，包括：（1）传统口头文学以及作为其载体的语言；（2）传统美术、书法、音乐、舞蹈、戏剧、曲艺和杂技；（3）传统技艺、医药和历法；（4）传统礼仪、节庆等民俗；（5）传统体育和游艺；（6）其他非物质文化遗产。属于非物质文化遗产组成部分的实物和场所，凡属文物的，适用《文物保护法》的有关规定。可见，我国《非物质文化遗产法》对非物质文化遗产的界定，与联合国教科文组织《保护非物质文化遗产公约》基本一致。

（二）非物质文化遗产的特征

非物质文化遗产的特征主要体现在它所保护的客体方面，而它的客体是各种传统文化的表现形式及与之相关的实物与场所。知识产权所保护的客体是知识产品，与知识产权保护的客体相比，非物质文化遗产保护的客体具有以下特征：

1. 传承性

著作权所保护的作品是著作权人在一定时间内靠自己能力完成、不一定需要依靠前人的作品。而非物质文化不是在相对较短的时间内能创造的，它需要几代人、几十代人的原始创造或者是同一时代许多人共同创作，加之后来的改进，才达到了现在的技术状态。而现在的非物质文化遗产是由千百万前辈的心血凝聚成的，所以具有传承性。

2. 固定性

非物质文化遗产保护的客体基本上都是经过历史沿革而传承下来的，到某一个年代，这些非物质文化的传承方式和运作技术已相对固定。同专利权保护客体相比，非物质文化遗产表现给群众的感官感觉在质的方面来说都是固定不变的，而其被保护的前提之一就是并不要求比以往的技术有突出的实质性特点和显著的进步。

3. 共享性

非物质文化遗产的享用主体比知识产权的享有主体更为广泛。知识产权的享有主体一般局限于国家、法人、组织或者个人，而一般人民群众很少能涉及。但非物质文化遗产则不同，基于其易于传播、传承、学习的特点，一般的人民群众，只要不是商业性使用，都可以学习非物质文化遗产并加以运用。

4. 非物质性

所谓"非物质性"，是指与物质相联系，将侧重于以非物质形态存在的精神领域和文化领域的创造活动和传播活动，以物质作为载体，并将其主要精神蕴含通过物质来彰显。非物质文化遗产以表演、服装、戏剧、道具、纸、鼓等物质为其精神依托而世代传承的蕴含本区域特色的文化利益和特定的价值观可以通过不同的物质来体现其内在价值。①

二、非物质文化遗产的权利主体

非物质文化遗产是各群体世代相传的、反映其特殊生活方式的各种以非物质形态存在的传统文化表现形式。因此，在与其相关的法律关系中，存在着享有一定权利、承担一定义务或者负有一定责任的各种主体。处于特定的历史时期、特定空间范畴的非物质文化遗产必然有权利主体。

（一）个人

2003年联合国教科文组织《保护非物质文化遗产公约》第1条第2项规定，"尊重有关社区、群体和个人的非物质文化遗产"。第2条第1款规定："在本公约中，'非物质文化遗产'指被各社区、群体，有时是个人，视为其文化组成部分的各种社会实践、观念表述、表现形式、知识、技能以及相关的工具、实物、手工艺品和文化场所。"从公约的上述规定来看，个人显然是非物质文化遗产的一类拥有者，可以成为权利主体。

1. 创造者的后代或者其他传人

如果某一项实践、技能或工艺由某个人创造出来并只是在一个相对狭窄的范围内——比如家庭——得到了传承，那么这项技能的拥有者就是创造者的后代或者徒弟等其他传人，这样的个人应该成为此项非物质文化遗产的权利主体。例如，2006年被列入第一批国家级非物质文化遗产名录中的"聚元号弓箭制作技艺"是流传到现在仅存的传统弓箭制作工艺，目前在使用这项技艺进行弓箭制作的杨福喜是第十代，也是唯一的传人。

2. 被认定为代表性传承人的个人

我国《非物质文化遗产法》规定了非物质文化遗产代表性项目的代表性传承人制度，符合该法第29条所规定条件的人，可以由国家或省级文化主管部门认定为某项非物质文化遗产的代表性传承人。代表性传承人是权利主体，但其权利是受限制的：代表性传承人并不是某项非物质文化遗产的拥有人，不享有对其独占的权利。但是，代表性传承人可以在传承、发展该项非物质文化遗产方面获得相应的支持，在非物质文化遗产权利受到侵害时，有权代表拥有者主张权利。

（二）群体与社区

按照《保护非物质文化遗产公约》第1条和第2条的有关规定，群体和社区是非物质文化遗产的拥有者，有资格成为权利主体。群体与社区并不是在一个标准之下并列的两个概念，在

---

① 参见任学婧、朱勇：《论非物质文化遗产法律保护的完善》，载《河北法学》，2013（3）。

很多情况下，群体与社区所引导出来的非物质文化遗产的权利主体都是同一个。

1. 群体。群体是以一定的方式联系在一起进行活动的人群。同一群体的人们在生活方式、文化习俗、审美意识、价值观念等方面具有一致性，彼此认同度较高。群体中的某一个或者某些人是某一项非物质文化遗产的创造者，同时多数人都不同程度地参与到了这项文化遗产的使用、传授、发展的过程中，最终所形成的现有表现形式是凝聚了这个群体一代又一代人的文化认知，积淀了群体中多数人的智慧与思想的精华而成的。因此，这个群体就是这项非物质文化遗产的拥有者和权利主体。在很多情况下，群体会表现为一个民族；在有些情况下，群体也会表现为一个不以单一民族性为特征的人群。

2. 社区。联合国教科文组织《保护和促进文化表现形式多样化公约》第 4 条规定："文化多样性"指各群体和社区借以表现其文化的多种表现形式。"文化表现形式"指个人、群体和社区创造的具有文化内容的表现形式。"社区"强调的是基于地域性而导致的具有一定文化趋同性的人的集合。社区所集合起来的群体不一定是同一个民族，而是共同生活在同一个区域内的同一个或多个民族的集合体。如"农历二十四节气"是起源于黄河流域的历法文化，两千多年来指导着中国大多数地区的农事活动，影响着千家万户的衣食住行，属于居住在中国这个庞大的社区范围内各民族的共有文化遗产。

（三）法人和其他组织

法人及其他组织是人们为实现特定的目标而建立起来的一种团体或组织，如企业、事业单位、公益组织等。一个法人或者组织如果是某项非物质文化遗产的传承者，或者其活动内容贯穿着对某项非物质文化遗产的保护或实施，那么就可以认为这个法人或组织是该项文化遗产的权利主体。一些法人或其他组织长期从事某项非物质文化遗产的调查、研究、保护与发展工作，对于该项文化遗产的传承有贡献，应该和创造者与传承者共同成为权利主体，就该项非物质文化遗产享有相应的权利。

（四）国家及其政府

国家不是非物质文化遗产的创造者，但是对于无法确定创造者或者传承者的非物质文化遗产，国家及其政府作为权利人，可以代表全体国民或者下辖行政区域内的人民行使相关权利。如果同样的情况发生在某一个行政区域内，那么该地区的地方政府就可以作为权利主体实施对某项非物质文化遗产的保护、发展及维权的行为。

三、非物质文化遗产的保护主体

保护主体是指对非物质文化遗产承担保护责任、实施保护行为的人。从广义上看，每一个人、每一个组织、每一个国家都有接触、欣赏和利用的权利，同时也都有进行保护、不予侵犯的义务和责任。从狭义上看，保护主体是指相关国际公约和国内立法中明确规定对非物质文化遗产负有保护责任的人。前述权利主体同时也是保护主体。根据《保护非物质文化遗产公约》和我国《非物质文化遗产法》的规定，保护主体主要有以下几类：

（一）国家及其政府

无论在国际公约还是国内立法中，国家作为主权者对其领土内的非物质文化遗产承担保护责任，国家对其领土内的文化遗产享有保护、开发、管理等权利。《保护非物质文化遗产公约》要求缔约国尊重其他国家管理和保护其领土内文化遗产的权利，同时也对国家保护、管理其文化遗产提出了明确要求。《保护非物质文化遗产公约》第 11 条规定国家应该“采取必要措施确保其领土上的非物质文化遗产受到保护”。我国《非物质文化遗产法》在总则部分的第 3 条、第 6 条至第 10 条规定了国家、国务院文化主管部门和县级以上人民政府对于非物质文化遗产的保护责任。

国家对本国领土内文化遗产的保护责任体现在：对外要协调、处理有关本国的非物质文化遗产在国际合作与纠纷解决方面的事项，包括向联合国教科文组织申报本国的非物质文化遗产代表作。对内要负责制定非物质文化遗产保护的法律、法规，制定保护规划，组织实施和扶持保护工作，加强宣传以提高全社会保护非物质文化遗产的意识。地方政府也承担着保护本地非物质文化遗产的责任。根据《非物质文化遗产法》的规定，县级以上政府对当地非物质文化遗产负有保存、保护的责任，要将其列入当地国民经济和社会发展规划，在本地区进行相应的宣传。在本地区的非物质文化遗产遭到侵权时，地方政府有责任主张权利，实施对非物质文化遗产的保护。

（二）法人及其他组织

除了国家和政府之外，各类法人及其他组织，对非物质文化遗产的传承和保护起着重要作用。这些法人或者非法人的各种组织，可以是公益性的或者是营利性的，可以是研究性的或者是实践性的。根据保护责任的产生原因，可以将这些法人及其他组织分为下述三种情况：

1. 基于其自身的职能或职责而成为保护主体。这类情况主要包括：管理机构，如承担着非物质文化遗产保护职责的管理机构；展示机构，比如博物馆、档案馆、传习所、群众艺术馆等；非物质文化遗产研究机构；民间公益保护组织等。这些组织基于其职能的不同，分别对非物质文化遗产项目负有相应的调查、建档、保管、整理、保存、研究、利用、传播、监督等责任。

2. 基于与非物质文化遗产发源地或传承地之间的联系而成为保护主体。作为存在于非物质文化遗产发源地或传承地的文化机构和组织，与该区域的非物质文化遗产之间存在着更为密切的联系，比如某个民族文化研究会或者某类非物质文化遗产研究机构。这些机构和组织在非物质文化遗产的研究、利用以及培养和发展传承人等方面具有重要作用，他们往往也是在非物质文化遗产遭遇侵权时积极的维权者。

3. 基于对非物质文化遗产的利用而成为保护主体。对非物质文化遗产进行营利性的或非营利性的利用，比如利用某项非物质文化遗产进行当地旅游资源的开发和经营，以某项特殊的生产技能或者工艺组织产品生产和经营，以某个地区、民族的特色艺术进行各种形式的表演等。这些组织在其活动中应尊重和保护非物质文化遗产，保护其真实性和完整性，不得歪曲，不得过度开发。

（三）群体、社区和个人

作为非物质文化遗产拥有者的群体和个人是权利主体，同时也是保护主体。在享用、传承、展示、利用非物质文化遗产的同时，应体现其真实性和完整性，要从积极的角度进行传承，要在对其进行利用的同时做好保护工作，不能进行破坏性的利用，不能过度开发非物质文化遗产资源。①

① 参见王云霞：《文化遗产法教程》，194～197 页，北京，商务印书馆，2012。

四、非物质文化遗产的知识产权保护

从现有的法律体系来看，最能够体现非物质文化遗产民事权利性质的就是知识产权，但是非物质文化遗产与知识产权客体之间又并不完全重合，存在着明显的差异。因此，如何利用现有的知识产权制度对非物质文化遗产主体的知识产权给予必要的保护，是否可能将现有的知识产权制度与非物质文化遗产的民事权利保护结合在一个合理的制度框架内，如何确定两者之间的关系，是目前理论上和立法上都需要探讨并解决的问题。①

非物质文化遗产所包含的种类和内容非常丰富，按照现有知识产权的分类，可以归入不同的具体知识产权制度中进行保护。

（一）著作权保护

1. 著作权保护的非物质文化遗产类别

具体来看，能够归入著作权保护范围的非物质文化遗产可以分为4类：

（1）传统口头文学。包括以口述方式讲述和流传的民间故事、诗歌、神话、传说、民谣等。

（2）传统美术、书法作品。美术作品应包括以各种传统手法、色彩、材料表达形成的美术作品。

（3）传统音乐、戏剧、舞蹈、曲艺和杂技艺术作品。

（4）以记录非物质文化遗产为内容的文字作品。上述第（1）和第（3）类作品以文字形式记录所形成的文字作品，也是受著作权保护的非物质文化遗产的一种形式。不仅这些，还应包含记录其他类型非物质文化遗产的文字作品，如对传统技艺、医药、传统礼仪和节庆等的记录和描述等，也应成为受著作权保护的作品类型。如四川省汶川县阿尔村村民在文化遗产保护机构和专家志愿者的帮助下编写出版的《阿尔档案》一书，就是阿尔村村民对自己所在地区羌族传统文化的记录，应受到著作权的保护。

2. 权利内容

非物质文化遗产著作权包括著作人身权和著作财产权两方面内容。

依照我国《著作权法》的规定，人身权包括发表权、署名权、修改权和保护作品完整性权利。由于受著作权保护的非物质文化遗产是已经为特定区域的人群所普遍体验、实践并世代流传下来的，也一定程度上为社会公众所了解和接触，所以无须行使通常意义上的发表权。署名权则是非物质文化遗产著作人身权的重要内容，权利人在以任何方式使用非物质文化遗产时，有权表明该文化遗产的出处和来源；任何人在使用该文化遗产时也应注明其出处和来源，“乌苏里船歌”著作权案的判决就是对民间文学艺术作品署名权的一个确认。关于修改权，在传承中不断地进行发展与创新，是非物质文化遗产固有的特点，但是由于全社会每个人都有可能在接触该非物质文化遗产时作出自己的理解与创新、为传承作出自己的贡献，因此，不宜生硬地强调权利主体的修改权，而应更多地探讨如何使愿意参与到传承活动中的人在一个更大的权利框架内去实施对非物质文化遗产的传承与不断创新。保护作品完整性的权利使得权利主体能够制止他人歪曲、破坏性地使用非物质文化遗产，保持传统文化的价值与审美的本来意义。

---

① 参见王云霞：《文化遗产法教程》，217～218页，北京，商务印书馆，2012。

《著作权法》规定了包括因复制、表演、播放、展览、出租、发行、改编、摄制、翻译、网络传播等多种使用作品行为而产生的财产权利。所有使用作品并因使用而获得经济利益的权利都应属于权利主体。因此，非物质文化遗产的使用权和获得报酬权也应属于相关的权利主体，其他人如果使用非物质文化遗产进行商业性的开发和利用，均应获得授权并支付必要的报酬。考虑到传统文化具有社会共享的意义以及不断创新和传承的需要，对于非物质文化遗产财产权的行使应进行必要的限制，比照现有制度设定相应的合理使用和法定许可的情形与条件，并充分考虑非物质文化遗产的保护与发展特点以及社会对其特有的需求。对于一些有利于非物质文化遗产传播和发展的使用行为，如表演、改编、摄制等行为，如果没有营利目的，可以规定为合理使用；对于一些有利于非物质文化遗产传播和发展的非营利使用行为，如果会产生相应的收入，如改编出版、媒体播放、录音录像等，则可以规定为法定许可，由使用人将收入按照一定比例分配给权利人。

（二）专利权保护

1. 适用专利法保护的对象和条件。我国专利法保护的对象包括发明、实用新型和外观设计。《保护非物质文化遗产公约》所列举的非物质文化遗产第四类“有关自然界和宇宙的知识和实践”，是指各类对自然和宇宙的认识，农业、生态、医药、地理、人文等各方面的知识和实践；第五类“传统手工艺”，可以是各类具有民族或地区特色的传统工艺、生产和制作的技术或者技巧。这些传统知识和实践、传统手工艺如果符合专利法规定条件的，可以通过申请专利获得保护。在我国《非物质文化遗产法》的规定中，适合通过专利保护的主要是第三类“传统技艺、医药和历法”；传统文化中涉及各行各业的产品、制造方法、医药技术等，都有可能成为专利保护的对象。此外，《非物质文化遗产法》第 2 条规定的非物质文化遗产包括了与传统文化表现形式相关的实物和场所，如果相关实物的技术水平达到了专利保护的标准，也可以申请专利保护。

2. 保护方式。非物质文化遗产能够通过现有专利制度获得保护的途径有两个：一是通过申请专利权获得保护。对于符合新颖性、创造性和实用性条件的传统技术或工艺，可以依照专利法规定的程序申请相应的专利，以获得一定期限内垄断性使用的权利，同时防止他人利用传统技术申请专利后对非物质文化遗产权利人在同领域的使用造成障碍。二是通过阻止他人专利实现对非物质文化遗产的保护。依据我国《专利法》第 45 条的规定，对于他人获得的专利权，任何人认为该授权不符合专利条件的，均有权请求专利复审委员会宣告该专利权无效。这一途径对于非物质文化遗产来说或许是更有意义的，可以使权利人据此防止他人不当占有或窃取非物质文化遗产。

（三）商标权和地理标志权保护

将具有传统文化要素的商标运用到非物质文化遗产相关产品或服务的商业运作中，能够通过发挥商标的功能，更好地实现非物质文化遗产的经济价值。此外，地理标志权也能够从不同的角度起到相应的保护作用。

1. 一般商标权保护

非物质文化遗产权利人可以用传统文化中具有代表性的、特色的元素注册商标，用于与非物质文化遗产有关的特色民族工艺品、传统医药制品等产品或者餐饮、表演等服务之上，比如作为非物质文化遗产名称的文字、特色图案、代表形象等，可以申请文字商标、图形商标或者组合商标。在商标注册之后，权利人就享有了商标专用权：一方面，可以在注册的商品或服务类别范围内独占性使用该商标，也可以在有利于非物质文化遗产保护性利用的前提下授权他人使用；另一方面，有权禁止他人使用相同或者近似的文字、图形注册或使用商标。非物质文化遗产权利人不仅可以自己在申请注册的范围内使用以传统文化遗产特色元素为内容的商标并禁止他人使用，而且有权禁止他人不正当地将非物质文化遗产的特色文化元素作为商标使用。

2. 地理标志权保护

地理标志作为一种区别性的标志，标识着来源于某个特定地区的某种商品的特定质量、声誉或者其他特征，主要由该地区的自然因素或者人文因素所决定；同时，使用地理标志的产品必须在产品原料、质量、工艺等方面达到在申请地理标志时所设定的技术标准。在我国，《地理标志产品保护规定》《商标法实施细则》还规定了地理标志可以作为证明商标或者集体商标申请商标注册。

地理标志的申请者必须是对该地区相关商品的生产、制造者有一定管理、协调职能的某种机构或者组织，如行业协会。而作为非物质文化遗产的申请者，应该是发源地或传承地特定居民、群体或民族组成的自治团体或协会。

地理标志保护制度和非物质文化遗产联系紧密：非物质文化遗产与地理标志一样具有地域性，地理标志是和地域紧密联系在一起的一种具有商业价值的标识，能够指明产品质量、品质的特定区域关系；而且非物质文化遗产与地理标志在主体上都具有不特定的特点。所以对于受地域因素或者特有人文因素较深影响的非物质文化遗产，可以借鉴地理标志的保护方法。传统社区及原住民也可以通过申请证明商标或地理标志产品来保护含有民族或区域传统符号和标记的商品，进而实现对自己非物质文化遗产的保护。一旦以非物质文化遗产的相关要素申请了地理标志权，该区域符合条件的居民、企业、组织都可以在相关的商品上使用该地理标志，并有权禁止他人使用该地理标志，由此可以一定程度上实现对非物质文化遗产的传播与保护。

（四）商业秘密保护

依据我国《反不正当竞争法》的规定，商业秘密是指不为公众所知悉、能够为权利人带来经济利益、具有实用性并经过权利人采取了保密措施的技术信息和经营信息。非物质文化遗产中的一些传统制造技艺、中药家传秘方、餐饮配方、祖传绝技等，权利人是不愿对外公开其核心技术的，具有较强的保密性，是可以采取保密的方法加以保护的，应受到商业秘密权保护。在权利人以其拥有的商业秘密进行商品生产、销售等商业运作时，或者以其所拥有的商业秘密与他人进行合作时，有权保守自己的商业秘密并禁止他人侵犯自己的商业秘密。但作为保护的条件，法律要求控制该信息的人在相关情况下必须采取了必要的措施来使该信息处于保密状态。

第五节　非物质文化遗产的利用

单纯地保护非物质文化遗产会因缺乏必要的资金支持，客观上很难使非物质文化遗产所具有的诸多价值充分展现出来。因此，人们一直考虑能否在不影响非物质文化遗产正常传承的前提下，尽可能实现对各类非物质文化遗产的产业化开发和商业化经营。这样做，不但可以增加就业，带动一方经济，还可以实现非物质文化遗产价值的最大化，从而实现利用遗产保存历史、传承文明的最终目的。

一、非物质文化遗产与商业化经营

由于历史上各种非物质文化遗产的商业化程度并不完全相同，所以，历史上各种非物质文化遗产进入市场的程度也呈现出了明显的差异。从表现形式来看，非物质文化遗产大体可分为“可进入市场”的非物质文化遗产与“不可进入市场”的非物质文化遗产两类。如曲艺、传统玩具、年画、泥塑、面塑、木雕、角雕、刺绣等，基本上属于“可进入市场”的非物质文化遗产。这部分遗产本身就是市场经济的一部分，进入市场不但不会给这类遗产的传承带来负面影响，还会使其获得更大发展。

在非物质文化遗产传承过程中，也确实有部分遗产是不曾进入或很少进入市场的，如神话故事、宗教仪式以及某些生产知识与生活知识。如果一定要让这类遗产走进市场，很容易因违反非物质文化遗产传承规律而使其过早夭折。对这类遗产实施商品化经营，显然应该慎之又慎。

而那些处于准商业状态的非物质文化遗产事项，很容易成为人们竞相开发的目标。如在少数民族地区用于祭祀、求爱、娱乐的民间歌舞，本不具备商业价值，但随着这些地区旅游市场的出现，歌舞表演便很容易因市场的需要而变成商品。这样做尽管在一定程度上会影响到这些民族歌舞的原真性，过多过滥的表演也很容易让参演者失去原有激情；但这种传承，不但可以使当地人获得更多的经济回报，从而激发起他们传承遗产的积极性，同时也避免了村民外出打工导致的非物质文化遗产的断流。对于那些比较严肃的祭祀仪式，还是应尽量避免过分的商业炒作，以确保这类遗产的严肃性与原真性。

总之，非物质文化遗产究竟能否进入市场、能否进行商业化经营，决定权不在我们的主观意志，而在非物质文化遗产传承规律自身。重要的是要遵循非物质文化遗产传承规律，谨慎从事。①

二、非物质文化遗产与产业化开发

虽然反对商业社会对所有非物质文化遗产实施商业性介入，但并不反对商业社会借用非物质文化遗产的某些元素实施产业化开发，如将民间传说故事改编成芭蕾舞，将史诗叙事诗改编成电影、电视剧，或者根据传统玩具创作出更新、更好的新型工艺品，根据传统配方开发出更多、更好的中成药等产业化开发行为，很可能会成为未来世界文化产业发展的一个重要走向。从保护非物质文化遗产资源的角度来说，由于这种开发只是借用了非物质文化遗产的某些要素而进行的异地开发，开发对象主要并不是非物质文化遗产本身，所以即或操作失败，也不会对作为源头产品的非物质文化遗产带来多大伤害。

但是，在产业化开发过程中，我们必须清楚，非物质文化遗产所保护的不是制成品本身，而是制作这些制成品的传统技艺。机械化生产非但不能传承这些传统技艺，有时还会因产量大、价格低廉，而使真正的传统手工技艺（如手工刺绣、手绘等）遭受巨大冲击。所以，在产业化开发过程中，必须对这种规模化、机械化生产给予必要的限制，并通过政策的制定，引导

---

① 参见苑利、顾军：《非物质文化遗产的产业化开发与商业化经营》，载《河南社会科学》，2009（4）。

那些以原汁原味传承传统手工技艺为天职的传承人坚守传统，不要因贪图一时之利而忘记本职，将自己卷到大工业化生产中来。机械化生产对于日益增长的社会需求来说固然重要，但从国家利益以及传承人长远利益角度来看，其实并没有太多好处。由传承人所从事的非物质文化遗产传承与开发商所从事的非物质文化遗产产业化开发，虽可同时并举，但务必分别实施。如果我们将传承人的传承与开发商的开发，放置在同一个平台上，那就不但会使非物质文化遗产的开发因保护的需要而受到重重限制，而且会使非物质文化遗产因多如牛毛的产业化开发而难保原真。

因此，作为非物质文化遗产传承人，他们的任务就是将他们所传承的非物质文化遗产原汁原味地传承下去。如果需要开发，则开发商可以非物质文化遗产为素材，按着文化遗产产业化开发的要求，对其实施产业化开发。这种保护与开发同时并举、分别实施的做法，不但可以使身处原生状态的非物质文化遗产得到更为精心的保护，同时也为今后的产业化开发预留一个更为宽松的环境。因为此时的产业化开发，已经脱离了非物质文化遗产母体，无论怎样创新，都不会对作为源头产品的非物质文化遗产造成致命伤害。总之，分而治之，是化解非物质文化遗产保护与产业化开发这对矛盾的一个非常有效的手段。①

三、政府指导合理开发利用，加大财政投入，鼓励民间参与

非物质文化遗产承载的历史文化价值是无可比拟的，对非物质文化遗产的保护应当以保护其历史、文化价值为先，经济利益居后。不能因为追求经济利益而忽视了非物质文化遗产的本质意义。因此，政府应提倡合理利用非物质文化遗产，保护其传承价值。

在非物质文化遗产保护中，国家财政力量应起到强有力的支撑作用。政府要肩负起对个人及团体组织所有的非物质文化遗产的管理和保护职责，坚持基于公益目的的可持续开发和利用。虽然《非物质文化遗产法》第 6 条规定县级以上人民政府应当将非物质文化遗产的保护经费列入本级财政预算，但并未规定具体数额。对于庞大的中国非物质文化遗产资源，光靠政府资金的投入是远远不够的，还必须拓宽投资渠道，鼓励和允许民间资本进入非物质文化遗产保护和利用领域。对于民间资本进入非物质文化遗产的保护和利用，要和允许民间资本进入其他产业一样，从财政、税收、投资环境等方面给予优惠和保护，允许它们获取一定的、适当的经济回报。这样才能调动广大民间投资进入非物质文化遗产的保护和利用领域。②

---

① 参见苑利、顾军：《非物质文化遗产的产业化开发与商业化经营》，载《河南社会科学》，2009（4）。

② 参见任学婧、朱勇：《论非物质文化遗产法律保护的完善》，载《河北法学》，2013（3）。

第十章 旅游法

第一节 旅游法概述

旅游业，通常是指凭借旅游资源和设施，直接或间接从事招揽、接待旅游者，为其提供交通、游览、住宿、餐饮、购物、娱乐信息等服务的综合性产业。[①] 就其性质而言，旅游是一种社会经济和文化活动，反映了人们对社会文化的需求与社会满足这种需求的关系。旅游也是一项对地区经济、文化、环境等有重要推动意义的产业。随着我国经济的快速发展和人民生活水平的提高，旅游消费的需求进一步加大，旅游业进入了快速发展的阶段。旅游业的发展对于提高当地居民的生活水平、摆脱地区贫困、优化产业结构、促进经济的发展，对于提高当地居民的精神文化生活水平、保存和发扬当地特有的文化、促进地区间的文化交流、达到共同进步起到积极的作用。由于旅游业是一个跨部门多、牵涉面广、受制约因素多的产业，它的社会地位和作用的重要性、与其他行业间关系的复杂性等决定了必须制定和完善旅游法，规范和整顿旅游市场，促使旅游业健康发展，促进旅游产业和文化产业的互动发展，推动我国整个国民经济和社会的良性运行，切实保护旅游消费者的合法权益。

一、旅游法的概念和调整对象

（一）旅游法的概念

旅游法的概念有广义与狭义之分。广义上的旅游法是指调整旅游活动领域中各种社会关系的法律规范的总称，即以旅游关系为调整对象的各种法律规范的总和。既包括旅游法的基本法，即《中华人民共和国旅游法》，也包括调整旅游活动中各种社会关系的其他法律、法规和国务院及旅游行政管理部门制定的单行旅游行政法规和部门规章，以及旅游地方性法规、我国已经签署的有关旅游内容的国际条约、国际协定等。狭义上的旅游法仅指《中华人民共和国旅游法》（以下简称《旅游法》），本书所称旅游法是指广义上的旅游法。

“旅游法”这一概念是在20世纪50年代末至60年代初提出的。有些旅游业发展较快、法制比较健全的国家认识到旅游立法的迫切性和重要性，开始研究和制定了专门的旅游法律、法规。后来，制定旅游法的国家越来越多。

（二）旅游法的调整对象

旅游法的调整对象是指旅游活动中形成的各种社会关系，概括起来主要有以下几种：

---

① 参见韩玉灵：《旅游法教程》，3页，北京，高等教育出版社，2010。

(1) 国家旅游行政管理部门与旅游经营单位之间的关系。(2) 国家旅游行政管理部门上下级之间的关系。(3) 旅游经营单位与旅游相关企业之间的关系。(4) 旅游经营单位与旅游者之间的关系。(5) 旅游经营单位之间的关系。(6) 我国旅游经营单位与外国旅游经营机构、外国旅游组织之间的关系。

(三) 旅游法的效力范围

1. 旅游法适用的地域范围

《旅游法》第2条规定，在中华人民共和国境内的和在中华人民共和国境内组织到境外的游览、度假、休闲等形式的旅游活动以及为旅游活动提供相关服务的经营活动，适用本法。这条规定包括两方面的含义：

(1) 在我国境内的旅游活动。旅游法作为国内法，其效力及于我国境内的所有的旅游活动和旅游经营活动。一方面，旅游者的旅游活动，主要涉及我国公民在境内的旅游活动和外国游客进入我国境内的旅游活动。另一方面，旅游经营者为旅游者提供服务，主要包括国内旅游经营者和根据中国的法律在中国境内成立的外商投资旅行社为旅游者提供的服务。总而言之，在我国境内的所有提供旅游服务的旅游经营者和进行旅游活动的旅游者都必须遵守我国的法律、法规的规定。

(2) 我国公民和组织赴境外的旅游活动。有两种情况：一是在我国境内通过旅行社等经营者组织的，由我国境内赴境外的团队旅游活动，包括旅行社组织的出境旅游活动，旅游的全程包括对派出领队的管理、对境外导游和旅游者活动的监督、劝阻以及旅游活动的内容安排等均适用旅游法。二是个人自行出境旅游活动，按照属人管辖原则，旅游者应当遵守我国有关法律、法规的规定，主要适用《中华人民共和国出境入境管理法》等相关法律。同时还要遵守相关国家或地区的法律。对于出境和入境的含义，根据《出境入境管理法》第89条的规定，出境是指由中国内地前往其他国家或者地区，由中国内地前往香港特别行政区、澳门特别行政区，由中国大陆前往台湾地区；入境是指由其他国家或者地区进入中国内地，由香港特别行政区、澳门特别行政区进人中国内地，由台湾地区进入中国大陆。

2. 旅游法适用的主体行为范围

旅游法规范和调整的主体范围主要包括两类：一是从事游览、度假、休闲等旅游活动的旅游者，二是为这些旅游活动提供相关服务的旅游经营者。由于旅游涉及面非常广，包含了吃、住、行、游、购、娱各个环节，所以，旅游法规范和调整的范围，除了观光、度假、休闲等有特定目的的旅游活动和旅游经营行为外，还包括为旅游活动提供相关服务的其他行业的经营者。

二、旅游法的特征

(一) 以人为本保护旅游者权益的法律

旅游法强调为旅游者提供旅行便利和安全保障，突出了旅游者权益保护的地位，体现了以人为本的思想。主要体现在：(1) 旅游者对旅游产品和服务的自主选择权和知情权。(2) 残疾人、老年人、未成年人等在旅游活动中依法享受便利和优惠。(3) 旅游者的人格尊严、民族风俗习惯和宗教信仰应得到尊重。(4) 旅游者个人信息依法受到保护。(5) 旅游者在人身、财产遇到危险时，有请求救助和保护的权利，人身、财产受到侵害，有依法获得赔偿的权利。

(6) 利用公共资源建设的景区、公益性的城市公园、博物馆、纪念馆等应逐步减免门票。公益性的城市公园、博物馆、纪念馆等，除重点文物保护单位和珍贵文物收藏单位外，应当逐步开放。(7) 在旅游者数量可能达到景区最大承载量时，景区应当提前公告。(8) 旅行社应当在旅游行程开始前向旅游者提供旅游行程单，旅游行程单是包价旅游合同的组成部分。(9) 为便于旅游者索赔，明确规定由于地接社、旅行辅助人的原因造成旅游者的人身损害、财产损失的，可要求地接社、旅行辅助人及组团社承担赔偿责任。

此外，旅游法对各级政府、有关部门及旅游经营者在保障旅游安全方面的职责和义务、旅游者与旅游经营者之间的纠纷处理作出了专章规定，充分体现了旅游法以人为本、全方位保护旅游者权益的理念。

(二) 民事规范和行政规范并重的法律

1. 民事合同与行政处罚并用

旅游法坚持通过民事手段调整以治本，同时考虑到当前部分旅游者以民事手段维权能力不足的现状，辅之以行政手段以治标，从而具有民事规范、行政规范并重的中国法制特色。一方面，旅游法专设旅游服务合同一章，并针对现阶段群众最关注的“零负团费”、强迫购物、强迫参加自费项目等问题，规定了旅行社及其从业人员对合同必备内容的说明、告知、严格履约等义务，规定了旅游者可无条件退货、退费等权利。另一方面，明确规定了对不法旅游经营者的处罚规定，使不法经营者违法成本明显加大，从而让市场回归良性竞争轨道。

2. 市场与政府并重

旅游法按照市场经济和法制政府的要求，一方面，明确并细化旅游市场主体间的权利、义务，建立、健全统一的旅游服务标准和诚信、公平、有序参与竞争的市场规则；另一方面，强调政府适当干预，实现政府公共服务和监管、行业组织自律以及企业依法自主经营的有机统一。

(三) 符合产业特征和发展需要的综合性法律

旅游法整合了旅游产业各要素和旅游活动的各环节，构建了政府统筹、部门负责、有分有合的旅游综合协调、市场监督、投诉处理等制度，涵盖了促进（经济法）、管理（行政法）和合同（民法）三方面不同性质的法律规范，开创性地综合经济、民事和行政法律规范，从法律的层次确立了旅游综合管理制度、旅游者权益保障制度、旅游促进和公共服务制度、旅游资源保护和旅游利用制度、旅游服务合同制度、旅游经营规范制度、旅游安全保障制度，全方位地促进旅游产业的持续、健康发展。

三、旅游法的基本原则

法律原则是指在一定法律体系中作为法律规则的指导思想、基础或本源的综合性、稳定性原理和准则。一部规范性法律文件一般都有基本原则的规定，旅游法的基本原则表现在以下几方面：

(一) 国家保护原则

根据旅游法的规定，国家发展旅游事业，完善旅游公共服务，依法保护旅游者在旅游活动中的权利和利益。总的来看，旅游法一方面注重平衡各方权益，厘清政府与旅游经营者、政府与旅游者、旅游者与旅游经营者、旅游经营者相互之间的权利、义务和责任关系；另一方面在维护权益总体平衡的基础上，在政府公共服务、旅游经营规则、民事行为规范、各方旅游安全保障义务、旅游纠纷解决等方面为保护旅游者权益提供了法律保障。

（二）社会效益、经济效益和生态效益相统一的原则

旅游资源是旅游业发展的前提，凡是能对旅游者产生吸引力并具备一定旅游功能和价值的自然和人文因素的原材料，都可称为旅游资源。它是发展旅游事业的基本物质条件。一直以来，在很多地方出现了垄断地方旅游资源，盲目开发肆意收费的现象，既违反了取之于民、用之于民的社会公平原则，又造成了严重的生态问题和环境污染，破坏了旅游业赖以存在的自然资源基础，对生物多样性和传统文化的保护也产生了巨大的危害。市场经济追求效益最大化，旅游业的发展也追求效益最大化，这是无可厚非的，但必须做到经济效益、社会效益和生态效益三者的高度协调、统一。实际上，当生态效益和社会效益达到最大化、最优化时，其经济效益肯定也是相当可观的。《旅游法》第 4 条规定：旅游业发展应当遵循社会效益、经济效益和生态效益相统一的原则。国家鼓励各类市场主体在有效保护旅游资源的前提下，依法合理利用旅游资源。利用公共资源建设的游览场所应当体现公益性质。这一规定为旅游资源的保护、开发、利用和旅游业的可持续发展提供了指导原则。

（三）健康、文明、环保旅游的原则

随着我国社会经济的不断发展和人民生活水平的日益提高，旅游已经成为人们的重要需求和生活的组成部分，也成为国计民生的一部分。倡导健康、文明、环保的旅游方式的重要性也受到世界各国的普遍重视。但在现实生活中，部分旅游者的素质和修养不高，不文明行为常有发生，有损国人形象。为了提高公民素质，树立中国旅游者的良好形象，旅游法对旅游者的文明行为提出了明确要求，对不文明行为进行了禁止性规定。此外，为了促使健康、文明、环保的旅游休闲理念成为全社会的共识，《旅游法》第 5 条规定：国家倡导健康、文明、环保的旅游方式，支持和鼓励各类社会机构开展旅游公益宣传，对促进旅游业发展作出突出贡献的单位和个人给予奖励。这条原则性规定旨在引导全社会树立健康、文明、环保的旅游休闲理念，提升国民的文明素质，促进社会和谐；也说明倡导健康、文明、环保旅游是各级政府、各有关部门和有关企业以及旅游者的共同责任。

（四）旅游行业和旅游经营者合法经营的原则

我国旅游行业还存在着不成熟的现象，尽管有关部门在整顿和规范旅游市场秩序方面做了大量工作，但是部分旅游企业经营行为不规范、旅游市场秩序混乱的问题仍然比较突出，恶性竞争、“零负团费”、强迫购物、虚假广告等问题屡禁不止。《旅游法》第 6 条规定：国家建立、健全旅游服务标准和市场规则，禁止行业垄断和地区垄断。旅游经营者应当诚信经营、公平竞争、承担社会责任，为旅游者提供安全、健康、卫生、方便的旅游服务。旅游法确立了旅游行业和旅游经营者合法经营的原则，为健康、有序的旅游市场的形成发挥了重要作用。

四、旅游法的相关法律规范体系

由于社会制度和国情的不同，各国旅游法的表现形式也有所不同，比如加拿大的政府体制是以各省联邦为基础的，各省除了参照执行国家统一制定的一系列旅游相关法律、法规外，还可根据自己的需要制定一些适合当地旅游发展需要的旅游法规，并且在旅游立法和司法上具有相对的独立性。我国真正意义上的旅游业是与改革开放同步的，我国旅游业的立法也始于改革

开放时期。我国除了在颁布的众多民事和经济法律、法规中十分重视对旅游业的法律保护，也不断出台了调整旅游社会关系的专门法律、法规。

（一）旅游基本法

《旅游法》是旅游基本法，于2013年4月25日经第十二届全国人大常委会第二次会议通过，2013年4月25日中华人民共和国主席令第3号公布，自2013年10月1日起施行，分总则、旅游者、旅游规划和促进、旅游经营、旅游服务合同、旅游安全、旅游监督管理、旅游纠纷处理、法律责任、附则，共10章、112条。《旅游法》为我国旅游业提供了良好的法制基础，并有效提升了法的位阶（提升到第二位阶——法律），并以其既是促进法、行政法又是民商法的社会经济法特点，实现了对旅游活动中各社会关系的所有主体——政府部门、各类旅游经营者、旅行辅助人和旅游者的有效规制。

（二）旅游行政法规

1.《旅行社条例》

1985年5月11日，国务院颁布了《旅行社管理暂行条例》。这是我国第一个关于旅游业管理方面的行政法规。该条例按照经营业务范围的不同，把旅行社划分为一类旅行社、二类旅行社和三类旅行社。该条例施行后，随着时间的推移，这种划分方法的弊端日益显现，入境旅游市场经营秩序出现混乱。1996年10月15日，国务院颁布了《旅行社管理条例》。2001年12月11日为了进一步和国际旅游市场接轨、符合WTO规则，国务院再次对《旅行社管理条例》进行修订。此外，2004年7月1日施行的《行政许可法》对行政许可作了明确规定，旅行社的行政许可也得到了相应调整，简化了旅行社的审批程序，有利于申请人申请设立旅行社。① 2009年2月21日，国务院颁布了《旅行社条例》，1996年10月15日国务院发布的《旅行社管理条例》同时废止。

2.《导游人员管理条例》

1999年5月14日，国务院发布了《导游人员管理条例》，取代了原有的《导游人员管理暂行规定》，对导游人员从业期间的资格、行为进行了详细的规定，是对导游人员的一种保护和约束。

3.《中国公民出国旅游管理办法》

2001年12月12日，国务院颁布了《中国公民出国旅游管理办法》，为了规范旅行社组织中国公民出国旅游活动，保障出国旅游者和出国旅游经营者的合法权益，对中国公民出国旅游过程中旅行社、旅游者的行为进行了规范。

4.《风景名胜区条例》

2006年9月19日，国务院发布了《风景名胜区条例》，原有的《风景名胜区管理暂行条例》同时废止。该条例对加强风景名胜区的管理，更好地保护、利用和开发风景名胜资源作了规定。

（三）《最高人民法院关于审理旅游纠纷案件适用法律若干问题的规定》

2010年9月13日发布的《最高人民法院关于审理旅游纠纷案件适用法律若干问题的规定》对旅游经营者和旅游者之间的民事纠纷处理作出了明确规定，对于解决旅游经营者和旅游者之

---

① 参见黄恢月：《旅游法实务详解》，3页，北京，中国旅游出版社，2014。

间的民事纠纷具有十分重要的指导意义。

(四) 旅游部门规章

与旅游相关的部门规章主要有：国家旅游局于2012年5月11日发布的《关于加强旅游景区旺季服务质量与安全管理的通知》、2012年6月11日发布的《国家旅游局办公室关于进一步做好旅游公共服务工作的意见》等，公安部1987年11月10日发布2011年1月8日修订的《旅馆业治安管理办法》等。

(五) 旅游地方性法规和地方政府规章

包括省级人大和较大市人大颁布的有关旅游方面的地方性法规、省级政府和较大市政府颁布的有关旅游方面的地方政府规章等，如《北京市旅游管理条例》《四川省旅游条例》《河南省旅游条例》等。

(六) 旅游相关法律

与旅游行业相关的法律也是旅游法的有机组成部分。与旅游直接相关的法律，如《文物保护法》，是加强对旅游景点文物的保护、继承中华民族优秀的历史文化遗产、促进科学研究工作、进行爱国主义和革命传统教育、建设社会主义精神文明和物质文明而制定的法律。与旅游行业间接相关的法律，如《民法通则》《合同法》《担保法》《侵权责任法》《消费者权益保护法》《反不正当竞争法》《价格法》《广告法》《食品安全法》《产品质量法》《行政处罚法》以及诉讼法等一系列法律、法规。

(七) 我国已经签署的有关旅游方面的国际条约、国际协定等

2001年12月11日，我国正式加入了WTO。在《服务贸易具体承诺减让表》之旅行社和旅游经营者（CPC 7471）部分规定的过渡期内，国家旅游局和商务部于2003年6月和2005年2月以第19、20号令联合发布《设立外商控股、外商独资旅行社暂行规定》（已失效——编辑注）及其修订，分别提前履行了“取消地域限制”和“允许设立外资独资子公司”的承诺。加入WTO的承诺具有国际公约的性质。另外，中国与九十多个国家签署了有关互免签证的协定，与39个国家签订了53个简化签证手续协定，并有37个国家和地区单方面给予中国公民落地签证待遇，8个国家和地区单方面允许中国公民免签入境。还有一些国家自2015年开始放宽签证政策，如日本，从2015年春季开始对中国公民实施新签证政策；特别是对中国经商人士、文化从业者和知识分子放宽签证发放条件。这样既简化了旅行社的工作量，也刺激了中国公民出境游。

总而言之，我国旅游法律规范体系的建设已初具规模，为我国旅游业的发展提供了有力的法律保障。

五、旅游法的作用

旅游法以健全、完善的法律、法规体系和机制体制，更好地依法维护、切实保障旅游者、旅游经营者等旅游市场有关各方主体的合法权益，规范旅游市场行为，使旅游业依法治旅、使旅游活动有法可依，促进旅游业健康、良好地发展。其作用一方面体现在保护权益上，另一方面体现在规范行为上，并保护和合理利用旅游资源，促进旅游业持续、健康发展。具体体现在以下几个方面：

(一) 保护旅游者的合法权益，规范旅游者的行为

1. 保护旅游者合法权益

旅游法不仅有“保护旅游者权益”的若干原则性规定，而且专设“旅游者”一章落实旅游

者保护，规定了旅游消费者享有自主选择权、知悉真情权、要求严格履行权、受尊重权、救助保护请求权、特殊群体获得便利优惠权等权利。这是旅游法在遵循消费者权益保护法和合同法的一般原则基础上，根据旅游活动的特点专门规定的一些特殊的、有针对性的旅游者权利。另外，在旅游经营、旅游安全和旅游合同等章节中，也体现了对旅游者权益保护的理念，可以说，"保护旅游者权益"贯穿旅游法的始终。

2. 规范旅游者的行为

旅游法一方面保障旅游者旅游休闲的权益，另一方面对旅游者的出行行为、提升旅游者素质等进行了规范，如旅游者在旅游活动中应当遵守社会公德和社会公共秩序，尊重当地的风俗习惯、文化传统和宗教信仰，爱护旅游资源，保护生态环境，遵守旅游文明行为规范；违反安全警示规定，或对于国家应对重大突发事件暂时限制旅游活动措施、安全防范或应急处置不予配合的，将依法承担相应责任。

（二）保护旅游经营者的合法权益，规范旅游经营者的行为

1. 保护旅游经营者的合法权益

旅游法以保障旅游者合法权益为主线，但同时兼顾旅游经营者的合法权益，以平衡旅游者与旅游经营者及旅游从业人员之间的权利、义务和责任。如《旅游法》第 14 条规定，旅游者在旅游活动中或者在解决纠纷时，不得损害当地居民的合法权益，不得干扰他人的旅游活动，不得损害旅游经营者和旅游从业人员的合法权益；第 66 条规定，旅游者从事严重影响其他旅游者权益的活动，且不听劝阻、不能制止的，旅行社可以解除合同，给旅行社造成损失的，旅游者应当依法承担赔偿责任；第 72 条规定，旅游者在旅游活动中或者在解决纠纷时，损害旅行社、旅行辅助人、旅游从业人员或者其他旅游者的合法权益的，依法承担赔偿责任。

2. 规范旅游经营者的行为

旅游法对旅游经营者的行为进行规制以规范旅游市场秩序：首先，要求旅行社要取得执业资格，如取得旅游行业经营许可、营业执照等相关证照。其次，对旅游经营者在旅游活动中的行为进行规范，要建立、健全旅游服务标准和市场规则，禁止旅游市场行业垄断和地区垄断，规范旅游市场秩序。对旅游市场中存在的不正当竞争、恶性低价竞争、强迫游客购物、增加另行付费旅游项目等现象进行整治，违反这一做法最重将吊销营业执照并罚款，这样，促使更多的经营者公平竞争，促进行业的发展。

（三）保护和利用旅游资源

我国目前在旅游资源的利用中重开发轻保护、重经济效益轻环境效益的倾向依然存在，一些地方在旅游资源开发利用时缺乏统筹规划，或者有规划不落实，违法用地、过度开发、重复开发的现象仍不同程度地存在着。个别地方甚至违法擅自拆建、改建文物古迹和历史文化古街等保护性建筑。另外，在旅游者集中出行期，不少传统知名景区客流超载问题比较严重，增加了旅游安全风险，加大了资源保护的压力。旅游法对旅游资源的"护用并举"进行了协调规范，对于促进我国经济社会平稳、较快发展和人的全面发展，切实保护和合理利用旅游资源具有举足轻重的作用。

（四）确保旅游业持续、健康发展

发展旅游业已经成为转变经济发展方式、调整经济结构、实现科学发展的必由之路。《旅游法》第 19 条规定，旅游发展规划应当与土地利用总体规划、城乡规划、环境保护以及其他

自然资源和文物及人文资源的保护和利用规划相衔接。第 20 条规定，各级人民政府编制土地利用总体规划、城乡规划，应当充分考虑相关旅游项目、设施的空间布局和建设用地要求。规划和建设交通、通信、供水、供电、环保等基础设施和公共服务设施，应当兼顾旅游业发展的需求。

第二节　旅游活动主体法律制度

一、旅游企业概述

（一）旅游企业的概念

旅游企业是指能够以旅游资源为依托，以有形的空间设备、资源和无形的服务效用为手段，在旅游消费服务领域中进行独立经营、核算的经济单位。旅游企业是各类旅游服务的直接提供者，是现代旅游经济关系中最重要、最活跃的主体。

（二）旅游企业的种类

按照不同的标准，可以将旅游企业划分为不同的形式：

1. 按照从事旅游产品经营的产业链划分，可分为：（1）直接旅游企业，包括旅行社、饭店、餐馆、旅游商店、交通公司、旅游景点、娱乐场所等。其中，起骨干作用的是旅行社、交通公司和以饭店为代表的住宿业，它们是现代旅游业的三大支柱。（2）辅助旅游企业，包括管理公司、服务公司、影视公司、出版单位、通信设施以及食品、卫生等生活服务部门和行业。（3）开发性组织，包括相关的政府机构、旅游院校、旅游科研机构等。

2. 按照旅游活动所使用的主要经营资源的不同，可分为：（1）劳动密集型旅游企业；（2）资本密集型旅游企业。

3. 按照企业出资人所承担的责任不同，可分为公司企业、合伙企业和独资企业。实践中，多数旅游企业采用公司这一组织形式。

4. 按照旅游企业是否具备独立的法律人格，可以分为法人型旅游企业和非法人性旅游企业。

5. 按照旅游企业的业务分工不同，可以分为旅游批发商、旅游经营商和旅游代理商。

二、旅行社法律制度

旅行社是旅游业的三大支柱之一，是旅游行业中的龙头老大。如果没有旅行社为旅游者作出安排，旅游活动就难以开展，特别是团体旅游很难顺利实现。旅行社的主要作用有 4 项：旅游产品的开发、旅游产品的销售、旅游服务的采购和旅游接待。我国很早就颁布有关旅行社的法律、法规对其进行规范。作为旅游产业中最具代表性的行业，旅行社的法制建设也最为完备。

（一）有关旅行社的立法现状

旅行社法是调整旅行社在其业务活动中与旅游者以及其他旅游经营者之间发生的社会关系的法律规范的总称。我国有关旅游事业管理的第一个正式的法规是国务院于 1985 年 5 月公布的《旅行社管理暂行条例》，其对旅行社业务范围内的主要问题作了明确规定。1996 年 10 月 15 日，国务院颁布了《旅行社管理条例》，明确界定了旅行社的相关概念，扩大了管理范围，强化了对旅行社的监督管理。为了更好地贯彻《旅行社管理条例》，国家旅游局陆续颁布了一系列部门规章和规范性文件，如《旅行社管理条例实施细则》（已失效）、《旅行社质量保证金暂行规定》《关于强化旅行社审批和登记管理的通知》等，形成了比较完善的旅行社法律体系。2001 年 12 月 11 日，为了履行我国加入 WTO 的承诺，适应旅游业的对外开放，促进我国旅游业的快速发展，国务院对《旅行社管理条例》作了修订。2009 年 2 月 20 日，国务院颁布了《旅行社条例》（以下简称《条例》），取代了原有的《旅行社管理条例》。2013 年 4 月 25 日《中华人民共和国旅游法》颁布，《旅游法》突出的特点是高度重视旅行社行业发展的规范：在《旅游法》共 112 个条款中，与旅行社直接相关的条款多达 45 条，约占《旅游法》总条款的 40%；《旅游法》第 4 条“旅游经营”、第五章“旅游服务合同”、第九章“法律责任”等章节的条款中规定了旅行社企业如何依法经营以及违反法律规定应当承担的法律责任，相当一部分条款与《旅行社条例》相比有了新的和更高的要求。

（二）旅行社的概念及特征

旅行社是指以营利为目的，从事招徕、组织、接待旅游者，为旅游者代办出境、入境和签证手续，为旅游者安排食宿等有偿服务的企业法人。[1]

旅行社的主要法律特征有：

1. 旅行社是从事旅游业务的企业法人

设立旅行社企业必须具备《旅行社条例》所规定的条件，并依该条例规定的程序设立，经旅游行政管理部门批准，取得“旅行社业务经营许可证”，到工商行政管理部门注册登记、领取营业执照，即获得旅行社企业法人资格。实践中，一些部门、单位组织的非营利性旅游活动不能视为旅行社的经营活动。

2. 旅行社从事的是旅游业务

旅行社所从事的旅游业务主要是招徕并接待旅游者，代办出境、入境和签证手续。

3. 旅行社以营利为目的

旅行社是为旅游者提供有偿服务的企业，它实行独立经营、自负盈亏的经营方式，以营利为目的。

（三）旅行社的基本职责

提供真实、可靠的信息；与旅游者签订合同；提供的服务符合保障旅游者人身、财产安全的需要；聘用合格的导游和领队。

三、导游及领队人员法律制度

（一）导游人员法律制度

世界上许多国家，特别是旅游业比较发达的国家，都制定了相应的法律、法规来规范导游业务和导游人员的行为，保障旅游者和导游人员的合法权益。对导游人员的资格、行为进行规范，也是重视旅游法制建设国家的通行做法。如日本在 1953 年颁布了《国家旅游组织导游职业法》，荷兰、马耳他、新加坡等国家也颁布了相应的法律、法规。国家旅游局及其职能部门还陆续发布了一些部门规章，为我国导游队伍的建设和健康发展提供了法律

---

① 参见韩玉灵：《旅游法教程》，126 页，北京，高等教育出版社，2010。

依据。

1. 导游的概念和种类

导游人员一词是从“向导”演变而来的，在英语中，导游人员是指为他人引路者，特别是受雇而为他人在旅行或餐馆中指点风景名胜者。①

按照不同的标准，可以把导游人员分为不同的种类。如按照导游服务使用的语言为标准，可以分为外国语导游员和中文导游员；按照职业性质为标准，可以分为专职导游员和兼职导游员；按照持有的证书为标准，可以分为正式导游员和临时导游员；按照所具备的技术等级为标准，可以分为初级导游人员、中级导游人员、高级导游人员和特级导游人员。

在旅游过程中，导游的引导和示范作用非常重要。导游工作是旅游业中最具代表性的工作，导游人员集讲解员、宣传员、服务员、安全员、调研员、商品推销员于一身，他们代表旅行社在行、游、住、食、购、娱的所有环节中执行接待计划，为旅游者提供全方位的服务，是团队的核心。所以，导游工作关系着旅行的成败、旅游者和旅游企业的合法权益的实现，甚至关系到一个国家的旅游声誉。

2. 导游人员应符合的条件

首先，导游除了应该具备一个公民所必须具备的基本的政治思想、道德品质、遵纪守法观念等基本素质，以及必须具备的专业知识和技能外，还应具备一定的导游实践经验和技巧、独立工作的能力、良好的语言表达能力、良好的心理素质等。其次，还必须经过导游人员资格统一考试合格，取得国务院旅游行政管理部门颁发的导游人员资格证书。这是从事导游职业的前提条件。另外，还要依法取得导游证。这是进行导游活动的必备条件。没有取得导游证，不能为牟取经济利益从事导游活动。

3. 导游人员的权利和义务

（1）导游人员的权利主要是指由法律、法规确定的，导游人员在履行职务时所具有的权能。主要包括：导游人员依法实施一定行为的可能性和限度；可以请求他人为一定行为或不为一定行为的范围；在权利受到侵犯时，有请求有关机关保护的可能性。具体表现为人身权、履行职务权和其他权利。

（2）导游人员的义务是指由法律、法规规定的，导游人员应当履行的责任。具体包括：维护国家利益和民族尊严的义务；遵守职业道德、诚实守信、尊重民族风俗习惯的义务；对旅游者履行告知和警示的义务；严格按照旅游合同履行接待计划的义务；进行导游活动时佩戴导游证的义务；按照旅行社委派进行导游活动的义务；提高自身业务素质和技能的义务；不强制消费、不违规索要小费、不欺骗旅游者的义务。

（二）领队人员法律制度

1. 领队人员的概念和特征

《出境旅游领队人员管理办法》第 2 条规定：本办法所称出境旅游领队人员（以下简称“领队人员”），是指依照本办法规定取得出境旅游领队证（以下简称“领队证”），接受具有出境旅游业务经营权的国际旅行社（以下简称“组团社”）的委派，从事出境旅游领队业务的人员。

---

① 参见朱宝琛：《导游业务》，35 页，北京，旅游教育出版社，2002。

领队人员具有以下特征：(1) 依法取得了领队证；(2) 是接受具有出境旅游业务经营权的旅行社委派而从事旅游业务的人；(3) 服务的对象主要是中国公民；(4) 从事旅游业务的地点主要在境外；(5) 工作的内容和范围主要是带领旅游者出入境，督促落实旅游计划和为旅游者提供与出入境相关的服务。

2. 对领队人员的素质要求

《出境旅游领队人员管理办法》第 3 条规定：申请领队证的人员，应当符合下列条件：(1) 有完全民事行为能力的中华人民共和国公民；(2) 热爱祖国，遵纪守法；(3) 可切实负起领队责任的旅行社人员；(4) 掌握旅游目的地国家或地区的有关情况。

3. 领队人员的职责和义务

(1) 领队人员的职责：遵纪守法，确保安全，维护权益，告知旅游者注意事项，督促旅游计划的实施。

(2) 领队的义务：尊重旅游者人格尊严、宗教信仰和民族风俗习惯，对旅游者个人信息要保密，不得违反法律的禁止性规定。

四、旅游景区法律制度

(一) 旅游景区的概念和特点

1. 旅游景区的概念

旅游景区是旅游业的基础，是旅游业发展的主体，也是旅游活动的最终目的，任何旅游活动都是围绕着景区而设计和规划的。关于旅游景区的概念，目前还没有一个被普遍接受的、界定范围包含各类景区的定义。本书所指的旅游景区，是指以旅游及其相关活动为主要功能或主要功能之一的、依托各类自然和人文吸引物的、具备相应旅游服务设施并提供相应旅游服务的自然景观类和人文景观类的旅游地域。

2. 旅游景区的特点

(1) 有一定的空间范围和界限；(2) 有供游客参观游览的吸引物；(3) 有良好的可进入性；(4) 有旅游服务设施和基础设施；(5) 有专门的经营管理机构。

我国的旅游资源丰富，旅游景区类型多样。根据不同角度、不同的标准，旅游景区有不同的划分。以旅游景区的资源属性为标准可分为自然类旅游景区（以名山、大川、名湖和海洋为代表）、人文类旅游景区（以人类在长期的历史演进过程中留下的遗迹、遗址为代表，如北京的故宫、颐和园、八达岭等）、主题公园类旅游景区（是人类现代科学技术和劳动的结晶，如深圳华侨城下的几个主题公园）、社会类的旅游景区（如工业旅游、观光农业旅游、科教旅游、军事旅游景区等）和复合类旅游景区；以旅游景区的主导功能为标准可分为观光类旅游景区、度假类旅游景区、科考类旅游景区和游乐类旅游景区；以旅游景区的质量等级为标准可分为1A级、2A级、3A级、4A级和5A级旅游景区。

(二) 旅游景区的相关法律规范

(1) 法律、法规类，主要有《中华人民共和国自然保护区条例》(2011 年修订)、《中华人民共和国文物保护法》(2015 年修正)、《风景名胜区条例》(2006 年)。

(2) 实施细则和管理办法，如《中华人民共和国水下文物保护管理条例》《中华人民共和国考古涉外工作管理办法》《旅游景区质量等级的划分与评定》《旅游景区质量等级管理办法》等。

（3）与旅游景区有关的法律、法规，如《环境保护法》《矿产资源法》《大气污染防治法》《森林法》《城市规划法》等。

（4）地方性法律、法规，如《北京市旅游管理条例》《重庆市风景名胜区条例》《四川省世界遗产保护条例》《甘肃敦煌莫高窟保护条例》等。

（5）我国加入的有关世界遗产保护的国际公约、条约等。

（三）旅游景区的权利和义务

1. 旅游景区的权利

依法开展经营活动的权利，按照景区容量接待旅游者的权利，收取费用的权利和在景区财产受到损害时要求赔偿的权利。

2. 旅游景区的义务

明码标价合理收费的义务，安全保障义务，安全事故报告义务。

五、旅游饭店法律制度

（一）旅游饭店的概念和特征

旅游饭店作为旅游业的三大支柱产业之一，对外开放时间最早、步伐最大、程度最高，也在旅游创收中发挥着重要作用。以旅游饭店为代表的住宿业的建设总体水平（包括客房数量、设施设备的实用程度、服务项目的数量、档次数量比例关系等）是衡量一个国家（地区）旅游接待能力的重要依据。

1. 饭店的概念

饭店，也称旅馆，是指以营利为目的，向社会公众提供食宿设施和其他服务的商业性机构。

2. 饭店的特征

饭店一般具有如下特征：（1）饭店是向社会公众提供住宿服务的企业。（2）饭店提供的服务除住宿外，还有其他综合性服务，如电话、娱乐、餐饮、洗衣及订票等。（3）饭店是以营利为目的向社会公众提供服务的。

（二）旅游饭店相关法律规范

目前，我国对于饭店没有专门性的立法，关于饭店的立法并不完善。在实践中除了主要适用《民法通则》《合同法》《消费者权益保护法》等进行调整以外，更多的是适用一些行政法规、部门规章和规范性文件，如《旅馆业治安管理办法》《旅游饭店星级的划分与评定》（非强制性标准）等；还有由中国旅游饭店协会依据国家有关法律、法规制定的行业规范，如《中国旅游饭店行业规范》，因其不是国家法律，所以没有法律强制力，只是作为行业协会约束会员饭店的依据。由于缺乏专门性立法，所以对于与饭店在实践中发生的具体纠纷在处理上存在困难。

（三）旅游饭店的权利和义务

1. 旅游饭店的权利

向旅客收取费用的权利，一定的拒绝接待旅客的权利，对造成饭店损失的旅客索赔的权利等。

2. 旅游饭店的义务

保障旅客人身、财产安全的义务，为旅游者提供旅游行程设计、信息咨询服务的义务，向旅客提供合同约定服务的义务，尊重旅客隐私的义务等。

六、旅游消费者法律制度

（一）旅游消费者的概念

1. 国际社会对旅游者概念的界定

“旅游者”一词，最早出现在1881年出版的英文牛津辞典中，是从英文“tourist”转译过来的，意思是“以观光旅游为目的的外来旅客”。1876年，瑞士的一部字典中出现了一个“The History Tourism”的条目，将旅游者解释为“出于一种好奇心，为了得到愉快而进行旅行的人”。1876年出版的《19世纪通用字典》对旅游者的解释是“人们为享受旅游乐趣，出于好奇而且认为再没有比旅游更好的事了”①。1937年国际联盟对旅游者作出了一个很有影响、较为权威的定义：“旅游者就是离开自己的住在国，到异国旅行和访问至少24小时的人。”另外，列举了5种不能称之为旅游者的人。1963年罗马会议对旅游者的定义是：“除为获得有报酬的职业以外，基于任何原因到一个不是自己通常居住的国家访问的人。”这一概念在1967年得到联合国统计委员会召集的专家研究小组的一致认可，并被建议世界各国使用。1984年世界旅游组织（UNWTO）对国内旅游者的概念作出如下界定：“任何因消遣、闲暇、度假、体育、商务、公务、会议、疗养、学习和宗教目的，而在其居住国，不论国籍如何，所进行24小时以上一年以内旅行的人，均视为国内旅游者”。

1984年4月，各国议会联盟和世界旅游组织在荷兰海牙联合召开“各国议会旅游大会”，会上通过的《海牙宣言》对国际旅游者的概念进行了界定：“（1）拟前往或前往一个与其居住国不同的国家；（2）旅游的主要目的是访问或逗留，时间不超过3个月，除非超过3个月的逗留经过允许或得到延期；（3）在所访问的国家中，不得从事任何有薪活动，无论是否受命从事这种活动；（4）在访问或逗留期满后应离开访问的国家，返回居住国或前往另一个国家。”

1991年6月28日，世界旅游组织在加拿大首都渥太华召开旅游统计国家大会，有包括中国在内的世界九十多个国家和地区的两百多名代表参加。会上形成的旅游统计国际大会建议书一致认为：旅游是指一个人到他或她的通常环境以外的地方，时间不少于一段指定的阶段，主要目的不是在所访问的地区获得经济利益的各种活动。此后，世界旅游组织根据其于1991年在加拿大渥太华会议发布、1993年3月联合国统计委员会通过的内容，制定了5本技术手册，以帮助各国执行其有关旅游统计的概念、定义和分类的国际标准的建议。

综上所述，国际社会对旅游者（包括国际旅游者和国内旅游者）的界定，有以下共同点：离开常住地到异地；一定的时间性；不是为了就业或者其他经济目的而从事旅游游览的人。

2. 我国对旅游消费者概念的界定

目前，我国对于旅游者的概念还没有通过立法进行界定，一般认为其有以下特征：（1）空间的移动性，指离开常住地或居住地；（2）明确的目的性，即为了参加各种旅游活动，这是为了排除因就业或者其他经济目的而离开常住地的人；（3）一定的时间性，这既是为了排除长久

---

① 韩玉灵：《旅游法教程》，48页，北京，高等教育出版社，2010。

的移民活动，也是为了涵盖一日游而不在外过夜的旅游者。有些学者提出了“超过了24小时”的时间限定是不确切的，它会把一日游而不在外过夜的游客排除出旅游者的范围。所以，对旅游者公认的表述为：旅游者是指离开常住地，时间不超过一年，进行观光、游览、休闲、度假、探亲、访友或者其他形式旅游活动的人。消费者是指为了生活消费的需要而购买、使用商品和接受服务的人。旅游者作为旅游活动的重要主体，从经济学的角度来看，是一名消费者，即他们是通过从市场购买、使用和接受旅游经营者提供的旅游商品和服务，以满足其旅游需求而进行消费的。旅游消费者具有消费者的共性，也具有旅游者的个性。与一般消费者相比，旅游消费者具有以下特征：（1）弱者地位更加明显；（2）对所需求的消费对象有特殊的品质要求；（3）风险防范成本高、维权难度大。

（二）旅游消费者的权利和义务

1. 旅游消费者享有的权利

《旅游法》专章列举了旅游者的权利，包括自主选择权、交易拒绝权、知情权、受尊重权、求偿权、践诺要求权、救助请求权、特殊群体便利优惠依法享有权等。其中，自主选择权、交易拒绝权、知情权、受尊重权、求偿权是《消费者权益保护法》规定的消费者权利在旅游活动中的具体化，践诺要求权、救助请求权、特殊群体便利优惠依法享有权则是《旅游法》的创新。另外，《消费者权益保护法》规定的消费者的安全权，尽管在《旅游法》中没有具体提及，但是旅游者本身就是消费者，因此，安全权的规定对旅游者同样适用。所以，总的来说，旅游者共享有9项基本权利。

2. 旅游消费者应履行的义务

旅游法对旅游消费者应履行的义务作了详细的规定，概括来讲，旅游消费者应履行的义务主要有：

（1）遵守公序良俗、文明旅游的义务。旅游消费者在旅游活动中要遵纪守法，遵守社会公共秩序和社会公德、公序、良俗。这里包含两层意思：一是旅游消费者不得从事危害国家安全、损害社会公共利益、破坏社会公共秩序的行为；二是到异国他乡旅游时，应当尊重所在地的法律、民俗习惯和商业惯例。按照《旅游法》的规定，旅游者在行程途中从事严重影响其他旅游者权益的活动且不听劝阻的，旅行社可以依照《旅游法》的规定果断解除其旅游合同，并要求其赔偿因此给旅行社造成的损失。旅游者的行为严重扰乱社会治安秩序或毁坏旅游经营者的财物或者伤及当地居民或从业人员的，还可以依据《社会治安处罚法》报警处理，追究当事人的刑事责任。

（2）相关费用合理承担义务。旅游消费者在接受旅游服务时应当支付合理的费用。

（3）依法理性维权的义务。

（4）如实告知与旅游活动相关的个人健康信息的义务。

（5）爱护旅游资源、保护旅游设施的义务。

（6）安全注意和应急配合义务。在旅游过程中，旅游者应遵守旅游活动中的安全警示规定。旅游者违反安全警示规定，或者对国家为应对重大突发事件暂时限制旅游活动的措施、安全防范和应急处置措施不予配合的，依法承担相应责任。应急措施包括：紧急疏散、撤离并妥善安置；封锁危险区域或场所并划定警戒线；实行交通管制及其他管控措施；禁止或限制使用有关设备设施；关闭或限制使用有关场所；中止人员密集活动等。对上述应急措施，旅游者有配合的法定义务。

第三节　旅游活动管理法律制度

一、旅游企业的市场准入

(一) 旅游企业市场准入制度概述

世界各国对企业设立的立法原则主要表现为4种：

(1) 自由主义原则，是指法律对企业的设立不予规制，当事人设立企业不需要具备任何条件，也不需要履行任何法律程序，可以自由设立企业。这种情况仅仅发生在企业的萌芽时期。

(2) 特许主义立法原则，是指企业要根据特别法、专门法规、行政命令或由国家领导人特许设立。通常是针对公用事业等领域的重要企业所采用的立法原则。

(3) 准则主义立法原则，是指企业的设立只需符合法律规定设立的条件，即可向企业登记机关申请登记，不需要有关主管部门批准。如我国设立有限责任公司一般采用这种原则。

(4) 许可主义立法原则，是指企业的设立除了需要符合法律规定的条件外，还需要经过行政主管部门的审批，才可以到登记机关登记成立。我国目前设立国有企业和股份有限公司均需行政审批才可以设立。

(二) 旅游企业的市场准入

世界各国对于旅游企业的市场准入一般要求具备以下三个条件：(1) 规定设立和经营许可条件。(2) 规定经营资金的最低限额。(3) 规定外国旅游企业进入本国旅游经营领域的限制条件。

我国《旅游法》第28条规定，设立旅行社，招徕、组织、接待旅游者，为其提供旅游服务，应当具备下列条件，取得旅游主管部门的许可，依法办理工商登记：(1) 有固定的经营场所；(2) 有必要的营业设施；(3) 有符合规定的注册资本；(4) 有必要的经营管理人员和导游；(5) 法律、行政法规规定的其他条件。

可见，对于旅行社的设立，目前我国采用的是许可主义立法原则。

二、旅行社管理法律制度

(一) 旅行社业务经营许可证制度

旅行社业务经营许可证制度所指的许可证，是证明持证人具有从事旅游业务资格的凭证，由国家旅游局统一印制，由具有审批权的旅游行政管理部门颁发。

1. 许可证的类别

许可证分为“国际旅行社业务经营许可证”和“国内旅行社业务经营许可证”两种。许可证上应当注明旅行社的经营范围。旅行社应当将许可证与营业执照一起悬挂在营业场所的显要位置。许可证不得转让、出租和出借。

2. 许可证有效期

许可证有效期为3年，旅行社应当在许可证到期前的3个月内，持许可证到原颁证机关换发。许可证损坏或遗失的，旅行社应当到原许可的颁证机关申请换发或补发，并通过省级范围内公开发行的报刊或者省级以上旅游行政管理部门网站刊登损坏或者遗失声明。

旅游行政管理部门应当向经审查批准申请开办旅行社的申请人颁发许可证。申请人应当在收到许可证后的60个工作日内，持批准设立文件和许可证到工商行政管理部门领取营业执照。

旅行社不符合申请旅行社应具备的条件，或旅行社在经营中违反法律、法规的，旅游行政管理部门将按规定不颁发许可证。

（二）旅行社质量保证金管理制度

国家旅游局根据《消费者权益保护法》《反不正当竞争法》《旅行社条例》的有关规定，按照旅行社的经营特点，参照国际惯例，经国务院批准，对旅行社实行质量保证金制度。该项制度在1995年1月1日国家旅游局发布的《旅行社质量保证金暂行规定》（已失效）及其实施细则中得以确立。此后，在1996年10月15日颁布的《旅行社管理条例》（已失效）及其1996年11月28日实施细则，以及1997年3月27日发布的《旅行社质量保证金赔偿暂行办法》《旅行社质量保证金赔偿试行标准》（已失效）中进一步确立和完善，形成了比较规范的、具有较强操作性的一项管理制度。

1. 旅行社质量保证金

旅行社质量保证金是指根据《旅行社条例》的规定，由旅行社在指定银行缴存或由银行担保提供的用于保障旅游者权益的专项基金。保证金属于缴纳的旅行社所有，为现金形式，其他有价证券无效；各级旅游行政管理部门在规定的权限内，依据有关法规、规章和程序，作出支付保证金金额的决定；保证金须保持满额，支付赔偿后，对不足部分旅行社须在60天内补足；缴纳保证金的有关凭证不得作为抵押或偿还债务的凭证；旅行社发生合并、解散、转产、破产等情形时，保证金作为旅行社企业财产的一部分，按有关法律规定处置；旅行社终止经营时，退还保证金。保证金在旅游行政管理部门管理期间产生的利息属于旅行社所有；保证金利息按中国人民银行规定的单位活期存款利率计算，旅游行政管理部门可以从利息中提取一定比例管理费；每年将1/3利息一次性退还旅行社，其余作为保证金管理费用，用于处理旅游投诉和理赔过程中的相关支出。

2. 旅行社质量保证金的管理和适用范围

（1）管理。对旅行社质量保证金实行“统一制度、统一标准、分级管理”的原则。国家旅游局统一制定保证金的制度、标准和具体办法。各级旅游行政管理部门按照规定的权限实施管理。

（2）适用范围。出现下列情形旅行社不承担或无力承担赔偿责任时，以此款项对旅游者进行赔偿：1）旅行社因自身过错未达到合同约定的服务标准而造成旅游者的经济权益损失；2）旅行社的服务未达到国家或行业规定的标准而造成旅游者的经济权益损失；3）旅行社破产后造成旅游者预交旅行费损失。

（3）不适用的范围。下列情形不适用保证金赔偿：1）旅行社因不可抗力因素不能履行合同的；2）旅行者在旅游期间发生人身、财物意外事故的；3）适用保证金赔偿情形之外的其他经济纠纷；4）超过规定的时效和期间的；5）司法机关已经受理的。

（三）旅行社监督检查制度

我国对旅行社业务经营活动的行政管理实行以旅游行政管理部门的分级管理、其他部门与旅游行政管理部门共同负责监管，对违法行为作出处理的体制。它们在各自的权限范围内依法对旅行社行使监管权。具体来说，国务院旅游行政管理部门负责全国旅行社的监督管理工作。县级以上地方人民政府管理旅游行政管理部门按照职责负责本行政区域内旅行社的监督管理工作。县级以上各级人民政府工商、价格、商务、外汇等有关部门，按照职责分工，依法对旅行社进行监督管理。

（四）旅行社公告制度

旅行社公告制度是指旅游行政管理部门对其审批设立的旅行社通过报纸或者其他新闻媒体向社会公开发布、告知某类信息的制度，是旅游行政管理部门对旅行社实行行业监督的一项重要措施。旅行社公告制度以行政法规形式确立，有别于工商行政管理部门发布的企业法人登记公告；其目的是将经过依法设立的旅行社向社会公开告知，把旅行社的监督工作推向全社会，扩大对旅行社的监督范围，强化对旅行社实行行业管理的效力。

旅行社公告制度的内容包括：旅行社开业公告、变更公告、停业公告；吊销“旅行社业务经营许可证”公告；处理投诉公告；旅行社诚信记录公告。旅行社公告制度的形式包括：全国或本省、自治区、直辖市内公开发行的报刊；国家旅游局或者本省、自治区、直辖市旅游局网站；有条件的县级以上旅游行政管理部门的网站。

（五）旅行社责任保险制度

旅行社责任保险，简称责任险，是指承保旅行社在组织旅游活动过程中因疏忽、过失造成事故所应承担的赔偿责任的险种，具有很强的社会公益性，是充分发挥保险在防灾防损和灾害事故处置中的重要作用、增强行业抵御风险能力的一种措施。投保后，一旦发生责任事故，将由保险公司在第一时间对无辜的受害旅客进行赔偿。

根据规定，凡在中华人民共和国境内依法设立并登记注册、合法经营的旅行社均可作为投保人向保险人投保责任保险。在责任保险中投保人与被保险人必须为同一人。旅行社责任保险的保险责任，应当包括旅行社在组织旅游活动中依法对旅游者的人身伤亡、财产损失承担的赔偿责任，以及依法对受旅行社委派并为旅游者提供服务的导游或者领队人员的人身伤亡承担的赔偿责任。具体包括下列情形：（1）因旅行社疏忽或过失应当承担赔偿责任的；（2）因发生意外事故旅行社应当承担赔偿责任的；（3）国家旅游局会同中国保险监督管理委员会规定的其他情形。

三、导游人员管理法律制度

（一）导游人员从业资格核准制度

导游人员从业资格核准制度是指对从事导游职业者，要求其必须具备规定的条件，并通过本人申请，按照规定的程序参加全国统一的导游人员资格考试，考试合格经国家旅游局教育培训主管部门审核、批准，方可取得从业资格的管理制度。这是许多国家通行的做法，体现了严格要求的公平竞争的原则，有利于提高导游人员的素质，提高我国旅游业的整体形象。

（二）导游证制度

导游证制度是指对取得“导游人员资格证书”的人，必须按照规定的条件和程序取得导游证，方可从事导游活动的管理制度。导游证是能够从事导游工作的法定证件。导游证的持有人应接受旅游行政管理部门的检查，出示和提供有关材料。导游证的持有人违规使用导游证，旅游行政管理部门依据《导游人员管理条例》的规定作出相应处罚。其他组织和个人不得擅自扣留、销毁、吊销导游证。

（三）导游人员计分管理制度

导游人员计分管理制度是指旅游行政管理部门为了加强对导游人员的执业行为的动态管理，根据其在导游活动中违规行为的性质和情节，经查证、核实后扣除一定分值的管理制度。这是旅游行政管理部门的一项行政管理措施，不属于行政处罚的范畴。按照规定，国务院旅游行政管理部门负责制定全国导游人员积分管理政策并组织实施、监督检查。省级旅游行政管理部门负责本行政区域内导游人员计分管理的组织实施和监督检查。所在地旅游行政管理部门在本行政区域内负责导游人员计分管理的具体执行。导游人员计分办法实行年度 10 分制。导游人员的 10 分扣完以后，暂停从事导游业务，须接受旅游行政管理部门的培训，培训考核合格后，方能继续从事导游业务。

（四）导游人员年审管理制度

导游人员年审管理制度是指旅游行政管理部门对导游人员当年从事导游业务的情况、扣分情况、接受行政处罚情况、游客反映情况等进行考评的管理制度。国务院旅游行政管理部门负责制定全国导游人员年审工作政策，组织实施并监督检查。省级旅游行政管理部门负责组织、指导本行政区域内导游人员年审工作并监督检查。所在地旅游行政管理部门具体负责组织实施对导游人员的年审工作。

（五）导游人员等级考核制度

导游人员等级考核制度是指为了加强导游队伍建设、提高导游人员业务素质和职业技能，国家对导游人员实行的考核制度。导游人员分为初级、中级、高级、特级四个等级。初级导游和中级导游考核由省级旅游行政管理部门或其委托的地市级旅游行政管理部门组织评定；高级导游和特级导游由国务院旅游行政管理部门组织评定。导游等级评定标准和办法由国务院旅游行政管理部门另行制定。

四、领队人员管理法律制度

（一）领队人员业务培训的有关法律规定

《出境旅游领队人员管理办法》第 4 条规定：组团社要负责做好申请领队证人员的资格审查和业务培训。业务培训的内容包括：思想道德教育；涉外纪律教育；旅游政策法规；旅游目的地国家的基本情况；领队人员的义务与职责。对于已经领取领队证的人员，组团社要继续加强思想教育和业务培训，建立严格的工作制度和管理制度，并认真贯彻执行。

（二）对领队人员领队证的法律规定

1. 领队证的申领管理

《出境旅游领队人员管理办法》第 5 条、第 6 条、第 7 条规定：领队证由组团社向所在地的省级或经授权的地市级以上旅游行政管理部门申领，并提交申请领队证人员登记表、组团社出具的胜任领队工作的证明、申请领队证人员业务培训证明等材料。旅游行政管理部门应当自收到申请材料之日起 15 个工作日内，对符合条件的申请领队证人员颁发领队证，并予以登记备案。

2. 领队证的使用管理

领队证由国家旅游局统一样式并制作，由组团社所在地的省级或经授权的地市级以上旅游行政管理部门发放。领队证不得伪造、涂改、出借或转让。领队证的有效期为 3 年。凡需要在领队证有效期届满后继续从事领队业务的，应当在届满前半年由组团社向旅游行政管理部门申请登记换发领队证。领队人员遗失领队证的，应当及时报告旅游行政管理部门，并声明作废，然后申请补发；领队证损坏的，应及时申请换发。被取消领队人员资格的人员，不得再次申请领队登记。领队人员从事领队业务，必须经组团社正式委派。领队人员从事领队业务时，必须佩戴领队证。未取得领队证的人员，不得从事出境旅游领队业务。

五、旅游饭店管理法律制度

（一）旅游代订合同

旅游饭店管理过程中涉及饭店与旅行社、旅游者之间的关系，需要旅行社签订旅游代订合同。旅游代订合同是指旅行社接受旅游者的委托，为其代订交通、住宿、餐饮、游览、娱乐等旅游服务，旅游者支付代办费用的合同，是《合同法》规定的委托合同的一种类型，与一般的委托合同相同。旅行社为旅游者的受托人，其行为后果由旅游者承担，旅行社仅对其代订行为承担责任。

（二）旅游饭店实际履行合同的责任

旅行社签订代订合同后，旅游饭店承担实际履行合同的责任。由于住宿是旅游活动的重要环节，在旅游旺季时经常一房难求，甚至出现住宿经营者不按旅游服务合同的约定为团队旅游者提供住宿服务的情况，严重损害了旅游者的权益。按照住宿经营者实际履行合同的责任原则，住宿经营者未能按照合同提供住宿服务的，应承担继续履行、采取补救措施或者赔偿损失等违约责任。要求住宿经营者承担实际履行合同的责任，于旅游者更为有利，特别是在旅游旺季，即使获得退赔，旅游者也可能无法觅到住房。唯有要求住宿经营者继续依约提供住宿服务，且其标准不得低于约定的服务标准，才符合旅游者的利益。凡未能按照旅游服务合同提供服务的，应当为旅游者提供不低于原定标准的住宿服务，因此增加的费用由住宿经营者承担。但由于不可抗力、政府因公共利益需要采取措施造成住宿经营者不能提供服务的，应免除其实际履行的责任，但依然应当协助安排旅游者住宿。

对旅行社来讲，为旅游者提供代订相关服务是其经营活动，可以收取代办费用，二者之间成立的旅游代订合同属于有偿合同。根据《合同法》第 406 条的规定，因旅行社的过错给旅游者造成损失的，旅行社应当承担赔偿责任。

（三）旅游饭店经营中遇到相关法律问题的责任

旅游饭店经营中遇到相关法律问题主要有：旅游饭店的治安管理、旅游饭店的食品卫生管理，以及旅游者在饭店人身、财产受损等。旅游者因上述问题与饭店产生纠纷或饭店经营中遇到以上问题，主要处理依据是《民法通则》《合同法》《消费者权益保护法》和《治安管理处罚法》等相关法律、法规。

第四节　旅游资源保护法律制度

旅游资源是旅游业发展的前提。我国旅游资源非常丰富，具有广阔的开发前景。旅游资源绝大多数是自然及人类文化遗留下来的珍贵遗产，具有易受破坏的脆弱性和难以恢复的不可再生性，所以，保护旅游资源就成了保护自然资源、文化产业及旅游业的关键问题。我国颁布了一系列法律、法规、规章和地方性法规以及其他规范性文件，以建立、健全旅游资源保护法律制度。

一、旅游资源概述

1. 旅游资源的概念

目前，对旅游资源的概念说法不一，但对旅游资源的定义比较确切和规范的是国家旅游局制定的《中国旅游资源普查规范》中的定义：旅游资源是指自然界和人类社会凡能对旅游者有吸引力、能激发旅游者的旅游动机，具备一定旅游功能和价值，可以为旅游业开发、利用，并能产生经济效益、社会效益和环境效益的事物和因素。

2. 旅游资源的特征

（1）旅游资源组成要素具有多样性和综合性的特点；（2）旅游资源受地区自然因素和历史因素的影响，因而具有明显的地域分异现象、季节性和时代特点；（3）旅游资源必须经过开发才能被利用；（4）旅游资源在合理开发、利用和保护的前提下，具有永续利用的特点，同时也具有不可再生的特点。

3. 旅游资源的分类

旅游资源主要包括自然风景旅游资源和人文景观旅游资源两大类。自然风景旅游资源包括高山、峡谷、森林、火山、江河、湖泊、海滩、温泉、野生动植物、气候等，可归纳为地貌、水文、气候、生物四大类。人文景观旅游资源包括历史文化古迹、古建筑、民族风情、现代建设新成就、饮食、购物、文化艺术和体育娱乐等，可归纳为人文景物、文化传统、民情风俗、体育娱乐四大类。

二、风景名胜区法律保护

（一）风景名胜区的概念和种类

1. 风景名胜区的概念

《风景名胜区条例》第2条规定，本条例所称风景名胜区，是指具有观赏、文化或者科学价值，自然景观、人文景观比较集中，环境优美，可供人们游览或者进行科学、文化活动的区域。

2. 风景名胜区的种类

风景名胜包括具有观赏、文化或科学价值的山河、湖海、地貌、森林、动植物、化石、特殊地质、天文气象等自然景物和文物古迹，革命纪念地、历史遗址、园林、建筑、工程设施等人文景物和它们所处的环境以及风土人情等。

我国的风景名胜区，按其风景的观赏、文化、科学价值和环境质量、规模大小、游览条件等，划分为3级：市（县）级风景名胜区，具有一定观赏、文化或科学价值，环境优美，规模较小，设施简单，以接待本地区游人为主，由市、县人民政府审定公布；省级风景名胜区，具有较重要观赏、文化或科学价值，景观具有地方代表性，有一定规模和设施条件，在省内外有影响，由省、自治区、直辖市人民政府审定公布；国家重点风景名胜区，自然景观和人文景观能够反映重要自然变化过程和重大历史文化发展过程，基本处于自然状态或保持历史原貌，具有国家代表性，由国务院批准公布。

（二）风景名胜区的设立、规划和管理

1. 风景名胜区的设立

（1）风景名胜区的设立的目的和标准：设立风景名胜区，应当有利于保护和合理利用风景名胜资源。新设立的风景名胜区与自然保护区不得重合或交叉；已设立的风景名胜区与自然保护区重合或交叉的，风景名胜区规划与自然保护区规划应当相协调。

（2）设立风景名胜区的审批材料：申请设立风景名胜区应当提交包含下列内容的有关材料：1）风景名胜资源的基本状况；2）拟设立风景名胜区的范围以及核心景区的范围；3）拟设立风景名胜区的性质和保护目标；4）拟设立风景名胜区的游览条件；5）与拟设立风景名胜区内的土地、森林等自然资源和房屋等财产的所有权人、使用权人协商的内容和结果。

（3）风景名胜区设立的审批机关：设立国家级风景名胜区，由省、自治区、直辖市人民政府提出申请，国务院建设主管部门会同国务院环境保护主管部门、林业主管部门、文物主管部门等有关部门组织论证，提出审查意见，报国务院批准公布。设立省级风景名胜区，由县级人民政府提出申请，省、自治区人民政府建设主管部门或者直辖市人民政府风景名胜区主管部门，会同其他有关部门组织论证，提出审查意见，报省、自治区、直辖市人民政府批准公布。

2. 风景名胜区的规划与管理

（1）风景名胜区的规划：风景名胜区规划一般分规划大纲和总体规划两个阶段进行。

风景名胜区规划大纲一般包括下列内容：1）风景名胜资源基本情况和开发利用条件的调查评价报告；2）性质、特点与开发利用指导思想的论证；3）管辖范围和保护地带划分的建议；4）专项规划意见；5）有关管理体制和管理机构的建议；6）图纸和资料。

风景名胜区总体规划一般包括下列内容：1）历史沿革和现状资料、说明书及现状图（附地理位置图），包括对风景名胜区特点、性质、发展目标的论证分析；2）环境质量评价说明书及评价图；3）风景及环境保护规划说明书及保护规划图；4）景点开辟、景区划分和游览活动路线规划说明书及规划图；5）总体布局规划，包括功能分区、管辖范围、外围影响保护地带划分的论证说明书及总体布局规划图；6）风景名胜资源和土地利用分析说明书及分析图；7）环境总容量和风景区及重要景点的游人容量分析计算和发展规划；8）专项规划：对内、对外交通规划说明书及对内、对外交通规划图，生活服务基地和生活服务设施规划说明书及规划图，绿化和风景林木植被规划说明书及规划图，给水、排水、供电、邮电通信、环境保护等公用设施，防火、防洪等工程设施规划说明书及规划图，旅游、商业、服务业、农副业、手工艺品生产等各项事业综合发展规划及规划图，重要景区和近期建设小区的详细规划，大型工程项目的可行性研究报告，其他专业规划，资金和经济效益的估算，实施规划的组织管理方案；其他需要规划的事项。

（2）风景名胜区规划管理的法律规定：编制风景名胜区规划，应当采用招标等公平竞争的方式选择具有相应资质等级单位承担；编制风景名胜区规划，应当广泛征求有关部门、公众和专家的意见，必要时，应当进行听证。风景名胜区规划报送审批材料应当包括社会各界的意见以及意见采纳情况和未予采纳的理由。规划经批准后，应当向社会公布，任何组织和个人有权查阅；经批准的风景名胜区规划，应当严格贯彻执行、不得擅自改变；确需改变的，要符合规定，办理审批手续。

风景名胜区规划方案的审批：地方政府组织专家、群众、专业部门对总体规划方案及单项规划方案进行讨论、评议、审查并作出技术鉴定报告，据此修改规划，形成正式上报文件，最后经指定政府部门批准执行、实施。

（三）风景名胜区资源的利用和管理制度

《风景名胜区条例》对风景名胜区开发利用的原则、监督检查和评估、安全保障、项目经营管理、门票和资源的有偿使用等制度，以及妥善地处理可保护、开发和利用的关系进行了规定，主要表现为以下几方面：

1. 风景名胜区资源利用和管理的原则

风景名胜区管理机构应当根据风景名胜区的特点，保护民族、民间传统文化，开展健康、有益的游览观光和文化娱乐活动，普及历史文化和科学知识。

2. 风景名胜区资源利用和管理的监督检查制度

国务院建设主管部门应当对国家级风景名胜区的规划实施情况、资源保护状况进行监督检查和评估，对发现的问题，应当及时纠正、处理。风景名胜区管理机构应当建立、健全安全保障制度，加强安全管理，保障游览安全，并督促风景名胜区内的经营单位接受有关部门依据法律、法规进行的监督检查。禁止超过允许容量接纳游客和在没有安全保障的区域开展游览活动。

3. 风景名胜区资源利用和管理的门票与其他资源的使用

进入风景名胜区的门票，由风景名胜区管理机构负责出售。门票价格依照有关价格的法律、法规的规定执行。风景名胜区内的交通、服务等项目，应当由风景名胜区管理机构依照有关法律、法规和风景名胜区规划，采用招标等公平竞争的方式确定经营者。

风景名胜区管理机构应当与经营者签订合同，依法确定各自的权利、义务。经营者应当缴纳风景名胜资源有偿使用费。风景名胜区管理机构不得从事以营利为目的的经营活动，不得将规划、管理和监督等行政管理职能委托给企业或者个人行使。

三、自然保护区法律制度

（一）自然保护区的概念及分类

1. 自然保护区的概念

《中华人民共和国自然保护区条例》（以下简称《条例》）第2条规定的自然保护区是指对有代表性的自然生态系统、珍稀濒危野生动植物物种的天然集中分布、有特殊意义的自然遗迹等保护对象所在的陆地、陆地水域或海域，依法划出一定面积予以特殊保护和管理的区域。

自然保护区往往是一些珍贵、稀有的动、植物物种的集中分布区，候鸟繁殖、越冬或迁徙的停歇地，以及某些饲养动物和栽培植物野生近缘种的集中产地，具有典型性或特殊性的生态系统；也常是风光绮丽的天然风景区，具有特殊保护价值的地质剖面、化石产地或冰川遗迹、岩溶、瀑布、温泉、火山口以及陨石的所在地等。中国建立自然保护区的目的是保护珍贵的、稀有的动物资源，保护代表不同自然地带的自然环境的生态系统，以及保护有特殊意义的文化遗迹，保留自然界的美学价值等。

2. 自然保护区的分类

自然保护区只是一个泛称，实际上，由于建立的目的、要求和本身所具备的条件不同，自然保护区有多种类型。按照保护的对象来划分，可分为生态系统类型保护区、生物物种保护区和自然遗迹保护区；按照保护区性质来划分，可分为科研保护区、国家公园（即风景名胜区）、管理区和资源管理保护区。按照区域来划分，可分为国家级自然保护区和地方各级自然保护区。《条例》第11条规定："在国内外有典型意义、在科学上有重大国际影响或者有特殊科学研究价值的自然保护区，列为国家级自然保护区。除列为国家级自然保护区的外，其他具有典型意义或者重要科学研究价值的自然保护区列为地方自然保护区。地方级自然保护区可以分级管理，具体办法由国务院有关自然保护区行政主管部门或者省、自治区、直辖市人民政府根据实际情况规定，报国务院环境保护行政主管部门备案。"地方级自然保护区又包括省、市、县三级自然保护区。

（二）自然保护区的建设

《条例》第10条规定，凡具有下列条件之一的，应当建立自然保护区：（1）典型的自然地理区域、有代表性的自然生态系统区域以及已经遭受破坏但经保护能够恢复的同类自然生态系统区域；（2）珍稀、濒危野生动植物物种的天然集中分布区域；（3）具有特殊保护价值的海域、海岸、岛屿、湿地、内陆水域、森林、草原和荒漠；（4）具有重大科学文化价值的地质构造、著名溶洞、化石分布区、冰川、火山、温泉等自然遗迹；（5）经国务院或者省、自治区、直辖市人民政府批准，需要予以特殊保护的其他自然区域。

（三）自然保护区的管理

1. 建立自然保护区的审批机构

根据《条例》第12条的规定，国家级自然保护区的建立，由自然保护区所在的省、自治区、直辖市人民政府或者国务院有关自然保护区行政主管部门提出申请，经国家级自然保护区评审委员会评审后，由国务院环境保护行政主管部门进行协调并提出审批建议，报国务院批准。地方级自然保护区的建立，由自然保护区所在的县、自治县、市、自治州人民政府或者省、自治区、直辖市人民政府有关自然保护区行政主管部门提出申请，经地方级自然保护区评审委员会评审后，由省、自治区、直辖市人民政府环境保护行政主管部门进行协调并提出审批建议，报省、自治区、直辖市人民政府批准，并报国务院环境保护行政主管部门和国务院有关自然保护区行政主管部门备案。跨两个以上行政区域的自然保护区的建立，由有关行政区域的人民政府协商一致后提出申请，并按照前述程序审批。

建立海上自然保护区，须经国务院批准。

2. 自然保护区的管理机构及其职责

自然保护区管理机构是政府为管理自然保护区而设立的专门机构。我国法律规定，自然保护区属于事业单位，应当建立管理机构进行专门管理。

国家级自然保护区设自然保护区管理处或局，市、县级自然保护区设自然保护区管理站，配备必要的管理人员和科学技术人员。自然保护区管理机构的主要职责有以下几方面：（1）贯彻执行国家有关自然保护的法律、法规和方针、政策；（2）制定自然保护区的各项管理制度，统一管理自然保护区；（3）调查自然资源并建立档案，组织环境监测，保护自然保护区内的自然环境和自然资源；（4）组织或者协助有关部门开展自然保护区的科学研究工作；（5）进行自然保护的宣传教育；（6）在不影响保护自然保护区的自然环境和自然资源的前提下，组织开展参观、旅游等活动。

3. 自然保护区的管理制度

(1) 自然保护区范围和界限的划定：申请建立自然保护区，应当按照国家有关规定填报建立自然保护区申报书。自然保护区的范围和界线由批准建立自然保护区的人民政府确定，并标明区界，予以公告。任何单位和个人，不得擅自移动自然保护区的界标。

(2) 自然保护区的规划：国务院环境行政主管部门会同国务院有关自然保护区行政主管部门，在对全国自然环境和自然资源状况进行调查、评价的基础上，拟定国家自然保护区发展规划，经国务院计划部门综合评定后，报国务院批准实施。

(3) 有关自然保护区内活动的禁止性规定：禁止在自然保护区内进行砍伐、放牧、狩猎、捕捞、采药、开垦、烧荒、开矿、采石、挖沙等活动，但是，法律、行政法规另有规定的除外；禁止任何人进入自然保护区的核心区，因科学研究的需要，必须进入核心区从事科学研究观测、调查活动的，应当事先向自然保护区管理机构提交申请和活动计划，并经省级以上人民政府自然保护区行政主管部门批准，其中，进入国家级自然保护区核心区的，必须经国务院自然保护区行政主管部门批准；禁止在自然保护区的缓冲区开展旅游和生产经营活动，因教学科研的目的，需要进入自然保护区的缓冲区从事非破坏性的科学研究、教学实习和标本采集活动的，应当事先向自然保护区管理机构提交申请和活动计划，经自然保护区管理机构批准；禁止在自然保护区的核心区和缓冲区内建设任何生产设施，在自然保护区的实验区内，不得建设污染环境、破坏环境或者景观的生产设施。

第五节　旅游发展规划与促进

一、旅游发展规划和促进概述

(一) 旅游发展规划的概念

旅游发展规划是根据旅游业的历史、现状和市场要素的变化所制定的目标体系，以及为实现目标体系在特定的发展条件下对旅游发展的要素所作的安排。

(二) 旅游发展规划与促进的意义

将旅游业发展纳入国民经济和社会发展规划，主要有以下三个方面的意义：

1. 旅游业是国民经济和社会发展的重要组成部分，其在国民经济和社会发展中的地位日益凸显，而国民经济和社会发展规划是政府制定的涉及全局发展的指导性文件，旅游业发展在其中有明确的地位。

2. 发展旅游的诸多职责，比如旅游基础设施、旅游公共服务的提供、旅游安全的统筹和保障等，均是政府职责，而国民经济和社会发展规划的重要内容是政府在促进国民经济和社会发展方面的职能及导向，旅游业发展的基本保障不应缺失。

3. 旅游业是综合产业，其发展牵涉诸多行业和部门，需要多部门协调，也需要多种产业政策的综合运用，这些协调只有纳入国民经济和社会发展的总体布局才能真正得到落实。

二、旅游发展规划编制的主体和职责

根据旅游法的规定，国务院和县级以上地方人民政府应当将旅游业发展纳入国民经济和社会发展规划。国务院和省、自治区、直辖市人民政府以及旅游资源丰富的设区的市和县级人民

政府，应当按照国民经济和社会发展规划的要求，组织编制旅游发展规划。对跨行政区域且适宜进行整体利用的旅游资源进行利用时，应当由上级人民政府组织编制或由相关地方人民政府协商编制统一的旅游发展规划。

三、旅游发展规划内容

旅游发展规划包括旅游业发展的总体要求和发展目标、旅游资源保护和利用的要求与措施，以及旅游产品开发、旅游服务质量提升、旅游文化建设、旅游形象宣传和推广、旅游基础设施和公共服务设施建设的要求与促进措施等内容。根据旅游发展规划，县级以上地方人民政府可以编制重点旅游资源开发利用的专项规划，对特定区域内的旅游项目、设施和服务功能配套提出专门要求。

(一) 旅游业发展的总体要求和发展目标

这是对国家或一个地区旅游业发展提出的战略导向，包括旅游发展的指导思想、发展定位和发展目标。其中，发展定位主要包括总体定位、形象定位、产业定位及市场定位；发展目标主要指发展速度、质量及具体指标，包括经济目标、社会目标、文化目标、环境目标，在有些地方还可以包括城乡目标、产业的分项目标等。

(二) 旅游资源保护和利用的要求与措施

旅游资源的保护是旅游活动顺利进行、旅游资源永续利用的根本保证。旅游发展规划中对旅游资源保护和利用的要求与措施，需要特别强调通过规划予以协调，对旅游资源利用的全过程进行保护；主要包括对依法保护和合理利用提出具体的措施与要求，对保护和利用规划科学衔接提出要求，合理划定禁止开发、适度开发、适宜开发区域，对不同资源的利用方式和强度作出规范，建立保护和利用的效果评估机制等。

(三) 旅游产品开发

旅游产品是旅游经营者通过开发、利用旅游资源提供给旅游者的旅游吸引物与服务的组合。按属性划分，包括观光产品、度假产品、生态产品，红色旅游、工业旅游、会展旅游、乡村旅游等专项产品，以及随着旅游新业态的发展，后续不断涌现的新产品。旅游产品开发是将吃、住、行、游、购、娱各要素进行组合，在旅游资源条件和旅游市场调查、旅游产品现状分析与问题总结的基础上，对市场潜在旅游产品的结构、类型、项目等发展目标及其实施战略和措施所进行的规划，包括产品结构规划、产品系列化规划和产品生命周期规划等。

(四) 旅游服务质量提升

旅游服务质量是旅游业发展品质的集中表现，是提升旅游竞争力的重要方面。按照国家旅游局《旅游服务质量提升计划》，完善提升旅游服务质量体系主要包括提升旅游目的地质量、提升旅游企业服务质量、提升旅游行业自律水平、提升国民旅游素质等；提升旅游服务质量工程主要包括旅游品牌创建工程、旅游标准化示范工程、旅游人才培训工程、旅游服务质量评价工程、旅游信息化工程、导游服务质量提升工程等。

(五) 旅游文化建设

旅游文化本身是指以吃、住、行、游、购、娱六大要素为依托，以其中的内在文化价值为依据，在旅游活动过程中体现出的观念形态及其外在表现的总和。旅游发展规划对旅游文化建设提出的要求是结合本地实际，在保护和不改变文化原真性的前提下，打造能够体现本地文化特色、符合社会主义价值观的旅游产品、旅游商品，形成旅游文化品牌等，实现对文化的深入挖掘和有效利用，弘扬和传播符合社会主义核心价值观的优秀文化。

（六）旅游形象推广

旅游形象是指旅游目的地在市场上展示的整体旅游面貌。强有力的旅游形象推广对于形成市场竞争力意义重大。旅游发展规划中需要确定的旅游形象推广内容主要有：统一的旅游形象，对资金保障、推广方式、推广目标和绩效评估等提出的要求，以及针对目标市场，区分重点市场、新兴市场、潜在市场确定的营销策略等。重点旅游项目的形象推广，也可纳入旅游发展规划，其核心是策划，重点是确定形象标志、明确资金来源、创新营销方式等。

（七）旅游基础设施建设

旅游基础设施是指为适应旅游者在旅行游览中的需要和旅游经营者从事旅游经营所必要的基础保障而建设的各项设施的总称，是旅游业存在与发展的物质基础，包括旅游饭店（宾馆）、旅游交通、旅游运输工具、供水、供电、供气，以及各种文化娱乐、体育、疗养等旅游休闲场所、设施与设备。旅游发展规划中应明确旅游基础设施的数量和质量需求、布局安排等。

（八）旅游公共服务设施建设

旅游公共服务是指由政府或其他社会组织提供的、以满足旅游者共同需求为核心、不以营利为目的、具有明显公共性的产品和服务的总称。旅游公共服务设施是为旅游者提供便利的重要方面，主要包括旅游信息网、旅游咨询服务中心、移动旅游信息服务、旅游集散中心、观光巴士、自驾车服务配套、公厕、无障碍旅游保障标识、旅游安全救援系统、旅游投诉处理系统等。旅游发展规划中应明确其布局及安排等。

（九）旅游促进措施

旅游促进措施包括资金促进、建设布局促进、要素配套促进、市场统筹促进、信息化促进、人才支撑促进等，方式主要是制定政策、完善体制机制等，都需要在旅游发展规划中明确和细化。

第十一章
演艺、娱乐、休闲法

第一节　演出法

一、表演的概念、构成要件及基本特征

1. 表演的概念

演出消费是人们精神生活的重要内容，但是，由于法律对"表演"没有明确规定，演出市场混乱，演出者和消费者的权益得不到保障。因此，社会呼唤演出领域的法律规制。而"表演"是演出法律关系的客体，无"表演"自然无演出法。因此，规范"表演"的法律含义及构成要件，是健全演出法律制度的重要条件。

在理论上，关于"表演"的一般内涵存在不同的学说，主要有"戏剧论"与"表演论"。戏剧论认为，"表演"是人有意识地影响、操纵别人对自己印象的展示行为。表演论认为，表演即创造性地模仿他人。从国内外立法实践来看，各国立法对"表演"的含义规定虽有很多共性，但也存在许多差异。在国外，法律对"表演"的定义集中规定在著作权法中，而且各有特点。如：美国法律规定，公开表演是指在向一定数量的公众开放的地点、利用任何设备或方法来传输或其他传达表演于公众的展出；日本著作权法规定，表演是指将著作物用戏剧形式演出的行为或含有艺术性质的类似行为。而在我国，法律对"表演"的定义规定更为宽泛，在《营业性演出管理条例》及其实施细则中规定，只要以营利为目的、通过一定营利方式为公众举办的演出活动就是表演。

关于"表演"的法律性质，各国大体上有两种做法：把"表演"视为"创作方法"，但采用著作权法保护，如英国、美国；把"表演"看作"著作类别"，受到法律较全面保护，如德国、中国、法国等多数大陆法系国家。在本质上表演是原创作。表演改变了原有的本质表现形式、用途，"是使艺术作品首次在观众面前呈现其自身，它给音乐和戏剧本文的符号以生命"。而且，国内外立法例都承认，不同的表演者表演同一部作品和不同的作家选择同一个主题创作作品都具有原创性。此外，表演本身是独立的，如音乐、戏剧、舞蹈等作品，如没有被表演，就很难成为真正的作品。

2. 表演的构成要件

受演出法保护的"表演"，必须具备一定的条件。同时，"表演"的构成要件也是法律适用的基础，只有明确"表演"要件，才能确定演出法律关系的对象。

（1）表演要求的法理性。表演是演出法律关系的客体，所以它应该符合演出法律关系客体的法律条件，即它是在人的一定意志支配之下的人体外部状态，是由法律调整的行为，包括合

法行为、不合法行为。对于表演的这个要件，许多国家把它视为著作权法/版权法的作品形式要件，但是具体规定有区别。一般要求作品应有固定形式，如美国，对口述作品（包括即席发言、讲演或其他口头表演）保护的条件是要转变为文字或任何有形形式；而有一些国家如我国，不以有固定形式为必要条件来保护口述作品。

（2）表演形式的适合性。法律上的表演虽然没有限定技术设备“以声音、表情、动作”的方式，但在表现形式上却限定为以演唱、演奏或人体动作、表情来塑造形象、传达情感，从而表现生活的艺术。各国立法例规定了表演的不同表现形式，如巴西版权法将足球比赛、田径比赛均视为表演；法国将除对文学、艺术作品的表演之外的杂耍、马戏、木偶戏等皆视为表演，而魔术、武术、体操表演者的“表演”均非表演；在美国，表演不仅包括第一次的演出，还包括任何进一步将表演传送给公众的行为。此外，用科技来传送，也会构成表演。根据我国相关演出法规的规定，表演以直接或者借助技术设备再现或传递演出，包括音乐、戏剧、舞蹈、杂技、魔术、马戏、曲艺、木偶、皮影、朗诵、民间文艺以及其他形式的现场文艺表演活动。其中“借助技术设备”的表述比较宽泛，可以把网络传输包括在内。

（3）表演过程的公开性。受法律保护的任何表演都必须面对不特定的多数人，以公开的方式进行。在很多情况下，是否公之于众并不取决于听众或者观众的数量，而取决于表演者的主观意向。表演的目的是吸引观众注意、引起观众兴趣、取得观众信任，为演出持续消费创造条件。

国外的著名表演理论家和实践者都把表演具有公开性作为表演的重要条件。理查·谢克纳认为，表演是为了影响另外的参与者而作出的一切行动；理查·雀奇纳认为，表演是向外人或群体展示的行为。各国及相关国际条约关于表演立法都要求表演具有公开性，而且不再局限于现场表演。例如，美国版权法第 101 条的“公开表演”、第 106 条的“公开表演权”规定，享有公开表演并受版权法保护的权利。在法国，表演都必须向公众公开。我国著作权法也将表演限定为对作品的公开再现。

（4）表演的有效性。表演作为展示行为有很强的目的性和指向性，这表现在对行为的各种细节的选择、对行为顺序的安排和对行为节奏的把握等诸多因素上，即表演可有效利用示范，培养或改变顾客观念。有效的表演应有设计的形象，这个形象必须能够传达观众自己的价值理念和精神内涵。因为社会个体或组织都有自己的角色定位，并根据自己的角色要求、实际情况的特殊需要、期望值，为自己设计形象，而表演能够适应或提升观众设计的形象。同时，有效的表演应是有控制的展示。因为形象是动态地、立体地展现在观众眼前，并在观众脑中形成印象，所以演员必须始终控制好自己的言谈、举止，在有控制的展示中形成一个整体的形象。

综上所述，法律上的表演是以声音、表情、动作公开展示作品的行为，具有原创性。受到法律保护的表演，必须合乎法理性、形式适合性、过程公开性、内容有效性的条件。正确界定“表演”的构成要件是演出法律研究的重要课题，具有重要的现实意义。

二、演出的基本特征

1. 演出是非物质形态的艺术品

从演出的定义我们可以看出，演出是一个过程而不是最终的结果。这就决定了它与物质形式的艺术品有显著的区别：对于物质形态的艺术品，消费者可以事先对实物进行全面、细致的鉴别、评价，甚至可以请有关专家帮助鉴别、评价，然后决定是否购买；而对于演出则只能通过演出生产者或经营者提供的宣传资料和演出节目的片段来了解和决定是否消费，并且也不可能像其他服务行业那样先消费后付款。

2. 演出是现场表演的舞台艺术

演出不仅与物质形态的艺术品有重要区别，而且与其他非物质形态的艺术品也有显著的区别，比如，影视艺术品可通过拍摄成胶片光盘后多次放映；而每一场演出都是表演者艺术生产和艺术再创作的过程。

3. 表演者艺术生产过程也是观众消费观赏的过程

两者互为依存，是同时、同地进行的：没有观众的演出就失去了演出的意义，没有表演者演出本身也就不存在了。这种演员在现场与观众面对面地进行艺术生产、创作和交流正是舞台艺术所特有的艺术魅力。

4. 演出自身的时效性和消费群体的有限性

演出是时效性很强的事物，每一次演出项目的确定都是一次倒计时的开始。从经营者的角度来看，一切有效经营活动都应在演出开始前完成，一旦演出结束，该项目的经营成果也就成为定局。从消费者的角度来看，演出开始前取得的消费观赏权是有效的，演出结束后的演出门票就失去了原有价值，如由于日期看错拿着一张头一天的门票到剧场后而被拒绝。另外，由于受到演出场所空间的限制，在同一时间、同一场所它的受众面是有限的，所以演出经营者如何在有限的时间和空间范围内实现经营目标是至关重要的。

5. 生产经营者和消费者都无法得到所有权

由于演出是非物质形态的，所以，对于生产和经营者来说只能拥有其版权和经营权，对于消费者来说也只能得到现场消费观赏权而不是完全意义上的所有权，对于任何演出观众只能在现场观赏而不能进行录音、录像，否则就是侵权。作为生产经营者，只有支付必要的费用取得了合法版权或经营权，才能进行生产经营活动即组织演出，否则也是侵权行为。

三、演出的分类

依据演出的性质可将其分为营业性演出和公益性演出两大类。

1. 营业性演出

根据文化部《营业性演出管理条例实施细则》第2条的规定，营业性演出是指以营利为目的、通过下列方式为公众举办的现场文艺表演活动：(1) 售票或者接受赞助的；(2) 支付演出单位或者个人报酬的；(3) 以演出为媒介进行广告宣传或者产品促销的；(4) 以其他营利方式组织演出的。

2. 公益性演出

现代的公益是人人参与的公益。不管是个人还是集体，人们通过各种公益活动、公益基金、公益网站等途径，通过直接参与、捐赠、公益广告、公益歌曲等方式参与到公益中来。在中国古代，倡导日行一善，就是每天做一些我们力所能及的事情，帮助更多的人，让社会更加美好、和谐。公益性演出指的是通过演出的形式参与到公益中来，不以营利为目的，即不以追求利润的最大化作为根本目标。

四、营业性演出经营主体的准入制度

营业性演出是指以营利为目的为公众举办的现场文艺表演活动。营业性演出必须坚持为人民服务、为社会主义服务的方向，把社会效益放在首位，实现社会效益和经济效益的统一，丰富人民群众的文化生活。

依据2005年国务院颁布的《营业性演出管理条例》，营业性演出单位的设立需要满足以下条件：（1）设立文艺表演团体，应当有与其演出业务相适应的专职演员和器材设备。设立演出经纪机构，应当有3名以上专职演出经纪人员和与其业务相适应的资金。演出经纪人是在演出经济活动中，以收取佣金为目的，为促成他人交易而从事居间、行纪或者代理等经纪业务的自然人、法人和其他经济组织。（2）设立文艺表演团体，应当向县级人民政府文化主管部门提出申请；设立演出经纪机构，应当向省、自治区、直辖市人民政府文化主管部门提出申请。申请人取得营业性演出许可证后，应当持许可证依法到工商行政管理部门办理注册登记，领取营业执照。（3）设立演出场所经营单位，应当依法到工商行政管理部门办理注册登记，领取营业执照，并依照有关消防、卫生管理等法律、行政法规的规定办理审批手续。演出场所经营单位应当自领取营业执照之日起20日内向所在地县级人民政府文化主管部门备案。

文艺表演团体变更名称、住所、法定代表人或者主要负责人、营业性演出经营项目，应当向原发证机关申请换发营业性演出许可证，并依法到工商行政管理部门办理变更登记。演出场所经营单位变更名称、住所、法定代表人或者主要负责人，应当依法到工商行政管理部门办理变更登记，并向原备案机关重新备案。

外国投资者可以与中国投资者依法设立中外合资经营、中外合作经营的演出经纪机构、演出场所经营单位，但是不得设立中外合资经营、中外合作经营、外资经营的文艺表演团体，不得设立外资经营的演出经纪机构、演出场所经营单位。而且，设立中外合资经营、中外合作经营的演出经纪机构、演出场所经营单位，应当通过省、自治区、直辖市人民政府文化主管部门向国务院文化主管部门提出申请，省、自治区、直辖市人民政府文化主管部门收到申请后20日内出具审查意见报国务院文化主管部门审批。国务院文化主管部门自收到省、自治区、直辖市人民政府文化主管部门的审查意见之日起20日内作出决定：批准的，颁发营业性演出许可证；不批准的，应当书面通知申请人并说明理由。

五、演出的管理与法律规制

我国演艺市场日渐兴旺，在引进和自创的文艺演出日渐增多的同时，也出现了演员假唱、领导干部“公款追星”或个人借“义演”之名牟利等问题。针对这些问题，《营业性演出管理条例》用法律制度加以约束，以更好地维护观众和演职人员的正当权益，促进演艺市场进一步繁荣。

1. 营业性演出管理与规制

（1）演出主体许可制管理。依据《营业性演出管理条例》，营业性演出单位的设立须严格按照该条例的规定进行申请、注册、备案，方可进行表演活动。同时，该条例降低市场准入的门槛，赋予个体演员独立从事营业性演出的权利，赋予演出场所经营单位在本场所从事营业性演出的权利，取消了非法人单位不得从事营业性演出的禁令，取消了营业性涉外演出必须由取得涉外演出资质的演出经纪机构举办的规定，允许境外投资者在中国内地投资者控股或者拥有主导权的前提下设立中外合资经营、中外合作经营的演出经纪机构和演出场所经营单位，允许港澳地区投资者在内地设立合资、合作经营的演出经纪机构和独资经营的演出场所经营单位，允许港澳地区演出经纪机构在内地设立分支机构。

（2）演出活动申请报批制度。依照前述条例，申请举办营业性演出，提交的申请材料应当包括下列内容：演出名称、演出举办单位和参加演出的文艺表演团体、演员；演出时间、地点、场次；节目及其视听资料。申请举办营业性组台演出，还应当提交文艺表演团体、演员同意参加演出的书面函件。营业性演出需要变更申请材料所列事项的，应当重新报批。

（3）公款办演出、公款消费追究法律责任。公款办演出、公款消费不仅影响了政府的开支，更重要的是损坏了政府在人民心目中的形象；同时，用公款办演出成了地方政府搞形象工程的表现之一。

前述条例规定，各级人民政府和政府部门不得资助、赞助或者变相资助、赞助营业性演出，不得用公款购买营业性演出门票用于个人消费。从制度、法规上禁止公款追星等不良现象。

（4）打击演出市场的欺诈行为。

前述条例规定：演员不得以假唱欺骗观众；任何单位或者个人不得为假唱提供条件。该条例还明确了演出场所经营单位对在本场所举办的演出活动的监督义务。该条例通过进一步明确演出单位、演员的行为规范和责任义务，确保观众的合法权益不受侵害，确保演出市场的健康、有序发展。该条例同时规定了假唱的演员和为假唱提供条件的单位的法律责任。

（5）保障观众、演员安全制度。《营业性演出管理条例》作了两方面规定：一是加强预防。演出场所的建筑、设施应当符合国家安全标准和消防安全规范；演出场所经营单位应当定期检查、维护消防安全设施，配备应急广播、照明设施，并在安全出入口设置明显标识。文化主管部门审批临时搭台演出时，应当核验场所验收合格证明、安全保卫工作方案、灭火和应急疏散预案以及安全、消防批准文件；公安部门应当对批准的演出现场的安全状况进行实地检查。演出举办单位应当按照公安部门核准的观众数量、划定的区域印制和出售门票。二是完善演出过程中的安全措施。演出场所应当根据公安部门的要求配备安全检查设施并对观众进行安全检查；演出举办单位应当维护现场秩序，发现秩序混乱的，应当立即采取措施并向公安部门报告，公安部门可以组织警力维持演出现场秩序。

2. 公益性演出管理与法律规制

（1）举办公益性义演，应当依照《营业性演出管理条例》及其实施细则的规定办理审批手续。申请举办公益性演出，依法应当在演出日期3日前将申请材料提交负责审批的文化主管部门。对符合规定的，发给批准文件；对不符合规定的，不予批准，书面通知申请人并说明情况。

（2）参加募捐义演的演职人员不得获取演出报酬。2009年8月5日文化部部务会议审议通过的《营业性演出管理条例实施细则》还对募捐义演的报酬问题作出明确规定：参加募捐义演活动的演职人员不得获取演出报酬。既然是公益性演出，就不得违背公益的精神与宗旨，对“义演不义”的现象应该加以遏制，对于那些借义演盈利的个人与组织应该予以制裁。

（3）演出举办单位或者演员应当将扣除成本后的演出收入捐赠给社会公益事业，不得从中获取利润。演出收入包括门票收入、捐赠款物、赞助收入等与演出活动相关的全部收入。演出成本是指演职员食、宿、交通费用和舞台灯光音响、服装道具、场地、宣传等费用。募捐义演结束后10日内，演出举办单位或者演员应当将演出收支结算报审批机关备案。

(4) 对于“假唱”“假演奏”，《营业性演出管理条例实施细则》第31条规定，假唱、假演奏是指演员在演出过程中，使用事先录制好的歌曲、乐曲代替现场演唱、演奏的行为。对于具有违规行为的演出举办单位、文艺表演团体、演员，相关文化行政主管部门将向社会曝光。演出举办单位、文艺表演团体在两年内再次被公布的，由原发证机关吊销营业性演出许可证；个体演员在两年内再次被公布的，由工商行政管理部门吊销营业执照。

第二节 娱乐法

一、娱乐的定义及基本特征

1. 娱乐的定义

“娱”字在古代又通“悟”，领悟的“悟”。“娱”是一种领悟之后的情绪；而“乐”，在甲骨文中是成熟的麦子的意思。所以，娱乐是领悟之后的感受和成熟之后的喜悦。我们应该把自己在生活当中的情绪，通过自己的节目传递给大家，这才是真正的娱乐精神。此为汪涵在2012年2月27日播出的《天天向上》节目中对娱乐一词的新解！

文化、技术和现代社会都将我们推到同一方向——娱乐。那么，怎样为娱乐定义呢？回答这个问题的困难之处在于对娱乐的诸多误解，主要体现在两点：第一，娱乐被认为是媒介提供的一个商品。根据这一观点，有些媒体的内容是娱乐，有些则不是。电视剧、电影、情景喜剧、体育等是娱乐，而新闻、纪录片和教育片则不属娱乐。这种观点源于行为科学的简单认识：娱乐节目使人娱乐，而非娱乐节目不可能使人娱乐。现代心理学则认为，媒介受众也起着一定的作用。观众可以有目的、有计划地决定他们将会在何种节目、何种内容中得到乐趣。第二，将娱乐和信息对立。这种观点认为，节目的信息量越大，娱乐性就越差，换言之，观众得到的乐趣越多，他们学到的知识就越少。很显然，这种观点也是站不住脚的。观赏奥林匹克比赛是一种娱乐，但观众也能从中学到有关他国的风土人情、竞赛和人类的生理、心理极限的知识。

由此可见，娱乐可被看作是一种通过表现喜怒哀乐，或自己和他人的技巧而给予受者喜悦，并带有一定启发性的活动。很显然，这种定义是广泛的，它包含了悲喜剧、各种比赛和游戏、音乐舞蹈表演和欣赏，等等。娱乐是用设计来给予观众乐趣的项目、表演或活动。消闲、游戏、阅读以及视觉艺术欣赏普遍地不被认为是娱乐，因为娱乐的一般定义是需要有观看者可见的表演提供者。

2. 娱乐的基本特征

(1) 不稳定性。人的需求是分层次的，并且需求的产生和满足是由低向高阶梯式上升的，也就是说，在低层次需求没有得到满足的时候，更高级的需求不会产生或者无法得到满足。人的首先的最低层次的需求是生存的需求——基本生活需求及安全需求，其次才是诸如自尊、被爱等基本的精神需求。由于娱乐活动产生的前提条件是人们必须有闲暇时间，有剩余收入，并且有较好的心情，因此，只有当人们解决了温饱问题，甚至在社会上已得到应有的尊重之后，才会产生娱乐的需求，并且这种需求不是生活必需，可能某一天需求量很大，而另一天的需求量很小，甚至完全没有。

（2）社会性。有些娱乐活动可以一个人单独进行或只要求很少的参与者，有些不需要很多或很复杂的专门设备，尤其是一些简单的游戏活动，娱乐者在家里就可方便地进行。然而通过研究我们发现，大多数娱乐者期望从娱乐活动中获得的并不仅仅是娱乐行为得以实施的本身，更重要的是希望在娱乐活动中寻求到一种与工作时完全不同的气氛，一种能够使自己暂时忘却日常生活中的自我的那样一种境界，即在活动中不由自主地放松精神，从而得到精神上的放松。这种效果的取得往往需要一种社会环境、一种竞争的气氛，特别是分享快乐的朋友。有时，快乐的分享比快乐本身更重要。

（3）专业性。由于娱乐活动是人们有意识地追求精神平衡、精神放松的手段，因此，它们中的大多数是经过精心设计而发明的。几乎每一项娱乐活动都需要特殊的不可替代的设备，一定规格的场地、用具，社会公认的比赛或游戏规则，甚至专门的理论、技术和技巧。这就决定了大多数娱乐项目需要专门的设置、专门的管理。这种管理不仅仅是为公众提供适用的设施、设备，保证这些设施、设备得到正确的充分的利用，更包括为使用这些设施、设备，向参加这些娱乐活动的人提供有关的专业理论咨询、专业技术指导和专业示范及教练。

所以我们认为，娱乐活动虽然已在城乡呈普及之势，但它仍具有相当的专业性，有许多已知的和未知的知识及规律需要研究和掌握，因此，不是任何一个个人、任何一个企业都可以创办一流的娱乐场所的。

（4）享乐性。由于现代生活节奏加快，日常生活单调而紧张，人们在工作日里的生活越来越程式化，终日奔忙于工作及基本生活需求之间，许多哪怕是极简单的额外活动对大多数人来说都难得为之。因此，各种各样看似平常的事都变成了十分有趣的娱乐活动。我们发现：在当代社会中娱乐活动的范围越来越广，它涉及歌、舞、游戏，还涉及保健、医疗、形体、美化，甚至一些过去的劳作活动也成了娱乐。当一项普通的运动或活动演变成一项真正的娱乐活动时，其活动方式及活动规则都会发生或多或少的变化，即对设备、设施要求更为考究、更为舒适甚至豪华，而活动方式和规则趋于降低难度和运动强度，更具随意性和广泛的适应性。这就是我们在研究和经营娱乐活动时不能忽视的娱乐活动的又一特点，即享乐性的特点。

（5）国际性。随着高新科技在社会生活各个方面的广泛应用，“第四次浪潮”强有力地冲击着全世界。似乎在一夜之间，网络世界已然形成。在这个世界里，散布在地球各个角落的成千上万的人终日在其中漫游，他们不受任何控制地利用电子邮件、可视电话进行笔谈、通话，进行不间断的信息交流。各种信息以前所未有的速度在全世界传播，人们可以快速、方便地在国家之间、地区之间来回穿梭。地球越来越小，成了一个联系紧密的地球村。在现代社会，国际性的文化交流日益广泛，各国文化相互渗透，人们思想开放，乐于接受有别于自身传统的生活方式和价值观念。世界著名的预测专家、未来学家、美国的李斯比特和阿伯迪妮在《大趋势》中预测，下个世纪（即21世纪——引者注）将出现生活方式全球化的趋向，人们将用越来越相似的方式进行日常生活和娱乐活动。因此，每当一种好的娱乐方式被创造出来时，即使是具有浓郁民族风格的娱乐方式，只要人们认为它是有益于身心健康的，是美的、有乐趣的，就会被以极快的方式向境内外传播，风靡全世界，使旅游者在异地他乡也可以很容易地发现自己所习惯的那些娱乐活动。这就是娱乐活动的国际性。

（6）随意性。娱乐活动形式多样，娱乐设施大多设在城市中方便到达的地区。与旅游活动相比，到娱乐场所去消除工作中的精神疲劳不需要大块完整的闲暇时间，而是可在一周或者一天中零散的闲暇时间里随时进行。电影、电视剧、电视娱乐节目的观看成为时下较为普遍的娱乐活动。

二、娱乐的主要社会功能

由于娱乐形式的多样性特点，每种娱乐方式都有自己的特点。我们以大众传媒为例，总结娱乐在现实生活中的主要功能，以便扬长避短、更好地发挥娱乐的积极效应。

在现今社会，大众传播的娱乐功能越来越多地渗透到人们日常生活的各个领域中，并且日益发挥着它的传播作用。娱乐传播已成为最显著的传播形式，不仅影响着大众生活，更影响着大众文化。在这一形势下，电视节目的日渐娱乐化已势不可当，成为大众传播发挥娱乐功能的主力军。最初是在美国和一些欧洲发达地区的电视和广播中，出现了一些轻松、幽默的娱乐节目，吸引了更多生活压力较大、文化水平较低的中小市民阶层，收视率非常可观。因而，各式各样、大小不一的娱乐性节目更多地出现在电视屏幕上。而且根据不同的受众需求形成了不同层次的娱乐节目，其涉及的内容也是五花八门的：对世界政治、经济局势的趣谈，对历史话题的新说，对明星私人生活的揭秘，这些都是娱乐节目的主题。更多大型的娱乐节目，像脱口秀节目、真人秀和大型的娱乐选秀节目、大型的娱乐互动节目，更是以其特有的娱乐形式和丰富的趣味性备受大众的青睐，特别是受到广大年轻观众的追捧。越来越多的现象表明，电视节目的娱乐化渐已成为大众传媒的主流。在中国大陆，电视节目的娱乐化兴起于20世纪90年代中期，很多娱乐化很强的文艺节目迅速占领传媒市场。尤其从2000年开始，各大电视台争相推出各类娱乐节目。中央电视台的“幸运52”“开心辞典”等将知识性和趣味性结合在一起的互动娱乐节目，一经推出马上受到广大群众的欢迎。而在此后推出的“非常6+1”和“星光大道”，更是中国这类电视节目彻底娱乐化的表现。2005年湖南卫视的“超级女声”电视选秀节目在全国一炮走红，并且年年举行。这类媒介娱乐化倾向成为社会各界的热门研究话题，更是电视节目走向娱乐化的显著表现。这些现象足以说明，目前在国内社会，大众传播的娱乐功能发挥着日益重要的作用。它在不断满足人民群众的精神生活和视听享受的同时，更为人们提供了一个展现自我能力的大众平台，更促进了大众文化的发展和中国社会主义文化建设的进步。

任何事物都是具有两面性的。在电视节目娱乐化盛行今日的同时，其带来的弊端和背后引发的种种社会问题也令人担忧。因为大众传播的内容是多种多样的，也不乏一些“低级趣味的内容”，即像一些暴力犯罪、色情淫秽、粗鄙庸俗、消极悲观的内容。而且在传播中，有时容易忽略了娱乐在使人获得健康的感性愉悦的同时，不忘提升理性价值的真正目的。在一些现今的电视节目中，某些不负责任的媒体为了抓住受众的眼球会引入一些“低级趣味内容”。当一些娱乐节目出现了这些东西，就会对受众产生极其恶劣的影响，也不利于媒体创造良好的环境氛围；更有甚者，会导致受众的人生观、价值观向消极一面转变。娱乐功能发挥不慎，还会造成的一个重要的社会问题，就是滥造“明星”，主要表现为炒作明星，明星的“德”“艺”失衡以及“选美”活动的价值错位等。像一些大型的选秀节目，虽然为许多青年实现明星梦创造了条件，但有些被制造出来的“明星”却只是有“艺”无“德”、名不副实，自身的道德素养很低，仅仅是肤浅的、工具性的娱乐“符码”而已。这些“明星”会对大众文化的发展带来负面影响，不利于娱乐传播的正常发展，甚至会对青少年造成恶劣的影响，为青少年提供了伪道德、非道德的示例，不利于他们身心的健康发展。

以上论述说明：大众传播的娱乐功能在社会生活中发挥着极其重要的作用，而且对人们的行为规范和道德规范有着重要的影响。因此，有关文化部门和各媒体必须加强对大众传播娱乐功能的规范和监督，对娱乐传播中的不良现象及违法行为加以控制和规范，不断地追求创新，充分发挥大众传播娱乐功能的积极作用，传播真正的名副其实的娱乐审美文化，为大众提供更多的审美性快乐，为人们追求审美快乐的最高境界发挥出传媒应有的引导作用。

三、娱乐产业的著作权保护

知识产权发展至今所保护的智力活动成果主要有：技术发明、工业品外观设计、集成电路图设计、受著作权保护的作品、商业秘密、商标及其代表的商誉等。而与之相对应的知识产权也发展为专利权、著作权、商标权及商业秘密等权利。其中，与娱乐行业相关的知识产权首推著作权，毕竟娱乐产业的核心如小说、剧本、影视作品、音乐作品、游戏软件等无形财产正是著作权所保护的客体。

1. 著作权的客体

著作权保护的客体是作品，按照其表现形式不同，作品可分为文字作品、口述作品，音乐、戏曲、曲艺、舞蹈作品，美术、摄影作品，电影、电视、录像作品，工程设计、产品设计图纸及其说明，地图、示意图等图形作品，计算机软件等。这是对作品最常用的分类方法，我国著作权法采用这种分类方法。

（1）作品的要求

按照著作权法的要求，受著作权保护的作品必须具有独创性及可复制性。[①] 其中，独创性（originality）有两重含义：第一，作品是由作者独立创作，而非抄袭他人作品所得；第二，作品要满足一定的创造性，这从本质上反映了作品的性质或状态，由此区别于作为专利权构成要件的新颖性。作品的独创性要求仅意味着作品是非抄袭的和有差异的即可，所谓“最低限度的创造性”，例如，两个人就同一主题写成的不同文章，思路基本相同，由于并不是相互抄袭的结果，因而都可以成为著作权法所称的作品，分别受到保护。

由此可见，在我国定义作品必须首先明确独创性的定义。创作是作品的源泉，是以作品为载体的著作权法律关系产生的基础，它规定了著作权理论中其他范畴的实质内容和相互关系。而对作品独创性的界定，必须与作品创作活动相联系，只有这样才能真正揭示作品独创性的本质内涵。目前，司法实践中较为统一的观点是：著作权法保护的作品是独立创作、非窃取他人并具有适度创作高度的表达方式。首先，独立创作和适当借鉴的程度。一般来说，在创作作品过程中，很难摈弃前人的创作而开天辟地地提出新观点和新思想。而借鉴他人创作成果，并在已有成果之上吸收、消化、提升符合社会科技文化发展的趋势。也就是说，独创不是绝对的，在独创和抄袭之间没有绝对的界限，而程度是划分两者之间界限的标准。不同作者就同一题材、思想内容创作的相同作品，可有复数的著作权存在。在一定程度上，赋予作者吸取他人作品中主题、灵感及构思的自由，是作品创作的需要。但是，对“借用”程度的判断，实践中还需具体情况具体分析。其次，区分思想和表达的界限。按照著作权法的传统理论以及各国一般

---

① 参见《中华人民共和国著作权法实施条例》第2条。

的著作权立法和实践，作品独创性要求仅限于作品的表达，而不及于作品的思想内容。区分思想和表达的界限，解决了作品独创性的外延问题。我国著作权法虽未确立思想和表达的区分，但在我国的著作权学界，著作权只保护思想的表达而不保护思想本身已经成为通说。再次，表达方式是否唯一。唯一表达即有限表达，又称为思想与表达的结合，是指对于思想只有有限的几种表达方式。“唯一表达”情况下，作者就思想的创作空间是相当狭窄的，创作很难具有独创性，并且其他人如果要表达同样的思想，也只能使用与作者相同或者基本相同的表达形式。如果一个智力成果在表现形式上是唯一的，那么无论它是否具有独创性，都将被排除于著作权保护的范围之外。判断原告主张的权利是否为唯一表达，也是判定被告是否侵权的关键要素。最后，素材是否存在于公有领域。著作权法覆盖的“著作权世界”分为作者与其他著作权人、受到保护的表达以及以“原始资料”为核心的公有领域。公有领域涉及公众的权利，在公有领域中几乎不能赋予私人财产权。著作权保护的真正领域是为私人所占有的领域，不被保护的领域是公有领域。如，客观事实是客观存在的，不是任何人独立创作的结果，因此其属于公有领域，不能给予著作权保护。

（2）娱乐产业作品的种类

本书关注的与娱乐产业相关的作品包括文学作品、音乐作品、视听作品等。

文学作品是指小说、诗词、散文、论文等以文字形式表现的作品。① 传统的文学作品主要记录在纸张上，随着现代技术的发展，文学作品还可以体现在唱片、胶片、磁带、光盘、计算机内容及各种电子阅读器上。因此，作者在许可以及出售自己的文学作品时，应明确其作品发表、出版的范围——仅限纸质媒体或电子媒体，抑或两者皆可包括。

音乐作品总体上可分为声乐、器乐、戏剧音乐（包括歌剧音乐、舞剧音乐、戏剧配乐等）三类。其中，戏剧音乐的音乐部分也含在声乐和器乐中，通常也分别并入声乐和器乐中。因此，通说音乐作品分为歌曲和器乐曲两大类，有古典音乐、民族音乐、流行音乐之分。歌曲艺术属于音乐文化的一个重要组成部分，歌曲的体裁随着人类社会的进步与歌唱艺术的发展而不断拓宽范围，目前，一般认为，歌曲作品的体裁大致可分为民歌、艺术歌曲、群众歌曲、民歌改编曲、秧歌剧、影视歌曲、歌剧、清唱剧、音乐剧等种类。器乐曲从曲名、曲式结构、演奏方式等方面来看都是各种各样的，但它基本上又可分为三大类：标题音乐与无标题音乐、室内乐和交响音乐、单声音乐和多声音乐。带词的音乐作品与文学作品之间有一定的交叉，歌词也属于文学作品，但一般认为，若音乐作品带词，则连词带曲都视为音乐作品，而非文学作品。② 音乐作品涉及娱乐行业的范围很广，它不仅是音乐产业的核心，也是电影产业、广播电视行业、数字媒体行业、游戏软件等不可缺少的一部分。

根据《著作权法实施条例》，视听作品是指摄制在一定介质上、由一系列有伴音或者无伴音的画面组成，并且借助适当装置放映或者以其他方式传播的作品，包括电影、电视剧以及以类似制作电影的方法创作的作品。由此可见，娱乐产业涉及的电影、电视作品及音乐作品等都属于视听作品。需要注意的是，一部视听作品中可能包含已存在的可单独使用的其他作品。譬如一部根据小说改编的电影，其已有的作品包括原作者的文学作品，若电影中的插曲、结尾曲

---

① 参见《中华人民共和国著作权法实施条例》第4条第1款。

② 参见李明德、许超：《著作权法》，2版，34页，北京，法律出版社，2009。

采用了已有的音乐作品，那么该音乐作品也属于已有作品，应当受到著作权法的保护，视听作品的制片者在使用这些已有作品（原作小说及音乐）时，需获得已有作品著作权人的许可，并支付报酬。

2. 著作权的权利内容

在英美法系国家，版权主要是一种经济权利。而在大陆法系国家，著作权被认为是基于作品的创作而产生的权利，因此，既包括作者的人身权利，又包括财产权利。中国的著作权法属于大陆法系，故著作权由作者的人身权利和财产权利构成。著作人身权包括发表权、署名权、修改权以及保护作品完整权；著作财产权是著作人身权的对称，指作者及传播者通过某种形式使用作品，从而依法获得经济报酬的权利，包括复制权、表演权、播放权、展览权、发行权、改编权、摄制权、放映权、出租权、信息网络传播权、翻译权、汇编权等权利。下面简单介绍以上权利在娱乐产业的具体应用。

（1）人身权利

人身权又称精神权利（moral right），是指作者就作品中所体现的人格或精神所享有的权利。大陆法系的著作权法普遍认为，作品是作者的人格或精神状态的延伸，体现了作者的思想、情感、记忆等精神状态，因此，作者对于作品中体现的人格和精神有绝对的权利。

作者的发表权是指决定作品是否公开的权利。具体而言，作者有权决定作品是否发表、何时发表、何处发表以及以何种形式发表。需要注意的是，发表与出版是不同的概念：出版是指将作品做成一定数量的复制品，提供给社会公众的过程；出版既涉及财产权利中的复制权，又涉及发行权。而发表的范围不限于出版，还包括表演（如朗诵）、展览、广播，甚至在网上张贴。无论任何形式的作品，发表权只能行使一次。例如话剧《茶馆》，作者在剧本完成后并未以文字形式发表，而是交由北京人民艺术剧院排练，话剧首次公演的行为就是公之于众的发表行为。如果未经作者同意将该剧本发表在文学刊物并发行出售，构成对剧本作者复制权和发行权的侵犯，而不侵犯作者的发表权。但是如果他人未经许可将作品公之于众，就构成侵犯作者的发表权。

署名权是指作者享有在自己创作的作品及其复制件上标明身份的权利。署名权只能由真正的作者和视为作者情况下的法人、非法人单位享有，作者以外的任何人都无权享有。具体而言，作者有权在自己的作品上署名（真实姓名、笔名、别名），也可隐去姓名不署。不署姓名不等于放弃署名权，这是法律允许的署名方式；有权防止他人在自己创作的作品上署名；如果他人擅自修改自己的作品以致破坏了作品的完整性，作者也有权拒绝署名。

修改权是作者对自己作品进行修改的权利。他既可以自行修改，也可以授权他人修改自己的作品。修改权更多的是强调作者对自己作品的完整性的一种绝对保护，他人无授权则无权改变作品的任何一部分。但是，《著作权法》也规定了例外情况：报社、期刊社可以对作品作文字性修改、删节。此时不需要得到作者同意。修改权与改编权的不同之处在于：改编权是改变作品，创作出具有独创性的新作品的权利。改编权更多的是强调以原有作品为基础的独创性修改，强调的是修改的后果。

保护作品完整权是指作者有权授权他人修改其作品，或者禁止他人歪曲、篡改其作品。由侵犯作品完整性引发的版权案件很多。例如，在 1976 年美国联邦第二巡回上诉法院审理的“吉利姆诉美国传播公司”案中，原告为英国某作家团队，因被告美国传播公司播放其撰写的电视节目时擅自删减其作品长度一事，向法院提起侵权之诉并获得胜诉。法院认为，被告美国传播公司在未通知原告、未征得其同意的情形下，擅自删除原告作品长度的行为违反了与BBC公司签订的再许可协议，故构成侵权。

（2）财产权利

复制权是著作权中一项基本的权利，是指作者享有的许可或者禁止他人复制自己作品的权利。作品的复制既包括传统的印刷复制，也包括现代技术所产生的在光盘、磁带、内存上的复制。同时，复制不仅仅意味着平面到平面的复制，也包括平面到立体的复制（如根据设计图建造建筑物）、立体到平面的复制，以及立体到立体的复制。2011年北京市第一中级人民法院审理的“国家体育场诉熊猫烟花著作权侵权”案是一件涉及建筑作品从立体到立体复制的著作权侵权案件。① 法院在判决中认定被告熊猫烟花公司侵犯了国家体育公司对其鸟巢建筑作品所享有的复制权和发行权。

演绎权是指作者许可他人在自己作品基础上创作作品的权利。在我国著作权法规定的各种财产权中，翻译权、改编权、摄制权和汇编权都可以归属于演绎权的范围。演绎作品又称“派生作品”或者“衍生作品”。根据创作需要，一部作品可以有多种形式的演绎作品。例如中译本《哈利波特》即是原作英文版 *Harry potter* 的演绎作品；又如根据《哈利·波特》小说拍摄的电影、舞台剧、电子游戏等，同样属于原作的演绎作品。由此可见，演绎作品中存在两项著作权：其一为原作的著作权；其二为由于演绎者的创作活动而产生的著作权。因此，在使用演绎作品时，不仅要取得演绎者的许可，还要取得原作品权利人的许可。鉴于娱乐行业中大部分的作品都涉及演绎作品，正确理解演绎作品的概念和权利范畴就显得十分重要。

就传播权的概念而言，各国的著作权法分别使用了不同的词语来表达相同的意思。我国著作权法中没有直接使用“传播权”的概念，而是分别定义“展览权、表演权、放映权、广播权、信息网络传播权”来解释传播权的范围。《伯尔尼公约》第11条规定：戏剧作品、音乐戏剧作品和音乐作品的作者享有下列专有权利：（1）授权公开表演和演奏其作品，包括用各种手段和方式公开表演和演奏；（2）授权用各种手段公开播送其作品的表演和演奏。关于表演，既包括“舞台表演”，如朗诵、演奏、唱歌和舞蹈等，又包括“机械表演”，如使用各种设备和技术传播或者播送已录制好的节目，如电影电视节目等。在判断表演“是否公开”时，要分析两个要素：第一，该表演“在何处播放”；第二，该表演“向谁播放”。如果播放地点属于纯私人处所，则属于“非公开播放”；在半公开处所和完全公开处所的播放有可能归类为“公开播放”。“向谁播放”则要考虑收看观众的数量和这些观众彼此之间的关系，若观众仅限于少数家庭成员、朋友圈、同事或熟识的人，则不属于“向公众播放”。1984年美国联邦第三巡回上诉法院审理的“哥伦比亚电影公司诉里德”案，对以上情形作了十分清晰的诠释。② 本案中，被告马克斯经营了两家销售、租赁录像带的商铺，被告在商铺内除了提供录像带的销售、出租外，还在店内装修了几十间小暗室，每个小暗室可以容纳4～6人观看租赁的录像带。顾客在店内选中想租赁的录像带之后，可以选择带回家观看或者在店内的小暗室观看，后者需要支付额外的费用。法院在判断“被告在店内小暗室的播放”是否属于“向公众播放”的行为时认

① 参见北京市第一中级人民法院（2009）一中民初字第4476号民事判决书。

② Columbia Picture Indus. v. Redd Horne，Inc. 749 F. 2d154（3d Cir. 1984）.

为：虽然被告马克斯播放录像的地点在私人场所，但是其面对的群众却是“所有公众——任何愿意付费使用设备服务的公众”。因此，法院认定，马克斯在店内小暗室的播放属于“向公众播放”的行为，侵犯了原告享有的向公众播放作品的权利。

信息网络传播权是指以有线或者无线方式向公众提供作品、表演或者录音录像制品，使公众可以在其个人选定的时间和地点获得作品、表演或者录音录像制品的权利。信息网络传播权有双重含义：一种属于著作权，其客体是作品，主体是著作权人；另一种属于邻接权，其客体是表演、录音录像制品，相应的主体是表演者、录音录像制作者。但是，依据我国目前的著作权法，作为邻接权主体时，出版者和广播电视组织不享有信息网络传播权。网络作品、表演、录音录像制品是一种重要的信息资源，无论使用或者传播都十分方便、快捷，如果事事必经著作权人许可才能使用，将极大阻碍网络传播速度，必然消极影响网络文化的繁荣，因此，信息网络传播权必须受到限制。依据《信息网络传播权保护条例》，信息网络传播权的限制包括合理使用、法定许可等。

四、娱乐产业的商标权保护

商标，俗称品牌，主要用于区别商品或服务的出处。消费者在选购具体的商品或服务时，可以通过标注于商品或服务上的商标认出是哪一家企业提供的，并根据以往的消费经验或口碑作出相应的消费决定。同时，商家也非常重视品牌的宣传推广和保护，希望消费者能够建立起对其品牌的认知甚至忠诚度，从而在同类项的商品或服务中取得更大的市场份额。

1. 商标的构成要素及种类

（1）商标的构成要素

商标是商品的生产者、经营者在其生产、制造、加工、拣选或者经销的商品上，或者服务的提供者在其提供的服务上采用的，用于区别商品或服务来源的，由文字、图形、字母、数字、三维标志、声音、颜色组合，或上述要素的组合，具有显著特征的标志，是现代经济的产物。就商业领域而言，文字、图形、字母、数字、三维标志和颜色组合，以及上述要素的组合，均可作为商标申请注册。经国家核准注册的商标为“注册商标”，受法律保护。商标通过确保商标注册人享有用以标明商品或服务，或者许可他人使用以获取报酬的专用权，而使商标注册人受到保护。

（2）商标的种类

商标是区别商品与服务来源的标志。按照不同的划分标准，商标可以划分为不同的类型。最常见的是将商标划分为商品商标、服务商标两个基本类型。商品商标，顾名思义就是使用在商品上的商标。服务商标是指自然人、法人或者其他组织在提供服务时或在广告中用以区别其服务与他人服务的标志。习惯上，商品商标和服务商标又可以划分为一般商标、集体商标和证明商标。集体商标是指以团体、协会或者其他组织名义注册，供该组织成员在商事活动中使用，以表明使用者在该组织中的成员资格的标志，例如奥委会标识、篮球协会标识等。证明商标是指由对某种商品或者服务具有监督能力的组织所控制，而由该组织以外的单位或者个人使用于其商品或者服务，用以证明该商品或者服务的原产地、原料、制造方法、质量或者其他特定品质的标志，例如太湖碧螺春、金华火腿等。根据《中华人民共和国商标法》第 3 条的规定，经商标局核准注册的商标为注册商标，包括：商品商标、服务商标、集体商标、证明商标。可见，在法律上把这四种商标明确划分为注册商标的四个基本类型。

商标还可以按照下列标准进行类型划分：（1）根据是否在商标局核准注册可划分为注册商标和未注册商标。（2）按照感知方式的不同可以划分为视觉商标、听觉商标（例如美国米高梅电影公司的“狮子吼”商标）与气味商标（例如法国香奈儿“五号香水”），视觉商标包括平面商标和立体商标（如英国“捷豹”商标、“可乐瓶”商标、“酒鬼”商标等）两种。目前，听觉商标和气味商标在我国尚不能注册并获得保护。（3）按照商标权利主体数量的不同还可以分为单所有人商标和共有商标。

2. 商标的合理使用

商标的合理使用是指商标权人以外的人在生产经营活动中以叙述性使用、指示性使用、说明性使用或平行使用的方式善意使用商标权人的商标而不构成侵犯商标专用权的行为。《中华人民共和国商标法》第59条对于商标的“合理使用”作出了规定：“注册商标中含有的本商品的通用名称、图形、型号，或者直接表示商品的质量、主要原料、功能、用途、重量、数量及其他特点，或者含有的地名，注册商标专用权人无权禁止他人正当使用。”实践中，第三方为了清楚表明所提供的产品或者服务的相关信息，经常不得不引用他人的注册商标。譬如，负责修理汽车的某修理厂在说明其维修的汽车种类时就难免要使用他人的商标，如类似“宝马”汽车维修店的字样。如果电影、电视剧中出现苹果手机、本田小轿车、香奈儿皮包、招商银行信用卡并不需要获得商标人的许可，有时商标人还需要向影视公司支付额外的广告费用。

在衡量是否构成上述任何一种形式的合理使用时，应受以下条件限制：（1）使用目的具有正当性。这种使用是为了说明本商品的性质、质量、用途、主要原料、型号、数量等产品本身方面的特点，而不是作为商品商标或服务商标来使用，也不是与之密切相关的在商标识别商品的意义上使用。实践中，衡量的具体标准是看主观上有无用作商标使用的意图，以及客观上是否存在足以造成消费者误认的后果。（2）使用行为出于善意，具有正当性。善意标准通常是看有无不正当竞争之目的，即看使用人是否存在与商标权人进行不正当商业竞争的目的。正当性标准则要求使用者限于为说明产品或服务而不可避免地使用商标中的词语，而不能在使用中突出他人注册商标，或者暗示与商标权人的产品存在某种关系，从而产生误导消费者的不良后果。如美国《兰哈姆法》第33条b款第2项规定，“这种使用必须是只用于叙述该当事人的商品或者服务的正当的诚实的使用”。实践中，有的生产经营者在进行“说明性使用”时，将他人的注册商标置于十分显著的位置，而将自己的注册商标置于不显眼的地方，或者对他人的注册商标有意进行“艺术处理”，以引起他人的注意。这类行为即有“搭便车”之嫌，不属于商标的合理使用。换言之，善意、正当使用不能造成对相关商品或服务产生混淆。

总的来说，商标的合理使用是基于诚实信用和善意的使用，是一种非基于商标性质的对商标的正当使用，也是一种对商品或服务进行描述、提示或者说明性质的使用；它既不能使消费者产生混淆的后果，也不能构成对商标的淡化。

3. 影视作品中的商标权保护

（1）著名影视作品名称的商标保护

著名影视作品能够产生巨大的经济效益，因此，抢注影视作品名称成为众多商标“炒手”所热衷之事：他们在影片开始宣传之时就注册影视作品名称或影视作品主人公名字等与影片密切相关的商标，再以高价进行倒卖。而通常很多制片人对此不以为意，即便制片方对片名进行商标注册，也主要都是围绕着影视作品本身来进行注册保护。这说明虽然制片方也意识到影视作品所带来的一系列延伸产品及产业的发展，但对此所进行保护的力度仍然不够，因为影视作品延伸产品并不是只涉及影视作品制作本身，还会有其他的产品效应或产业效应的出现，若也用影视作品名称进行注册，就可以搭上著名影视作品在公众中产生的巨大影响这一顺风车。例如，在电影《我愿意》中，用男女主人公见面的咖啡馆做文章，注册申请第 30 类商标类别——咖啡、茶、可可等商品的保护，那么这已经超出了电影制作的商标保护类别的范围，而影片中男女主人公的邂逅却无形中为咖啡馆增加了宣传效应。

我国在 1987 年就对报纸、杂志名称作为商标进行了特别规定，但对申请注册的报纸、杂志名称的范围进行了界定。新闻出版署在 1988 年、1990 年分别发布的《期刊管理暂行规定》第 32 条、《报纸管理暂行规定》第 18 条规定，对期刊、报纸的名称，可以依照《商标法》的规定，办理商标注册。但是，国家工商行政管理局在 1998 年关于期刊、书籍名称的商标注册特别指出，“期刊、书籍属于特殊商品，其名称作为商标注册后，商标专用权应当受到严重限制，仅以核准注册商标的位置及其特定组合形式为限。”对于影视作品的名称是否可以注册为商标，立法中没有明确的规定，在司法实践中，许多影视作品的名称以及一些主要人物的名字都被注册为商标。因此，影视作品名称在我国可以被注册为商标，这一点是应该肯定的。然而，通常影视作品名称并非由制片方注册，是被他人注册。由此产生了一系列的问题，如他们之间的利益应当如何进行协调，也是我国商标法需要修改、完善的一个重要方面。

（2）电视节目名称和标志的商标保护

电视台的名称和标志属于服务商标应当确定无疑，如中央电视台的“中央电视台”“CCTV”及中央电视台的图形标志。然而，对于其节目名称和标志是否是商标、使用方式是否属于商标的使用就存在不同的看法，如对于中央电视台的节目“经济半小时”“焦点访谈”“东方时空”“大风车”及其标志是否属于商标等，一种意见认为，“经济半小时”等仅仅为中央电视台的一个节目的名称，不能作为商标对待，理由是中央电视台有自己的名称和标志“中央电视台”“CCTV”和图形标志；另一种意见则认为，“经济半小时”等节目名称和标志如果符合商标法的规定和商标的条件，则应当被视为商标，其使用也视为商标的使用，因为这些名称和标志也可起到识别服务来源的作用。我们倾向于后一种意见：商标无非是一个将一个当事人提供的商品或者服务与他人提供的商品或者服务相区别的显著标志，因此，要判断某一标志是否可被视为商标，理论上看它是否符合商标的要素，看它能否起到区别商品或服务来源的作用。按照现代商标的理论和实践，在一种商品或服务上可以同时使用两个以上的商标来表示商品的来源以及同一来源的不同商品。因此，“中央电视台”“CCTV”及其图形标志，能标识节目来源于中央电视台，属于母商标，而像“经济半小时”“焦点访谈”“大风车”等特定节目的名称和标志，也能标识该节目是由中央电视台提供的某一特定电视节目内容，从而这些标志也起到商标的识别服务来源的作用，应该受到商标法的保护。

五、娱乐产业的人身权保护

1. 娱乐产业的隐私权保护

隐私权是指自然人享有的私人生活安宁与私人信息秘密依法受到保护，不被他人非法侵扰、知悉、收集、利用和公开的一种人格权，而且权利主体对于他人在何种程度上可以介入自己的私生活，对于自己的隐私是否向他人公开以及公开的人群范围和程度等具有决定权。隐私权是一种基本人格权利。

在中国现行法律中，只有2010年施行的《中华人民共和国侵权责任法》（以下简称《侵权责任法》）第2条在民事权益范围中包括了隐私权。这是我国法律首次将隐私权作为公民的一项人格权规定在法律中，实现了隐私权从间接保护到直接保护的转变。针对网络环境下公民合法权益容易受到侵害的现状，《侵权责任法》还对网络侵权行为进行了界定，这也是巨大的进步。该法第36条规定："网络用户、网络服务提供者利用网络侵害他人民事权益的，应当承担侵权责任。"

娱乐业中较为常见的娱乐明星隐私权保护问题也受到重视，王利明教授认为："基于公共利益的限制必须针对那些确实涉及社会全体成员利益的人格权，而不能盗用公共利益之名任意限制个人的隐私权，例如对于官员的信息披露并不意味着其家庭、婚姻等私人生活可以完全在公众面前曝光。公众人物的人格权只是基于公共利益和公众兴趣的需要而在他人合理使用的范围内受到必要的限制，但并不意味着其人格权被完全剥夺，从而对任何人以任何方式所从事的侵权行为都不能主张其人格权。"我们认为，在如下的情况下对公众人物人格权的妨害应当构成侵权：（1）对纯粹私人领域的侵害。对明星等自愿的公众人物而言，常常推定其默许媒体对其私生活进行报道，这是其本身的社会角色决定的。但是公众人物并非绝对被排除在隐私权的保护之外。例如，身体的隐私是私人生活中最私密、最敏感的领域，擅自暴露他人的身体隐私，如披露他人的裸体照片，不仅会造成对他人隐私权的损害，而且会对他人的名誉造成损害。另外，私人住址作为一种私人信息也应当受到隐私权的保护。（2）对公众人物私人空间的侵害。在私人空间中，住宅空间具有尤为重要的意义。此处之住宅不仅指法定住所，也包括临时居住、栖身之处，如栖身的房间、工人临时居住的工棚、无房户居住的办公室等。公众人物对这些私人空间享有隐私权，任何人未经其许可不得擅自闯入其私人所有的、合法占有的房屋以及其他空间，也不得非法采用红外线扫描、高倍望远镜探测、长焦距拍照等手段窥视个人空间，否则，即构成对公众人物隐私权的侵害。（3）为了商业目的而利用公众人物的肖像、隐私等。对公众人物而言，即使可以基于公共利益和满足公众兴趣的需要而公开其姓名或肖像等，也不能未经其同意就利用其姓名、肖像等牟取非法利益，否则，也构成对公众人物人格权的侵害。（4）恶意侵害他人名誉权、隐私权等人格权，严重贬损他人人格尊严。在此情况下，行为人的行为已经超出了公众利益的界限，属于基于个人目的的恶意加害行为，故应当由行为人承担责任。

2. 娱乐产业的名誉权保护

名誉是指社会上人们对于公民或组织的品德、才干、声望、信誉和形象等各方面的综合评价。名誉权是人格权的一种，这些被维护的名誉是指具有人格尊严的名声，是人格的重要内容，受法律的保护。侮辱、诽谤是常见的名誉侵权行为，《民法通则》第101条明令禁止用侮辱、诽谤的方式损害他人名誉。

侮辱是指故意通过言语、文字或者行为举止等方式贬低他人人格、毁损他人名誉的行为。《民通意见》第140条规定，以口头或者书面形式捏造事实公然丑化他人人格，以及用侮辱、诽谤等方式损害他人名誉，造成一定影响的，应当认定为侵害公民名誉权的行为。以书面、口头等形式诋毁、诽谤法人名誉，给法人造成损害的，应当认定为侵害法人名誉权的行为。

诽谤是指故意或者过失地散布有关他人的虚假事实，导致他人名誉降低或者毁损的行为。诽谤的主观状态可以是故意，也可以是过失，其方式可以是言语、书面文字或者其他任何使虚假事实散布开来的方式。《民法通则》第 101 条中规定，禁止用诽谤方式损害公民、法人的名誉。在文学作品中故意使用他人真实姓名，或者未写明原告的真实姓名和地址，但对人物特征的描写有明显的指向或者影射他人，小说内容存在侮辱、诽谤情节，致其名誉受到损害的，作者和出版社均可能构成对名誉权的侵犯。

自《民法通则》确立名誉权开始，我国至今未形成健全的名誉权理论体系，尤其对名誉权的内涵与外延界定不清，使得法官面对实践中层出不穷的侵犯名誉的形态以及媒体、公众日益高涨的知情权与监督权诉求，特别是在对官员、文体明星等公众人物的名誉权保护上，始终难以形成相同的裁判准则。法院无论是保护公众的知情权和媒体的言论自由还是维护公众人物的名誉权，都会招致舆论的较大争议。司法和舆论争议的焦点在于，如何合理界定其公众人物资格和名誉权应受保护的范围，从而设定对不同身份、地位和社会影响力的公民隐私保护的差异化标准体系，实现名誉保护的实质公平。一个影视明星作为社会大众关心与追捧的对象，一切可能影响其社会形象的成长经历、家庭背景、艺术成就等也不能脱离舆论的评价而成为不容触及的隐私。凡是经法院判定与公共利益存在联系的个人事务均应受到公众合理限度的批评、监督。对于何为合理限度，我国通说也是基本认可“真实恶意原则”[美国现行诽谤法的最重要的原则，该原则在 1964 年美国最高法院审理“《纽约时报》诉沙利文”案（New York Times Co. v. Sullivan）] 时确立为基础，从而用于保护普通公民的名誉权。

第三节　休闲法

一、休闲产业的定义及分类

1. 休闲及休闲产业的定义

休闲是指在非劳动及非工作时间内以各种“玩”的方式求得身心的调节与放松，达到生命保健、体能恢复、身心愉悦目的的一种业余生活。休闲行为是休闲主体利用时间和收入等条件，为了满足休闲需要，自发参与并得到满足的能动的过程。

科学、文明的休闲方式，可以有效地促进能量的储蓄和释放，它包括对智能、体能的调节和对生理、心理机能的锻炼。休闲之事古已有之，休闲的一般意义是指两个方面：一是消除体力的疲劳，二是获得精神上的慰藉。将休闲上升到文化范畴则是指人的闲情所致，为不断满足人的多方面需要而处于文化创造、文化欣赏、文化建构的一种生存状态或生命状态。它通过人类群体共有的行为、思维、感情，创造文化氛围，传递文化信息，构筑文化意境，从而达到个体身心和意志的全面、完整的发展。当然，能够满足休闲者需要的可以是天然的自然界，也可以是某种设施，但在市场经济条件下，休闲产业通常要收费，通常实行经济管理、从事经济经营。

休闲产业是近代工业文明的产物，或者更确切地说，它是现代社会的产物。它发端于欧美，19 世纪中叶初露端倪。进入 20 世纪，随着科学技术的快速发展，与休闲相关的产业便逐渐地应运而生，于 20 世纪 70 年代进入快速发展时期。休闲已经成为我们这个时代的重要特征之一：在发达国家，休闲业在国民经济中的地位高到以前想象不到的地步；而在发展中国家，如在中国，休闲业的地位也得到了加强，其发展速度也很快。

休闲产业是指与人的休闲生活、休闲行为、休闲需求（物质的与精神的）密切相关的产业领域，特别是以旅游业、娱乐业、服务业为龙头形成的经济形态和产业系统，已成为国家经济发展的重要的支柱产业。休闲产业一般涉及国家公园、博物馆、体育（运动项目、设施、设备、维修等）、影视、交通、旅行社、导游、纪念品、餐饮业、社区服务以及由此连带的产业群。休闲产业不仅包括物质产品的生产，而且涉及对人的文化精神生活的追求。

2. 休闲产业的分类

休闲产业既是涵盖旅游、观光、休闲、度假以及与此相关的餐饮、住宿、交通、通信、文化娱乐、纪念型工艺美术品等多方行业的综合产业，又是能优化和美化生态环境的可持续发展产业。

休闲活动，按参与者的身体状态，可分为观赏性活动、相对安静状态活动和运动性活动；按身体的能力，可分为体能类活动和技能类活动；按活动中人所获得的主要动力源，可分为动力类活动、无动力类活动、自然类活动、半自然类活动；按消费水平，可分为高消费活动、中等消费活动和低消费活动三类；按活动开展的空间，可分为陆上休闲活动、水上休闲活动和空中休闲活动三类；还可以按季节分为春季、夏季、秋季、冬季活动；按场所分为室内活动和室外活动。现代休闲活动种类繁多，任何一种分类标准都是相对的。

一般地，休闲活动的主要类型有消遣娱乐活动、怡情养生活动、体育健身活动、创造性活动、教育发展性活动、搜集性活动、竞争性活动、非竞争性活动、观赏性活动、旅游观光活动、社会性活动等。按照休闲活动的类型，我们也可将休闲产业分为文化娱乐休闲产业、体育休闲产业、旅游休闲产业、竞技休闲产业、农业休闲产业等。

二、休闲产业的管理与政策促进

（一）休闲产业的管理

1. 休闲产业的政府管理

休闲是个体在闲暇时间摆脱外在压力和束缚，自由地选择、自愿地参与能让自己感受到愉快和满意的活动。休闲的普及是一个社会文明进步的尺度，而让社会成员感受到幸福和快乐是社会发展的终极目标。一个完整的休闲服务供给体系应该由政府、非营利组织和商业部门共同组成。政府旨在通过休闲提升全民健康和社会福利、保障社会公平、促进经济发展、推动社会文明，应当提供最基本的公共基础设施、公共休闲文化场所、艺术文化资助，同时鼓励、普及休闲教育，引导休闲产业发展；非营利组织提供的服务和项目重在促进社会关系融洽、克服社会隔绝、关注特别群体和特别事业、实现个体社会价值；商业企业是最活跃、最敏锐、最广泛、最先进、最专业的休闲服务供给者，旨在满足个体多样化、个性化的休闲需求。

大部分国家政府的休闲管理部门出现在20世纪70年代。英国1992年大部分休闲管理职责被统一到“国家遗产部”，1997年又更名为“文化、媒体和体育部”，自1994年以来这个部门一直监管由英国国家福利彩票提供的巨幅增长预算。28%的英国国家彩票的投注资金被用于“有益的事业”中，包括艺术、体育、历史遗产等。中国经济快速、稳定发展，民众收入和闲暇时间逐步增多，但公众休闲活动单调，活动种类贫乏，休闲质量不高。在休闲服务供给体系中，政府角色突出表现为休闲服务管理而非休闲服务供给，在城市公用事业、休闲文化基础设施建设方面存在不足，休闲立法及休闲政策相对落后。在休闲产业管理方面我国政府应作出如下举措，以满足广大人民群众日益增长的休闲需求：(1) 我国政府在社会民众的休闲娱乐活动的支持力应加大，不仅仅是投入大量的资金支持用于活动设施和活动广场的建设，而且要规范商业企业的营利性活动，借助社区资源发展群众休闲活动。(2) 制定较为完整的休闲政策，推动休闲产业的发展。美国等发达国家甚至已经建立起了较为完整、全面的体育休闲政府政策，整个政策涉及行业管理、行业发展以及社会资源的管理等几个方面。我国在这方面有所欠缺，应该制定较为有效的休闲政策，推动休闲产业发展。(3) 完善休闲相关立法，完善带薪休假制度、退休制度、休闲福利制度，为休闲产业的发展提供有利的环境。

2. 休闲产业的行业自律

行业自律是为了规范行业行为，协调同行利益关系，维护行业间的公平竞争和正当利益，促进行业发展。法国休闲农业的发展得益于多个非政府组织机构的联合，具体是指各行业协会在政府的政策指导下制定相关的行业规范和质量标准，推动以农场经营为主的休闲农业得到快速发展。这些农场基本上都是专业化经营，主要以农场客栈、点心农场、农产品农场、骑马农场、教学农场、探索农场、狩猎农场、暂住农场以及露营农场等形式存在。早在 1954 年联邦国营旅舍联合会主办“法国农家旅舍网”，此后各类农业旅游社团组织和法国农业与渔业协会等中介机构陆续成立，有力促进了休闲农业的经验交流、信息传递和业务培训。随着行业协会的不断发展，行业自律作用逐渐凸显，法国政府也逐渐由行使管理职能转向行使监管职能，行业协会在休闲农业的发展中显现主导作用。

2014 年《国务院关于促进旅游业改革发展的若干意见》提出，行业协会要完善行业自律规则和机制，引导会员企业诚信经营；建立严重违法企业“黑名单”制度，加大曝光力度，完善违法信息共享机制。这对中国旅游协会的改革和工作提出了明确要求。在农业休闲产业建立协会、建立统一的服务标准、加强休闲产品的开发和广告宣传、开展经验交流、提升休闲产业人员素质等工作有益于本地休闲产业的可持续发展，政府引导、扶持主要通过专业协会和合作社实施。

3. 休闲产业的自律管理

自律是指在没有人在现场监督的情况下，通过自己要求自己，变被动为主动，自觉地遵循法律、制度，拿它来约束自己的一言一行。为了休闲产业的长远发展，从事休闲行业的经营者要本着以人为本、诚实信用原则发展相关产业，做到既要追求经济效益，也要坚持休闲农产业的功能从单纯的观光、旅游等功能拓宽为观光、休闲、娱乐、度假、体验、学习、健康等综合功能。这需要行业从业者从长计议，从资源、环境、市场、服务、交通、效益等多方面实现规范管理，形成规模效应，向专业化、高品质的方向努力。

(二) 休闲产业的政策促进

休闲产业的发展需要全社会力量的支持，政府的任务就是尽早完善休闲产业的社会支持系统，即政策系统、政府管理系统、产业系统、教育科研系统，其中，产业政策的制定具有至关重要的作用。在我国市场经济发展处于初级阶段的情况下，对于一个产业的发展，国家负有指导、引导和协调的责任，产业政策应从宏观的角度出发，指导产业发展的方向，规划产业发展的目标，建立引导微观经济活动的综合政策体系。我们认为，我国政府在休闲政策制定时应做好以下工作：

(1) 制订休闲产业发展指导计划。产业指导计划不仅是产业政策的重要依据，也是休闲产业结构中各行业协调发展的首要的基本的手段。

(2) 加强公共信息传递功能。休闲产业不仅自身产业结构复杂，而且与其他产业之间存在错综复杂的关系。这造成了产业间联系的复杂性，因此，促进信息传递，提高经济信息反馈效率，也是产业政策得以实现的手段。

(3) 制定休闲业法律、法规，规范交易制度，建立市场秩序，维护经济安全。

(4) 支持或建立休闲方面的研究机构。这些研究有利于为休闲产业的发展建立理论基础。在制定休闲政策时对于有关专家的意见给予重视，这样，休闲产业发展才具有可持续性。

(5) 适度使用产业政策的宏观调控，对重点发展的产业进行贷款优惠、价格补贴、减免税收等方式加以扶持和培育。这样，有利于新型产业的发展。

第四节　演艺、娱乐、休闲市场监管

一、演艺、娱乐、休闲违法行为与法律责任概述

文化娱乐市场的涵盖范围非常广泛，包括所有的文化娱乐活动及文化娱乐场所的文化经营项目。狭义的文化娱乐市场主要是指营业性歌厅、舞厅、卡拉OK厅、夜总会、音乐茶座、电子游戏（艺）厅、台球馆、保龄球馆等文化娱乐场所的文化娱乐经营项目，以及各种传统的和新兴的娱乐项目。它的基本特点是群众的自娱自乐和广泛参与，它的目的是满足人民群众休闲、娱乐生活的需要。1993年文化部颁布了《营业性歌舞娱乐场所管理办法》，对营业性歌舞娱乐场所的申报和审批、场地和设施、经营与管理、奖励和处罚等作出了规定。这是第一个以部长令的形式对文化市场进行管理的部门规章，它是我国对文化市场逐步实行法制化管理的开始。

目前我国在演艺、娱乐方面的法规有：国务院2005年发布的《营业性演出管理条例》、2006年发布的《娱乐场所管理条例》，文化部2009年发布的《营业性演出管理条例实施细则》。在公共文化服务方面的法规有国务院2003年发布的《公共文化体育设施条例》，文化部1992年发布的《群众艺术馆、文化馆管理办法》、2005年发布的《博物馆管理办法》等。由于这些规范过于零散，没有形成体系，所以对演艺、娱乐、休闲活动的规制作用是有限的。

从法律责任的角度分析，根据不同的标准可以对法律责任作不同的分类。例如，按照承担责任的主体的不同，法律责任可以分为自然人责任、法人责任和国家责任；按照责任承担的内容的不同，法律责任可以分为财产责任和非财产责任；按照责任的承担程度，法律责任可以分为有限责任和无限责任；按照责任实现形式的不同，法律责任可以分为惩罚性责任和补偿性责任；按照引起责任的法律事实与责任人的关系的不同，法律责任可以分为直接责任、连带责任和替代责任。在法律实践中，最基本分类方法是根据法律责任的类型所作的分类，即把法律责任分为民事法律责任、行政法律责任、刑事法律责任三种。

1. 民事法律责任

民事法律责任是指公民、法人或其他组织因违反法律、约定或者因法律规定的其他事由而依法承担的不利后果。民事法律责任是现代社会常见的法律责任，主要为补偿性的财产责任。民事法律责任的承担者是具有民事责任能力的自然人和法人或其他组织；同时，在法律规定的

某些条件下，国家也是民事责任的主体。民事法律责任主要是由违法行为或违约行为引起的，这种违法行为、违约行为除了民事违法行为和违约行为外，还包括部分刑事违法行为和行政违法行为。

2. 行政法律责任

行政法律责任是指因违反行政法律或因行政法规定的事由而应当承担的法定的不利后果。行政法律责任既包括行政机关及其工作人员、授权或委托的社会组织及其工作人员在行政管理中因违法失职、滥用职权或行政不当而产生的行政法律责任，也包括公民、社会组织等行政相对人违反行政法律而产生的行政法律责任。

3. 刑事法律责任

刑事法律责任是指因违反刑事法律而应当承担的法定的不利后果。行为人违反刑事法律的行为必须具备犯罪的构成要件构成承担刑事法律责任的前提。刑事法律责任的主体，不仅包括公民，也包括法人等单位。刑事法律责任的方式为刑罚，即责任主体受到国家强制力的制裁。刑事责任是严格的行为人个人责任，是最严厉的一种法律责任。

二、演艺、娱乐、休闲中的违法行为及其法律责任

1. 演艺活动中的违法行为及其法律责任

(1) 擅自设立文艺表演团体、演出经纪机构或者擅自从事营业性演出经营活动的；超范围从事营业性演出经营活动的；变更营业性演出经营项目未向原发证机关申请换发营业性演出许可证的，由县级人民政府文化行政主管部门予以取缔，没收演出器材和违法所得，并处违法所得8倍以上10倍以下的罚款；没有违法所得或者违法所得不足1万元的，并处5万元以上10万元以下的罚款；构成犯罪的，依法追究刑事责任。

(2) 擅自设立演出场所经营单位或者擅自从事营业性演出经营活动的，由工商行政管理部门依法予以取缔、处罚；构成犯罪的，依法追究刑事责任。

(3) 未经批准举办营业性演出的，由县级人民政府文化行政主管部门责令停止演出，没收违法所得，并处违法所得8倍以上10倍以下的罚款；没有违法所得或者违法所得不足1万元的，并处5万元以上10万元以下的罚款；情节严重的，由原发证机关吊销营业性演出许可证。

(4) 伪造、变造、出租、出借、买卖营业性演出许可证、批准文件，或者以非法手段取得营业性演出许可证、批准文件的，由县级人民政府文化行政主管部门没收违法所得，并处违法所得8倍以上10倍以下的罚款；没有违法所得或者违法所得不足1万元的，并处5万元以上10万元以下的罚款；对原取得的营业性演出许可证、批准文件，予以吊销、撤销；构成犯罪的，依法追究刑事责任。

(5) 营业性演出内容违反《营业性演出管理条例》规定的，由县级人民政府文化行政主管部门责令停止演出，没收违法所得，并处违法所得8倍以上10倍以下的罚款；没有违法所得或者违法所得不足1万元的，并处5万元以上10万元以下的罚款；情节严重的，由原发证机关吊销营业性演出许可证；违反治安管理规定的，由公安部门依法予以处罚；构成犯罪的，依法追究刑事责任。

(6) 打击演出市场的欺诈行为，演员不得以假唱欺骗观众，任何单位或者个人不得为假唱

提供条件，演出场所经营单位对在本场所举办的演出活动的监督义务。对演出举办单位、文艺表演团体、演员，由国务院文化主管部门或者省、自治区、直辖市人民政府文化行政主管部门向社会公布；演出举办单位、文艺表演团体在2年内再次被公布的，由原发证机关吊销营业性演出许可证；个体演员在2年内再次被公布的，由工商行政管理部门吊销营业执照。

（7）演出举办单位或者其法定代表人、主要负责人及其他直接责任人员在募捐义演中获取经济利益的，由县级以上人民政府文化行政主管部门依据各自职权责令其退回并交付受捐单位；构成犯罪的，依法追究刑事责任；尚不构成犯罪的，由县级以上人民政府文化行政主管部门依据各自职权处违法所得3倍以上5倍以下的罚款，并由国务院文化行政主管部门或者省、自治区、直辖市人民政府文化行政主管部门向社会公布违法行为人的名称或者姓名，直至由原发证机关吊销演出举办单位的营业性演出许可证。

（8）以政府或者政府部门的名义举办营业性演出，或者营业性演出冠以“中国”“中华”“全国”“国际”等字样的，由县级人民政府文化行政主管部门责令改正，没收违法所得，并处违法所得3倍以上5倍以下的罚款；没有违法所得或者违法所得不足1万元的，并处3万元以上5万元以下的罚款；拒不改正或者造成严重后果的，由原发证机关吊销营业性演出许可证。

2. 娱乐经营活动中的违法行为及其法律责任

（1）擅自从事娱乐场所经营活动的，由工商行政管理部门、文化行政主管部门依法予以取缔；以欺骗等不正当手段取得娱乐经营许可证的，由原发证机关撤销娱乐经营许可证。

（2）娱乐场所贩卖、提供毒品，或者组织、强迫、教唆、引诱、欺骗、容留他人吸食、注射毒品，或者组织、强迫、引诱、容留、介绍他人卖淫、嫖娼，或者制作、贩卖、传播淫秽物品，或者提供或从事以营利为目的的陪侍，或者赌博，或者从事邪教、迷信活动或其他违法犯罪行为的，由县级公安部门没收违法所得和非法财物，责令停业整顿3个月至6个月；情节严重的，由原发证机关吊销娱乐经营许可证，对直接负责的主管人员和其他直接责任人员处1万元以上2万元以下的罚款。

（3）娱乐场所照明设施、包厢、包间的设置以及门窗的使用不符合安全要求、未按照规定安装闭路电视监控设备或者中断使用的；未按照规定留存监控录像资料或者删改监控录像资料的；未按照规定配备安全检查设备或者未对进入营业场所的人员进行安全检查的；未按照规定配备保安人员的，由县级公安部门责令改正，给予警告；情节严重的，责令停业整顿1个月至3个月。

（4）娱乐场所设置具有赌博功能的电子游戏机机型、机种、电路板等游戏设施设备的；以现金、有价证券作为奖品，或者回购奖品的，由县级公安部门没收违法所得和非法财物，并处违法所得2倍以上5倍以下的罚款；没有违法所得或者违法所得不足1万元的，并处2万元以上5万元以下的罚款；情节严重的，责令停业整顿1个月至3个月。

（5）娱乐场所指使、纵容从业人员侵害消费者人身权利的，应当依法承担民事责任，并由县级公安部门责令停业整顿1个月至3个月；造成严重后果的，由原发证机关吊销娱乐经营许可证。娱乐场所及其从业人员与消费者发生争议的，应当依照消费者权益保护的法律规定解决；造成消费者人身、财产损害的，由娱乐场所依法予以赔偿。

（6）歌舞娱乐场所的歌曲点播系统与境外的曲库连接的；歌舞娱乐场所播放的曲目、屏幕画面或者游艺娱乐场所电子游戏机内的游戏项目含有《娱乐场所管理条例》第13条禁止内容的；歌舞娱乐场所接纳未成年人的；游艺娱乐场所设置的电子游戏机在国家法定节假日外向未成年人提供的；娱乐场所容纳的消费者超过核定人数的，由县级人民政府文化行政主管部门没收违法所得和非法财物，并处违法所得1倍以上3倍以下的罚款；没有违法所得或者违法所得不足1万元的，并处1万元以上3万元以下的罚款；情节严重的，责令停业整顿1个月至6个月。

（7）娱乐场所违反有关治安管理或者消防管理法律、行政法规规定的，由公安部门依法予以处罚；构成犯罪的，依法追究刑事责任。

（8）娱乐场所违反有关卫生、环境保护、价格、劳动等法律、行政法规规定的，由有关部门依法予以处罚；构成犯罪的，依法追究刑事责任。

3. 休闲活动中的违法行为及其法律责任

为了促进公共文化体育设施的建设，加强对公共文化体育设施的管理和保护，充分发挥公共文化体育设施的功能，满足人民群众开展文化体育活动的基本需求，《公共文化体育实施条例》明确规定：

（1）文化、体育、城乡规划、建设、土地等有关行政主管部门及其工作人员，不依法履行职责或者发现违法行为不予依法查处的，对负有责任的主管人员和其他直接责任人员，依法给予行政处分；构成犯罪的，依法追究刑事责任。

（2）侵占公共文化体育设施建设预留地或者改变其用途的，由土地行政主管部门、城乡规划行政主管部门依据各自职责责令限期改正；逾期不改正的，由作出决定的机关依法申请人民法院强制执行。

（3）公共文化体育设施管理单位未按照规定对公众开放的、未公示服务项目等事项的、未公布文化体育实施安全管理制度的、未将公共文化体育设施备案的，由文化行政主管部门、体育行政主管部门依据各自职责责令限期改正；造成严重后果的，对负有责任的主管人员和其他直接责任人员，依法给予行政处分。

（4）公共文化体育设施管理单位开展与公共文化体育设施功能、用途不相适应的服务活动的，或者违法出租公共体育文化设施的，由文化行政主管部门、体育行政主管部门依据各自职责责令限期改正，没收违法所得，违法所得5 000元以上的，并处违法所得2倍以上5倍以下的罚款；没有违法所得或者违法所得在5 000元以下的，可以处1万元以下的罚款；对负有责任的主管人员和其他直接责任人员，依法给予行政处分。

（5）公共文化体育设施管理单位及其工作人员违反该条例规定，挪用公共文化体育设施管理单位的各项收入或者有条件维护而不履行维护义务的，由文化行政主管部门、体育行政主管部门依据各自职责责令限期改正；对负有责任的主管人员和其他直接责任人员，依法给予行政处分；构成犯罪的，依法追究刑事责任。

第十二章 国际文化产业法

第一节 国际文化产业法概述

国际文化产业发展迅速，尤其是进入21世纪以来，文化资源进入大调整、大整合的时期，数字出版产业独领风骚，丝绸之路沿线成为文化产业发展热点。2013年习近平主席提出“一带一路”的合作倡议，为文化产业发展提供了巨大的发展空间和历史机遇。

与此同时，知识产权等保护也提到历史高度。联合国早在20世纪50年代就开始制定系列法律，为文化产业提供法律保障，如《世界版权公约》（1955年）、《保护表演者、唱片制作者和广播组织的国际公约》（《罗马公约》，1961年）、《经济、社会和文化权利国际公约》（1966年）、《保护世界文化和自然遗产公约》（1985年）、《保护文学和艺术作品伯尔尼公约》（1986年）、《保护非物质文化遗产公约》（2003年）、《保护和促进文化表现形式多样性公约》（2005年）等国际公约，既是规范世界文化产业的手段，也是规范文化产业市场的必要手段。

其他地区性国家组织，如欧盟，也出台了很多发展文化产业的法律、政策，规范和保护文化产业发展，鼓励形成统一的整体。1993年11月1日，《马斯特里赫特条约》（以下简称《马约》）正式生效，欧盟正式诞生，其宗旨是“通过建立无内部边界的空间，加强经济、社会的协调发展和建立最终实行统一货币的经济货币联盟，促进成员国经济和社会的均衡发展”，“通过实行共同外交和安全政策，在国际舞台上弘扬联盟的个性”。《马约》也由此成为欧盟文化产业发展的纲领性文件。除此之外，欧盟在旅游、视听、广告、文化遗产保护等诸多领域出台多项政策、法律，规范、指引、推动文化产业发展。

在旅游产业方面，1985年6月14日，通过签订《申根协定》，将其成员国变成一个统一的旅游大市场，使各国可以共享旅游客源。如成立统一的旅游组织机构、网站，推动欧盟旅游发展。这些组织有欧洲旅游委员会（ETC，1948年）、旅游咨询委员会（1986年）、欧盟旅游局（1989年）、旅游可持续发展组织（TSC，2004年）；网站有欧洲旅游委员会官方网站（www.etc-corporate.org和www.visiteurope.com），“欧洲旅游目的地通道”网站（the European Destination Portal）。欧盟还出台多项政策，推动欧盟旅游发展。如1993年1月起实行《欧共体包价旅游规则》，规定了旅游服务的统一标准及旅行社、饭店和航空公司的操作规范；1993年制定了《欧洲共同体旅游发展规划》，确定欧洲旅游业的发展目标；1997年制定了统一的旅游行动纲领，要求各成员国政府大力支持旅游业的发展，建立统一的质量保证体系；2006年欧盟统计局与欧盟旅游局共同制定《欧洲旅游可持续发展指标建设报告》（DPSIR指标），成为欧盟各国评估旅游业发展的共同标准；2009 年 12 月 1 日《里斯本条约》生效，欧盟取得国际法主体资格，首次在一体化文件中写入有关旅游方面的内容；2011 年提出《新欧盟旅游政策框架》，举办重大节庆活动，向全球推广欧洲旅游；2014 年 4 月 1 日，欧盟委员会提议修改欧盟现有的签证规则。

在视听产业方面，以《欧盟条约》和《阿姆斯特丹条约之成员国公共广播制度协议》为法律基础，1989 年欧盟通过了《电视无国界》指令，1997 年修改，2005 年更名为《视听媒体业务指令》，为欧盟制定各项规章制度提供了一个完整的框架，成为欧盟制定各项法律、法规的基础。1989 年 5 月，欧洲理事会制定了《欧洲跨国广播电视协议》，专门成立了“跨国电视常设委员会”，作为成员国之间进行协调并监督协议执行的常设机构。1989 年 10 月，欧共体十二国颁布《无国界电视指导原则》，1997 年对该原则进行修订，详细规定了国家管辖广播电视服务的具体标准，继续执行欧洲节目配额制，允许各国在执行时保留一定的灵活性。2006 年，欧盟成员国签署了《网络电视宪章》，规定看网络电影者要分摊高昂的生产费用等。这是继 2005 年 7 月 28 日美国公布全球首套数字电影标准（DCI）后，又一份关于推动数字电影产业发展的重要文件。1993 年 9 月制定了《关于调整卫星广播及有线系统转播中著作权及相关诸权利处置规则的指导原则》，1994 年通过了《邻接权宣言》与《关于跨国卫星广播中著作权及邻接权诸问题的欧洲协议》。2001 年 11 月，欧洲理事会通过关于音像遗产保护的协议及议定书。

在广告产业方面，20 世纪 70 年代，欧共体开始立法协调广告产业的法律规制，最终于 1984 年出台错误诱导广告指令，1997 年修改后，改为比较广告指令，成为欧盟广告产业的核心法律规制。欧盟广告法律规制体系还包括电视广播指令、烟草产品广告指令、人用药品广告指令等。

在文化遗产保护方面，1975 年欧洲议会为振兴处于萧条和衰退中的欧洲历史城市与文物古迹保护，发起了欧洲建筑遗产年的活动，并通过了《建筑遗产的欧洲宪章》。

东盟、非盟、上合组织、中非合作论坛等虽然没有像欧盟那样明确的发展文化产业的法律政策，但也有一部分内容涉及文化产业。如东盟，1967 年《曼谷宣言》(《东南亚国家联盟成立宣言》)、2007 年《东盟宪章》是东盟发展文化产业的纲领性文件。旅游产业是东盟一大特色，其成员国中，泰国于 1959 年成立了“泰国旅游业促进机构”，开始发展旅游事业。泰国政府先后制定了一系列旅游管理法律、法规来推动和规范旅游的发展，包括《旅游法》《全国环境质量提高与保护法》《旅馆法》《旅游与旅游导游法》《旅游和导游执业法》等。

非洲很多国家重视文化产业发展，但是非盟文化产业发展法律、政策不多，主要有 1999 年 9 月非统第四届特别首脑会议通过的《苏尔特宣言》以及 2000 年 7 月第三十六届非统首脑会议通过的《非洲联盟章程草案》，成为非盟成员国发展文化产业的纲领指导性文件。2001 年非盟发起了“非洲发展新伙伴计划”，推动各国加强基础设施建设、吸引和争取外资及援助，以促进非洲大陆经济一体化。这为文化产业发展提供了统一的政策支持。在非盟的支持下，非洲国家与福特基金会、联合国教科文组织合作成立了非洲文化政策观察委员会（the Observatory of Cultural Policies in Africa，OCPA），专门负责制定文化政策的方向、批准预算、监督项目的执行。同时，该委员会还负责将各个与文化领域相关的机构联系在一起，整合财力、物力、人力和技术资源，共同行动。另外，非洲各国也积极利用跨国企业、国际研讨会等平台，发展壮大本国的文化产业。①

上合组织是2001年6月15日在中国上海宣布成立的永久性政府间国际组织。2001年9月签订了《上海合作组织成员国政府间关于区域经济合作的基本目标和方向及启动贸易和投资便利化进程的备忘录》，确定了上合组织经济合作的基本目标，即从贸易投资便利化、降低成本、消除障碍着手，大力开展经济合作，争取到2020年逐步实现货物、资本、服务和技术的自由流动。这为上合组织区域经济合作启动了发展文化产业的大幕。此后，《上海合作组织多边经贸合作纲要》(2003年)、《多边经贸合作纲要》(2004年)、2005年上合组织实业家委员会的正式成立②、2010年3月上合组织成员国文化部长第七次会晤、2010年11月上合组织成员国首届文化产业论坛的召开、2011年6月15日上合组织成员国元首在阿斯塔纳签署《上合组织10周年阿斯塔纳宣言》、2013年习近平主席提出"一带一路"战略构想、《上海合作组织至2025年发展战略》(2015年)等，为上合组织加强在文化产业领域的合作，鼓励在文化产业领域进行互访和举办展览，促进演艺、动漫、电影、电视、音像制品、出版、网络文化和数字文化产品等方面的合作以及文化产业未来发展提供了纲领性文件和具体指导。

第二节　联合国关于文化产业发展的规制文件

1942年1月1日，26个反对轴心国的同盟国家代表在华盛顿会面，签署了《联合国家宣言》。1945年10月24日，经联合国安理会五个常任理事国和大多数签署国的批准，《联合国宪章》正式生效，联合国正式成立。联合国设有联合国大会、联合国安全理事会、联合国经济及社会理事会、联合国托管理事会、国际法院和联合国秘书处共6个主要机构，同联合国建立关系的政府间机构有18个，即16个《联合国宪章》所称的"专门机构"、国际原子能机构、WTO等。其中涉及文化产业的机构主要有WTO、联合国教科文组织、世界旅游组织、世界知识产权组织等，这些机构通过的法律文件对文化产业发展有规制作用，因此有学习的必要。

一、世界贸易组织规则

为消除关税及非关税壁垒等贸易保护主义现象，促进自由贸易，美国等发达国家打算建立"国际贸易组织"。1946年12月6日，美国邀集了包括中国在内的15个国家进行减让关税的谈判。1947年7月联合国经济与社会理事会在布雷顿森林举行会议，正式提出了建立世贸组织的设想。当时设想在成立世界银行和国际货币基金组织的同时，成立一个国际性贸易组织，从而使它们成为第二次世界大战后左右世界经济的"货币—金融—贸易"三位一体的机构。

(一) 世界贸易组织基本原则

1947年联合国贸易及就业会议签署的《哈瓦那宪章》同意成立世界贸易组织，后来由于美国的反对，世界贸易组织未能成立。同年，美国发起拟订了关税与贸易总协定，作为推行贸易自由化的临时契约。1986年关税与贸易总协定乌拉圭回合谈判启动后，欧共体和加拿大于1990年分别正式提出成立世界贸易组织的议案。

---

① 参见刘海方：《非洲文化和文化产业概览》，载《西亚非洲》，2007 (9)。

② 参见须同凯：《上海合作组织区域经济合作》，16页，北京，人民出版社，2010。

1994 年 4 月 15 日在摩洛哥的马拉喀什市举行的关税与贸易总协定乌拉圭回合部长会议决定，成立更具全球性的世界贸易组织，简称世贸组织（World Trade Organization），以取代成立于 1947 年的关税与贸易总协定。1995 年 1 月 1 日 WTO 正式开始运作，总部设在日内瓦莱蒙湖畔的关税与贸易总协定总部大楼内。1996 年 1 月 1 日，WTO 正式取代成立于 1947 年的关税与贸易总协定临时机构。

（1）非歧视原则。WTO 的核心条款规定，在成员国之间及在进口货物和国产货物之间不得采取任何歧视措施。根据“最惠国待遇”条款，一成员向另一成员的产品所提供的待遇不得低于它向来自任何其他国家的产品所提供的待遇。任何国家不得向另一国家提供特别的优惠或进行歧视，所有成员一律平等并同等享受任何旨在减少贸易壁垒的活动所带来的利益。

这一条款也有一些例外，即适用于关税同盟和自由贸易区的例外。此外，最惠国待遇条款一般来说都要保证发展中国家及其他经济力量薄弱的国家在任何时候、任何地方谈判时都能自由地享受到最好的贸易条件。

非歧视原则的另一种表现形式被称为“国民待遇”，它是指在征收国内税费和实施国内法规时，成员对进口产品和本国（或地区）产品要一视同仁，不得歧视。

（2）市场开放原则。WTO 各成员承诺通过谈判加快国际贸易自由化的进程，具体措施为：更多地开放各国的国内贸易市场，进一步降低关税，减少或取消现有的非关税贸易壁垒，不产生新的贸易壁垒，逐步开放市场，实行贸易自由化。

（3）公平贸易原则。WTO 禁止成员采用倾销或补贴等不公平贸易手段扰乱正常贸易的行为，并允许采取反倾销和反补贴的贸易补救措施，以保证国际贸易在公平的基础上进行。

（4）权利和义务平衡的原则。权利与义务的平衡是 WTO 的最大特点。WTO 成员要履行 WTO 的义务，如遵守 WTO 的基本规则，履行承诺的减让义务，确保贸易政策、法规的统一性和透明度。与此同时，WTO 成员也享受一系列 WTO 赋予的权利，如参与制定多边贸易规则，在贸易伙伴不履行 WTO 义务对本国（或地区）产业造成损失时，可提出磋商或诉诸 WTO 贸易争端解决机制，或在其他贸易领域获得相应补偿。此外，WTO 成员在特殊情况下确实无法履行 WTO 义务时，可以向 WTO 申明理由，提出暂停或延期履行相关义务。

（二）WTO 的基本规则

（1）最惠国待遇。缔约国一方给另一方相同产品优待、特权或豁免。给予发展中国家以特殊的更优惠的待遇。

（2）国民待遇。缔约双方对对方产品应给予本国产品相同待遇。

（3）反倾销税和反贴补税。缔约国为了抵销或防止倾销，可以对倾销产品征收数量不超过这一产品倾销差额的反倾销税。反贴补税是为抵销商品于制造、生产或输出时所直接或间接接受的任何奖金或贴补而征收的一种特别关税。

（4）取消数量限制。任何缔约国除征收税捐或其他费用之外，不得设立或维持配额、进出口许可证或类似措施以限制或禁止缔约国领土的产品输入或者向其他缔约国输出或者销售出口产品。

（5）贸易条例的公布与实施。缔约国应及时、迅速公布：有关海关对产品分类或估价税捐等其他费用的征收率；有关影响进出口货物的销售分配、运输、保险、检验、加工、混合或使用的法令、条例；缔结国政府与政府机构之间缔结的有关国际贸易政策的现行协定。

（6）服务贸易。要求缔约国对外国的服务及其提供者给予最惠国待遇和国民待遇。根据各国情况逐步开放全部或个别服务部门，发展中国家可以比发达国家少开放一些部门。

（7）贸易知识产权。对版权、专利、商标、工业设计、集成电路布图设计等知识产权给予充分、有效的保护，并规定版权保护期，还把农药等纳入保护范围。

（8）投资措施。要求缔约方通报并在一定年限内取消所有不符合关税与贸易总协定的对贸易有限制或扭曲作用的投资措施。

WTO协定条约群是国际法的组成部分，也是国际法上法律性质的文书。WTO法的法律意义就在于，它通过法律的方式来调整国际经济关系，靠法治来建立和稳定国际经济秩序；通过实施市场开放、非歧视和公平贸易等原则，调解成员争端，来达到推动实现世界贸易自由化的目标。从文化产业的角度而言，其基本目的在于，充分利用世界资源，促进世界各国文化产业的快速增长，保证文化产品在知识产权上的不可侵犯，排除他人的恶意和滥用对文化产业的破坏，丰富文化多样性和促进文化可持续发展。

二、《保护表演者、唱片制作者和广播组织的国际公约》

随着录音、广播、电影、电视等传播技术的发展，作品的传播方式也发生了革命性的变化。这种变化对表演者、录音制品制作者和广播组织产生了巨大影响。为了维护这些传播者的创作利益，1961年10月26日由联合国国际劳工组织、教科文组织和世界知识产权组织共同发起，于罗马签订《保护表演者、唱片制作者和广播组织的国际公约》，也称《罗马公约》。这是为保护表演者、唱片制作者和广播组织的权利而达成的协议，共34条。《罗马公约》是“非开放性”的，即参加国必须是《伯尔尼公约》或者《世界版权公约》成员国，截止到2014年4月有92个成员国。《罗马公约》的主要内容包括：（1）国民待遇原则；（2）邻接权的内容；（3）对邻接权的限制；（4）录制者的非自动保护原则；（5）权利保护期限；（6）追溯力。

《罗马公约》所保护的客体是表演者的表演、录音制作者制作的录音制品和广播组织播出的节目。《罗马公约》所规定的权利内容不涉及邻接权人的精神权利，只规定了其财产权利。

（1）关于表演者的权利。《罗马公约》第7条第1款规定，表演者有权制止下列行为：未经表演者许可，广播和向公众传播其表演，但是表演本身就是为广播而演出的，或者出自录音录像制品的除外；未经表演者许可，录制其未曾录制过的表演；未经表演者许可，复制其表演的录音录像制品，但是录制品原版是经过其同意的，或者制作复制品的目的没有超出表演者许可的范围，或者制作复制品的行为没有超出法律允许的合理使用范围的除外。另外，一旦表演者同意将其表演录像或录音录像，以上权利就不再适用。

（2）关于录音制品制作者的权利。根据《罗马公约》第10条的规定，录音制品制作者享有授权或禁止直接或间接复制其录音制品的权利。所谓直接复制，是指通过接触被复制的原件进行的复制，例如以原件为母带，通过录音机复制。所谓间接复制，是指不接触原件远距离的复制，例如通过收音机录制广播的节目。

（3）关于广播组织的权利。依据《罗马公约》第13条的规定，广播组织有权许可或者禁止：转播其广播的节目；录制其广播的节目；复制录有其广播节目的音像制品；在营业场所向公众传播其播出的广播节目。行使这项权利的条件由成员国国内法规定。

(4) 关于保护期限。《罗马公约》第 14 条规定了邻接权人的权利保护期，至少为 20 年。

此外，成员国可以通过国内立法对邻接权作出与对著作权同样的限制，但是，只有在不违背公约宗旨的范围内才可颁发强制许可。

《罗马公约》对文化产业发展最大的帮助是著作权保护：可以通过保护生产者的著作权，刺激生产者努力从事创作、产品展示、传播，从而推动文化产业健康发展。

三、《经济、社会和文化权利国际公约》

1966 年 12 月 16 日第 21 届联合国大会最终通过人权领域最重要的国际公约《经济、社会和文化权利国际公约》，它与《公民权利和政治权利国际公约》《世界人权宣言》合称为“国际人权宪章”。《经济、社会和文化权利国际公约》第一次以法律形式对经济、社会和文化权利加以确认，推动了发展中国家倡导的民族自决权等集体人权的形成、发展和完善，是一项具有积极意义的国际人权文书。该公约共有 31 个条款，规定缔约国应尽最大能力逐步实现公约规定的各项权利，并对向联合国秘书长提交公约执行报告作出规定：报告应说明影响履行公约义务的因素和困难；为促进公约规定得以切实履行，请经社理事会对公约执行过程中出现的问题进行研究并提出建议，并提请联合国其他机构予以注意。该公约同时规定，各项条款不得被曲解等。

与其他国际人权公约相比，《经济、社会和文化权利国际公约》的最大特点是要求缔约国尽最大能力逐步实现公约规定的各项权利，而不强求一步到位。这有助于处于不同经济、社会发展阶段的国家在履行公约义务时可依据各自国情，制订适合其自身特点的具体计划。该公约还强调，缔约国应开展国际援助与合作，特别是经济和技术方面的援助与合作，以保证公约规定的各项权利充分实现。

四、《世界版权公约》

经联合国教科文组织倡导，1952 年 9 月 6 日在瑞士日内瓦召开的各国政府代表会议通过了《世界版权公约》，1955 年生效，1971 年 7 月在巴黎曾作补充修订，是继《伯尔尼公约》后又一个国际性的著作权公约。截至 2003 年，已有 99 个国家参加。该公约旨在协调伯尔尼联盟与泛美版权联盟之间在著作权保护方面的关系，建立各成员国均能接受的国际著作权保护制度。

中国于 1992 年 10 月加入《世界版权公约》。

该公约所定的保护水平，反映在它对成员国国内法的最低要求上。该公约由 7 条实体条文与 14 条行政条文组成。它的实体条文不像《伯尔尼公约》规定得那么具体，而是比较笼统。但是，它不允许参加它的国家作任何保留。

该公约保护的作品主要包括文学、艺术和学术三个方面。并且根据修正文本第 1 条设立政府间委员会，研究有关版权的国际保护与合作。

《世界版权公约》的产生从某种意义上讲，是为了在《伯尔尼公约》和《泛美版权公约》之间达成某种程度的平衡和协调。《世界版权公约》和《伯尔尼公约》在许多方面是近似的，甚至是相同的，但二者之间也有显著的差异：第一，《世界版权公约》要求符合一定形式才能取得版权，而没有实行自动保护原则；第二，版权保护期比较短。为了处理好与《伯尔尼公约》的关系，《世界版权公约》第 17 条规定，本公约不影响已经参加了《伯尔尼公约》的国家的成员国资格，已经参加《伯尔尼公约》的，可以再参加《世界版权公约》，但不得因此而退出《伯尔尼公约》，否则，其作品在《伯尔尼公约》成员国内将不受《世界版权公约》的保护。随着国际文化交流的发展，版权利用的产业活动也在不断扩大，《世界版权公约》能有效保护作者及其他版权所有人在版权利用的产业活动中的权益与权利，促进智力成果在世界范围的传播和文化产业的发展。

五、《保护和促进文化表现形式多样性公约》

为了保护自己的文化自主性空间（如语言）和文化产业空间（如影视业），法国、加拿大等国家在关税与贸易总协定乌拉圭回合等谈判中多次提出“文化排除”或“文化例外”的主张。1995 年，联合国教科文组织首次提出“文化多样性”，把文化生态和以文化为基础的发展等观念融为一体，为发达国家第二集团在文化问题上与美国博弈提供了新的利器。2001 年联合国教科文组织推出《世界文化多样性宣言》。2005 年 10 月，第 33 届联合国教科文组织大会高票通过《保护和促进文化表现形式多样性公约》，这是该组织继《保护世界文化和自然遗产公约》和《保护非物质文化遗产公约》后的第三大文化公约，共 7 章、35 条，另加附件 6 条。该公约确认文化多样性是人类的一项基本特性，认识到文化多样性是人类的共同遗产，应当为了全人类的利益对其加以珍爱和维护；意识到文化多样性创造了一个多姿多彩的世界，它使人类有了更多的选择，得以提高自己的能力和形成价值观，并因此成为各社区、各民族和各国可持续发展的一股主要推动力。

《保护和促进文化表现形式多样性公约》的制定以及最终的签署，意味着关于文化以及文明间关系准则的一种新的理解，逐渐成为世界文化产业发展的普世性的价值观。

六、文化遗产保护公约

1.《保护世界文化和自然遗产公约》

1972 年 11 月联合国教科文组织通过该公约，也称《世界遗产公约》。该公约第 1 条对文化和自然遗产进行了定义：从历史、艺术或科学角度看具有突出的普遍价值的建筑物、碑雕和碑画、具有考古性质成分或结构、铭文、窟洞以及联合体；从历史、艺术或科学角度看在建筑式样、分布均匀或与环境景色结合方面具有突出的普遍价值的单立或连接的建筑群；从历史、审美、人种学或人类学角度看具有突出的普遍价值的人类工程或自然与人联合工程以及考古地址等地方。为贯彻实施《世界遗产公约》，1975 年联合国教科文组织首次颁布了《实施世界遗产公约的操作指南》，规定了世界遗产的入选标准。1992 年修订的《实施世界遗产公约的操作指南》首次将文化景观列入遗产类型。1998 年和 2000 年两次修订《实施世界遗产公约的操作指南》，明晰了列入《世界遗产名录》的世界遗产与非物质文化遗产之间的关系。

负责该公约实施的国际机构是在联合国教科文组织内建立的文化遗产和自然遗产的政府间委员会，即世界遗产委员会。它成立于 1976 年 11 月，由 21 名成员组成。该委员会每年召开一次会议，主要决定哪些遗产可以录入《世界遗产名录》，对已列入名录的世界遗产的保护工作进行监督、指导。该委员会成员每届任期 6 年，每两年改选其中的三分之一。该委员会内由 7 名成员构成世界遗产委员会主席团，主席团每年举行两次会议，筹备委员会的工作。由于世界遗产逐年增多，世界遗产事务的日常工作日益繁重，遗产委员会需要一个执行机构，于是，1992 年联合国教科文组织正式设置了世界遗产中心（World Heritage Centre），即“公约执行秘书处”，与联合国教科文组织总部同在巴黎。该中心协助缔约国具体执行《世界遗产公约》，对世界遗产委员会提出建议，执行世界遗产委员会的决定。

同时，世界遗产委员会还设立了“世界遗产基金”，规定资金来源包括：“缔约国义务捐款和自愿捐款”“其他国家、联合国教科文组织、联合国系统其他组织、其他政府间组织、公共或私立机构或个人的捐款、赠款或遗赠”“基本款项所得利息”“募捐的资金和为本基金组织的活动所得收入”“基金条例所认可的其他资金”。“对基金的捐款不得带有政治条件”，缔约国每两年定期向世界遗产基金纳款等。

2.《保护非物质文化遗产公约》

1989 年的《保护民间创作建议书》、2001 年的联合国教科文组织《世界文化多样性宣言》和 2002 年第三次文化部长圆桌会议通过的《伊斯坦布尔宣言》强调非物质文化遗产的重要性，但是尚无有约束力的保护非物质文化遗产的多边文件。因此，2003 年联合国教科文组织通过《保护非物质文化遗产公约》。该公约是在《世界遗产公约》的基础上制定的。该公约认为，非物质文化遗产的外延或范围包括六个方面的内容：（1）口头传统和表现形式，包括民间传说、神话、诗歌、史诗等形式的口头表述以及作为其媒介的语言。口头传统和表现形式是非物质文化遗产的最普通的形式之一。（2）表演艺术，包括戏剧、音乐、舞蹈、曲艺、杂技、木偶、皮影、宗教表演等表现形式。（3）社会实践、仪式、节庆活动，包括日常生活中对群体有意义的居住、饮食、习俗，反映本民族或社区历史传统的收获庄稼、打猎、捕鱼等习俗，宗教仪式、季节仪式，节日庆典、宗教庆典，等等。（4）有关自然界和宇宙的知识与实践，包括宇宙观、图腾崇拜、宗教信仰、巫术、天文和气象知识、历法纪年知识、算数方法、农耕活动和知识、医药知识、动植物知识，等等。（5）传统手工艺，包括传统的绘画技艺、雕刻技艺、烹饪技艺、纺织技艺、陶瓷制作技艺、乐器制作技艺、人体绘饰技艺、食品的制作和保存技艺，等等。（6）文化场所，亦称文化空间，是指特定的传统文化活动集中的地点，或特定的、定期的传统文化活动或文化事件所选定的时间。文化空间必须是指有价值的并且定期举行传统文化活动的空间或时间。

该公约的特点是：（1）建立名录制。其目的是扩大非物质文化遗产的影响，重点保护面临消失威胁的亟须保护的非物质文化遗产。（2）建立非物质文化遗产基金。非物质文化遗产基金对于公约的实施至关重要，该公约规定了基金的性质、来源，缔约国对基金的纳款、基金的资源补充捐款、国际筹资运动等内容。

在联合国教科文组织内设立政府间保护非物质文化遗产委员会，宣传公约的目标，鼓励并监督其实施情况；就好的做法和保护非物质文化遗产的措施提出建议；拟订利用基金资金的计划并提交大会批准；努力寻求增加其资金的方式方法，并为此采取必要的措施；拟订实施公约的业务指南并提交大会批准；审议缔约国的报告并将报告综述提交大会；根据委员会制定的、大会批准的客观遴选标准，审议缔约国提出的申请并决定列入第 16～18 条述及的名录和提名；按照第 22 条的规定提供国际援助，等等。

3.《世界自然宪章》

《世界自然宪章》是由联合国大会于 1982 年 10 月 28 日通过的一个法律文件。该宪章规定，应尊重自然，不损害自然的基本过程，不得损害地球上的遗传活力，各种生命形式都必须至少维持其足以生存繁衍的数量，保障必要的栖息地。

该宪章首先表述了尊重自然的基本过程并视之为人类生存发展的基础；尊重和保护生态系统和物种的完整性；确定回收利用与再循环、控制与有节制开发等原则；恢复退化生态地区、控制排放污染物等。这些关涉到人类作用于自然的理念与重要的生产方式，成为评价人类对自然的态度的重要价值尺度和行为标尺。

4. 其他法律文件

主要有联合国教科文组织大会通过的《关于保护景观和遗址的风貌与特性的建议》（经第12届会议于1962年12月11日在巴黎通过）、《关于保护受公共或私人工程危害的文化财产的建议》（经第15届会议于1968年11月19日在巴黎通过）、《关于历史地区的保护及其当代作用的建议》《关于在国家一级保护文化和自然遗产的建议》（经第19届会议于1976年11月26日在内罗毕通过）。

七、世界旅游组织文化产业法律、政策

世界旅游组织（World Tourism Organization，UNWTO）是联合国系统内政府间国际组织，是旅游领域的领导性国际组织，由国际官方旅游宣传组织联盟（IUOTPO）发展而来，2003年11月成为联合国的专门机构，目前有156个正式会员国和6个联系成员，总部设在西班牙马德里。其宗旨是促进和发展旅游事业，使之有利于经济发展、国家间相互了解、和平与繁荣。

世界旅游组织的组织机构包括全体大会、执行委员会、秘书处及地区委员会。全体大会为最高权力机构，每两年召开一次。大会由正式会员和联系成员组成，附属会员和其他国际组织代表以观察员身份参加。大会的职能包括：选举主席和副主席；选举执行委员会成员；根据执行委员会建议任命秘书长；选举监察员；制定预算和财务管理条例；制订组织管理总方针、总体工作规划；制定秘书处的人事条例；审查和批准组织及机构活动的工作报告；通过、接受组织新成员建议；围绕组织活动提出签订各种国际协议的建议。

执行委员会下设5个委员会：计划和协调技术委员会、预算和财政委员会、环境保护委员会、简化手续委员会、旅游安全委员会。执行委员会每年至少召开两次会议，其成员数量为该组织成员国总数的1/5，成员由地区委员会推选、执行委员会提名、大会通过。2011年执行委员会成员为32个国家。联系成员及附属会员委员会可各推选一位代表参加执行委员会的工作，但无投票权。

秘书处负责日常工作，秘书长是世界旅游组织的主要负责人，由执行委员会推荐，大会选举产生，任期4年，可连任两次。

地区委员会系非常设机构，负责协调、组织本地区的研讨会、工作项目和地区性活动，每年召开一次会议，共有非洲、美洲、东亚和太平洋、南亚、欧洲和中东6个地区委员会。

世界旅游组织就文化产业发展所颁布的法律性文件有：《旅游通关便利公约》（1954年）及相关协议、《旅行契约国际公约》（1970年）、《世界旅游马尼拉宣言》（1980年）、《阿卡普尔科文件》（1982年）、世界旅游组织关于通过《旅游权利法案和旅游者规范》的第六次全会决议（1985年）、特别关注旅游设施和旅游者保险与安全问题的世界旅游组织第九次全会决议（1991年）、世界旅游组织第十一次全会《关于禁止有组织的性旅游的宣言》（1995年）、《关于旅游业社会影响的马尼拉宣言》（1997年）、《全球旅游伦理规范》（1999年）等。

1980 年 9 月在马尼拉举行的世界旅游会议所通过的《马尼拉宣言》和 1982 年 8 月在墨西哥阿卡普尔科举行的世界旅游会议所通过的《阿卡普尔科文件》，是当代旅行和旅游历史的里程碑。这两次会议使联合国成员国都承认旅行和旅游对当今世界的社会价值，并敦促各国旅游行政管理部门对发展旅游业切实承担起责任。

《旅游权利法案和旅游者规范》鼓励国内和国际旅游业有条不紊地、和谐地发展，鼓励国内和国际旅游者参观东道国的遗产，以不断促使旅行自由化；要求各国增强旅游意识，促进旅游者和东道主之间的交往，以增进相互了解和完善；要求各国通过采取预防和保护措施，确保旅游者人身和财产的安全；提供最佳卫生条件和健康服务条件以及预防传染病和事故的条件；防止任何利用旅游从事娼妓活动而剥削他人的可能性；为保护旅游者和东道国人民，加强防止非法使用毒品的措施。同时要求旅游者：必须尊重过境地和逗留地在政治、社会、道义和宗教方面业已确立的秩序，并遵守所实行的条法和规定；还必须做到对东道国的习俗、信仰和行为显示出最大的理解，并对其自然和文化遗产显示出最大的尊重；不过分强调存在于旅游者和当地人之间的经济、社会和文化差异；对东道国的文化应持接受的态度，因为这是构成人类共同遗产的一个组成部分；不能从事娼妓活动而剥削他人；不能买卖、携带和使用麻醉品及其他被禁毒品。

《全球旅游伦理规范》是世界旅游组织为促进负责任的和可持续的旅游发展，给 21 世纪的旅游者和旅游利益相关者制定的一个参考框架。通过制定这样的规范来促进旅游产业的可持续发展，并坚持与环境保护、经济发展和反贫困协调一致的基本原则，从而为旅游活动、旅游产业发展是否符合伦理道德作出了规范。

第三节 其他文化产业国际法律、政策

联合国在发展历史中颁布了很多推动、保护文化产业发展的规制文件，同样，其他国际组织或者国际会议也颁布过类似文件。

一、国际版权保护制度——《伯尔尼公约》

《保护文学和艺术作品伯尔尼公约》，简称《伯尔尼公约》，是关于著作权保护的国际条约，1886 年 9 月 9 日制定于瑞士伯尔尼。美国直到 1989 年 3 月 1 日才参加伯尔尼联盟，成为第 80 个成员国。1992 年 10 月 15 日中国成为该公约成员国。截至 2014 年 12 月 2 日，随着科威特的加入，该公约缔约方总数达到 168 个国家。

该公约出现的背景是 19 世纪的西欧，尤其是法国，版权保护意识抬头。当时许多大文学家、大艺术家创作的作品流传很广，为了唤醒民众的版权保护意识和保护自己的版权，1878 年，大文豪雨果率先站出来，在巴黎主持召开了一次重要的文学大会，建立了一个国际文学艺术协会。1883 年该协会将一份经过多次讨论的国际公约草案交给瑞士政府。

1886 年 9 月 9 日，瑞士政府倡导在伯尔尼举行国际会议，通过了国际文学艺术协会提交的公约草案，并定名为《保护文学和艺术作品伯尔尼公约》（Berne Convention for the Protection of Literary and Artistic Works，简称《伯尔尼公约》），原始签字国有英国、法国、德国、意大利、瑞士、比利时、西班牙、利比里亚、海地和突尼斯 10 国。1887 年 9 月 5 日签字国互换批

准书（只有利比里亚没有批准），公约在3个月后（1887年12月）生效。这就是世界上第一个国际版权公约。所有参加这一公约的国家组成一个联盟，称伯尔尼联盟，并选出了联盟的国际局，规定了以后参加国应履行的手续以及公约的修订程序。

该公约与《保护工业产权巴黎公约》一起成为全世界范围内保护经济“硬实力”（指《巴黎公约》）和文化“软实力”（指《伯尔尼公约》）的两个“根本法”。

《伯尔尼公约》的产生，标志着国际版权保护体系的初步形成。现行的该公约的核心是，规定了每个缔约国都应自动保护在伯尔尼联盟所属的其他各国中首先出版的作品和保护其作者是上述其他各国的公民或居民的未出版的作品。

该公约从结构上分正文和附件两部分，从内容上分实质性条款和组织管理性条款两部分。正文共38条，其中，正文前21条和附件为实质性条款，正文后17条为组织管理性条款。该公约的规定比较具体、详细，规定作品享有版权不依赖于任何手续（如注册登记、缴纳样本等），保护期也比较长。

《伯尔尼公约》附件为关于发展中国家的特别条款，它规定，发展中国家出于教育和科学研究的需要，可以在该公约规定的限制范围内，按照该公约规定的程序，发放翻译或复制有版权作品的强制许可证。这是在1971年修订该公约时因应发展中国家的强烈要求而增加的。

二、欧盟文化产业法律、政策

作为当今世界最大的区域性组织，欧盟文化产业立法是在欧洲一体化的大背景下，同时也是在成员国文化产业发展为适应日益频繁的文化国际化交融、交锋的保护要求下进行的。从《马约》开始，文化产业管理的权力从成员国层面向欧盟层面的过渡已经经历了20年的时间，这期间欧盟文化产业法律、政策可以说经历了一个从零散到系统、从阶段性到持续性的探索过程。这一探索过程也体现了“多样性中的同一性”的理念。欧盟将这一理念成功地从联盟内部层面扩展到了国际层面，使文化产业发展的法律同一性的主张得到了国际组织和世界多数国家的认同与追随。1991年12月，《马约》获得通过。1993年11月1日，《马约》正式生效，欧盟正式诞生。其宗旨是，“通过建立无内部边界的空间，加强经济、社会的协调发展和建立最终实行统一货币的经济货币联盟，促进成员国经济和社会的均衡发展”，“通过实行共同外交和安全政策，在国际舞台上弘扬联盟的个性”。因此，《马约》也成为欧盟文化产业发展的纲领性文件。除此之外，欧盟在旅游、视听、广告、文化遗产保护等诸多领域出台多项政策、法律，规范、指引、推动文化产业发展。

（一）旅游产业法律政策

欧盟之所以始终保持世界第一旅游目的地的地位，除了其得天独厚的自然环境优势外，还与欧盟健全完善的旅游法律规制有关。完善的法规体系为欧盟旅游企业提供了一个相对公正和平等的竞争环境，也由此减少了行政管理的难度。从20世纪70年代至今，欧盟制定了一系列法令、决议来规范旅游业的发展。

1. 成立统一的旅游组织机构，推动欧盟旅游发展

1948年欧洲成立了相关国家政府旅游宣传的合作机构——欧洲旅游委员会（ETC），其宗旨是在对市场进行调查研究的基础上，组织成员国联合开发目标市场，提高旅游接待水平，加强成员国之间的合作，开展旅游政策和理论的研究。如今该组织有20个成员国，涵盖了欧洲

大多数旅游发达国家。2006年3月欧洲旅游委员会开通两个与欧盟各成员国旅游管理机构网站相连接的官方网站(www.etc-corporate.org和www.visiteurope.com)，同时还建立“欧洲旅游目的地通道”网站（the European Destination Portal)，可搜索所有成员国旅游管理机构的网站，向公众提供旅游实用信息，推荐旅游活动和旅游城市。

1986年欧共体成立了旅游一体化专设机构——旅游咨询委员会，1989年旅游业主管机构从欧共体交通理事会中分离出来，在欧共体企业和产业总署下设立欧共体旅游局。2004年欧盟成立了“旅游可持续发展组织”(TSC)，由政府、国际旅游组织、行业协会和社会团体的代表组成，有权确定“欧洲旅游可持续发展的基本方向”和发展建议书。

2.《申根协定》

1985年6月14日，法国、德国、荷兰、比利时和卢森堡五国在卢森堡边境小镇申根(SCHENGEN）签订《申根协定》。该协定规定，其成员国对短期逗留者颁发统一格式的签证，即申根签证，申请人一旦获得某个国家的签证，便可在签证有效期和停留期内在所有申根成员国内自由旅行，但从第二国开始，需在3天内到当地有关部门申报。《申根协定》将其成员国变了一个统一的旅游大市场，使各国可以共享旅游客源。

3. 出台多项政策，推动欧盟旅游发展

1993年1月起实行的《欧共体包价旅游规则》，规定了旅游服务的统一标准及旅行社、饭店和航空公司的操作规范。1993年制定的《欧洲共同体旅游发展规划》把旅游业放在国民经济优先发展的地位，确定欧洲旅游业的发展目标、对外关系、地区政策、企业政策、合作政策和旅游开发基金。20世纪末，欧盟旅游合作进入一体化阶段。1997年欧盟制定统一的旅游行动纲领，从财政、信息和法律上支持和推动欧洲旅游业发展，要求各成员国政府大力支持旅游业的发展，并建议各国旅游管理部门协调国营企业和私营企业之间的合作，开发新的旅游项目，建立统一的质量保证体系。

2006年欧盟统计局与欧盟旅游局共同制定《欧洲旅游可持续发展指标建设报告》(DPSIR指标)，成为欧盟各国评估旅游业发展的共同标准。

2009年12月1日《里斯本条约》生效，欧盟取得国际法主体资格，首次在一体化文件中写入有关旅游方面的内容。

2011年提出《新欧盟旅游政策框架》，旨在建设可持续的高品质旅游目的地品牌，举办重大节庆活动，向全球推广欧洲旅游。2011年5月欧盟旅游委员会确定“欧洲，全球首屈一指的旅游胜地”为统一的欧洲旅游形象。欧盟旅游委员会与各国旅游机构密切合作，从参与国家中遴选、授予“欧洲，全球首屈一指的旅游胜地”（英文缩写EDEN）的称号。该政策框架标志着欧盟旅游一体化进入成熟阶段。欧盟实行旅游一体化的同时强调发挥各国特色，要求在自然资源、历史遗产、传统的庆祝活动和美食等方面展现“多样性欧洲”。

2014年4月1日欧盟委员会提议修改欧盟现有的签证规则。新规则主要包括以下内容：减少原有的签证办理和决定期限，由15天减少至10天；将为经常赴欧的旅客提供最大的便利，包括强制签发有效期3年的多次出入境签证；如果主管处理签证申请的成员国在某第三国未设使领馆，也无代表机构，申请人有权向其他欧盟国家的使领馆递交签证申请；简化申请表格，并允许在线申请；允许成员国制订特别方案发放边界签证，可让申请者在一个申根国停留长达15日；允许成员国为来欧参加重要活动的访客提供签证发放的便利；一种新型的签证（旅游签证）允许合法的旅客在申根区停留至 1 年（但不可在任意 180 天期间内在一个成员国停留超过 90 天）。

（二）视听产业法律政策

1. 欧盟视听产业法律基础

主要有《欧盟条约》和《阿姆斯特丹条约之成员国公共广播制度协议》。欧盟视听产业的各种后续性政策文件、条约协议都是建立在这两个条约之上的，欧盟视听产业保护的法律框架也必须以此为基础。

《马约》是欧盟作出视听产业政策所依据的法律基础，其第 128 条（即《阿姆斯特丹条约》第 151 条）对欧盟的视听事业的发展作了规定：欧盟鼓励其成员国之间相互合作，在必要的时候，欧盟资助和辅助成员国艺术文艺上的创作，包括视听领域；并指出在涉及视听服务的举措中必须将文化因素考虑在内。① 1999 年欧洲签署一份题为“数字时代欧共体视听政策原则和指导方针”的文件，重申了保护文化的多样性及保护未成年人权利在视听产业发展过程中的重要性。根据该文件，结合《马约》的规定，欧盟委员会申明，以后制定的有关视听产业保护的所有后续性法律、法规都要以此为目标。当然，欧盟各成员国都可以行使其权利，为保护和促进视听产业的发展一致通过各种立法措施。

2. 欧盟《电视无国界指令》

1989 年欧盟通过了《电视无国界指令》，1997 年作了修改，2005 年更名为“视听媒体业务指令”，扩大至电信、广播、互联网领域。该指令为欧盟制定各项规章制度提供了一个完整的框架，是为了规范欧盟内部各国家之间的电视节目的跨国播送，以期待通过补贴与配额的方式来达到抵制美国视听产品在欧盟视听市场的强大占有率，有利于欧洲电视节目的制作与发行，成为欧盟制定各项相关法律、法规的基础。

3.《欧洲跨国广播电视协议》

1989 年 5 月，欧洲理事会制定了《欧洲跨国广播电视协议》。该协议规定各国不得妨碍跨国广播电视，提出了保护未成年人权益、实行反驳权制度、播出欧洲制作的节目等原则，要求成员国用半数以上的时间播放欧洲制作的节目。该组织还专门成立了“跨国电视常设委员会”，作为成员国之间进行协调并监督协议执行的常设机构。1989 年 10 月，欧共体十二国颁布《无国界电视指导原则》，要求：各国电视节目总量中应保证“欧洲作品”（即欧洲制作的节目）最少不得低于 50%（不含新闻、体育、广告、电视购物等节目）；而且 10%以上的节目时间或节目预算属于独立制作人制作的欧洲节目。另外，该原则还对节目赞助与广告也有相应的规定。该原则于 1991 年 10 月生效，至 1993 年年底，欧共体所属国家已全部通过此项立法，而上述协议于 1993 年 5 月才正式生效。1997 年对该原则进行修订，详细规定了国家管辖广播电视服务的具体标准，继续执行欧洲节目配额制，允许各国在执行时保留一定的灵活性。

2006 年，欧盟成员国签署了《网络电视宪章》，通过一系列协议原则，以加快欧洲数字电影和网络电影进程。其中有四项基本原则：在网上提供大量有吸引力的电影；向消费者提供友好的网络服务；适当保护产权；密切反盗版合作。

该宪章规定：看网络电影者要分摊高昂的生产费用；生产者、创作者、服务商和消费者之

---

① See “Treaty on European Union”, *Official Journal*, C191, 29 July 1992.

间利益的平衡是提供具有吸引力服务的重要条件。该宪章是保证视听产业合法安全和内容安全的一个重要方面，是点对点的服务技术，也是继2005年7月28日美国公布全球首套数字电影标准（DCI）后，又一份关于推动数字电影产业发展的重要文件。

4. 其他相关规定

欧共体委员会于1993年9月制定了《关于调整卫星广播及有线系统转播中著作权及相关诸权利处置规则的指导原则》，1995年1月生效。1994年，欧洲理事会通过了《邻接权宣言》与《关于跨国卫星广播中著作权及邻接权诸问题的欧洲协议》。这些文件在保护跨国广播电视作品著作权、邻接权等权利的同时，不妨碍新传播技术的利用，保证了跨国广播电视节目的传播与接收，为跨国广播电视协议和指导原则的有效实施和修改提供了法律支持。2001年11月，欧洲理事会通过关于音像遗产保护的协议及议定书。

（三）广告产业法律文件

20世纪70年代，欧共体委员会开始立法协调广告产业的法律规制。1978年欧共体颁布食品销售指令，其中已经含有对于错误诱导广告的规定，此后经修改、磋商，形成1984年错误诱导广告指令。

1997年比较广告指令是对1984年指令作出修改和补充后形成的，立法目的是保护消费者，经营贸易或商业、从事行业或职业的人，以及公众利益免受错误诱导广告和其他不公平结果所导致的损害，并且确定比较广告得以承认的各项条件。1997年比较广告指令对1984年指令的最重要增补是指令第3a条。这个指令成为欧盟广告产业的核心法律规制。

另外，欧盟广告法律规制体系还包括电视广播指令、烟草产品广告指令、人用药品广告指令等。在食品法领域，也有大量的指令涉及食品的广告和销售。另外，在远程销售指令、消费信贷指令以及普遍产品安全指令中也包含广告的特殊规则。

（四）欧盟文化遗产保护法律文件

欧盟国家拥有丰富的文化和自然遗产，许多欧盟国家像意大利、西班牙、法国等都是名列前茅的遗产大国。文化和自然遗产的保护在欧盟及其成员国受到高度重视。早在1970年欧洲议会就通过了《关于对欧洲不可移动文化遗产的有效保护的法律框架草案》。1974年通过了一项决议，指出在文化领域尤其是在保护文化遗产方面采取共同行动的必要性。1975年，通过了《欧洲文物古迹保护宪章》。1985年通过了《有关与文化遗产相关的违法行为的欧洲协定》，1992年颁布了《关于文化遗产出口的规章》。1993年《马约》的生效为文化遗产的保护提供了坚实的法律基础。该条约第151条规定，必须支持成员国采取的行动，以保护和捍卫具有欧洲意义的文化遗产。同年则通过了《关于归还从欧盟领地非法带走的文化遗产的纲领》。1997年，欧盟委员会开始着手对城市发展进行全面评估，建立了一个城市论坛和一个关于城市环境的专家组。这促使在2001年欧洲理事会和欧洲议会通过了一项决定，建立一个旨在促进可持续城市发展的共同体合作框架，该合作框架覆盖了与文化遗产有关的文化、旅游和休闲活动。

三、文化遗产保护法律、政策

文化遗产保护法律、政策除了联合国机构颁布的以外，也有其他国际组织颁布的与文化产业相关的公约文件，这些文件已经成为文化遗产保护领域内的国际共识。

(一) 国际古迹遗址理事会文化遗产保护法律、政策

1965年，国际古迹遗址理事会（ICOMOS）在波兰华沙成立。这是世界遗产委员会的专业咨询机构。它由世界各国文化遗产专业人士组成，是古迹遗址保护和修复领域唯一的国际非政府组织。其前身是历史性纪念物建筑师及技师国际协会（ICOM），在审定世界各国提名的世界文化遗产申报名单方面起着重要作用

1978年5月22日在莫斯科通过的《国际古迹遗址理事会章程》是文化遗产产业发展的国际条约。该章程对“古迹”“建筑群”“遗址”进行了定义。国际古迹遗址理事会行政机构包括全体大会、执行委员会及局、咨询委员会及局、国家委员会、国际专业委员会、秘书处等：(1) 全体大会是由全体成员组成的最高管理机构，每3年召开一次，选举执行委员会并制定下一个三年的战略计划和纲领。(2) 执行委员会是管理机构，由主席、5位副主席、秘书长、司库（构成办公处）及12位执行委员组成，他们代表了世界上的主要地区。执行委员会制定规划和预算，并监督执行情况。它批准建立新的国家委员会和国际学术委员会。(3) 咨询委员会由各国家委员会主席及国际学术委员会主席组成，它的职责是向执行委员会提出建议和指导，并举荐优先项目。(4) 秘书处负责实施上述各委员会的决议和计划，负责协调和管理日常工作。其职责包括：为各委员会、会员和公众提供信息和服务，组织各种会议和研讨会，并负责与其他组织的联络工作。

国际古迹遗址理事会通过的国际公约、文件比较多，构成了比较完善的文化遗产产业保护的国际法律体系，主要有《关于历史性纪念物修复的雅典宪章》《国际古迹保护与修复宪章》《威尼斯宪章》《国际古迹遗址理事会章程》《佛罗伦萨宪章》《保护历史城镇与城区宪章》《华盛顿宪章》《考古遗产保护与管理宪章》(《洛桑宪章》)、《关于乡土建筑遗产的宪章》《国际文化旅游宪章》(《重要文化古迹遗址旅游管理原则和指南》)、《保护历史性城市景观维也纳备忘录》(2005年）等。

1931年第一届历史性纪念物建筑师及技师国际会议通过《关于历史性纪念物修复的雅典宪章》，简称《雅典宪章》，1964年5月25日第二届历史性纪念物建筑师及技师国际会议通过《国际古迹保护与修复宪章》，也称《威尼斯宪章》。

《雅典宪章》提出了城市功能分区和以人为本的思想，集中地反映了“现代建筑学派”的观点，认为城市发展的过程中应该保留名胜古迹以及历史建筑。

《威尼斯宪章》是对《雅典宪章》的研究和拓展。该宪章指出：世世代代人民遗留的古代遗迹是人类的共同遗产，为后代保护好这些遗产，“将它们真实地、完整地传下去是我们的职责”。该宪章对全世界范围内的“古代建筑的保护与修复”提出了若干“指导原则”并作出规定，要求“各国在各自的文化和传统范畴内负责实施这一规划”。《威尼斯宪章》分6个部分，共计16条，分别是：“定义”（第1、2条）；“宗旨”（第3条）；“保护”（第4、5、6、7、8条）；“修复”（第9、10、11、12、13、14条）；“发掘”（第15条）；“出版”（第16条）。该宪章第9条指出，文化遗产的修复只有在尊重其原始材料和真实、可靠的纪录的基础上才可实施。同时阐明，任何修复工作不可凭主观臆测进行，应当是真实的、具有当代特点的。《雅典宪章》和《威尼斯宪章》标志着历史性纪念物保护方法的确立和历史环境保护思想的萌芽，奠定了文化遗产保护的基础原则——原真性和完整性。

《佛罗伦萨宪章》由国际古迹遗址理事会于1982年登记作为《威尼斯宪章》的附件。该宪

章认为："作为古迹，历史园林必须根据《威尼斯宪章》的精神予以保存，然而，既然它是一个'活'的古迹，其保存亦必须遵循特定的规则进行，此乃本宪章之议题。"

1994 年 11 月，国际文化财产保护与修复研究中心和世界遗产中心合作，召开了"奈良原真性会议"，并形成了《奈良原真性文件》，强调重视和承认世界文化多样性问题：要使文化多样性和遗产多样性在保护实践中得到更多的尊重，使原真性检验的应用能以给予所有社会的社会价值观与文化价值观以充分尊重的方式进行。

（二）其他国际会议相关法律文件

1.《马丘比丘宪章》

1977 年在秘鲁的利马召开了国际性的学术会议。与会的建筑师、规划师和有关官员以《雅典宪章》为出发点，总结了近半个世纪以来尤其是第二次世界大战以后的城市发展和城市规划思想、理论和方法的演变，展望了城市规划进一步发展的方向。会议最后签署了《马丘比丘宪章》。该宪章认为，城市的个性和特性取决于城市的体型结构和社会特征，因此，不仅要保存和维护好城市的历史遗址和古迹，而且要继承一般的文化传统；保护、恢复和重新使用现有历史遗址和古建筑必须同城市建设过程结合起来，以保证这些文物具有经济意义并继续具有生命力。

2.《关于建筑遗产的欧洲宪章》

欧洲理事会 1954 年 12 月通过了《欧洲文化公约》，要求各成员国应采取适当的举措来保证和支持本国家不断为保护欧洲共有的文化遗产作贡献。1969 年在布鲁塞尔提出的"欧洲部长大会建议"针对保存和修复纪念物、历史地区这类文化遗产提出了建议。另外，"欧洲理事会咨询会议 589 号建议"（1970 年）曾呼吁制定一份有关建筑遗产的宪章。

1975 年，欧洲理事会为振兴处于萧条和衰退中的欧洲历史城市和文物古迹保护，发起了"1975 欧洲建筑遗产年"，并通过了《关于建筑遗产的欧洲宪章》。该宪章"特别强调建筑遗产是'人类记忆'的重要部分，它提供了一个均衡和完美生活所不能或缺的环境条件。城镇历史地区的保护必须作为整个规划政策中的一部分，这些地区具有历史的、艺术的、实用的价值，应该受到特殊的对待，不能把它从原有的环境中分离出来，而是要把它看作是整体的一部分"，促使欧洲各国认识到位于城市和乡村的历史性纪念物、古建筑群和有意义的历史地区承载着不可替代的文化、社会和经济价值。因此，采纳该宪章，表明了推进欧洲共同政策的制定和协调一致的行动，以便在整体性保护原则的基础上保护建筑遗产的决心。

3.《新都市主义宪章》

1993 年新都市主义协会成立，1996 年新都市主义协会第四次会议发表了《新都市主义宪章》，认为内城投资的缩减、郊区化扩张的无序蔓延、不断增长的种族隔离和贫富差距、环境的恶化、日益减少的耕地与生态环境，以及被逐渐侵蚀的社会建筑遗产，成为相互关联的、攸关社区建设的挑战；呼吁要为重建我们的家园、地块、街道、公园、邻里、街区、城镇、地区和环境而奋斗。

该协会倡导的原则，如邻里在用途与人口构成上的多样性，社区应该对步行和机动车交通同样重视，城市必须由形态明确和普遍易达的公共场所和社区设施所形成，城市场所应当由反映地方历史、气候、生态和建筑传统的建筑设计与景观设计所构成等，对目前文化产业发展有借鉴和规制意义。

4.《关于产业遗产的下塔吉尔宪章》

国际工业遗产保护协会（TICCIH）是代表工业遗产的国际组织，并且是国际古迹遗址理事会（ICOMOS）关于工业遗产的特别咨询机构。《关于产业遗产的下塔吉尔宪章》由 TICCIH 起草并将递交 ICOMOS，获准后由联合国教科文组织最终确认通过。

该宪章认为：工业遗产从整体上看是文化遗产的完整组成部分，然而，合法的保护还是要考虑工业遗产的特殊性质。应该有能力保护工厂和机器设备基础、固定构筑物、建筑物整体和联合体以及工业景致。工业污染区域应该考虑它们的潜在考古价值，与生态价值等同。

四、东盟发展文化产业相关法律规定

1. 1967 年《曼谷宣言》、2007 年《东盟宪章》成为东盟发展文化产业的纲领性文件。该宪章提出的经济共同体“路线图”，确保“实现单一市场与生产基地”“形成竞争力强的经济区域”“维护地区经济平衡发展”和“推动与国际经济体系融合”四大目标也是东盟发展文化产业的追求。

东盟的文化也并没有完全商业化，尤其是对于高雅艺术、科学著作、民族文化遗产、公益文化事业，东盟各成员国往往采取保护或扶持政策，没有从地区国际组织层面简单地把它们全盘商业化、由市场来决定它们的存在。

2. 旅游产业以泰国、新加坡为代表。1959 年泰国政府成立了“泰国旅游业促进机构”，开始发展旅游事业。20 世纪 60 年代初泰国的旅游业才起步，经过 70 年代的发展，80 年代进入了空前繁荣的时期。泰国旅游业虽然起步较晚，但发展速度和发展规模十分迅速。现在泰国的旅游业不仅在东南亚国家当中跃居首位，而且在世界旅游业当中也属佼佼者。更重要的是旅游业成为推动泰国经济发展的重要产业。

旅游业健康、快速的发展离不开良好的旅游法律环境：泰国政府先后制定一系列旅游管理法律、法规来推动和规范旅游的发展，如《旅游法》《全国环境质量提高与保护法》《旅馆法》《旅游与导游执业法》等。关于旅游景区的管理法规都明确了政府部门、旅游企业、地方社区和旅游从业者在旅游业发展中的责任和义务。1992 年通过和实施的《旅游和导游执业法》详细规定了导游的任职资格以及游客投诉导游的处罚规定等，是泰国管理旅游业最重要的法律。泰国还成立了国家旅游和导游委员会作为泰国旅游业最高管理机关。泰国旅游局是国家旅游和导游委员会领导下的旅游行政管理机构，其职责包括市场促销、投资引导、信息统计、教育培训、行业管理，投诉受理等。泰国旅游局每年都要制订年度计划和发展战略，通过广泛的宣传，引导企业的投资方向和经营方式。泰国旅游局对旅行社、饭店等旅游企业实行严格的管理，保证了旅游行业的服务质量。①

从 1998 年起，新加坡政府将创意产业作为 21 世纪的战略产业，出台了《创意新加坡》计划和《创意产业发展战略》，加大了对文化领域的投入。2000 年制定的《文艺复兴城市计划》提出了发展文化产业的六大措施，包括培养欣赏与从事文化艺术的庞大群体、发展旗舰艺术公司、加大政府投入培育本地人才、提供良好的基础设施等；并明确提出在 5 年内增拨 5 000 万新加坡元用于发展文化产业。随后的《文艺复兴城市 2.0》《设计新加坡》等规划更是提出了

① 参见陈国林：《浅谈泰国旅游管理法律制度》，载《法制与社会》，2008（25）。

各类扶持文化产业发展的优惠政策，鼓励和激发民众对文化的更高需求，加大对文化企业的扶持，从而对文化产业的发展起到了催化作用。①

五、非盟文化产业发展法律、政策

非洲很多国家都将文化复兴和文化产业发展作为双重重要课题。非盟十分注重发挥推动作用。非统组织1999年9月第四届特别首脑会议通过决定成立非盟的《苏尔特宣言》，以及2000年7月第36届非统首脑会议通过的《非洲联盟章程草案》，成为非盟成员国发展文化产业的纲领指导性文件。由于非洲复杂的政治、经济形势，非盟很难作出统一的文化发展规划、制定统一的法律政策规范、推动文化产业发展。不过，非盟也作了一些努力，出台了多项政策、规划，从而为非洲文化产业发展作出了贡献。相信在未来，非盟能发挥应有的地区国际性组织的文化功能。

2001年非盟发起“非洲发展新伙伴计划”，推动各成员国加强基础设施建设、吸引和争取外资及援助，以促进非洲大陆经济一体化。这为文化产业发展提供了统一的政策支持。

2003年6月20日，非加太国家在塞内加尔聚会，并最终签署了《促进文化和文化工业的达喀尔宣言》，鼓励互相合作，并在非加太国家之间对文化产业实行优惠政策。

2005年7月11日，在南非德班召开的第29届世界遗产大会上，旨在加强非洲自然和文化遗产十年行动计划的《非洲立场文件》得以通过；大会还为解决非洲国家面临的遗产保护资金缺乏问题，同意建立一个非洲世界遗产基金。这为非洲文化遗产的保护、发展提供了法律、资金保障。

同样在非盟的支持下，非洲国家与福特基金会、联合国教科文组织合作成立了非洲文化政策观察委员会（the Observatory of Cultural Policies in Africa，OCPA），由来自非洲大陆各个地区的文化政策的高级专家组成，专门负责制定文化政策的方向、批准预算、监督项目的执行。同时，该委员会还负责将各个与文化领域相关的机构联系在一起，整合财力、物力、人力和技术资源，共同行动。另外，非洲各国也积极利用跨国企业、国际研讨会等平台，发展壮大本国的文化产业。②

六、上海合作组织文化产业发展政策

上海合作组织于2001年6月15日在中国上海宣布成立的永久性政府间国际组织。2001年9月上合组织签订《上海合作组织成员国政府间官员区域经济合作的基本目标和方向及启动贸易和投资便利化进程的备忘录》，确定了上合组织经济合作的基本目标，即从贸易投资便利化、降低成本、消除障碍着手，大力开展经济合作，争取到2020年逐步实现货物、资本、服务和技术的自由流动。这为上合组织区域经济合作启动了发展文化产业的大幕。

2003年5月上合组织签订《上海合作组织多边经贸合作纲要》，明确了经济合作的优先领域、现阶段的主要任务和长远发展的战略目标，标志着上合组织区域经济合作尤其是文化产业合作开始步入机制化轨道。

---

① 参见庞英姿：《新加坡文化产业发展的经验及启示》，载《东南亚南亚研究》，2013（4）。

② 参见刘海方：《非洲文化和文化产业概览》，载《西亚非洲》，2007（9）。

2004年9月批准《多边经贸合作纲要》实施计划，涉及127个具体项目，进一步推动经济合作步入务实阶段。2005年上合组织实业家委员会正式成立，成员国之间的产业经济合作开始获得金融领域合作的支持。①

2010年3月上合组织成员国文化部长第七次会晤正式提出加强在文化产业领域的合作，鼓励在文化产业领域进行互访和举办展览，促进演艺、动漫、电影、电视、音像制品、出版、网络文化和数字文化产品等方面的合作。

2010年11月，上合组织成员国首届文化产业论坛召开。上合组织成员国、观察员国、对话伙伴国等齐聚南京，探讨文化产业合作与交流之路。

2011年6月15日，上合组织成员国元首在阿斯塔纳签署的《上海合作组织十周年阿斯塔纳宣言》强调，“上合组织成员国认为，本组织的中心任务仍是落实克服全球金融经济危机影响、保障国民经济持续平衡发展的联合计划”。发展文化产业成为上合组织目前最大的诉求。

2013年9月13日，上合组织成员国元首理事会第十三次会议在吉尔吉斯斯坦首都比什凯克举行。与会元首共同签署并发表《比什凯克宣言》，成员国元首认为要建立多功能国际物流、贸易和旅游中心，推进上合组织区域贸易投资便利化。

2015年7月10日，上合组织成员国元首理事会第十五次会议在俄罗斯乌法举行，审议并批准了《上海合作组织至2025年发展战略》，为未来文化产业发展提供了纲领性文件。

七、中非合作论坛文化产业发展政策

中非合作论坛是中国和非洲国家在南南合作范畴内的集体对话机制。从2000年—2015年连续召开了6次部长级会议，历届中非合作论坛都通过了相关文件，尤其是2015年约翰内斯堡部长峰会审议通过的《中非合作论坛约翰内斯堡峰会宣言》和《中非合作论坛——约翰内斯堡行动计划（2016—2018年）》等文件，为中非两个大陆发展文化产业奠定了政策基础和指引。

《北京宣言》（2000年）和《中非经济和社会发展合作纲领》（2000年）两个历史性文件，为中非双方决定在21世纪建立和发展长期稳定、平等互利的新型伙伴关系，建立中非合作论坛机制奠定了政策和法律基础。

2006年1月12日，中国政府发表《中国对非洲政策文件》，宣示中国对非政策的目标及措施。在文化产业层面，强调要落实与非洲各国签订的文化合作协定和相关执行计划，保持经常性交往，加强双方交流，引导和推动民间团体和机构开展多种形式的文化交流活动。并把旅游产业发展放在首位，即要积极落实中国公民组团赴部分非洲国家旅游的工作，并将根据非洲国家的要求和实际可行性，把更多非洲国家列为“中国公民组团出境旅游目的地”；中国欢迎非洲国家公民来华旅游观光。

《亚的斯亚贝巴行动计划》（2003年）要求：拓展旅游合作，开放埃塞俄比亚、肯尼亚、坦桑尼亚、赞比亚、毛里求斯、塞舌尔、津巴布韦和突尼斯这8个非洲国家为“中国公民自费出国旅游目的地”；举办“相约北京”国际艺术节和“中国文化非洲行”活动，促进非洲文化在中国传播；中国承诺在2004年至2006年的3年间继续增加对非洲的援助。

① 参见须同凯：《上海合作组织区域经济合作》，16页，北京，人民出版社，2010。

《中非合作论坛北京峰会宣言》（2006年）和《中非合作论坛—北京行动计划（2007至2009年）》（2006年）、《中非合作论坛沙姆沙伊赫宣言》（2009年）、《中非合作论坛—沙姆沙伊赫行动计划（2010年至2012年）》（2009年）、《北京行动计划（2013至2015年）》（2012年）等，一方面确保中非政策的连续性，另一方面为中非短时间内文化产业发展确定了方向。

2012年6月18日，文化部联合外交部、商务部、广电总局、新闻出版总署、体育总局、国家文物局等对外文化工作部际联席会议成员单位，在京举办中非合作论坛——文化部长论坛，强调要落实《沙姆沙伊赫行动计划（2010至2012年）》文化领域相关条款，进一步加强我国与非洲国家的文化交流与合作。

参考文献

一、专著

1. ［英］内维尔·哈宁斯．电影审查官与法律．伦敦：乔治艾伦与安文出版社，1967

2. ［美］克莱德·克鲁克洪．文化与个人．高佳等译．杭州：浙江人民出版社，1986

3. ［英］泰勒．文化之定义．顾晓鸣译．见：多维视野中的文化理论．杭州：浙江人民出版社，1987

4. ［英］詹姆斯·罗伯逊．隐秘的电影：英国电影审查运作，1913—1972 年．曼彻斯特：路特莱基出版社，1989

5. 陈淮．日本产业政策研究．北京：中国人民大学出版社，1991

6. 徐国栋．民法基本原则解释——成文法局限性之克服．北京：中国政法大学出版社，1992

7. 魏玉山，杨贵山．西方六国出版管理研究．北京：中国书籍出版社，1995

8. ［美］维·波普诺．社会学．10 版．北京：中国人民大学出版社，1999

9. 赵玉明，王福顺主编．广播电视词典．北京：北京广播学院出版社，1999

10. 董进宇．宏观调控法学．长春：吉林大学出版社，1999。

11. 王会玲．法律基础教程．北京：人民出版社，2001

12. 周源．发达国家的出版物管理制度．北京：时事出版社，2001

13. 朱宝琛．导游业务．北京：旅游教育出版社，2002

14. 彭国华．新闻出版版权法制理论与实务．长沙：湖南人民出版社，2002

15. 谢民家．文化产业的时代审视．北京：人民出版社，2002

16. 申卫星．民法学．北京：北京大学出版社，2003

17. 黄河．经济法．2 版．北京：中国人民大学出版社，2003

18. 余敏．国外出版业宏观管理体系研究．北京：中国书籍出版社，2004

19. 黄先蓉．出版法规及其应用．苏州：苏州大学出版社，2005

20. 顾军，苑利．文化遗产报告．北京：社会科学文献出版社，2005

21. 胡惠林．文化产业概论．昆明：云南大学出版社，2005

22. 花建等．文化产业竞争力．广州：广东人民出版社，2005

23. 马庆平主编．中外广播电视法规比较．北京：经济管理出版社，2005

24. 芮明杰．产业经济学．上海：上海财经大学出版社，2005

25. 张正钊．行政法与行政诉讼法．3 版．北京：中国人民大学出版社，2007

26. 蒋恩铭．广告法律制度．南京：南京大学出版社，2007

27. 国际古迹遗址理事会. 保护历史城镇与城区宪章（华盛顿宪章）（1987 年）（国际古迹遗址理事会第八届全体大会于 1987 年 10 月在华盛顿通过）. 见：国际文化遗产保护文件选编. 北京：文物出版社，2007

28. 葛洪义. 法理学. 3 版. 北京：中国政法大学出版社，2007

29. 蒋恩铭. 广告法律制度. 南京：南京大学出版社，2007

30. 潘静成，刘文华. 经济法. 3 版. 北京：中国人民大学出版社，2008

31. 李明德，许超. 著作权法. 2 版. 北京：法律出版社，2009

32. 吴佩江. 网络法律. 杭州：浙江大学出版社，2009

33. 刘瑜. 民主的细节. 上海：上海三联书店，2009

34. 须同凯. 上海合作组织区域经济合作. 北京：人民出版社，2010

35. 韩玉灵. 旅游法教程. 北京：高等教育出版社，2010

36. [美] Behrouz Forouzan. 计算机科学导论. 刘艺，瞿高峰译. 北京：机械工业出版社，2010

37. 涂昌波. 广播电视法律制度概论. 北京：中国传媒大学出版社，2011

38. 李昌麒. 经济法. 北京：中国人民大学出版社，2011

39. 王云霞. 文化遗产法教程. 北京：商务印书馆，2012

40. 林日葵. 中国文化产业政策法规与典型案例分析. 杭州：浙江工商大学出版社，2013

41. 赖晓铮，谭键诚，杨春武. 计算机组成原理. 北京：科学出版社，2013

42. 中国国家广播电影电视总局法规司编译. 中华人民共和国广播影视法规汇编. 北京：中国法制出版社，2013

43. 黄虚峰. 文化产业政策与法律法规. 北京：北京大学出版社，2013

44. 黄恢月. 旅游法实务详解. 北京：中国旅游出版社，2014

45. 杨积堂. 中国文化产业发展政策与法规参考. 北京：法律出版社，2014

二、期刊

1. Treaty on European Union. *Official Journal*. C191，29 July 1992

2. 贾大平.《促进科技成果转化法》的立法背景与主要内容. 科技成果纵横，1996（5）

3. 黄亦鹏. 高等院校科技与经济结合的对策研究. 高等工程教育研究，1997（1）

4. [英] 朱利安·皮特雷，马克·可莫德. 审查官与国家. 影像与音响，1998（5）

5. 胡永旭. 图书出版项目管理研究及应用. 哈尔滨建筑大学 2000 年硕士学位论文

6. 刘文华. 论产业法的地位. 法学论坛，2001（6）

7. [英] 朱利安·皮特雷. 放宽限制性规定：对英国电影分级委员主任罗宾·杜瓦尔的采访谈话. 影像与音响，2001（12）

8. 夏大慰，史东辉. 市场经济条件下的政府规制. 上海社会科学院学术季刊，2001（4）

9. 王红一. 我国国有企业的政策定位与若干立法问题探析. 河北法学，2002（2）

10. 周汉华. 基础设施产业政府监管权的配置. 国家行政学院学报，2002（2）

11. 时习之. 入世与文化产业发展. 理论与实践，2002（4）

12. 周宏. 科技成果转化——地方科技立法的灵魂——部分省市促进科技成果转化地方法

规立法特色评析．安徽科技，2002（11）

13．吴向鹏．规制重构：转型经济中政府规制改革的现实选择．江汉大学学报，2002（6）

14．田斌．依法进行舆论监督．采，写，编，2002（6）

15．青锋．加强法规规章的备案监督，维护社会主义法制统一．行政与法制，2003（3）

16．韦曙林，李龙一，杜典波．论西方政府规制理论与中国规制实践之差异．经济问题，2003（10）

17．安月平，冯雪芹．政府应加快管理职能的转变．经济论坛，2003（19）

18．梁建东．从管制到服务——我国政府审批制度改革的理念追寻．福建行政学院福建经济管理干部学院学报，2003（1）

19．宋木文．出版单位主办主管制度的由来与调整的探索．出版科学，2003（9）

20．戴立然．关于我市文化产业发展问题的调查．大庆社会科学，2004（2）

21．王万山．市场规制理论研究述评．江苏社会科学，2004（6）

22．张娟．高等教育中的信息不对称分析．现代情报，2004（2）

23．马岭．规则之治，还是原则之治？——我国目前立法工作的重心探讨．学习与探讨，2004（3）

24．王益萍．论西方社会规制的理由．台州学院学报，2004（1）

25．谢耘耕．文化产业投融资体制改革的两个突破．新闻界，2004（2）

26．孙涛．中外政府规制改革的比较分析．天津行政学院学报，2004（2）

27．于慈珂．解读《出版管理条例》．中国新闻出版报，2003-04-01

28．李艳芳．"促进型立法"研究．法学评论，2005（6）

29．张伟华．关于黄河口文化产业发展的几点思考．石油大学学报（社会科学版），2005（21）

30．黄瑜．我国《宏观调控基本法》若干制度要素研究．湘潭大学2005年硕士学位论文

31．杜仲霞．我国反垄断立法中适用除外制度探析．中国工商管理研究，2005（9）

32．欧阳仁根．论我国反垄断立法中的合作社豁免问题．财贸研究，2005（1）

33．史明鑫．经济性规制的放松与社会性规制的加强．北方经济，2005（9）

34．卢致天，崔慧广．从文化资源产权属性的演变谈文化体制改革．经济与管理，2005（11）

35．宋钻．从规制看中国高等教育事业的改革．经济与社会发展，2005（4）

36．陈世民．电信业政府监管的法治化研究．中共中央党校学报，2005

37．赵玉忠．文化创意产业发展与知识产权保护．科技与法律，2005

38．田开友，阮丽娟．税法功能研究的新视角——基于法经济学分析路径．西安财经学院学报，2005（18）

39．吴俐萍，李昕．西方传媒管理体制变迁及对我国的启示——以欧洲模式与美国模式为例．武汉科技学院学报，2005（18）

40．彭波，李霏．宴礼庆．理论导报，2006（10）

41．李友根，肖冰．论文化产业的法律调整．文化产业研究，2006（1）

42．刘深．从对外封闭到互惠传播——解读独立以来印度电视传媒政策的变迁．国际新闻

界，2006（2）

43. 容小宁. 做大做强产业项目夯实广西文化产业基础. 当代广西，2006（18）

44. 刘小川，李桂芳. 唐钢知识产权工作“十一五”期间展望. 金属世界，2006（4）

45. 吴英杰，邓忠波. 我国房地产业规制模式的探析. 商场现代化，2006（27）

46. 陈力丹，陈俊妮. 自律丧失，他律绳之——由记者站站长涉嫌敲诈看问题的演变. 青年记者，2006（21）

47. 张生祥. 全球化时代的德国电影产业政策与市场结构. 国际影坛，2007（5）

48. 郭艳君. 论海登·怀特对历史的文化阐释. 江海学刊，2007（2）

49. 黄萍. 我国文化产业投融资渠道探讨. 四川文化产业职业学院学报，2007（3）

50. 张晓玲. 完善我国文化产业法律环境的思考. 经济纵横，2007（3）

51. 刘海方. 非洲文化和文化产业概览. 西亚非洲，2007（9）

52. 陈英明. 中国出版“走出去”任重道远——“走出去”是新世纪中国出版业的一项重要任务. 中国版权，2007（5）

53. 李明. 美国社会性管制制度变迁及发展趋势——兼论中国社会性管制制度的完善. 郑州航空工业管理学院学报，2007（5）

54. 岳红记，何炼成，刘吉发. 试论文化产品的价值与价格. 经济师，2007（4）

55. 田宝会，陈忱. 促进非公有制经济与文化产业共同发展. 商场现代化，2007

56. 陈湘文. 马克思关于法律起源和法律生成的理论演进. 常熟理工学院学报，2007

57. 秦珂. 法国出版物呈缴制度概况及其借鉴. 图书馆学刊，2007（5）

58. 郝耀武，温静芳. 论人本法律文化的现代演进. 行政与法，2008（5）

59. 闫仁河. 论违约可得利益赔偿的依据. 兰州学刊，2008（4）

60. 程惠哲. 新时期文化产业发展回顾与现状. 人民论坛，2008（9）

61. 陈晓霞. 合肥市文化产业初显规模发展态势明显加快. 安徽省情省力，2008（1）

62. 解学芳. 我国文化产业政策的关联性偏差及矫正. 长春市委党校学报，2008（6）

63. 郭俊. 如何做好“促进型立法”工作. 人大研究，2008（2）

64. 刘自新. 规制理论以及我国政府规制改革的探讨. 中共杭州市委党校学报，2008（6）

65. 周世虹. 论公司法法律规范类型及其使用. 安徽警官职业学院学报，2008（5）

66. 刘自新. 规制理论以及我国政府规制改革的探讨. 中共杭州市委党校学报，2008（6）

67. 马洁. 出版的自由与禁制. 唐都学刊，2008（5）

68. 陈国林. 浅谈泰国旅游管理法律制度. 法制与社会，2008（25）

69. 朱晓民. 意大利中央政府层面文化遗产保护的体制分析. 世界建筑，2009（6）

70. 张景华，许彦. 经济学两种范式关于人性假设前提的比较分析. 改革与战略，2009（25）

71. 胡元聪. 经济法的激励功能与外部性解决分析. 社会科学论坛（学术研究卷），2009（10）

72. 但平. 产业结构调节法浅析. 技术与市场，2009（3）

73. 李琳琳. 西安文化产业发展研究. 西安科技大学学报，2009

74. 张仁寿. 大型体育场馆建设和运营研究. 体育文化导刊，2009（1）

75. 阎桂芳. 政府规制概念辨析. 生产力研究，2009（6）

76. 鄢超. 政府对电影行业管制方式的革新——“《色，戒》案”引发的思考. 云南大学学报（法学版），2009（2）

77. 金世斌. 彩票业政府规制的目标与体系. 体育与科学，2009（2）

78. 周泽. 中国目前文化产业发展中的问题及对策研究. 河北师范大学学报，2009

79. 赵民学. 对中国文化产业发展问题的思考. 经济研究导刊，2009（25）

80. 苑利，顾军. 非物质文化遗产的产业化开发与商业化经营. 河南社会科学，2009（4）

81. 周大庆. 我国文物管理制度研究. 湖南科技学院学报，2009（2）

82. 李永利. 为敢想敢干的改革者提供法制“护身符”——深圳、重庆促进改革创新与开放立法的亮点和启示. 海南人大，2009（3）

83. 李亮明. 广东评“大师”外来户无份？——深圳代表就广东工艺美术大师评选提出询问. 人民之声，2009（3）

84. 石艳蕊. 中国邮政行业政府规制改革及规制有效性保障. 石家庄经济学院学报，2009（6）

85. 王书庵. 关于《公司法》对公司资本制度重组的价值推演. 理论界，2009（4）

86. 杨京钟，吕庆华. 基于中国文化产业发展的税收政策取向研究. 江南大学学报（人文社会科学版），2010（9）

87. 王秀红. 谈循环经济立法对我国产业集群生态化转型的影响. 商业时代，2010（18）

88. 张国洪. 中国文化业的战略驱动——国家和地方推进文化产业发展的关键路径. 文化月刊，2010（3）

89. 丰霏，王天玉. 法律制度激励功能的理论解说. 法制与社会发展，2010（1）

90. 史迪钢，唐诗城. 宁波优势文化产业跨越式发展的目标与路径. 宁波经济：三江论坛，2010（8）

91. 徐升权. 促进文化产业发展的法律制度建设与创新. 科技与法律，2010（4）

92. 傅丽. 论我国广电产业促进性立法的相关问题. 山西高等学校社会科学学报，2010（22）

93. 张旭东. 论黑龙江省文化产业发展的战略选择. 边疆经济与文化，2010（7）

94. 周正刚. 文化产业可持续发展问题刍议. 武陵学刊，2010（35）

95. 崔德华. 论政府规制的经济性维度. 江汉论坛，2011（4）

96. 李明超，章志远. 公用事业特许经营监管机构模式研究. 学习论坛，2011（3）

97. 张庆盈. 我国文化产业的历史发展. 社会科学家，2011（1）

98. 傅才武，赵苏皖. “十二五”我国文化产业发展的法律基础. 中国文化产业评论，2011（1）

99. 金春光，车旭升. 韩国体育产业发展研究. 体育文化导刊，2011（9）

100. 羿克，梁强. 日传媒？社会舆情？法律问题（两篇）——我国文化产业发展与保护相关法律问题研究. 传媒，2011（2）

101. 邓微. 发展文化产业，促进湖南经济发展方式转型. 湖湘论坛，2011（1）

102. 胡卫娜. 以立法构建科学发展“软环境”. 中国科技奖励，2011（3）

103. 王乾厚. 我国文化产业组织发展现状及发展对策. 郑州大学学报，2011（6）

104. 刘红. 关于文化产业发展的思考. 中国工程咨询，2012（8）

105. 唐明良. 论文化立法的基本原则与基本规律. 观察与思考，2012（6）

106. 李成. 文化发展促进法是文化大发展大繁荣的法律保障. 中共四川省委省级机关党校学报，2012（4）

107. 贾康，马衍伟. 税收促进文化产业发展的理论分析与政策建议. 财政研究，2012（4）

108. 张燕清，龚高健. 福建文化产业发展现状、趋势及对策. 福州党校学报，2012（2）

109. 江凌. 近十年中国文化产业政策的基本类型分析. 江南大学学报（人文社会科学版），2012（11）

110. 许思文. 加快发展连云港文化产业——连云港山海文化发展战略研究之五. 大陆桥视野，2012（17）

111. 吴恺. 我国科技奖励制度运行中的问题及改进措施. 安康学院学报，2012（24）

112. 陆艳. 广西科技人才队伍建设现状与对策建议. 企业科技与发展，2012（12）

113. 刘文芳. 文化产品的政治功能与文化产业发展中的政府行为研究. 当代经济，2012（11）

114. 张秉福. 我国文化产业政府规制的现状与问题探析. 图书与情报，2012（4）

115. 王平. 中外文化产业的政府规制比较研究. 江西师范大学2012年硕士学位论文

116. 张域.《文化产业振兴规划》的法制视角解读. 演艺科技，2012（6）

117. 吴军. 论政府规制现代服务业的职能边界. 新乡学院学报（社会科学版），2012（2）

118. 吴江，张敏. 重新审视规制框架重在提高规制能力. 理论探讨，2012（3）

119. 顾理平. 中国新闻法治的现实困境及推进思路. 江苏社会科学，2012（5）

120. 丰霏. 法律治理中的激励模式. 法制与社会发展，2012（2）

121. 顾钰民. 论文化产业化与市场化发展道路. 思想理论教育，2012（3）

122. 关志薇. 五大措施加快现代文化市场体系建设. 金融世界，2012（4）

123. 周叶中. 加快文化立法是建设社会主义文化强国的必然选择. 求是，2012（6）

124. 袁江. 金融支持文化产业发展研究——中国文化产业发展与金融支持政策研究. 农村金融研究，2012（2）

125. 张书杰，马金南，冯洁. “十二五”时期提升河北文化产业竞争力对策研究. 统计与管理，2012（2）

126. 张秉福，侯学博. 全球化背景下的政府规制与文化产业发展. 出版发行研究，2013（5）

127. 郭凌燕. 我国市场管理法与宏观调控法协调问题研究. 山西财经大学学报，2013

128. 任学婧，朱勇. 论非物质文化遗产法律保护的完善. 河北法学，2013（3）

129. 庞英姿. 新加坡文化产业发展的经验及启示. 东南亚南亚研究，2013（4）

130. 杨丽. 文化产业立法之必要性探析. 经济研究导刊，2013（24）

131. 谢辉. 论法律调整与社会管理创新. 西北大学学报（哲学社会科学版），2013（1）

132. 常凌翀. 文化产业的概念与分类. 新闻与传播研究，2013（12）

133. 于新循，杨丽. 我国《文化产业促进法》的立法选择与总体构想. 四川师范大学学报（社会科学版），2014（41）

三、博硕士学位论文

1. 董玉明. 中国产业法的经济学分析. 武汉理工大学 2013 年博士学位论文

2. 张君. 基于企业融资理论的中国电视内容产业融资模式研究. 湖南大学 2007 年硕士学位论文

3. 丁洁华. 近十年中国文化产业理论研究分析——以 1993—2003 年有关研究文献为文本. 上海交通大学 2005 年硕士学位论文

4. 尹文博. 完善我国宪法司法化的构想——以美、法、德等国的宪政实践为借鉴. 中国海洋大学 2006 年硕士学位论文

5. 周泽. 中国目前文化产业发展中的问题及对策研究. 河北师范大学 2009 年硕士学位论文

6. 王宁. 国内外金融支持文化产业发展的比较研究. 贵州财经大学 2013 年硕士学位论文

7. 卜敏现. 中国文化产业现状及发展战略研究. 燕山大学 2005 年硕士学位论文

8. 张军. 中国文化产业发展战略研究. 安徽大学 2011 年硕士学位论文

9. 寸玉海. 行政激励法律制度研究. 云南大学 2007 年硕士学位论文

10. 王谊. 从政府规制到企业的政府公关——企业对政府互动关系的构建. 南京工业大学 2005 年硕士学位论文

11. 樊一江. 道路运输政府规制变迁分析与选择. 长安大学 2007 年硕士学位论文

12. 陈科. 政府规制理论下的我国工商行政管理对策研究. 东南大学 2010 年硕士学位论文

13. 唐诗林. 基础设施产业规制机构设置模式研究. 东北财经大学 2004 年硕士学位论文

14. 王平. 中外文化产业的政府规制比较研究. 江西师范大学 2012 年硕士学位论文

15. 戴霞. 市场准入法律制度研究. 西南政法大学 2006 年博士学位论文

16. 常怡然. 论我国政府规制行为的法制化. 中南民族大学 2009 年硕士学位论文

17. 李强. 中国证券市场规制体制改革与创新. 辽宁大学 2005 年硕士学位论文

18. 谷岩. 论我国文物保护的立法现状及完善. 中央民族大学 2013 年硕士学位论文

四、网络资料

1. 联合国教科文组织官方网站. http://portsl.unesco.org/culture/en/ev.php-URL_ID=35024&URL_DO=DO_TOPIC&URL_SECTION=201.html

2. 澳大利亚法律改革委员会官网. http://www.alrc.gov.au/publications/2-current-classification-scheme/broadcasting-services-act

3. 新华网. 中国电影国际化机遇挑战并存模式创新是关键. http://news.xinhuanet.com/overseas/2015-05/20/c_127820871.htm

五、法律法规

1.《中华人民共和国立法法》

2.《中华人民共和国农业技术推广法》

3.《中华人民共和国农业机械化促进法》

4.《中华人民共和国著作权法实施条例》

5.《关于非公有资本进入文化产业的若干决定》

6.《财政部、海关总署、国家税务总局关于文化体制改革试点中支持文化产业发展若干税收政策问题的通知》

7.《国务院办公厅关于印发文化体制改革试点中支持文化产业发展和经营性文化事业单位转制为企业的两个规定的通知》

后　记

本书由长安大学规划立项，长安大学文化产业研究中心资助，中国人民大学出版社出版。全书由长安大学法学系陶信平教授申报立项、拟定体例和编写大纲，长安大学法学系、中州大学文化与传播学院相关专业教师参加编写。主编多次组织讨论并提出修改意见，最后由陶信平教授统稿完成。

本书的编撰主要依据我国现行文化产业法律、法规及国家政策，以及其他国家相关立法和联合国等有关国际组织的相关法律文件和条约，同时借鉴了近年来我国文化产业、文化产业法学研究的最新成果，参考并吸收了相关论著和学术资料的研究成果，在此予以说明并对相关学者表示诚挚谢意。由于文化产业法学研究在国内尚属起步阶段，基础理论研究十分缺乏，本书对文化产业法的概念、特征、调整范围、法律体系等提出了初步意见，可能不是十分准确，希望得到专家批评指正。

本书撰写的具体分工如下：

陶信平，第一章；

金荣州，第二、十二章；

陈蓉，第三、四章；

闫雅琴，第五、十一章；

白荣君，第六、八章；

张红梅，第七、十章；

刘萍，第九章。

此外，长安大学经济法学硕士研究生赵立琦、王琳琳等人在本书写作过程中提供了资料收集、整理等帮助，特此说明。

在此还要特别感谢长安大学文化产业研究中心、中国人民大学出版社对本书的编写和出版给予的大力支持。

由于编著者水平所限，加之时间仓促、资料不全，本书肯定存在不少缺陷，敬请各位专家和读者批评指正。

主编

2016 年 3 月

图书在版编目（CIP）数据

文化产业法概论/陶信平主编. —北京：中国人民大学出版社，2016.3
21世纪通用法学系列教材
ISBN 978-7-300-22677-4

Ⅰ.①文… Ⅱ.①陶… Ⅲ.①文化产业-法律-中国-教材 Ⅳ.①D922.164

中国版本图书馆CIP数据核字（2016）第053361号

21世纪通用法学系列教材
文化产业法概论
主编 陶信平
Wenhua Chanyefa Gailun

出版发行	中国人民大学出版社		
社　　址	北京中关村大街31号	**邮政编码**	100080
电　　话	010－62511242（总编室）		010－62511770（质管部）
	010－82501766（邮购部）		010－62514148（门市部）
	010－62515195（发行公司）		010－62515275（盗版举报）
网　　址	http://www.crup.com.cn		
	http://www.ttrnet.com(人大教研网)		
经　　销	新华书店		
印　　刷	北京密兴印刷有限公司		
规　　格	185 mm×260 mm　16开本	**版　　次**	2016年4月第1版
印　　张	18.25 插页1	**印　　次**	2016年4月第1次印刷
字　　数	439 000	**定　　价**	35.00元

21世纪高等院校法学系列精品教材

书名	ISBN	作者	定价
行政法与行政诉讼法（第四版）	978-7-300-21648-5	叶必丰　主编	39.80
海商法专论（第三版）	978-7-300-20444-4	司玉琢　著	49.80
经济法学（第二版）	978-7-300-16089-4	张守文　著	45.00
财税法学（第四版）	978-7-300-19447-9	张守文　著	48.00
民事诉讼法(第三版)	978-7-300-21614-0	张卫平　著	49.80
物权法（第三版）	978-7-300-18799-1	崔建远　著	59.80
判例刑法学（教学版）	978-7-300-14059-9	陈兴良　著	39.80
规范刑法学（教学版）	978-7-300-20430-7	陈兴良　著	48.00
刑法总论（第三版）	978-7-300-18042-7	周光权　著	55.00
刑法各论（第三版）	978-7-300-14536-5	周光权　著	59.00
刑事诉讼法学（第四版）	978-7-300-18548-4	郑　旭　著	45.00
侵权法学	978-7-300-13533-5	周友军　著	49.80
普通公司法	978-7-300-11227-5	邓　峰　著	68.00
网络法学（第二版）	978-7-300-21814-4	刘品新　著	29.00
中国宪法（第四版）	978-7-300-12301-1	许崇德　主编	29.80
商法学（第四版）	978-7-300-20622-6	徐学鹿　主编	49.80
证据学（第六版）	978-7-300-21850-2	陈一云　主编	36.00
外国法制史（第三版）	978-7-300-16149-5	林榕年　叶秋华　主编	38.00
婚姻家庭法学（第三版）	978-7-300-16894-4	杨大文　龙翼飞　主编	29.00
法社会学新阶	978-7-300-18452-4	付子堂　主编	32.00
民事诉讼法（第四版）	978-7-300-18072-4	田平安　主编	48.00

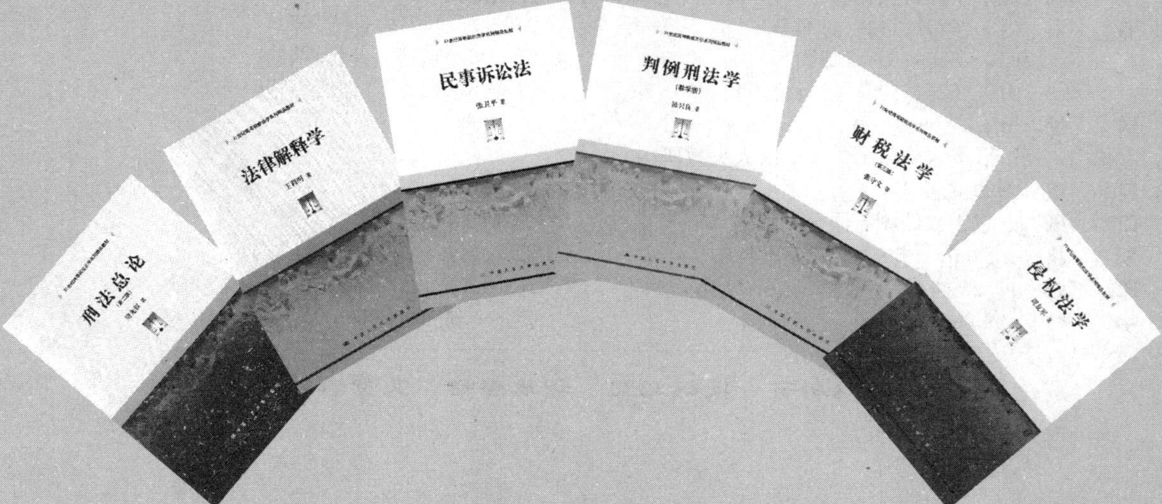

《　　　　　》※任课教师调查问卷

为了能更好地为您提供优秀的教材及良好的服务，也为了进一步提高我社法学教材出版的质量，希望您能协助我们完成本次小问卷，完成后您可以在我社网站中选择与您教学相关的1本教材作为今后的备选教材，我们会及时为您邮寄送达！如果您不方便邮寄，也可以申请加入我社的**法学教师 QQ 群：83961183（申请时请注明法学教师）**，然后下载本问 卷填写，并发往我们指定的邮箱（cruplaw@163.com）。

邮寄地址：北京市海淀区中关村大街31号中国人民大学出版社411室收

邮　　编：100080

再次感谢您在百忙中抽出时间为我们填写这份调查问卷，您的举手之劳，将使我们获益匪浅！

基本信息及联系方式：※

姓名：__________ 性别：__________ 课程：__________

任教学校：__________ 院系（所）：__________

邮寄地址：__________ 邮编：__________

电话（办公）：__________ 手机：__________ 电子邮件：__________

调查问卷：※

1. 您认为图书的哪类特性对您使用教材最有影响力？（　　）（可多选，按重要性排序）
   A. 各级规划教材、获奖教材　　B. 知名作者教材
   C. 完善的配套资源　　D. 自编教材
   E. 行政命令
2. 在教材配套资源中，您最需要哪些？（　　）（可多选，按重要性排序）
   A. 电子教案　　B. 教学案例
   C. 教学视频　　D. 配套习题、模拟试卷
3. 您对于本书的评价如何？（　　）
   A. 该书目前仍符合教学要求，表现不错将继续采用。
   B. 该书的配套资源需要改进，才会继续使用。
   C. 该书需要在内容或实例更新再版后才能满足我的教学，才会继续使用。
   D. 该书与同类教材差距很大，不准备继续采用了。
4. 从您的教学出发，谈谈对本书的改进建议：__________

____

____

选题征集：如果您有好的选题或出版需求，欢迎您联系我们：

联系人：黄　强　联系电话：010-62515955

索取样书：书名：__________

书号：__________

备注：※为必填项。